LE CHEMIN INTERDIT
d'Alfred Victor
est le trois cent soixante-huitième ouvrage
publié chez
VLB ÉDITEUR.

LE CHEMIN INTERDIT

Alfred Victor

Le chemin interdit

roman

vlb éditeur

VLB ÉDITEUR
1339, avenue Lajoie
Outremont, Qc
H2V 1P6
Tél.: (514) 270.6800

Maquette de la couverture:
Mario Leclerc

Illustration de la couverture:
Portrait de jeune fille, peinture à l'huile.
N. Grigorescu (1838-1907)

Composition typographique:
Atelier LHR

Distribution:
DIFFUSION DIMÉDIA
539, boul. Lebeau
Ville Saint-Laurent, Qc
H4N 1S2
Tél.: (514) 336.3941

Prologue

Tu es le sujet de toutes les conversations d'Ispa-han: on ne parle que de ton départ. Les uns l'attribuent à une légèreté d'esprit; les autres, à quelque chagrin. Tes amis seuls te défendent, et ils ne persuadent personne. On ne peut com-prendre que tu puisses quitter tes femmes, tes parents, tes amis, ta patrie pour aller dans des climats inconnus aux Persans... Pour moi, mon cher Usbek, je me sens naturellement porté à approuver tout ce que tu fais, mais je ne saurais te pardonner ton absence, et, quelques raisons que tu m'en puisses donner, mon cœur ne les goûtera jamais.

Adieu; aime-moi toujours.

MONTESQUIEU,
Lettres persanes.

Sa disparition, ou plutôt sa fuite précipitée, laissa tout le monde perplexe.

Quelques années auparavant, un tel événement aurait passé pour un fait divers. Les habitants de Bucarest s'y étaient accoutumés assez vite car, à l'époque, on apprenait presque chaque jour que telle ou telle personne, seule ou accompagnée de sa famille, avait subitement quitté le pays, sans un mot d'ex-plication, de regret ou d'adieu et sans en avoir prévenu même les parents les plus proches ou les amis les plus intimes.

Ces départs en sourdine avaient pris en quelques mois les proportions d'une véritable épidémie.

Vous pouviez croiser un jour un vieux camarade d'école, un ami d'enfance, un voisin, un cousin ou un confrère du barreau. Vous vous arrêtiez pour échanger quelques paroles agréables avec lui, mais trop pressés tous les deux, vous vous arrangiez pour vous revoir le lendemain. «Sans faute», vous promettait l'autre d'une voix déterminée. Le lendemain, il n'était pas au rendez-vous, et pour cause: pendant la nuit, il avait traversé la frontière. Vous ne receviez même pas une ligne d'excuse. Et qu'aurait-il pu vous écrire? Qu'il ne savait pas la veille qu'il ne serait plus là le lendemain?

À vrai dire, cette duplicité était compréhensible, car ceux qui disparaissaient ainsi procédaient comme des clandestins obligés de garder toutes les apparences et de prévenir toute indiscrétion jusqu'au dernier moment. Pour atteindre la frontière, ils devaient parcourir une très longue distance — douze heures au moins par le train le plus rapide — et, dans le but de n'éveiller aucun soupçon, ils se comportaient comme d'habitude et vaquaient à leurs affaires jusqu'à la tombée de la nuit pour se faufiler ensuite à la gare, car ils savaient bien que des fugitifs trop bavards ou trop imprudents avaient été appréhendés, ramenés à Bucarest et jetés en prison pour le reste de leur vie.

Qui étaient ces gens qui s'expatriaient d'une manière si étrange en s'imposant un départ fébrile et mystérieux?

La Roumanie, un des pays les plus prospères d'Europe, sortait du deuxième conflit mondial appauvrie, endeuillée et bouleversée. L'ancien régime qui nous avait entraînés dans une guerre contre nos amis traditionnels s'était écroulé. Une équipe de dirigeants courageux, soutenue par la volonté d'un peuple qui prenait cette fois sa destinée en main, avait immédiatement commencé la lourde tâche de la reconstruction. Comme on peut le deviner, c'était une entreprise gigantesque, d'autant plus que les moyens matériels manquaient totalement; mais on eut recours à l'élan collectif et l'on misa beaucoup sur l'énergie humaine, considérée comme «le capital le plus précieux».

Ceux qui avaient connu depuis toujours une vie facile, tout comme ceux qui ne pouvaient s'adapter au nouveau courant de l'histoire exigeant un sacrifice presque surhumain de la part de chacun, se dépêchèrent de quitter le sol natal pour se diriger vers l'Occident, particulièrement vers la France, le pays merveilleux qui hantait les rêves de chaque Roumain.

Le passage ne présentait pas de difficultés au début, faute de surveillance stricte à la frontière, et chacun sortait avec tout ce qu'il pouvait emporter en fait d'or, de bijoux, de diamants et de billets de banque, en devises fortes évidemment.

Les criminels de guerre non encore démasqués ou traduits en justice et tous ceux qui n'avaient pas les mains propres, craignant d'avoir à rendre compte tôt ou tard de leurs forfaits ou de leurs trahisons, avaient profité aussi de cette absence de rigueur pour échapper aux tribunaux populaires qui venaient d'être institués.

Des repris de justice, des voleurs et des trafiquants saisirent à leur tour cette occasion pour aller faire peau neuve ailleurs, tandis que des aventuriers qui n'avaient rien à perdre, s'enfuyaient, eux aussi, sans penser au lendemain, car ils se persuadaient qu'ils découvriraient un vrai Eldorado au bout de leur voyage.

Il faut reconnaître cependant qu'une autre catégorie de ces émigrants illégaux comprenait, elle, des gens honnêtes et de bonne foi, soucieux de rejoindre des membres de leur famille, dispersés avant, pendant et après la guerre. Animés par ce désir et impatients d'attendre le résultat de leurs démarches administratives qui duraient longtemps et auxquelles on ne répondait pas toujours favorablement, ils abandonnaient ce qu'ils ne pouvaient liquider ou transporter avec eux, et disparaissaient, comme on l'a dit, du soir au matin.

L'intervention de plus en plus énergique des autorités enraya finalement cet exode qui minait encore davantage l'économie de la nation. La frontière de l'ouest fut, avec le temps, pratiquement fermée, et des lois draconiennes furent décrétées afin de sévir contre ceux qui tentaient de quitter le territoire roumain sans l'autorisation du ministère de l'Intérieur.

Quelques années après, la situation économique du pays s'améliorant, la vie reprit son cours normal, et Bucarest, la ville fleurie, redevenait de plus en plus resplendissante.

Très étrangement, c'est à cette époque que Lucien s'enfuit.

❏

Lorsque l'incroyable nouvelle fut confirmée, la ville entière, frappée d'un émoi indescriptible, ne parlait que de sa disparition.

«L'hypocrite a bien manigancé. C'est lui qui faisait le héros et qui nous exhortait à la patience! Il pleurait presque en discourant sur l'avenir de la patrie! Il prêchait le travail et le dévouement, et il fustigeait ceux qui partaient pour l'étranger! Et voilà que maintenant, après avoir dissipé toute méfiance, c'est lui, le soi-disant vertueux, qui prend la clef des champs! Il n'était pas bête certainement, et qui sait combien il a dérobé pour aller mener la belle vie sur la Côte d'Azur ou dans les salons de Paris. Un voleur patenté! Qui l'aurait cru? Un escroc!»

C'est ce genre de racontars que débitaient les mauvaises langues. Les «mieux renseignés» y allaient même de détails sur la malversation et le «montant détourné». Passant de la bouche du bavard à l'oreille du voisin, la somme exorbitante, «l'argent du peuple», pour employer une expression consacrée, faisait boule de neige pour se transformer en avalanche.

Saisi de l'affaire, le conseil de l'Ordre des avocats décida à l'unanimité d'exclure Lucien du barreau, et, pour flétrir son souvenir, on arrangea une manifestation dans l'imposante salle des pas perdus au Palais de justice de Bucarest. Tous ses confrères s'y étaient rendus: ses anciens admirateurs et admiratrices, ses anciens adversaires à la barre, ses amis d'autrefois et, éparpillés parmi tout ce monde, les quelques amis qui lui restaient encore.

J'étais l'un de ces derniers.

Blâmé pour sa défection et stigmatisé en public, Lucien ne fut pourtant pas accusé de détournement de fonds. C'est seulement le dernier orateur, un de ses pires ennemis qui, ne pouvant oublier combien de fois il avait mordu la poussière devant mon ami, se fit l'écho des bruits circulant à son sujet. Dans un discours venimeux, notre grand déclamateur recommanda à ses confrères de se mettre en garde contre «cette espèce de vermine» — ce furent ses propres termes — qui abuse de la confiance du peuple pour tirer à soi le maximum de profit.

La péroraison s'inspirait de la même haine implacable: «Cet individu qui servait à tous des leçons de civisme et à qui on attribuait les vertus de l'incorruptible Robespierre, l'impétuosité de Danton et la ténacité de Saint-Just, devrait être plutôt comparé à Mirabeau car, comme lui, il possédait le don diabolique de haranguer les foules pour déployer un rideau de fumée à l'abri duquel il se remplissait les poches en trahissant les intérêts du peuple. Que de fois, en l'écoutant, n'ai-je pas eu envie de l'interrompre et de lui jeter en pleine face l'apostrophe infamante lancée autrefois contre l'exécrable Mirabeau: *Moins de talent, plus de vertu!*»

Et, après quelques instants de silence calculé, il décocha cette flèche finale: «Notre grand patriote qui luttait pour le triomphe du socialisme dans notre République n'était qu'un cynique Arsène Lupin, le gentleman cambrioleur. Son coup de maître, suivi de sa fuite odieuse, le démontre.»

L'assistance approuva le discours par un tonnerre d'applaudissements et, peu à peu, au milieu des cris de colère contre le «transfuge», le mot «honte» devint de plus en plus intelligible, pour être scandé à la fin par toute l'assemblée.

C'est ainsi que furent enterrées la carrière et la réputation de Lucien: dans la boue et l'opprobre.

❏

O, sancta simplicitas! Sainte simplicité! Comment pouvait-on être si aveugle et si méchant?

Tout, tout ce qu'ils disaient était absolument faux.

Je me détachai de la colonne de marbre contre laquelle je m'étais appuyé en écoutant, suffoqué d'indignation, les propos haineux du dernier orateur, et, traînant mes pas, je rentrai chez moi, obsédé par l'air de la calomnie du Barbier de Séville, que je sifflais sans cesse et malgré moi.

❏

Pourquoi ne suis-je pas intervenu?

D'abord, parce que j'avais été lâche. Ensuite, comment aurais-je pu avoir l'imprudence d'ouvrir la bouche pour soutenir Lucien contre ces canailles, et avec quel résultat, alors que *je l'avais accompagné moi-même à la gare de l'Est, la nuit de sa fuite?* Devenu son complice, d'après la loi, je devais en subir les conséquences qui étaient terribles.

Une dizaine de jours après son départ, interrogé par un officier de la Sécurité — le pendant de la Sûreté nationale en France —, j'indiquai comme lieu de notre dernière rencontre le Palais de justice, devant la porte de la troisième section de la Cour d'appel, là où Lucien venait de terminer son ultime plaidoirie et sa carrière. Je fis aussi une autre déclaration mensongère: je prétendis qu'il n'y avait eu aucune allusion à son départ imminent durant notre bref entretien. En réalité, c'est alors que nous sommes convenus de nous retrouver plus tard, dans la nuit, au coin d'une ruelle obscure, près de la gare de l'Est.

D'autres raisons me poussaient également à me taire et à ne pas défendre Lucien.

Un fait demeurait incontestable: *il s'était enfui*; et, malgré ma révolte contre les calomnies colportées sur sa disparition, moi-même, bien que mis au courant de sa décision de partir dans quelques heures, *je n'arrivai pas à connaître la cause de cet acte ahurissant.*

C'est en vain que je lui avais demandé pourquoi il partait. Agité, surveillant constamment à droite et à gauche, tressaillant à tout bruit, même lorsque nous nous trouvions à l'endroit le moins éclairé du quai, Lucien refusa de me fournir la moindre explication.

— Il faut que je m'en aille! Il le faut! Comprends-tu? Ne te presse pas de me condamner même s'ils disent de moi les choses les plus épouvantables.

— Mais qu'est-ce qui est arrivé? Qu'est-ce que tu as fait?

insistai-je sur un ton irrité, l'agrippant par les revers de son veston.

Calmé un instant par ma brusquerie, excusable dans une telle circonstance, Lucien fixa son regard dans mes yeux tandis que sa voix vibrait d'émotion et de sincérité:

— Je n'ai rien à me reprocher. Je te le jure au nom de notre amitié. Si je réussis à passer, je te raconterai tout, aussitôt que possible.

— Et alors?

— Alors, c'est mon destin qui me poursuit... *il faut que je parte.*

À ces mots, il sauta sur le marchepied d'un train qui se mettait en route, et disparut.

❑

Lucien, un traître, un voleur et un cynique?

Je le connaissais mieux que quiconque, et il m'était inconcevable de le croire capable d'un acte d'ignominie.

Incorruptible? Oui, certainement, mais pas un être froid, inflexible et sanguinaire comme Robespierre et les autres membres du Comité de salut public formant «la ménagerie de fauves magnifiques».

Quelques mois auparavant, Lucien avait prononcé une conférence à l'Association France-Roumanie et, en cette occasion, après avoir souligné l'importance considérable de la Révolution française dans la lutte pour l'affranchissement de l'homme, il n'avait pas caché son aversion pour les possédés, les fanatiques et les terroristes de tous les temps. Le seul qui mérita ses éloges fut Camille Desmoulins, mort sur l'échafaud à trente-quatre ans pour avoir réclamé la fin de la Terreur. Eût-il été son contemporain, Lucien aurait sans doute partagé le sort du jeune et enflammé républicain; ce qui ne nous empêche pas de déclarer qu'il connut, lui aussi, à l'âge de Desmoulins, une mort plus atroce encore. «En quittant ma patrie, j'étais déjà mort, et cette mort fut pour moi la première et la plus cruelle», dira-t-il plus tard en citant ces vers d'Ovide.

❏

Resté seul et figé sur le quai de la gare, je me croyais en proie à un cauchemar, tant la panique et tout le comportement de Lucien l'avaient rendu méconnaissable.

Pendant la guerre, combattant aux premiers rangs sur le front de l'est, notre vaillant Lucien avait été évacué sur une civière, grièvement blessé. Cité à l'ordre de l'armée pour son défi à la mort, il fut décoré de la plus haute distinction militaire.

Après l'armistice, on se souvint longtemps de son héroïsme durant la nuit effroyable où les Allemands qui venaient d'abandonner Bucarest, pilonnèrent sans répit le centre de la ville. Ce bombardement sadique, exécuté sans discernement, avait été ordonné en droite ligne de Berlin, en guise de représailles, parce que la Roumanie venait d'accepter l'armistice offert par les Alliés.

Les bâtiments incendiés crachaient des flammes furieuses qui s'unissaient pour former une torche géante s'élevant jusqu'au ciel. Au milieu de l'ouragan de bombes et des murs qui s'écroulaient dans un fracas terrifiant, Lucien alla se joindre aux patriotes résolus à contenir l'assaut de l'armée allemande. Le moment était dramatique car, en reprenant la capitale du pays, les troupes d'Hitler auraient impitoyablement massacré sa population.

Le groupe de résistants équipés avec des moyens de fortune parvint à barrer le chemin d'un ennemi d'une supériorité écrasante. Lucien fut une fois de plus un brave entre tous les braves, et si l'armée de l'Union soviétique, à la poursuite des Allemands, avait été retardée de quelques heures encore, la poignée de héros à la lisière de l'est de Bucarest aurait eu le sort et la gloire de Léonidas et de ses trois cents Spartiates tombés aux Thermopyles.

C'est ce même Lucien, jadis intrépide et narguant les balles et les éclats d'obus sur le champ de bataille, qui venait de se sauver, affolé, épouvanté même par son ombre.

Quel danger pouvait donc être pour lui plus puissant que la mort?

La question m'obsédait, et je n'arrivais pas à y trouver une réponse. Serait-il vénal? supposai-je un instant. Rien de plus absurde! Il détestait l'argent et regrettait que l'État moderne n'eût pas inventé un autre instrument de change plus fixe que l'étalon or, plus équitable et plus moral aussi.

Il déplorait que dans notre société les avocats *vendent* leurs plaidoiries et que les individus *paient* pour établir leurs droits ou prouver leur innocence. Il jugeait par ailleurs l'accumulation des fortunes ou des moyens de production entre les mains des particuliers aussi dangereuse pour la société que le stockage des explosifs.

Huit mois avant sa disparition, Lucien fut nommé professeur à l'Université de Bucarest. C'était la réalisation du rêve de sa vie. À son cours inaugural, devant un auditoire choisi qui remplissait le grand amphithéâtre de la Faculté de droit, le jeune professeur aborda le thème de l'inégalité parmi les hommes, si cher à Jean-Jacques Rousseau, pour traiter ensuite de l'œuvre de certains réformateurs du monde antique et moderne ayant dénoncé et combattu les injustices sociales de leur temps.

L'exposé mémorable s'acheva par un appel à la jeunesse pour qu'elle édifie une société nouvelle, basée sur un idéal moral et égalitaire. «L'égalité n'engendre point de débat». Il ponctua cette phrase de Solon d'un coup sec sur la table et, pour donner plus d'appui à son exhortation, l'érudit professeur cita d'autres vers de l'homme d'État athénien connu comme l'un des Sept Sages de la Grèce:

> Mais nous n'allons jamais troquer la vertu contre la richesse;
> Car la vertu est absolue et immuable, tandis que la fortune
> Est incertaine et passe de mains en mains.

❏

Non! Mille fois non! Un pur tel que Lucien n'aurait jamais troqué la vertu contre toutes les richesses du monde.

Je m'élève contre ses calomniateurs avec des larmes dans la voix.

❏

Sans famille, Lucien vivait seul. On n'avait jamais entendu parler de ses parents, même pas d'un parent éloigné. À une soirée, quelqu'un lui proposa de nous entretenir de ses souvenirs d'enfance; mon ami lui coupa brusquement la parole: «Je suis le produit d'une génération spontanée, dit-il, et je n'ai pas eu d'enfance.» Nous rîmes tous sans nous douter que cette boutade n'était pas loin de cacher une certaine vérité.

Sa vie privée, particulièrement discrète, n'avait donné lieu qu'une fois à des commentaires. Dans les derniers mois, on l'avait vu chaque jour au Palais de justice en compagnie d'une très jolie femme, sa nouvelle secrétaire, pour qui il montrait un grand attachement. Il s'agissait d'une amie ayant appartenu à la noblesse, une ancienne camarade du temps de leurs études à la Faculté des lettres.

Un jour, la secrétaire rentra inopinément chez elle, en province. Lucien avait probablement provoqué la rupture pour mettre fin aux rumeurs parvenues jusqu'à ses oreilles. Il faut préciser que, malgré les qualités intellectuelles qui la distinguaient, cette aristocrate traînait derrière elle un passé fort discutable.

Lydia, c'était son nom, partit trois ou quatre semaines avant la fuite de Lucien, et leur séparation avait été correcte et amicale.

À part les rares visites d'amis, Lucien se confinait dans la solitude, malgré les dons qu'il possédait pour fasciner le monde: une jeunesse débordante, des succès retentissants à la barre, une intelligence subtile, une solide formation et des connaissances qui embrassaient de vastes horizons, et, surtout, le charme de sa personnalité, rehaussé par un sourire, son inoubliable sourire dont les femmes étaient si éprises, nuancé d'une légère trace de mélancolie comme une douce tristesse qui trahissait un esprit méditatif et une expérience un peu amère de la vie.

❏

En m'efforçant de résoudre le mystère de la disparition de mon ami, je dus exclure également l'hypothèse qu'il fallait «chercher la femme» car, de toute évidence, son départ précipité ne semblait pas être la conséquence d'une affaire de cœur.

❏

Il avait laissé intact son appartement qu'il avait acquis depuis quelques années dans un des quartiers les plus paisibles et les plus pittoresques de Bucarest. Tous les objets se trouvaient à leur place lorsqu'on en dressa l'inventaire et qu'on apposa les scellés à la porte: les meubles de style, les tapis d'Orient, les toiles, les sculptures, les bibelots, réunis par lui au fil des ans avec la patience et la passion d'un collectionneur chevronné. Rien ne manquait non plus dans sa garde-robe qu'il avait maintenue de tout temps d'ailleurs à un minimum décent. Le fugitif n'avait pas emporté une seule chemise de rechange ni même un rasoir.

Sa magnifique bibliothèque, peuplée de trésors inestimables, paraissait sombre et en deuil de son maître qui l'avait pour ainsi dire trahie. Dans le tiroir central du bureau traînaient quelques billets, oubliés ou abandonnés, ses papiers d'identité et des photos.

Dès qu'il jouissait d'un moment de répit, Lucien se réfugiait dans sa bibliothèque; et après une journée surchargée de travail et de soucis, c'est là qu'il s'enfermait, parfois jusqu'à l'aube, pour étudier un dossier, lire, ou écouter la musique de ses classiques favoris.

Sur une sorte de fronton surmontant la grande bibliothèque en noyer sculpté, une pensée de Sénèque reprise par Montaigne, imprimée en caractères gothiques sur un papier parcheminé, exprimait sans équivoque le souhait de Lucien de demeurer toujours dans cette oasis, le seul endroit, confiait-il, où il pouvait aspirer au bonheur et à la sagesse qu'il recherchait continuellement. Cette pensée disait: «La plus grande chose du monde, c'est de savoir être à soi.»

❏

Aurait-on pu deviner que dans cette vaste pièce parfaitement en ordre manquait pourtant un certain volume?

Sur le quai de la gare, Lucien ne transportait rien avec lui en dehors d'un livre. Il le pressait fortement contre sa poitrine, comme s'il avait peur qu'on ne le lui arrachât. C'était son unique bagage.

Je tiens enfin la clef de l'énigme, me dis-je tout à coup, et je fus foudroyé par ma découverte: Lucien avait probablement caché dans ce volume un document d'une importance exceptionnelle qu'il voulait à tout prix sortir du pays. Un secret d'État!

Eh bien! Voilà qui explique tout, pensai-je. C'est affreux! Notre grand avocat, notre idole, mon illustre ami laisse ainsi tomber — et avec quelle maladresse! — son masque pour dévoiler son vrai visage. Oh! quelle déception! *Non, il ne passera pas!*

Je lui demandai brusquement de me montrer le livre qu'il serrait dans ses mains crispées et qu'il protégeait de son corps.

Comme un médium entré en transe, Lucien, sans la moindre hésitation, le déposa avec douceur dans mes mains tendues, et, tout de suite après, il baissa les yeux, plus embarrassé qu'un écolier surpris en train de copier le devoir d'un camarade.

Il me fut presque impossible de rester debout. Le volume en question n'était nul autre que *La Divine Comédie* de Dante Alighieri, dans le texte.

Accablé par la honte d'avoir été si impulsif, si superficiel, et d'être tombé si bas jusqu'à soupçonner d'un crime odieux l'homme le plus intègre que j'aie jamais connu, je ne me donnai pas la peine de faire le moindre geste pour chercher, même à la hâte, ce qui pouvait être caché entre les pages du livre. Je savais, s'agissant du chef-d'œuvre de Dante, que Lucien l'emportait pour une raison tout à fait différente de ce que j'avais osé croire. Je lui rendis le volume sur-le-champ et posai l'autre main sur l'épaule de mon ami, comme pour me faire pardonner et lui indiquer que je comprenais pourquoi il prenait avec lui *La Divine Comédie*.

❏

La Divine Comédie! Le titre seul suffit pour me laisser envahir par un monde de souvenirs.

Un collègue avait demandé une fois à Lucien, après avoir fait le tour de sa bibliothèque:

— Si une bombe incendiaire tombait sur cette maison et si vous aviez juste quelques secondes pour vous sauver, quel livre emporteriez-vous?

— *La Divine Comédie*, avait répondu vivement Lucien.

Le seul moyen de comprendre parfaitement *La Divine Comédie* est de maîtriser la langue italienne et d'étudier avec patience chaque mot, chaque vers ainsi que chaque interprétation donnée par les spécialistes qui ont essayé de pénétrer la pensée géniale du grand Florentin. Lucien savait par cœur des chants entiers de *l'Enfer*, du *Purgatoire* et du *Paradis*, et les beautés réellement divines du poème dantesque l'avaient récompensé de ses efforts assidus.

Il invitait parfois chez lui des amis et des collègues pour discuter de littérature ou écouter de la musique. Dans ce cénacle, il nous interprétait un passage du chef-d'œuvre de Dante. Il parlait à ravir et nous transportait ainsi dans un univers de rêve et d'extase.

Un soir, il nous lut, traduisit et expliqua un chant de *l'Enfer* où l'âme d'Ulysse raconte le dernier et fatal voyage dont *l'Odyssée* ne fait pas mention et qu'entreprit, selon une légende médiévale, le héros grec après son retour dans sa patrie.

L'un des invités, docteur en philosophie et maître de conférences à la Faculté des lettres, attendit le départ de tous pour nous faire des confidences: il voulait s'enfuir du pays. C'était à l'époque où l'on pouvait encore sortir sans trop d'ennuis.

— J'ai eu mes doutes, avoua-t-il à Lucien, mais le chant d'Ulysse que vous venez de commenter a raffermi ma résolution. L'accomplissement d'un rêve nous en fait poursuivre un autre, et nous sommes condamnés, comme les Danaïdes, à remplir éternellement d'eau un tonneau sans fond. Prenez l'exemple symbolique d'Ulysse dont vous nous parliez ce soir. Le héros, après avoir affronté bien des dangers et échappé à la mort qui le guettait partout, au lieu de goûter au bonheur de se retrouver dans sa patrie et d'être réuni avec les siens, a commencé à être rongé par l'envie d'entreprendre un voyage, plus téméraire encore, au-delà des colonnes d'Hercule, le Gibraltar d'aujourd'hui, pour découvrir le monde où, d'après la tradition antique, personne n'avait le droit d'y entrer. Après avoir surmonté d'innombrables périls, le bateau est arrivé au détroit menant vers l'inconnu. Je vous rappelle les paroles d'Ulysse, citées par vous, adressées à ses hommes hardis, avant de franchir le passage interdit: «Ô, mes frères... pour le peu de temps qui vous reste à vivre, ne vous privez pas de la gloire de connaître, par-delà le soleil, ce monde inhabité! Pensez à votre nature humaine. Vous n'avez pas été faits pour vivre comme les bêtes mais pour atteindre la vertu et enrichir vos connaissances.»

Moi aussi, maître, je veux découvrir un monde nouveau et enrichir mes connaissances, à n'importe quel risque. *J'étouffe ici.*

Lucien écoutait, le visage blême, en se sentant un peu coupable. Il se reprochait vraisemblablement d'avoir présenté une version par trop exaltante de l'épisode d'Ulysse. Mais pouvait-il se montrer moins passionné devant ces marins qui, après le bref

discours de leur chef, et malgré l'évidence d'une mort inévitable, «transformèrent les rames en ailes», impatients d'atteindre
plus vite encore la région mystérieuse d'où personne n'était
revenu?

Lucien essaya de dissuader notre ami en lui rappelant la
fin tragique d'Ulysse et de ses compagnons:

— Ils ont récolté une juste punition pour leur audace insen-
sée, observa-t-il.

— Je suis prêt à tout, rétorqua le jeune philosophe; en tout
cas, mes intentions sont moins hardies. Je ne veux pas dépasser les limites de ce monde, mais arriver à son centre. Mon but
est Paris, et vous savez très bien ce que ça veut dire. C'est la
nostalgie du lointain. «L'amour de terre lointaine» dont languis-
sait l'âme du troubadour Jaufré Rudel me dévore aussi. Je n'ai
jamais quitté notre pays, mais je connais Paris par cœur, et je
l'ai devant les yeux avec ses grands boulevards, les quais de la
Seine, les Champs-Élysées, l'Arc de Triomphe de l'Étoile, la tour
Eiffel, Notre-Dame, le Louvre, le Palais des Tuileries...

— Oh non, interrompit Lucien, le Palais des Tuileries
n'existe plus. Incendié par la Commune en 1871, il a été démoli
après...

— Pardon, j'ai voulu dire le jardin des Tuileries...

— Avec le buste de Le Nôtre qu'on aperçoit du côté de
la rue de Rivoli, ajouta Lucien.

— Êtes-vous resté longtemps à Paris?

— Autant que vous... mais je connais Paris peut-être aussi
bien que vous.

Et ils commencèrent à flâner dans les rues de cette ville
fascinante en s'attardant à tant de détails au cours de leur promenade imaginaire qu'on les aurait pris pour deux vieux amis
ayant passé une bonne partie de leur vie dans la capitale de la
France, eux qui n'avaient pas foulé une seule fois l'autre côté
de la frontière de l'ouest.

— Alors, vous comprenez pourquoi je suis si impatient de
partir, laissa échapper le philosophe excédé.

— Non, je ne vous comprends pas, répliqua sévèrement
Lucien. Moi aussi je souhaite aller à Paris, mais, comme vous
le voyez, je ne veux pas abandonner mon pays. Attendez, car
dans quelques années vous partirez en touriste, vous verrez le

monde et vous rentrerez chez vous sans avoir besoin de brûler les ponts derrière vous.

— Dans quelques années? Et si une autre Commune détruisait entre-temps le Louvre? ou une bombe atomique anéantissait Paris?

— Mon cher ami, votre envie de partir vous inspire n'importe quel argument pour me convaincre. Vous n'y arriverez pas. Nous avons une mission à remplir ici, et le peuple a besoin de gens comme nous. Avez-vous songé aussi à la vie de déraciné qui vous attend? Prenez plutôt Dante comme exemple, et pas Ulysse, car peu d'hommes ont été aussi torturés par le mal du pays que l'auteur de *La Divine Comédie*, banni de sa Florence natale. Retenez au moins ces vers qu'on peut lire dans un chant célèbre du *Paradis*:

> Tu quitteras tout ce qui t'est plus cher;
> et celle-ci est la première douleur
> causée par la flèche de l'arc de l'exil.
> Tu sentiras quel goût de sel a
> le pain de l'étranger, et combien dur
> à descendre et à monter est l'escalier d'autrui.

Écoutez, je ne veux pas vous décourager ni vous retenir à tout prix, parce que je vous aime bien; mais n'oubliez pas non plus les vers de notre Déparateano:

> Même si le pain de ton pays est le plus dur
>   et le plus amer,
> Il a meilleur goût que celui que tu manges à l'étranger.

Il y eut un moment de silence. Lucien devait conclure:

— Je me rends compte que mes conseils sont inutiles et que votre décision est prise. Soit. En souvenir de cette soirée, je vous prie d'accepter ce volume de *La Divine Comédie* comme un cadeau symbolique. C'est une édition courante à l'usage des étudiants. Vous pourrez facilement le glisser dans vos bagages. Il n'occupe pas trop de place.

Avant de remettre le livre au jeune professeur, Lucien inscrivit sur la page de garde ce verset de Jérémie:

Ne pleurez pas le mort et ne vous lamentez pas pour lui, mais pleurez plutôt celui qui s'en va, qui ne reviendra jamais et ne verra plus son pays natal.

Après avoir jeté un coup d'œil sur la page, notre philosophe ferma le volume d'un geste nerveux, le déposa sur le bureau de Lucien et s'en alla.

La semaine d'après, il n'était plus en ville. Six mois plus tard arrivaient de Paris ses jérémiades remplies de spleen et de regrets amers pour sa «folie impardonnable», comme il l'écrivait.

Comble de l'ironie, cinq mois avant sa disparition, Lucien avait été désigné par le ministère des Affaires extérieures pour se rendre en France au sein d'une commission de juristes qui devait régler et mettre en application quelques clauses controversées du traité de paix signé par la Roumanie. Mon ami déclina cet honneur pour ne pas interrompre ses activités à la cour et à l'université. Il dut même insister pour qu'on le remplaçât.

Donc, cinq mois après avoir refusé de partir avec dignité dans une mission officielle, Lucien s'enfuyait, emportant comme seul souvenir le même livre de mauvais présage pour les expatriés qu'il avait voulu offrir au philosophe dans l'espoir de le retenir.

❑

À la fin, par crainte de perdre la raison, je renonçai à toute tentative de trouver une explication logique à son acte effarant.

❑

Trois années s'écoulèrent. Pendant tout ce temps, je demeurais non seulement dans la même confusion, mais aussi très inquiet par le silence de Lucien.

Je me consolais au début en pensant qu'il s'abstenait de m'écrire afin de ne pas me créer d'ennuis. Néanmoins, comme je n'avais pas de ses nouvelles après un si long délai, j'essayai de le retrouver par le truchement de quelques personnes établies à l'étranger, en France notamment, et qui écrivaient à leurs parents et amis à Bucarest.

Aucune trace de Lucien.

Le faible espoir auquel je m'accrochais diminuait de jours en jour, et j'arrivai, sérieusement angoissé, à la conclusion qu'il était inutile d'attendre, que le pire s'était produit.

Toute sa vie Montaigne «fera les obsèques» de son ami La Boétie, mort à l'âge de trente-trois ans. Comme lui, je décidai de porter le deuil de Lucien jusqu'à la fin de mes jours.

Pourtant, la vie est pleine de surprises. Par une suite d'événements dont les détails dépassent le cadre de ce prologue, et alors que je ne m'attendais plus à rien, j'entrai en possession des confessions de Lucien, écrites à mon intention. Il s'agissait en fait d'une autobiographie.

Je retrouvai mon cher Lucien dans ses pages tel que je l'avais toujours connu: généreux, honnête et sincère, animé d'une noblesse digne d'être signalée à tous ceux qui l'avaient déshonoré et condamné en ignorant ses malheurs. Sa destinée peut éclairer certainement toute âme égarée ou mise à l'épreuve par les vicissitudes de la vie.

«L'histoire d'une âme humaine, écrit le poète Lermontov dans *Un héros de notre temps*, même de l'âme la plus humble, est, j'en suis presque sûr, plus curieuse et plus profitable que celle d'un peuple tout entier, surtout quand elle provient des observations faites sur soi-même par un esprit mûr et qu'elle est écrite sans le vain souci d'éveiller la pitié ou l'admiration.»

J'aurais pu raconter la vie de Lucien en me servant de son manuscrit; mais, pour réhabiliter complètement sa mémoire, je préfère le laisser parler lui-même, en me rappelant ce mot de Hermann Hesse: «Nous pouvons nous comprendre les uns les autres, mais personne n'est mieux expliqué que par soi-même.»

❑

Dans ma préoccupation pour ne pas altérer les mémoires de Lucien, j'ai laissé intactes même les citations et les réminiscences dont il s'est assez souvent servi.

S'il évoque certains vers ou maximes qui s'intègrent d'ailleurs parfaitement dans son récit, il ne faut pas l'accuser de pédantisme.

Comme nous allons voir, Lucien, oublié ou détesté par tout le monde pendant toute sa jeunesse, n'a eu d'autres amis que les livres. C'était son unique univers. Il lisait et relisait les poètes, les philosophes et les classiques avec une telle passion, qu'il en apprenait par cœur d'innombrables pages.

«Nourri de maximes et de conseils qui abondaient dans les livres que j'apprenais par cœur — confessa-t-il — j'avais été séduit par leur style brillant, sans jamais concevoir que ces avertissements s'adressaient aussi à moi...»

«Malgré la haine que j'éprouvais contre ces livres qui avaient falsifié ma vie, leur poison s'était répandu dans mon sang, et il me fut impossible d'arracher leur souvenir de mon cerveau, même dans la crise de désespoir dans laquelle je sombrais.»

Sa formation universitaire ainsi que le milieu intellectuel où il a vécu ensuite ont influencé aussi son style qui, loin d'être obscur ou ennuyeux, sera apprécié, comme nous l'espérons, par les lecteurs.

Lettre de Lucien

Mon cher ami,

Avant de t'en dire plus long, je dois préciser tout de suite pourquoi je ne t'ai pas révélé, le soir de mon départ, le motif de ma fuite.

Qu'aurais-tu pu comprendre et comment aurais-tu réagi si je t'avais annoncé que la main serrant la tienne, le désespoir dans l'âme, avait été tachée de sang à peine quelques jours plus tôt, et que je devais m'enfuir pour échapper à la justice?

En te faisant un aveu si grave et si sommaire en même temps, tu aurais refusé de me croire au tout début, parce que pour toi et pour tous ceux qui m'ont connu, amis ou ennemis, il aurait été inconcevable d'associer mon nom au moindre acte de violence.

Tu serais resté sidéré, comme tu l'es probablement maintenant quand tu me lis, jusqu'à ce que, reprenant tes sens, tu aies finalement trouvé que ma confidence pouvait être plausible en m'ayant vu à la gare dans l'état et les conditions que tu connais.

Ton amitié fidèle et toute l'estime que tu m'avais témoignée durant tant d'années de collaboration étroite se seraient écroulées d'un coup, comme un château de cartes, pour faire place dans ton cœur au dégoût et à la haine justifiés qu'on ressent contre celui qui viole le cinquième commandement: «Tu ne tueras pas».

Si j'avais essayé de me disculper en quelques mots, tu m'aurais condamné sur place sans m'appliquer la présomption d'innocence qui, ailleurs, protège même les assassins les plus féroces, sans me croire sur parole et sans être persuadé que je te dis la vérité d'homme à homme, d'ami à ami, de cœur à *cœur. Et puis, tu aurais très bien pu alerter les autorités car, tu le sais parfaitement, couvrir un criminel en lui facilitant la fuite signifie devenir son complice et s'exposer aux mêmes rigueurs de la loi que l'auteur du crime. Il se serait alors agi de ton devoir, de ta vie même, et tu aurais donc dû me dénoncer.*

Tu verras que, pour expliquer les événements précédant ma fuite, un récit complet s'imposait. Dans l'angoisse qui m'étranglait et le peu de temps qui me restait avant de sauter dans le train, comment aurais-je pu résumer plus de vingt ans d'une existence totalement différente de celle des autres et de tout ce que tu peux soupçonner ou imaginer? Sans ce récit, un ami comme toi aurait pu avoir des doutes. Que dire alors d'un ennemi?

Depuis mon départ, je n'ai été qu'un abruti, un paria, un lépreux. Arrivé enfin à Paris après avoir erré pendant plus de deux ans — je te parlerai de cet autre martyre peut-être plus tard —, j'ai rencontré un ancien confrère de Bucarest qui m'a donné les dernières nouvelles de là-bas. Il m'a rapporté aussi tout ce qui s'était passé et dit au Palais de justice, à la réunion organisée pour me vouer aux gémonies.

Un illustrissime confrère n'ayant aucun élément de preuve, sauf l'évidence de ma fuite et la rumeur publique, m'a accusé de vol et de duplicité en me comparant à Arsène Lupin et à Mirabeau. Merci! Le monde ignorait pourtant que ce même confrère, transfiguré en défenseur de la vertu, avait eu un dossier personnel. Ce dossier était tombé entre mes mains, et j'avais eu l'élégance de le lui remettre afin qu'il le détruisît lui-même, car autrement, c'est lui qui aurait été détruit. Cette générosité de ma part devait l'ulcérer plus que tous ses échecs dans les causes où nous avions été adversaires, et ma disparition subite lui a donné l'occasion de se libérer, le pauvre, d'un complexe refoulé depuis longtemps dans son subconscient.

Lorsque j'ai pris la décision de m'enfuir, j'étais obsédé non seulement par la justice officielle, mais aussi par le jugement superficiel qu'aurait porté l'opinion publique, et par le préjugé qui reste gravé dans l'esprit de tous, même si l'accusé est acquit-

té. Dans mon cas, cette dernière éventualité me semblait d'ailleurs inconcevable au lendemain de mon drame.

Si j'avais été arrêté pour ce qui m'a réellement déterminé à me sauver, le scandale aurait pris des proportions encore plus grandes, et l'assemblée de la salle des pas perdus aurait décrété que «Lucien» avait une double personnalité; le jour, il était disert, avocat et professeur d'université respectable, puis la nuit, tels les vampires des romans et des films d'horreur, il se transformait en meurtrier sauvage et taciturne et buvait le sang de ses victimes. Et, à la fin, pour ne pas subir le sort d'un Landru ou d'un Dr Petiot, il a pris le large.

À la place de l'éloquent Mirabeau, on m'aurait assimilé plutôt à un autre personnage qui n'avait pas moins le don de la parole. Je pense au docteur évoqué par Boileau:

Dans Florence, jadis, vivait un médecin,
Savant hableur, dit-on, et célèbre assassin.

Pour réprouver publiquement une telle existence diabolique, le maître prestidigitateur aurait tiré de sa boîte de cabotin d'autres épithètes et calomnies plus odieuses, tandis que les brebis dociles l'auraient toujours approuvé de leurs bêlements. Et au lieu du mot «honte» qui, psalmodié en chœur, se traîne et se perd, la foule aurait hurlé «assassin», as-sas-sin, invective qui résonne bien et avec brio. Car, vois-tu, mon cher ami, ceux qui ont inventé l'histoire de mes vols fabuleux étaient capables de n'importe quelle fantaisie.

Je considère cependant aujourd'hui qu'il m'aurait été moins douloureux de passer pour un assassin que pour un voleur. J'ai un dégoût presque viscéral pour celui qui s'approprie, par la ruse ou par la force, le bien d'autrui. C'est pour cela d'ailleurs, comme tu dois t'en souvenir, que si j'acceptais de défendre les criminels, je refusais toujours de plaider pour un voleur.

Bien que rongé par des remords d'une autre nature que ceux d'un vrai assassin, je t'avais juré, au moment de notre séparation, que ma conscience n'avait rien à se reprocher et que c'était mon destin qui me poursuivait. C'est ce destin impitoyable qui frappe comme dans les tragédies grecques, mené par les dieux. *Pour eux, nous sommes «des mouches aux mains d'enfants espièges: ils nous tuent pour leur plaisir».*

Une autre image me vient à l'esprit en te parlant de tragédie grecque: celle que donnait le regretté professeur Victor Basch de la Sorbonne! L'engrenage fatal dans lequel sont prises les victimes du destin ressemble à un serpent qui mord sa propre queue. Dans une action aussi cohérente, aucun élément n'est ni de trop ni de moins.

Pour en arriver au point culminant de ma tragédie à moi, je suis obligé de te raconter l'histoire de ma vie à partir de la tête du serpent. Tu pourras constater ensuite que le dernier acte n'a été, dans la volonté terrible des dieux, que la conséquence des événements qui s'étaient passés au début de mon existence.

Tu vois donc que je n'ai pas manqué à ma promesse de tout te raconter, et j'espère que tu comprendras pourquoi il m'a été impossible de t'écrire plus tôt.

En commençant mon récit, j'ai la sensation de t'avoir devant moi, de te parler et de constater que tu lis la sincérité de ma confession dans mes yeux qui soutiennent ton regard, sans s'y dérober à aucun moment.

Muni enfin de tous les éléments de mon «cas», tu seras libre de me condamner ou de m'acquitter au fond de ton âme et de décider en même temps si tu dois avoir honte ou non d'avoir été mon ami.

Avec ton souvenir toujours présent dans mon cœur, je te garde mes meilleurs sentiments et t'embrasse

Cordialement,
LUCIEN

P. S. Lorsque je me suis mis à t'écrire, j'avais l'intention de te donner seulement un aperçu de mon passé, afin de te montrer comment les malheurs dont j'avais été accablé pendant ma triste jeunesse m'ont toujours poursuivi pour provoquer, à la fin, la ruine de ma carrière et ma fuite du pays. En fouillant dans mes souvenirs, je me suis arrêté cependant à quelques épisodes assez intéressants pour être connus; et, au lieu d'un exposé succinct et dégagé de toute émotion, je me suis laissé entraîner par la plume et, sans me rendre compte, j'ai rédigé une autobiographie complète.

J'ai pris toutes les dispositions nécessaires pour que mon manuscrit, qui sera suivi d'un autre, te parvienne à un moment où rien ne pourra me toucher. Si tu crois que l'expérience singulière de ma vie peut servir d'exemple, parfois à suivre et très souvent à éviter, à ceux qui sont en butte aux coups du destin, tu es libre de publier mes confessions. Je te demanderais toutefois de taire mon nom et celui de tous ceux que je mentionne ou à qui je fais allusion dans mon récit.

L.

PREMIÈRE PARTIE

Le chemin interdit

Retourne sur tes pas ô ma vie
Tu vois bien que la rue est fermée.

ANNE HÉBERT

I

Car je naquis seulement lorsque mourut la mort.

MICHEL-ANGE

Tout être créé n'a droit qu'à une seule vie sur cette terre. Moi, j'en ai déjà vécu une, et je suis dans ma seconde vie.

Calme-toi, mon ami, car ma raison est intacte et je ne t'écris pas sous l'effet d'une hallucination!

Je ne te raconterai que ma seconde vie, telle que je la saisis au moment où je pris conscience de moi-même, et le roman qui se déroula ensuite.

Je parlerai très peu de ma première vie, car moi-même j'ignore ses détails, mais je t'assure que celle-ci aurait été une vie normale, comme celle de tout être qui naît, vit et meurt, si un grave accident ne l'avait coupée à un âge tendre.

❑

Chaque fois que j'écoute le prélude de Parsifal, j'ai l'impression de me trouver au-delà des limites de la terre, et je revis les moments lorsque le premier bourgeon de lumière perça la nuit, et que les nuages noirs enveloppaient mon cerveau.

C'était comme un chaos immense, sans limites, bouillant

et mugissant, flagellé par des vents enragés et agité par des vagues qui s'écrasaient sans cesse avec un bruit de tonnerre sur des rochers invisibles.

D'un endroit lointain, d'un abysse au-delà de ce monde, une étincelle apparaît et se lève doucement. Cette lumière vacillante commence à prendre forme et, dans ses rotations au-dessus des océans emportés par les éléments déchaînés, trace une ligne d'argent dans les ténèbres.

La petite lumière grandit de plus en plus vigoureusement; la voilà, elle monte maintenant et vogue comme un bateau de feu qui tourne à l'horizon en laissant en arrière des sillons festonnés. Soudainement, le noir se dissipe, les vagues se calment et sèchent par miracle.

Lumière, lumière, soleil aveuglant qui brûle mes yeux!

Je serrai fortement les paupières mais les rayons continuaient à me brûler. Par instinct, je cherchai à me défendre et voulus couvrir mon visage avec les mains, *mais cela me fut impossible.*

Rêve? Cauchemar? Non! En désespoir de cause, j'essayai de trouver un abri en enfonçant ma joue dans l'oreiller.

Je restai ainsi, sans bouger, une minute, une heure, une journée ou une année? Qui peut le savoir, car le temps ne peut être saisi dans le miracle de la création.

Lorsque je rouvris les yeux, la lumière, toujours là, ne m'aveuglait plus. Elle m'enveloppait dans les rayons caressants d'une matinée splendide. Je sentais le trot joyeux de mon cœur en réponse au salut du soleil, du ciel diaphane et de la branche fleurie qui se balançait doucement dans le cadre de la fenêtre largement ouverte. C'était le printemps. Le premier printemps de ma nouvelle vie; et, répondant à ce salut de jeunesse de la nature, je m'éveillai souriant.

— Docteur! Docteur! Docteur!

J'entendis un bruit de pas nombreux courant vers moi. Comme dans un brouillard, je vis des ombres — des femmes et des hommes — qui s'entassaient autour de mon lit et se penchaient vers moi. Je sentis la chaleur de leur souffle sur mon visage.

— Docteur, il a bougé; il a même ouvert les yeux.

Et puis, je ne m'en souviens plus. Tout se déchira et je rentrai dans le monde d'où j'étais presque sorti.

Je ne sais même pas combien de temps s'écoula jusqu'au moment où, en ouvrant les yeux à nouveau, je découvris devant mon lit un homme d'une haute stature, aux cheveux gris-argent et habillé en blanc. À ses côtés, une jeune fille me souriait pleine d'amitié. Avec le bonnet blanc neige ornant sa tête, elle me paraissait un vrai ange. Saisissant mon regard intrigué, elle vint plus près de moi et voulut me caresser.

Je devins inquiet et, lorsque sa main me toucha, je fis de mon mieux pour l'éviter. Je voulus m'enfuir, mais j'avais l'impression d'être cloué au lit et pesant comme une montagne de plomb; si pesant, qu'il m'était impossible de bouger même un bras ou une jambe. J'arrivai pourtant à tourner la tête sur l'oreiller, mais la main qui voulait me caresser n'insista plus et se retira avec la même douceur.

— Lucien, écoute-moi!

— Lucien, tu m'entends? Réponds!

On me répétait sans cesse les mêmes questions et chaque fois que quelqu'un passait à côté de mon lit, il m'appelait «Lucien» sans attendre une réponse.

Je comprenais parfaitement leurs paroles, mais je ne savais pas qui étaient ces gens et pourquoi ils m'appelaient Lucien, nom qui m'était complètement inconnu.

Un jour, stimulé par leurs insistances répétées, je voulus dire un mot. J'ouvris la bouche, je fis des efforts désespérés, mais il me fut impossible de parler. Finalement, un hurlement guttural sortit de mon larynx, et tout le monde resta figé.

Une toile blanche s'étirait de mon cerveau pour se transformer ensuite en un nuage lointain, car mon existence était égarée dans un brouillard aux confins de deux mondes contradictoires: la mort, d'un côté; la vie, de l'autre, au-delà de l'instinct mais loin encore de toute lumière raisonnable.

Peu à peu, une partie du brouillard commença à se dissiper.

Quand quelqu'un, homme ou femme, venait à mon lit et me disait: «Bonjour, Lucien», je ne restais plus indifférent comme un glaçon car je savais déjà que Lucien était mon nom, et quand mon ange gardien me caressait la joue, je n'essayais plus de me défendre; non pas parce que je ne pouvais bouger, mais parce que je n'avais plus peur. Mes instincts avaient été apprivoisés par la raison et je savais que sa main ne voulait pas me faire du mal. Au contraire, sa caresse me procurait un bonheur parfait et, comme dans les âmes des primitifs un phénomène naturel ou un simple geste prennent des proportions énormes, quand les doigts de velours caressaient mon front ou que sa main tapotait ma joue, je ne pouvais concevoir un contentement plus grand que celui que je ressentais.

Comme il m'était impossible de dire un mot, je remerciais par des sourires; et, depuis, chaque fois que quelqu'un passait à côté de moi ou me demandait quelque chose, je répondais par mon sourire, et il me semble que tous l'acceptaient avec joie, qu'ils le recherchaient même.

Et le temps s'écoulait comme un fleuve immense, profond et calme, qui donne l'impression d'être immobile.

«Heureux les pauvres d'esprit, dit le Christ, car le Royaume des cieux est à eux.» C'est possible, mais il est incontestable qu'*ici-bas, dans ce monde*, ils sont plus heureux que les maîtres des empires ou les sages.

Tous ceux qui veillaient à ce que la bougie de ma faible vie ne s'éteignît pas minaient, sans se rendre compte, mon bonheur, ma sérénité et mon inconscience, et, de cette manière, contribuaient à mon expulsion du paradis.

Tant qu'ils me soulevaient comme si j'avais été une planche et me mettaient à plat sur un chariot pour me promener à travers de longs corridors et de vastes salles, blanches et luisantes comme l'émail, tout me semblait parfait et... beau. J'étais nourri à temps, gâté, et je faisais l'objet de la sympathie générale. Mon ange gardien avait la patience d'une mère tendre et veillait sur moi comme si j'avais été son propre bébé. Elle attendait que je mange le contenu d'une cuillère pour approcher de mes lèvres la suivante, répétait les noms des objets et insistait avec douceur pour que j'essaie de les prononcer à mon tour. Je donnais des signes évidents que je connaissais très bien les objets et que je savais les distinguer, mais, malgré mes efforts, je n'arrivais à sortir de ma gorge que des sons rauques quand il s'agissait de les nommer.

Un jour, l'infirmière récapitula mes connaissances devant

le monsieur aux cheveux gris-argent, le médecin-chef de l'hôpital, comme je l'appris plus tard. Il était accompagné de ses assistants.

Elle me montrait des objets et me demandait de confirmer ou de nier d'un signe de la tête ou des yeux:

— Lucien, qu'est-ce que c'est? Un couteau? Et ça? Une assiette? Une fourchette? Une tasse?

Selon le cas, j'approuvais ou je niais.

Quand le médecin me montra un plateau et me demanda:

— Qu'est-ce que c'est? Un gâteau?

Je souris.

— Une orange?

Je hochai catégoriquement la tête pour dire non et j'éclatai de rire. Je ris fortement et tout le monde me seconda de bon gré.

On dirait que j'avais donné la preuve d'une grande supériorité cérébrale et que j'avais un niveau intellectuel qui dépassait leurs estimations!

Le médecin fut très content.

Quelques jours plus tard, en sa présence, l'infirmière qu'on appelait Sœur Anne me demanda:

— Comment t'appelles-tu?

Je répondis avec effort, en prenant mon temps après chaque syllabe:

— Lu... ci... en.

Le docteur était extasié et la sœur irradiait de bonheur et de fierté, car ce succès était le sien. Elle avait fait avec moi des répétitions exténuantes et se laissa griser par cette réussite.

Peu après, je l'appelais *An-nie! An-nie*, et mes connaissances commencèrent à s'accumuler très vite.

Je savais — enfin! — compter jusqu'à dix. À grand-peine, mais je comptais.

Lorsque le médecin-chef constata ma prouesse, il ordonna à Anne d'une voix ferme mais nuancée d'un certain humour:

— D'ici demain, *il devra compter jusqu'à treize!*

Devant le regard intrigué de la sœur, il ajouta:

— Oui, jusqu'à treize, car demain c'est son anniversaire, et il aura treize ans.

Avant de m'endormir, je me torturai avec le premier vrai problème de ma vie: qu'est-ce que ça veut dire «treize»? Ça doit être un chiffre important et éloigné. Si on doit mettre tant de temps pour compter jusqu'à dix, combien en faudra-t-il pour arriver à treize? Jusqu'à la fin, l'insouciance, l'apathie et le sommeil eurent raison de moi mais, le lendemain — miracle! — sans aucune aide, je savais compter jusqu'à treize; et vite, malgré mes difficultés de prononciation, j'arrivai jusqu'à cent. Quand je me rendis compte de la position du chiffre 13 dans l'ordre numérique, je fus assailli par un flot de questions dont la plus importante était: si je suis si grand, pourquoi ne puis-je quitter le lit? pourquoi ne puis-je marcher comme tout le monde? Et alors, je compris la vérité: *parce que je suis paralysé.*

Quelques jours passèrent et je fus soumis alors à une très curieuse opération. Les médecins ouvrirent mon corset de plâtre et me libérèrent de la carapace dans laquelle j'avais vécu, comme une tortue, durant trois ans.

Comme dans la barbare tradition chinoise — aujourd'hui abolie — qui mortifiait les pieds des enfants de sexe féminin, j'avais été enfermé vivant dans un moule qui m'avait conservé comme une momie mais qui empêcha toute tentative de mon corps de se développer, et ceci exactement à une période de transition vers la maturité. On sortit donc des débris de plâtre le corps d'un enfant de dix ans qui, en réalité, était âgé de treize ans et qui, du point de vue intellectuel, avait les connaissances et la mentalité d'un bambin.

Le corps d'un enfant? Une apparition sinistre tombée d'une autre planète. Un fantôme, une ombre bleuâtre ou, pire encore, la caricature de la mort: un amas d'os fragiles, rapiécés, soudés et parfois renforcés par des fils métalliques.

Dans un des déplacements vers la salle de réadaptation où j'étais soumis à la longue torture de massages et d'exercices très pénibles, le fauteuil roulant dans lequel j'étais conduit s'arrêta devant un large miroir. Je regardai inquiet — épouvanté même — l'apparition fantasmagorique qui me faisait face, dans une chaise pareille à la mienne. En levant les yeux au-dessus de la tête du monstre, je remarquai dans le même miroir le buste de mon ange gardien. C'était évident: si, derrière le spectre, c'était bien la sœur Anne, alors... *l'autre, c'était moi!*

Un hurlement de bête enragée secoua les salles de l'hôpital. Un hurlement lugubre et aigu suivi de sanglots et de cris de désespoir.

À partir de ce jour-là, mon sourire disparut, je cachais mon visage autant que possible et je ne regardais plus les gens dans les yeux.

II

Pour mettre un terme à ces détails désagréables, parlons plutôt du jour où je sortis de l'hôpital.

Le médecin-chef demanda à me voir avant mon départ.

Je gagnai son bureau en m'aidant d'une paire de béquilles qui devaient être les compagnons inséparables de ma jeunesse, et la raison de compassion ou de dédain des autres.

Le médecin m'installa lui-même dans un fauteuil très confortable ayant la capacité de recevoir cinq personnes de ma taille.

Il me regarda avec tendresse et sa voix vibra d'émotion au commencement:

— Voilà le grand jour arrivé, mon garçon! Un miracle de la nature, plutôt que de la science, s'est accompli. Il y a trois ans et demi que l'ambulance t'a amené ici. Tu étais un cas sans espoir. Me comprends-tu ou veux-tu que je te répète?

Mon signe de tête pour lui dire que je comprenais très bien fut si ferme qu'il ne chercha plus d'autres mots qui, selon lui, auraient pu m'être plus accessibles. En effet, malgré mon état, je compris tout et retins si bien que je peux mettre dans mon vocabulaire actuel ce que j'avais entendu alors.

— Nous avons fait tout ce qui était de notre devoir, mais il s'agissait d'un cas désespéré. Un de mes collègues regrettait que notre profession ne nous donnât que le droit d'essayer de guérir, en nous défendant de mettre fin aux souffrances inutiles. Il disait que les anciens étaient plus humains dans leur cruauté quand ils obligeaient les parents à jeter dans un précipice les enfants nés difformes ou affligés d'une maladie incurable. Tu comprends?

Mon second signe d'approbation l'encouragea à continuer:

— Dans ton cas — je peux te le dire maintenant! — j'étais de l'avis de mon collègue, *mais ton petit corps s'était entêté à survivre.* Encouragé par ton étonnante résistance à nos expériences audacieuses, nous nous sommes acharnés sur chacune de tes multiples fractures pour remettre à leur place ou interchanger des morceaux d'os broyés. Nous avons dû souvent revenir sur un travail précédent qui n'avait pas donné de bons résultats et opérer à plusieurs reprises. Avec le temps et de la patience, nous voilà arrivés à l'état actuel: tu peux marcher maintenant ou rester debout à l'aide de tes béquilles. Ton genou droit est presque ankylosé et ton bras gauche est à peu près dans le même état. Ce sont les membres qui avaient été les plus touchés dans ta chute... du troisième étage...

Lorsque j'entendis ces mots, j'essayai de faire un bond de mon fauteuil mais, incapable de me dresser, je tombai vers le dossier tout en grattant de mes ongles le cuir des bras, dans mon effort de trouver un appui.

Le médecin me calma d'un geste de la main et me dit:

— Nous allons parler de ça une autre fois. Occupons-nous plutôt du présent et de ce qu'il reste à faire. Peu d'espoir subsiste pour un retour à la normale de ces deux membres, à moins que le diable qui se cache dans ton petit corps ne joue un nouveau tour à la science médicale. Tu pourras alors compter sur une guérison complète ou presque, mais, pour arriver à un tel résultat, tu dois endurer les souffrances inévitables du traitement. C'est un long, long chemin jusqu'à ce que tu sois complètement remis et capable de te servir des membres déjà récupérés, et peut-être aussi, de ceux qui ne laissent pas trop d'espoir aujourd'hui.

Pour revenir à la normale, tu dois avoir du courage, de la patience et de la persévérance, et observer scrupuleusement le traitement et les exercices prescrits. Chaque séance manquée te jettera en arrière et tu ne feras que prolonger ton calvaire. Les exercices doivent être repris chez toi, en permanence, même au lit, quand tu es assis ou que tu marches. À propos, tu dois beaucoup marcher, tu dois serrer les poings très souvent, plier continuellement les bras et les jambes jusqu'à la limite supportable et même au-delà, et, surtout, n'oublie pas de respirer profondément et de rythmer ton souffle aux mouvements de tes membres.

Ne te laisse pas entraîner par un sommeil trop prolongé et tâche de rester au lit le moins possible!

Pendant la guerre, j'avais remarqué que les blessés qui gardaient le lit mettaient plus de temps à guérir que ceux qui circulaient toute la journée dans la cour de l'hôpital et ne revenaient s'allonger que pour le temps de reprendre leurs forces. Un de mes collègues, professeur à l'université et chirurgien réputé, a mis à profit ces observations, et a commencé un traitement très original: il demande à ses patients de descendre de la table d'opération et de gagner le lit par leurs propres moyens. Il leur impose ensuite de marcher, de circuler le plus possible, car le propre de l'existence est le dynamisme, tandis que l'immobilité est l'anéantissement. *L'horizontale, c'est la mort; la verticale, c'est la vie.* Et le médecin mima les deux positions pour être plus convaincant.

N'oublie pas notamment ce conseil, mon enfant! Et maintenant, passons à tes moyens d'existence:

À notre grand regret, personne ne s'est intéressé à toi, et les recherches pour trouver au moins un membre de ta famille n'ont donné aucun résultat. C'est l'Assistance publique qui te prendra en charge et, après, ce sera ta propre chance dans la vie, car tu as eu de la chance dans tout ce malheur. Ne te décourage jamais et lutte! Un vieux proverbe roumain dit: *Quand la tête manque, ce sont la jambes qui souffrent.* Dans ton cas, ta tête est intacte, et si tu la gardes toujours comme ça, tes membres n'auront jamais besoin de se plaindre. Au revoir, mon enfant, et bonne chance!

❑

Malheureusement, si les membres me servaient plus ou moins péniblement, ma langue était encore plus désobéissante: je pouvais à peine lier quelques mots et je bégayais affreusement. Il me fut donc impossible de lui dire merci et de le saluer, ainsi que me l'avait recommandé sœur Anne.

III

Placé dans une institution publique — un orphelinat —, mes liens avec l'hôpital ne furent pas complètement coupés car on m'y transportait chaque jour dans la voiture de l'institution pour continuer les traitements électriques, les massages et la gymnastique orthopédique. Grâce à ces soins, je fus un peu plus à l'aise sur mes béquilles.

Une vieille dame en charge du ménage de l'hôpital s'apitoya sur mon sort et, étant toute seule au monde au moment de sa retraite, obtint l'autorisation de m'emmener chez elle et de s'occuper de moi sous la surveillance de l'assistante sociale qui devait me rendre visite une fois par semaine.

Sœur Anne venait aussi «chez nous» assez souvent, surtout les soirs et les dimanches. Avec la même patience, elle m'apprit à lire, chose qui ne me parut pas extraordinaire car je mis peu de temps avant de commencer à avaler tous les livres illustrés qu'elle m'apportait. Je lisais même les journaux et je comprenais presque tout, mais les contes de fées étaient ma lecture préférée. La difficulté commençait quand je devais lire à haute voix ou écrire. Je passais des heures interminables à dessiner les lettres, et le simple fait de copier quelques mots me fatiguait énormément.

À la rentrée des classes, après un bref examen, je fus admis à suivre les cours du lycée, mais à une classe inférieure, avec le droit de sauter, sous le contrôle du ministère et graduellement, à «la situation antérieure» de celui dont je portais le nom, c'est-à-dire d'accéder à la classe correspondant à mon âge.

Je fus la risée de mes camarades dont j'étais de quatre ans l'aîné. Crocs-en-jambe et coups de poing étaient leur sport favori aux dépens de ma faiblesse, tandis que mon bégaiement constituait le délice de leur vie, surtout quand ils s'efforçaient de se dépasser en imitant mon balbutiement.

Un jour, on nous annonça, pour une date très rapprochée, la visite de l'inspecteur.

Le professeur d'histoire, responsable aussi de la discipline de notre classe, en était très préoccupé et essaya de nous préparer le mieux possible. Il fit une récapitulation générale de la matière inscrite au programme et, comme il savait très bien que le délégué du ministère avait l'habitude de demander quelle serait la carrière que nous aimerions choisir à la fin de nos études, il nous posa aussi, à chacun, cette question. Mes camarades parlèrent de leurs projets d'avenir, de leurs désirs ou de leurs ambitions. Mon tour arriva, et avant même que je ne puisse ouvrir la bouche pour essayer de dire, avec un haussement d'épaules, «sais pas», un élève, surnommé par ses copains Marcel le Renard, se dépêcha de répondre à ma place: «avocat»; et toute la classe, *y compris le professeur*, se tordit de rire.

C'est ainsi qu'ils trouvèrent mon sobriquet, «l'avocat», et chacun se faisait un plaisir sadique de me le lancer et même de me le hurler à l'oreille quand je faisais semblant de l'ignorer.

Une fois, je restai cloué à mon pupitre car Marcel le Renard m'avait volé les béquilles et, imitant la manière dont je m'en servais, faisait «l'avocat devant la Cour» et bégayait en tirant la langue et en fermant les yeux pour accompagner chaque «effort» de sortir un mot.

En rentrant à la maison, je tombai en sanglots dans les bras de sœur Anne qui était arrivée quelques minutes avant moi. Par des cris de désespoir entrecoupés de hoquets, car les larmes m'étouffaient, je lui déclarai mon intention de ne plus retourner à l'école.

Pauvre sœur Anne, ange gardien et ange de patience, béni soit ton souvenir!

Elle me sécha le visage, calma mon accès de détresse en m'assurant que tout serait arrangé pour le mieux et me promit d'aller le lendemain rencontrer le directeur du lycée qui, d'après ceux qui le connaissaient, était un homme «très sévère mais très juste». Elle me conseilla de ne pas donner satisfaction à mes ennemis en renonçant à l'école et attira mon attention sur le fait que, dans la vie, on a très peu d'amis sincères — peut-être *un* ou *deux* — tandis que les ennemis sont toujours légion. Et, pour illustrer cette vérité, elle me raconta une fable de Florian dont la moralité est:

> ... à quoi bon tant d'amis?
> Un seul suffit quand il nous aime.

Le lendemain, sœur Anne m'accompagna à l'école et entra chez le directeur à qui elle expliqua en détail tous mes malheurs, en soulignant que les tortures morales auxquelles mes camarades me soumettaient dépassaient même les souffrances physiques du passé.

Le directeur me fit venir dans son bureau et, malgré l'impression de terreur qu'il m'avait laissée, il me parla en ami et m'assura que dorénavant je serais sous sa protection personnelle. À la fin, il me dit:

— Et maintenant, un secret entre nous deux: à ton âge, j'avais la même difficulté que toi pour parler et mes camarades se moquaient aussi de moi. Pour ma chance, j'ai appris en classe d'histoire que Démosthène avait souffert du même défaut. Pour y remédier, il s'était mis à parler au bord de la mer, essayant de couvrir de sa voix le mugissement des vagues, ou bien il prenait de petits cailloux dans sa bouche et prononçait avec patience chaque mot jusqu'à ce qu'il ait réussi à parler mieux que tout le monde pour devenir le plus grand orateur de l'Antiquité. C'est grâce à Démosthène que je suis arrivé à surmonter mon défaut. Va à la bibliothèque et demande le livre *Les grands orateurs de l'Antiquité*, et après tu verras que tout est possible si on a la volonté de vaincre.

Le soir, je brûlais d'impatience de rentrer à la maison pour lire le volume qu'on m'avait prêté. Chemin faisant, je ramassais des cailloux, tout en épelant avec patience les mots «avocat» et «orateur». Je lus le livre jusqu'à l'aube et le relus trois fois les nuits suivantes.

Au cours de sa visite, l'inspecteur interrogea quelques élèves sur des sujets faisant partie de la matière au programme.

Par miracle, je fus épargné.

Vers la fin, le représentant du ministère demanda, en effet, à chacun quel était le choix de sa carrière.

Quand il arriva à moi, mes camarades se faisaient déjà des signes espiègles ou se donnaient en silence des coups de coude. J'entendis même, venant du fond de la salle, quelques ricanements en sourdine.

— Et toi, mon garçon? Oh non! Tu peux rester assis.

Il avait remarqué mes béquilles ainsi que mes efforts pour me lever. Je fus pourtant debout et, d'une voix claire et sans trébucher, je répondis:

— Je désire être avocat, monsieur l'inspecteur.

— C'est très beau, mon ami, et tu feras un bon avocat, fut la réplique.

Toute la classe resta bouche bée. Le grand moment d'hilarité générale fut manqué et mes camarades étaient stupéfaits.

Ce fut ma première victoire dans la vie.

Et pourtant, rien ne fut facile pour moi et, malgré mes efforts, les progrès étaient très lents et donc imperceptibles. Parfois je m'acharnais à poursuivre les traitements prescrits jusqu'à ce que, accablé par la fatigue ou découragé par le manque de résultats, je m'abandonne à nouveau au bon plaisir du sort, entraîné par l'impuissance et l'apathie.

Ainsi que j'avais été prévenu, chaque interruption du traitement avait comme conséquence une régression de mon état physique et mental; et, parfois, épuisé ou ahuri par le sommeil prolongé excessivement, je n'avais plus envie de descendre du lit. Je découvrais alors que mes membres recommençaient à s'engourdir et que les béquilles étaient impuissantes à faciliter mes mouvements, qui devenaient très pénibles.

Quant à mon bégaiement, j'étais parfois sur le bon chemin, mais il y avait des périodes où je devais faire des efforts pour chercher les mots, et j'étais incapable d'exprimer proprement même une courte proposition.

Le découragement s'emparait alors de moi et, de plus en plus, je me persuadais que toute torture que je continuerais à m'infliger n'aboutirait à rien.

IV

Enfin, une bonne nouvelle: après la visite de l'inspecteur, je fus transféré dans une autre classe et je récupérai une année scolaire.

Je pensai, plein de reconnaissance, à celui qui, portant le même nom que moi, était déjà passé par la même école et m'avait donc donné la possibilité de profiter de son travail et de son examen d'admission au lycée.

Mais qui était-il et qui étais-je?

La vieille dame qui m'avait accueilli chez elle était incapable de me donner une réponse et sœur Anne évitait toute discussion à ce sujet.

La maison où j'étais logé et nourri était très petite et très modeste, une maison de gens pauvres, mais très propres. J'étais soigné avec attention, guidé et traité avec bonté, et la pauvre femme se privait parfois du strict nécessaire afin que je ne manque de rien. Malheureusement, elle mourut quelques mois après, et je restai tout seul dans la maison.

L'assistante sociale ne manquait aucune de ses visites hebdomadaires et faisait tout son possible pour améliorer mes conditions de vie. Je prenais les repas à la cantine de l'école où on me donnait également des provisions pour la maison, et j'avais aussi une modeste allocation comme argent de poche. La brave sœur ne m'oubliait pas non plus; elle m'apportait toujours des cadeaux très utiles, s'occupait de ma tenue vestimentaire et veillait sur moi avec un dévouement absolu.

❑

À l'exception des journées où j'étais démoralisé, je me levais d'habitude très tôt car, selon les conseils du médecin, je ne devais pas rester longtemps au lit et, de plus, mes préparatifs de départ étaient compliqués à cause de mon infirmité. Jusqu'à l'école, où j'arrivais toujours en retard, dérangeant le professeur et mes camarades par mon entrée grotesque et le bruit de mes béquilles sur le plancher, j'avais à parcourir un bon bout de chemin qui m'éprouvait beaucoup. Avant de gagner le boulevard menant vers le lycée, je devais faire un grand détour à cause d'une imposante maison, un vrai palais. Il était entouré d'un parc immense dont la clôture, formée d'un parapet solide dans lequel s'implantait une haute grille avec des fers de lance dorés, s'étendait à perte de vue sur trois rues latérales.

Toutes les fois que je passais devant cette somptueuse résidence, je m'arrêtais, même si j'étais très en retard, pour admirer, toujours en extase, la splendeur de la façade, ses colonnes de marbre rose, les fenêtres enjolivées de coquets balcons en encorbellement et ornées de draperies de brocart, de velours ou de soie richement brodée. J'étais impressionné aussi par la vaste terrasse avec sa balustrade dont la pierre, artistiquement ciselée, ressemblait à une bande de dentelle fine, et par l'escalier majestueux de marbre qui se déployait en éventail jusqu'au gravier de l'allée principale. De chaque côté de la massive et grandiose porte d'entrée, deux imposants lions de pierre montaient fièrement la garde, chacun ayant une patte appuyée sur le haut d'un écu avec les armoiries de la famille qui habitait le palais.

Un soir, à mon retour de l'école, je pus jeter de loin un coup d'œil à l'intérieur, à travers une large fenêtre dont le rideau de velours était encore ouvert. Je fus littéralement extasié à la vue du plafond peint et couvert de décorations allégoriques. Au centre était suspendu, éblouissant comme le soleil, un superbe lustre de Venise.

Je me disais toujours que les gens qui vivaient dans ce paradis devaient être des princes et des princesses comme ceux que j'avais rencontrés dans mes contes de fées, ou des êtres célestes qui n'ont rien de commun avec la vie des mortels.

J'appris plus tard que cette demeure magnifique appartenait à une très ancienne et noble famille qui avait compté parmi ses ancêtres des princes régnants, des généraux, des hauts magistrats et des ministres. À l'époque dont je parle le palais était occupé par un descendant de cette famille, un illustre magistrat, président de la Cour de cassation du pays. Nommé ministre de la Justice, il continuait de l'être en dépit de nombreux changements intervenus depuis.

Mes grands détours me fatiguaient énormément, mais la contemplation quotidienne du bâtiment et de son parc me récompensait de tous mes efforts.

Vers la fin de l'automne, je découvris un chemin très court qui, en une demi-heure, me menait près de l'école. Il s'agissait d'une allée qui traversait la partie la plus boisée de l'extrémité sud du parc de «mon palais» et qu'empruntaient aussi d'autres gens du quartier. Pourtant, quand il faisait beau et que je n'étais pas exténué, je rentrais à la maison en prenant mon vieux et long chemin; et, plus je contemplais le palais et son parc grandiose, plus j'avais envie d'y revenir, car cet endroit avait pour moi la même fascination qui attire le somnanbule vers la lune.

Au commencement du printemps, on interdit aux usagers du chemin semi-privé de passer par là. À l'entrée de l'allée asphaltée, entre deux poteaux de fonte, s'étendait une lourde chaîne, et un homme au service du palais faisait signe aux gens de rebrousser chemin.

Devant ma déception visible, l'homme en livrée, qui me connaissait de vue depuis longtemps, me fit un signe discret et amical, et, en clignant de l'œil, il me dit en chuchotant: «Toi, tu peux passer», et quand je fus près de lui, il ajouta à mi-voix: «Mais fais de ton mieux pour ne pas être aperçu, et pour rien au monde ne dis à personne que c'est moi qui t'ai laissé passer, car depuis que monsieur Paul est là, il n'y a pas de blague!»

Je ne rencontrai personne sur mon chemin, et j'avançai avec précaution en prenant la lisière des bosquets, hanté constamment par la peur.

Pour éviter d'être surpris, je décidai de passer par là un peu plus tôt le matin, même au risque de trouver les portes du lycée encore fermées.

Cet excès de précaution se retourna pourtant contre moi car, à la même heure matinale, «monsieur Paul» accompagnait à l'école sa cousine, la fille du ministre de la Justice. Son uniforme m'indiquait qu'elle était élève à l'*Institut Pompilian*, la fameuse école des descendantes de la haute société roumaine où la plupart des matières étaient enseignées en français. Nos écoles étaient situées à deux endroits opposés.

Lorsque le jeune couple apparut devant moi, je restai figé, étranglé par la peur mais, en même temps, frappé par la beauté de cette fille qui devait avoir le même âge que moi. Mes yeux ne pouvaient se détacher d'elle et, oubliant complètement le danger, je croyais me trouver devant une vraie fée. La fille me regardait aussi, immobile, et, la surprise passée, elle esquissa un très gracieux sourire qui remplit mon âme d'un bonheur indicible. J'étais si absorbé par son apparition ainsi que par sa douceur, que j'ignorai la présence de son compagnon. Le visage éclairé de joie, j'étais en train de lui rendre son sourire et son salut lorsque «monsieur Paul», me secouant brutalement par le collet de mon misérable paletot, hurla probablement pour la troisième fois à mon oreille:

— Qu'est-ce que tu fais là? Tu ne sais pas que c'est interdit de passer par là?... *et surtout pour les mendiants?* M'entends-tu ou es-tu sourd?

Réveillé si brusquement de mon rêve, je regardais stupéfait cet homme; et ce qui me frappa chez lui fut la proéminence du maxillaire inférieur mettant en évidence une denture de fauve.

Pleine de pitié, la fille tenta d'intervenir en ma faveur mais son cousin, qui devait être son aîné de trois ans, lui ordonna d'un geste furieux de rester à l'écart.

— Écoute-moi, ordure! Si jamais je te retrouve dans mon chemin, je brise ces béquilles sur ton dos. File, cochon!

Tournant la tête vers la fille, il lui dit sur un ton autoritaire:

— Viens, Marguerite!

Et avant de reprendre son chemin, il me montra le poing.

Aucune de mes souffrances ne m'avait si fortement touché que l'humiliation dont je venais d'être l'objet. La torture à l'hôpital, la misère, les crocs-en-jambe et les mauvaises plaisanteries de Marcel le Renard et de sa bande me paraissaient dérisoires en comparaison avec les insultes cuisantes de «monsieur Paul», d'autant plus que j'avais été avili *en présence de la fille*.

Rentré chez moi, je m'allongeai à travers le lit sans enlever mon paletot et mes bottes. Je me privai de mon maigre dîner et passai la nuit entière en pensant à la scène vécue.

D'un coup, m'apparut dans le noir l'image pleine de fraîcheur, douce et souriante, de Marguerite. Je retenais ma respiration en la voyant se rapprocher de moi. Soudainement, «monsieur Paul» lui coupa le chemin, la poussa brutalement et l'arracha à mes yeux.

Une haine à outrance bouillait violemment dans mon sang mais, en même temps, je me sentais envahi d'un bonheur que je n'avais jamais connu.

Je m'endormis vers l'aube et, dans mon rêve, Marguerite, rayonnante de joie, venait vers moi. Elle me prenait par la main et nous courions ensemble dans un champ parsemé de fleurs. Je n'avais plus de béquilles et, ivre de bonheur, je la prenais dans mes bras pour franchir ensemble les ruisseaux et les obstacles qui voulaient retenir notre élan. Le soleil était doux et caressant, et la brise matinale s'amusait dans les boucles ondoyantes de ma merveilleuse princesse.

Je m'éveillai en sursaut, déçu de me retrouver tout seul et dans ma misérable pièce. Je me rappelai que c'était dimanche et que je ne devais donc pas sortir. Je restai toute la journée au lit, sans penser à me débarrasser de mes gros vêtements, essayant de reconstituer au ralenti, les yeux fixés au plafond, chaque détail de mon rêve miraculeux.

Le soir, je sortis et me dirigeai vers l'entrée du palais, mené par mon désir fou de rencontrer ou d'apercevoir, même pour un instant, la fée de mes rêves. Je restai tard dans la nuit en guettant chaque fenêtre et chaque porte. Sans résultat.

Je rentrai chez moi transi de froid et le cœur gros.

V

Lundi matin.

J'étais moi-même épouvanté de l'idée qui m'était venue d'un coup: prendre le chemin interdit, tenir tête à mon adversaire et, éventuellement, me battre avec lui en présence de la fille qui avait assisté à mon humiliation.

Je chassai cette idée en secouant fortement la tête. Combattre un ennemi dix mille fois plus fort que moi, violent et farouche! Comment avais-je oublié que je n'étais qu'un estropié, un pensionnaire famélique de l'Assistance publique, un béquillard, une vraie nullité et bègue par-dessus le marché?

Je repris mon vieux chemin contournant le palais et son parc. Le soir, je revins par la même longue route en me faisant des illusions de rencontrer Marguerite. Je ne vis personne en dehors des deux lions majestueux et imperturbables qui me dédaignaient aussi à cause de ma faiblesse et de ma pauvreté.

Brûlant du désir de la revoir, le lendemain je fus piqué par la même envie de passer par le chemin interdit, mais je me rappelai les paroles du «noble» et notamment sa menace: «Écoute, ordure, si jamais je te retrouve dans mon chemin, *je vais briser les béquilles sur ton dos!*»

Je pense toujours à sa menace pendant la récréation et voilà que Marcel le Renard, qui s'ennuyait depuis que je n'étais plus dans la même classe que lui, s'approche de moi entouré de sa bande pour me servir quelques grossièretés. Instinctivement, je me mets en garde. Il me suffit de faire une pirouette sur ma jambe gauche et de tourner au-dessus de la tête une des béquilles, pour voir la canaille s'enfuir comme une volaille prise de panique.

L'élément surprise passé, le Renard furieux revient à la charge, secondé par deux de ses acolytes. Le malheureux, essayant d'attraper mon arme et de l'arracher de ma main, reçoit un coup sec au genou, et moi-même je ne me rends pas compte par quel mouvement de bras le deuxième coup tombe net sur toute la longueur de son dos et le fait courir et hurler comme s'il venait de sauter dans une chaudière. Les deux autres se retirent aussi, épouvantés, et tentent de rejoindre leur chef qui saute sur un pied et frotte vivement ses épaules, le visage couvert de grimaces.

Ce ne sont pas seulement ceux qui nous font du bien qui ont droit à notre reconnaissance; les ennemis qui nous font du mal la méritent parfois également. Je fus donc très impatient d'exprimer à «monsieur Paul» toute ma gratitude pour sa formidable suggestion et de l'élever moi-même au rang des chevaliers par l'accolade que je me proposai de lui donner avec les mêmes béquilles qu'il voulait briser sur mon dos.

Le lendemain matin, sans aucune hésitation, je m'engageai dans le «chemin de la honte» que je voulais transformer en «chemin de la vengeance».

Au lieu de prendre le sentier près de la haie vivante, je m'aventurai lentement au milieu de l'allée asphaltée. D'un coup, je fus envahi par la peur. Mes dents claquaient comme des castagnettes et mon cœur battait du tambour.

Je parcourus un tiers du chemin. Personne. Je me flatte d'avoir la chance de ne pas rencontrer mon ennemi et je me promets de lui donner «l'accolade» une autre fois. Je fais encore deux pas. Les branches d'un bosquet ont bougé. Je suis presque mort de peur. Le bosquet est secoué, et un chat fait un bond et traverse le chemin. Ouf! c'est tout! Encore un petit bout. Enfin! Je suis à la sortie.

Oh! qu'il fait si beau! Joyeux, j'avance en dansant sur mes béquilles car je viens de «forcer» le passage interdit. En me rappelant ensuite ma poltronnerie, je ressens un dégoût profond envers moi et je me dis que, en effet, j'avais bien mérité les insultes de Paul.

Pour me punir — car ce sont deux êtres dans mon corps: *l'autre* et *moi* — je reprends le jour suivant le même chemin, muni de plus de confiance en moi, moins hésitant. Cette fois, je marche animé par le désir ardent de rencontrer mon ennemi.

Encore une fois, personne; et mon regret fut sincère.

Samedi, exactement une semaine après le pénible incident, je me trouvai sur le même chemin du parc. J'en avais parcouru un bon bout lorsque, soudainement, j'aperçus le jeune couple, toujours main dans la main, venant dans ma direction.

Mon sang ne fit qu'un tour. Pas moyen de rebrousser chemin ou de me cacher dans le parc! À cet endroit, la gauche de l'allée était bordée d'une haie vive, très touffue; à droite, un fossé assez large, de petite profondeur, mais ayant le fond rempli de boue. D'ailleurs c'était trop tard, car ils m'avaient remarqué. Il me restait une seule direction: *en avant*. Bien appuyé sur mes béquilles, j'avance à pas mesurés et, pour remonter mon courage et ma détermination à vaincre, je récite sans cesse le même vers de Corneille:

Qui... vvvveut... mou... mou... rir ou... ou... ou... vain... cre... est vain... cu ra... ra... rement.

À quelques pas de mon féroce ennemi qui s'arrête pour me barrer le chemin, je soulève mon arme, prêt à frapper sans pitié.

La fille est poussée de côté par un geste brusque de son cousin. Elle trébuche et tombe mais se lève vite et, prise de panique, crie désespérément: «Non! Non! Paul...»

Au lieu de faire attention à son compagnon, je tourne la tête vers elle et je reste comme une statue, la béquille en l'air et oubliant le danger. Paul profite du moment, arrache la béquille sur laquelle je m'appuyais et me pousse brutalement dans le fossé boueux. Dans ma voltige, l'autre béquille saute loin. Mon agresseur se penche sur moi, m'empoigne par le revers du veston et me soulève à moitié pour me dire sur un ton haineux:

— Ordure, tu ne peux pas dire que je ne t'avais pas prévenu! Et tu voulais même me frapper, toi, l'estropié! La leçon d'aujourd'hui va te suffire pour toujours...

À ces mots, il me crache au visage et me pousse furieux encore une fois dans la boue. Il ramasse ensuite les béquilles et s'efforce de les briser contre son genou. N'y arrivant pas, il s'enfuit avec et disparaît de ma vue.

La fille court vers moi et s'agenouille au bord du fossé:

— Pourquoi êtes-vous revenu?

Je lui jette un regard plein de haine, pour cacher ma honte, et je tourne la tête sans lui répondre. Je repousse en même temps ses mains tendues vers moi pour m'aider à sortir de la fange. Elle insiste:

— Je vous en prie, monsieur... permettez-moi...

Entre-temps, Paul fait sa réapparition. Il a les mains vides et frotte et bat lentement ses paumes l'une contre l'autre, comme deux cuivres de fanfare, faisant semblant de secouer la poussière qui les avait salies après avoir touché et jeté mes béquilles.

— Viens! ordonne-t-il à la fille.

Et lorsque celle-ci montre une certaine hésitation et lui demande des yeux, en tournant la tête dans ma direction, de ne pas m'abandonner dans un tel état pitoyable, il hurle:

— Viens! je t'ai dit...

Et, saisissant son bras, il la tire violemment après lui.

Laissé à la merci du sort, je restai au même endroit toute la journée, jusqu'à la tombée de la nuit, immobile et abasourdi mais gardant l'espoir que mon propre agresseur viendrait me dégager après m'avoir laissé un temps suffisant pour digérer la leçon. Personne ne se présenta. J'avais injustement attribué à mon ennemi une trace de sentiment humain mais, évidemment, j'étais *encore* un naïf. En désespoir de cause, je parvins à sortir du fossé en me débattant avec les ongles et les coudes. Que pouvais-je devenir sans mes béquilles? Qui sait où il les avait abandonnées et comment aurais-je pu les retrouver dans le noir? Il fallait que je fasse un effort pour arriver à la rue et demander le secours d'un passant. Je me traînai à plat ventre et je roulai mon corps sur l'asphalte pour avancer. Je couvris le dernier bout en rampant, en me tortillant comme un ver. Arrivé finalement dans la rue, je n'y rencontrai nulle âme qui vive. D'ailleurs, même pendant le jour, l'endroit était tranquille et, depuis la fermeture de l'allée, les passants étaient assez rares. Sans perdre l'espoir de rencontrer quelqu'un pour m'aider, je décidai de continuer le chemin vers la maison, qui n'était pas loin, par les mêmes moyens utilisés pour sortir de l'allée damnée.

Je m'accrochai à l'un des deux poteaux de fonte, et, me voyant debout, je me souvins du conseil du médecin, reçu le jour de ma sortie de l'hôpital: «La verticale, c'est la vie». Au lieu de ramper ou de rouler par terre, je me proposai d'avancer en sautant sur ma jambe gauche et en m'appuyant, à l'aide de mon bras droit, sur les clôtures et les murs des maisons par où je devais passer. De temps en temps, ma pauvre jambe droite me venait en aide pour me permettre de me reposer un peu et de faire quelques pas. Le genou droit surtout me faisait mal, mais il me brûlait moins que le souvenir du crachat de Paul. À partir du coin de la rue, je parcourus le reste du chemin en prenant toujours mon temps sans avoir besoin de m'appuyer sur la main droite.

Étrange sentiment qu'on éprouve lorsque la détresse se mêle à un bonheur inespéré! À un tel moment, l'âme peut être comparée à l'embouchure d'un fleuve qui se jette dans l'océan sans que l'on sache exactement où finit l'eau douce et où commence l'eau amère et salée.

Je venais de subir la plus humiliante des défaites, suivie d'un exploit extraordinaire qui faisait partie du domaine des miracles: *je pouvais marcher et me tenir debout sur mes propres jambes et sans béquilles.* L'homme avait mis des centaines ou peut-être des milliers d'années pour passer à la position bipède et pour acquérir l'ascendance sur tous les autres animaux de la terre; et moi, je vécus ce miracle en moins de quelques heures, tant au point de vue physique qu'intellectuel car, d'un coup, j'eus le sentiment d'avoir cessé d'être un enfant et de devenir un homme mûr et maître de son destin.

En passant le seuil de la maison, je ne ressentis plus l'envie de pleurer et de me souhaiter la mort comme je l'avais fait pendant que je gisais dans la boue, mais de rire aux éclats et de *vivre* pour pouvoir arriver à mon but qui ne me semblait plus impossible.

Pour l'instant, mes plus pressants besoins étaient de sortir de mes vêtements lourds et trempés de fange, et de me débarrasser de la croûte épaisse de crasse qui me couvrait depuis la tête jusqu'aux orteils; et, enfin, de dévorer toute la boîte de biscuits et le chocolat laissés par la merveilleuse sœur Anne lors de sa récente visite.

Je me proposai encore une fois de faire trop de choses en même temps car, à peine sorti de mon accoutrement, je m'allongeai sur le lit et, sans même me soucier d'éteindre la lampe à pétrole, je m'endormis pour passer une des plus réconfortantes nuits de ma vie.

VI

« Aussi y a-t-il des pertes triomphantes à l'envi des victoires...
Salamine, Platées, Mycale, Sicile n'oseront jamais opposer toute leur gloire ensemble à la gloire de la déconfiture du
roi Léonidas et des siens, au pas des Thermopyles.»

Il s'agit d'un extrait des *Essais* de Montaigne dont s'était
servi notre professeur d'histoire pour nous montrer que la gloire
du vaincu fut plus sublime que celle du vainqueur.

Malheureusement, une telle consolation ne me fut pas possible car ma perte, loin d'être «triomphante», avait été nettement
honteuse. J'avais été mis hors de combat avant même de commencer la bataille et, contrairement au comportement d'un vrai
héros qui aurait riposté et serait tombé en combattant avec courage un ennemi d'une supériorité écrasante, je m'étais laissé
malmener et avilir avec une docilité ridicule, sans ébaucher le
moindre geste de défense, ni protester.

Mon «héroïsme» tardif s'était manifesté dans l'effort *ulté-
rieur* — dicté par la nécessité et non par la vaillance — de rentrer à la maison par mes propres jambes, mais cet exploit ne
pouvait compenser une défaite cuisante.

Je ne devais pas oublier pourtant que, si Paul ne m'avait
pas liquidé si vite, s'il ne m'avait pas jeté dans le fossé rempli
de boue et s'il ne m'avait pas confisqué les béquilles, je n'aurais jamais essayé de marcher ou de rester debout par mes propres moyens. J'avais donc encore une fois toutes les raisons
d'être reconnaissant à mon ennemi et de conclure que les esprits
malins sont aussi nécessaires que les bons. J'aurais donc dû me
déclarer content de ce résultat et m'incliner devant la force de
l'adversaire, car le sage n'est pas ridiculisé ou accusé de lâcheté
s'il refuse d'entrer dans la cage aux lions.

Mais renoncer à la lutte voulait dire renoncer aussi à Marguerite, et comme il m'était impossible de l'oublier, le chemin vers elle passait par l'allée interdite, par la vengeance et par le corps de Paul au besoin.

En réexaminant les événements vécus depuis notre première rencontre, j'arrivai à la conclusion que ma vie et toute ma raison d'exister dépendaient du résultat de ce combat inévitable et dans lequel un de nous — Paul ou moi — devait être écrasé pour toujours.

Le destin de Paul et de Marguerite était soudé à mon propre destin, et il m'aurait été impossible de me soustraire à cette force terrible et mystérieuse, la même qui fait dévier de leur orbite deux corps célestes, appartenant à des univers différents, pour les mettre face à face et les amener à une collision épouvantable.

Pour faire la guerre, je devais agir comme le général d'une armée mise en déroute et qui, avant de tracer un nouveau plan de bataille, doit dresser l'inventaire de ses forces.

Mon pouvoir de combat? Nul. Les béquilles qui m'avaient déshonoré et déprimé auraient pu être une arme très redoutable. En ne les ayant plus, il ne me restait qu'à les remplacer par le renforcement de mon corps et par un entraînement combatif excellent pour faire face à la supériorité indiscutable de mon adversaire.

Il fallait que je commence par les jambes. Le médecin-chef de l'hôpital avait eu raison en me rappelant que «là où la tête manque, ce sont les jambes qui souffrent». Jusqu'alors, j'avais cru le contraire: que ma tête souffrait à cause de l'inertie de mes membres. En réalité, c'était la tête, le grand coupable. Il suffit de prendre l'exemple des béquilles. Je m'étais laissé insulter et avilir pendant plus de deux ans sans penser à me servir d'une arme de défense efficace qui m'accompagnait partout. Si je n'avais pas rencontré Paul, j'aurais ignoré cette arme pour le reste de ma vie; et s'il ne m'avait pas confisqué les béquilles, je n'aurais jamais eu le courage de les abandonner et de marcher tout seul, n'importe comment. À la clinique de réadaptation, c'était toujours ma tête qui était prise de panique et avait des vertiges quand on essayait de me laisser faire un seul pas sans aucune aide. C'était ma tête aussi qui n'avait pas réfléchi un seul instant avant de céder la commande et l'initiative à mon cœur, et qui m'avait permis de prendre le chemin interdit sans aucune précaution et sans entraînement. C'était la même tête vide qui avait reçu les conseils du médecin et qui, au lieu de les imposer à mon corps, les avait ensevelis sous la poussière de l'insouciance.

J'adoptai la devise «SOIS SANS PITIÉ!» en m'inspirant de la dernière recommandation faite de son lit de mort par le redoutable boyard Dracea à son fils, le futur prince régnant passé dans l'histoire de la Valachie sous le nom de «Michnea le Méchant»: «Sois sans merci, sois sans pitié car personne n'aura pitié de toi quand il te verra vaincu et misérable!... ma main est trop faible... elle ne peut plus soulever cette massue hérissée de pointes de fer, ma vieille compagne, ma fidèle amie... Prends-la désormais dans tes mains et que tu éparpilles en miettes les ennemis quand tu les frapperas!... *Sois sans pitié!...*»

Pour commencer, je dois appliquer cette devise à moi-même, l'utiliser contre tout signe de faiblesse ou de tendance à la paresse, et me livrer à un dramatique combat contre ma propre ombre.

Il faut que je sois la plupart du temps *debout* — vertical — pour vivre! Il faut que je plie chaque articulation pour dégourdir mon corps et mes membres. Le sang doit circuler vivement et, par la gymnastique, la respiration rythmique et les bains froids, il faut le chasser de tous les endroits où il a envie de sommeiller. Je dois bannir toute envie de repos, de sommeil prolongé et d'oisiveté!

Parallèlement à ces efforts physiques, je dois surmonter pour toujours mes difficultés d'expression. Je dois reprendre les exercices de Démosthène: lire à haute voix, prononcer distinctement les syllabes de chaque mot, revenir avec patience et persévérance sur chaque difficulté, réciter des pages entières et reprendre au commencement le texte pour me punir dès que je fais une erreur ou que je trébuche.

Pour stimuler ma volonté, je dois lire des livres montrant comment on arrive à développer cette force qui sommeille en nous, me nourrir de dictons et de maximes qui aiguisent le raisonnement et enflamment la force de l'âme, et suivre l'exemple magnifique des héros qui avaient brisé par leur fermeté de caractère et de courage n'importe quel obstacle se dressant sur leur chemin. Inspiré par une leçon d'histoire antique, je résolus de me soumettre à une impitoyable discipline spartiate et de m'armer de philosophie stoïque: m'abstenir de tout ce qui peut constituer un plaisir ou une faiblesse et, en même temps, résister à n'importe quelle épreuve, douleur ou coup adverse du sort. En réalité, n'étais-je pas déjà préparé pour une telle vie austère? Voilà enfin un avantage — et un avantage énorme! — sur mon adversaire qui n'était pas habitué à l'effort et à la souffrance, car il avait toujours ignoré les vraies misères de la vie.

❑

Les exercices commencèrent immédiatement. Je parcourais d'un bout à l'autre les deux pièces dont consistait ma demeure. J'allais et je revenais à pas d'oie en persévérant avec sadisme quand le genou droit me faisait mal. De temps en temps, je changeais de style et couvrais la distance en sautant comme une grenouille. Je m'imposai un programme strict et continuai l'entraînement toute la journée du dimanche jusqu'à minuit, pour enfin m'offrir la récompense de quelques heures de sommeil.

Le lendemain matin, il me fut impossible de faire le moindre mouvement sans ressentir des douleurs aiguës, et je me demandai comment sortir et marcher jusqu'à l'école. Pour me calmer et me remonter le moral, il me suffit de jeter un coup d'œil sur le papier fixé à la porte. C'était un fragment d'une poésie de Cojbuc que je savais d'ailleurs par cœur et que j'avais sans cesse récité la veille, en accompagnant d'exercices de prononciation mon entraînement physique:

Pourquoi se demander qu'est-ce que c'est la vie?
Une telle question, se la posent seulement les lâches.
Les braves n'ont pas le temps de penser
À la vie ou aux lamentations
Car les larmes ont été inventées par les fous
    et par les femmes

Dehors, près de la porte, je trouvai... mes béquilles, et, une fois l'étonnement passé, je poussai un cri de joie:

— Oh! qu'ils sont généreux, ces nobles!

Après quelques instants de réflexion, je me proposai de confirmer la réception de l'envoi et, éventuellement, de dire merci. Je ramassai avec soin les précieux objets et je les déposai sous le lit. Je me traînai ensuite pesamment, mais sur mes propres jambes, jusqu'à l'école. Ma démarche était lourde, je boitais comme un canard, mais j'avançais assez bien tout en me félicitant d'avoir résisté à la tentation de reprendre mes anciens soutiens de bois.

J'arrivai plus en retard que d'habitude, mais la journée fut très active. J'écoutai avec ferveur les explications de nos professeurs en répétant chaque mot par un mouvement muet des lèvres. Pendant la récréation, je fis deux fois le tour de la grande cour intérieure du lycée, et, dans l'après-midi, mes camarades me permirent de faire l'arbitre de ligne, de ramasser et de renvoyer le ballon quand il sortait du terrain; ils m'acceptèrent même dans leur équipe de football, plutôt à titre de figurant, parce qu'ils étaient à court d'un joueur. Un ballon lancé de toutes ses forces par un adversaire me frappa directement au front, et, par ricochet, sauta de ma tête aux pieds de l'extrême-gauche de notre équipe qui, d'un coup bien dirigé, marqua un but. Je fus le héros de la journée, et on me promit de me mettre à l'entraînement dans l'équipe B, auxiliaire, de notre classe.

De retour chez moi, je repris avec plus d'enthousiasme les exercices, accompagnant mes mouvements de *La mort du loup*, de Vigny, à haute voix.

Vers minuit, je sortis avec un très précieux colis que je gardai avec soin sous mon bras: les béquilles.

Je revins tard, les mains vides.

Quelques heures après, au lever du soleil, j'allai au palais admirer mon exploit. De loin, tout paraissait normal mais, en se rapprochant de l'entrée principale, on pouvait remarquer un très curieux changement dans la posture de chaque lion montant la garde. Au lieu de soutenir avec la patte l'écu au blason de la famille, les fiers fauves s'appuyaient sur une béquille jaune, et on aurait dit qu'ils avaient besoin d'un tel support pour se dresser sur leurs pattes de derrière.

Je ne veux pas dire que cette vengeance puérile était trop intelligente. Mon but fut tout simplement de me débarrasser de mes supports de bois et de montrer, si possible, à Paul et à sa cousine, que je n'avais pas besoin de leur générosité et que je pouvais me débrouiller avec mes propres jambes, comme eux et comme tout le monde. Pourtant, je ne me faisais pas d'illusions: mon agissement serait porté à leur connaissance, car j'imaginais que l'homme de service, qui n'avait aucun contact direct avec ses illustres maîtres, en trouvant les béquilles, les ramasserait et les jetterait tout simplement à la poubelle, sans aucun commentaire.

En dépit de mes doutes, mon désir fut réalisé grâce à une conjoncture inattendue: le même jour avait lieu à Bucarest un congrès international de la magistrature, et les participants, après le grand banquet donné à la résidence du ministre de la Justice, avaient posé devant les photographes sur les marches du grand escalier extérieur. «Les lions aux béquilles» parurent aussi dans les journaux et furent ainsi immortalisés.

L'affaire eut un écho à la Chambre des députés où, au cours d'une interpellation, un représentant de l'opposition avança que les béquilles du ministre de la Justice étaient «le symbole de la faiblesse d'un gouvernement qui a besoin de tels supports pour se maintenir debout».

Un autre député profita de l'occasion pour lancer la balle contre le ministre des Finances par un jeu de mots que seule notre langue pouvait lui faciliter; car la traduction du mot «lion» est «LEU» et, comme on le sait très bien, le LEU est aussi le nom de l'unité monétaire roumaine. L'orateur suggéra qu'on maintînt la valeur de notre LEU en lui prêtant les béquilles des lions de monsieur le ministre de la Justice.

Depuis ce jour, les géantes portes de fer forgé aux pointes de lances dorées furent fermées à clef, et un agent de police en uniforme était posté jour et nuit à l'entrée de la résidence ministérielle.

Et, probablement par le même messager mystérieux qui avait déposé si discrètement les béquilles chez moi, il me fut glissé sous la porte un très inquiétant avertissement tapé à la machine:

«Nabot dégénéré, si la boue que tu as goûtée ne te suffit pas, tu vas avaler des vidanges. C'est promis!»

VII

Il fallait me dépêcher car, maintenant, même si j'avais voulu rester à l'écart, le danger aurait été pareil partout: sur l'allée de Paul, sur mon chemin habituel ou, aussi bien, chez moi.

À la même époque, je lus dans le journal qu'un prince du sang souffrait d'un affreux défaut d'élocution à cause d'une rigoureuse et stupide étiquette de la cour. Né gaucher, il avait été forcé de se servir de la main droite et, par conséquent, il commença à bégayer. J'avais appris également qu'une moitié de notre cerveau est en friche et que le nerf qui commande la parole descend du lobe opposé au membre dont on se sert habituellement. L'idée me vint alors que, peut-être, *l'autre*, celui que j'étais auparavant, avait été gaucher et que, contraint de me servir de la main droite, je faisais contact avec le lobe gauche de mon cerveau qui était en friche. D'où, mes difficultés de m'exprimer convenablement et, aussi, mon amnésie.

Je m'acharnai donc contre mon bras gauche, persuadé que si j'arrivais à lui redonner sa fonction normale, tous mes problèmes seraient résolus, et le voile qui cachait mon passé serait aussi complètement levé.

La maison délabrée qui m'abritait était dépourvue de tout confort et même d'eau courante, et mes moyens thérapeutiques étaient aussi pauvres que mon état; mais ce grand inconvénient devait être un facteur très favorable dans la poursuite de mon but.

Pour avoir de l'eau, j'étais obligé de la transporter d'un endroit assez éloigné. Le seau, même rempli à moitié, était très lourd, et je devais m'arrêter à chaque pas afin de reprendre mon souffle et de calmer la douleur de mes muscles. Auparavant, cette corvée était faite de bon cœur par sœur Anne qui m'approvisionnait pour quelques jours; et, parfois, c'étaient les voisins ou les passants qui me venaient en aide. Ma décision fut ferme: faire moi-même le porteur d'eau et refuser avec entêtement toute assistance. Mieux encore: ne porter le seau qu'avec la main gauche afin d'entraîner mon bras qui, tiré par le poids, se déplia aux trois quarts. Pour le déplier complètement, je décidai de remplir le seau jusqu'au bord.

Malgré mon vif désir de m'arrêter pour reprendre haleine, je ne m'accordais qu'une seule halte, à mi-chemin entre la fontaine publique et la maison. Après quelques jours d'entraînement, je m'imposai de me servir seulement de trois doigts, mais j'eus envie de pleurer de douleur. Mon point d'arrêt était encore loin et je ne voulais pour rien au monde revenir sur ma décision. Le seau devenait de plus en plus lourd; ma main était raide et mes doigts meurtris. Courbé, haletant, j'avançais en me mordant les lèvres pour ne pas crier, jusqu'à ce que le seau m'échappât. Tout son contenu se déversa dans la rue et sur mes jambes. Furieux, je me punis en reprenant immédiatement l'opération et la répétai avec succès *trois* fois de suite. La douleur me coupait la main mais, en peu de temps, je transportais le seau avec deux doigts seulement. Après quelque temps, je supprimai aussi tout arrêt jusqu'à la maison.

Je persévérais avec tant d'acharnement et manquais tellement de pitié pour mon bras gauche, que même s'il avait été artificiel, il n'aurait pas moins bougé et obéi sous la pression de ma volonté.

Quant à ma jambe droite, elle ne voulait pas se plier au-delà d'une position donnée, à moins de la forcer et de la tenir en place avec les mains. Je la ligotai avec ma ceinture de cuir et la gardai dans cette position longtemps, sans me soucier de la douleur poignante ou de l'engourdissement mortifiant.

L'eau que je transportais servait à mes bains écossais. Après l'avoir fait bouillir dans le seau sur un poêle chauffé au bois fendu par moi, j'y plongeais ma jambe en endurant la brûlure sans soupirer et, immédiatement après, je la trempais dans un tonneau rempli d'eau froide, qui me servait habituellement de baignoire. Je revenais à l'eau chaude, puis à l'eau froide de nouveau, et ainsi de suite, pendant longtemps.

Pour allonger mon corps et pour cesser d'être un «nabot»

— bien que je fusse assez proportionné comme taille mais courbé à force de m'être appuyé sur les béquilles —, j'inventai un appareil très simple qui me donnait la possibilité de m'écarteler à volonté tout en faisant travailler simultanément mes jambes et mes bras. J'installai une poulie et accrochai la chape à la poutre du plafond; liant mes chevilles à un bout de la corde, je tirais l'autre bout pour suspendre mon corps, la tête en bas. Je gardais cette position au-delà de toute limite supportable. Pour augmenter l'endurance physique, je ne me permettais qu'un très court répit et je reprenais tout de suite mon autotorture.

Parfois, je trouvais trop confortable mon petit oreiller et le jetais à terre; et pour ne pas m'habituer à une vie trop facile, j'abandonnais mon lit avec son matelas de paille pour dormir à même le plancher.

Je lisais, je faisais attention aux récits mettant en évidence les prouesses d'un héros; et, dans mes rêves ambitieux, je me promettais de les dépasser. Le combat de David et de Goliath fut plus qu'encourageant pour moi en comparant la taille des deux adversaires. Pourtant, je ne voulais pas remporter une victoire facile grâce à un agissement contraire à la bravoure chevaleresque. Triompher de Paul par tromperie après lui avoir lancé une pierre ou lui avoir asséné un coup de matraque sans l'avertir, aurait été une action plus lâche et donc plus dégoûtante que les humiliations qu'il m'avait fait subir parce qu'il était plus fort que moi. Ce n'était pas en vain que, parmi les sentences répétées durant mes exercices de prononciation, le vers *À vaincre sans péril on triomphe sans gloire* était si souvent épelé. J'avais été assez déshonoré en présence de sa cousine pour m'avilir davantage par un acte mesquin qui n'aurait manifesté que ma propre impuissance. Ma résolution fut donc inflexible: le combat devait être sans merci mais loyal, corps à corps, face à face, et dans le plus strict esprit chevaleresque.

Je me proposai aussi d'affronter mon ennemi seulement quand je serais certain du succès. Dans l'attente, je continuai fébrilement mon entraînement: je sautais, je courais, je soulevais des poids lourds et je cherchais à chaque instant l'occasion de renforcer mes muscles.

Depuis longtemps je n'avais plus d'ennemis à l'école et, si

je ne pouvais me battre pour de bon, je participais à des épreuves de lutte gréco-romaine, pour devenir en quelques mois le vainqueur d'un concours d'athlétisme interscolaire.

En commençant à être trop confiant en mes forces, je faillis me rompre le cou. C'était à l'heure de gymnastique. Après nous avoir imposé des épreuves très compliquées, le professeur nous demanda de toucher «vite et par les moyens les plus appropriés» une barre placée près du plafond de l'immense salle. Tandis que mes camarades sautaient comme des singes et essayaient encore et encore, malgré l'impossibilité évidente de bondir jusqu'à une hauteur de presque douze mètres, je restai de côté, préoccupé de déchiffrer le sens des mots «par les moyens les plus appropriés», lorsque, regardant autour de moi, je vis mon dernier rival à la lutte s'emparer d'une longue échelle. J'éclatai de dépit mais, comme je tenais à tout prix à le devancer, je m'agrippai à une grosse corde à nœuds suspendue à l'autre extrémité de la salle. En me balançant comme Tarzan, mon idole, je me projetai exactement dans la direction de la barre à laquelle je m'accrochai d'une main, la main gauche. Sous le poids de mon corps, mes doigts commencèrent à glisser. Un dernier effort pouvait encore me sauver: je ramassai toute l'énergie qui me restait et parvins à empoigner la barre... de l'autre main également.

Il y eut un moment de suspense, tout le monde étant frappé d'une angoisse mortelle. Le professeur était blême et mon camarade concurrent, parvenu à la moitié de l'échelle, glissa sur la marche suivante et, n'étant plus maître de lui, descendit bredouille.

Pour descendre à mon tour, je dus me rapprocher d'un poteau en me servant des deux mains sur toute la longueur de la barre. C'est à ce moment que je découvris ce à quoi personne n'avait pensé. Pour le professeur, «les moyens les plus appropriés» n'étaient que les deux poteaux à barreaux transversaux, servant de marches, fixés aux murs opposés et soutenant la barre. Question d'attention et non d'impulsion!

À peine revenu de ses émotions, le professeur se précipita furieux vers moi et m'accabla d'injures pour me dire à la fin: «Il ne suffit pas d'avoir des muscles et de faire le chimpanzé. *Où est ta tête? Une imprudence d'une fraction de seconde peut*

te coûter la vie ou un retour à jamais aux béquilles... si tu as
encore de la chance...»

Au lieu d'être fier de mon acrobatie, j'en eus honte et considérai très juste et bien méritée sa réprimande. Depuis quelque temps, j'avais commencé à rôder autour de l'entrée du chemin interdit et j'avais même fixé une date toute proche pour affronter mon ennemi. Mon acte d'impulsion et d'imprudence stupide me donna la preuve que je n'étais pas encore mûr, comme je m'étais illusionné, pour l'affrontement décisif, et que ma tête aurait pu m'entraîner à un désastre irréparable.

Je me proposai donc d'attendre encore quelques mois car, de toute façon, l'année scolaire touchait à sa fin et, pendant les vacances, j'aurais tout le temps de préparer soigneusement ma vengeance.

VIII

À la rentrée des classes, j'étais comme un coursier impatient de prendre le mors aux dents.

En allant à l'école, après avoir franchi d'un bond agile la lourde chaîne rouillée qui, attachée à deux poteaux de fonte, barrait le passage, j'empruntai sans aucune hésitation le chemin interdit.

Il faisait un temps magnifique. Le soleil radieux, le ciel d'azur, les arbres majestueux du parc et la brise matinale, fraîche et fortifiante, présageaient un automne triomphal et stimulaient si vivement mon courage et ma confiance dans l'avenir, que je me sentais prêt à briser n'importe quel obstacle pour obtenir ce que je désirais de plus sur cette terre.

J'avais déjà parcouru un tiers de l'allée quand, tout à coup, je me trouvai face à face avec les deux cousins.

Ils marchaient, comme par le passé, la main dans la main, et la première réaction de la fille fut de se détacher, épouvantée, et de passer ses bras autour de la poitrine de son compagnon pour l'empêcher de m'assaillir.

En sachant très bien que Paul ne resterait pas indifférent à mon défi et à mon impertinence, je lui laissai l'initiative de l'attaque pour me donner ainsi l'occasion de riposter d'une manière foudroyante.

Afin de précipiter le déchaînement de sa colère, je fis semblant de ne pas avoir remarqué les deux passants qui me croisaient. J'avançais du côté de Paul, sifflant avec ostentation l'air du toréador de Carmen. Arrivé à sa hauteur, je frôlai sa manche, et mon sifflement, subitement renforcé lui éventa de près l'oreille.

À mon grand étonnement, aucune réaction! Mon audace l'avait ahuri.

Le soir, en rentrant, je pris le même chemin, doutant fort d'y trouver mes nobles: dans l'après-midi, je ne les avais jamais vu passer par là à cause de nos heures différentes de classe.

Le lendemain, nouvelle rencontre. Le souvenir de mon frottement contre le veston de Paul, accompagné de mon exclamation rythmée «O-lé! O-lé!» me donne des frissons même maintenant. J'étais comme un vrai toréador dans l'arène au moment où le taureau l'effleure, fou de rage, tandis que le public, suffoqué d'émotion, haletant, pousse en chœur le même cri d'encouragement que j'avais lancé pour me moquer de mon adversaire.

La bête féroce que j'avais touchée et à laquelle j'avais même donné un coup de coude pour dégager davantage mon passage, bien que le chemin fût assez large, voulut se précipiter sur moi; mais, encore une fois, la fille s'interposa vite et, passant ses bras autour du cou de son cousin, se cacha le visage contre la poitrine de celui-ci et éclata en sanglots:

— Paul, Paul, je t'en supplie! Tu m'as promis, Paul!

Le geste de panique et les paroles désespérées de Marguerite réussirent à retenir l'emportement du noble, mais les contractions des muscles de sa face, le serrement de ses dents de fauve ainsi que son regard bestial fixé sur moi montraient qu'il ne s'agissait que d'un bref sursis.

Pour lui prouver que je ne m'en faisais pas, je repris mon chemin tout doucement et d'un air dégagé, en le regardant fixement dans les yeux. Avant de tourner la tête, je lui servis une grande grimace ricaneuse et piquante qui aurait pu faire sortir de ses gonds même un séraphin.

Je me demandais combien de temps pouvait durer ce genre de harcèlement si Marguerite s'obstinait à s'interposer chaque fois que la bataille était prête à se déclencher. J'avais conçu autrement le règlement de compte, mais je devais me plier aux circonstances qui m'étaient pourtant assez agréables car, si «la vengeance est un plat qui se mange froid», il ne me restait qu'à continuer de toréer avec Paul. Lui faire sentir les morsures de la pique du picador, lui passer la véronique, enfoncer dans sa peau les banderilles pour lui infliger des brûlures jusqu'aux tripes, le rendre fou par le travail de la muleta aux éclats de mes rires en cascade et, finalement, en matador habile, procéder au dernier acte du spectacle et lui donner l'estocade. Si, arrivé à cette phase du jeu, Marguerite essayait encore une fois de nous séparer, je me verrais alors obligé de l'écarter en faisant quand même attention pour ne pas la molester.

Au début de la semaine suivante, en voulant reprendre *mon* chemin et la corrida, je n'en pus croire mes yeux lorsque je trouvai à l'entrée de l'allée une solide clôture de bois, haute de six mètres et surmontée de trois rangées de fil de fer barbelé. Cette horrible palissade s'unissait, d'un côté, à la dernière lance de la majestueuse grille de fer qui entourait le parc et le palais sur une longueur de trois rues; et, de l'autre, elle s'appuyait sur le mur épais qui séparait le domaine du reste du monde.

Au moment de mon arrivée, deux hommes travaillaient encore. Ils étaient en train de monter une lourde porte pour fermer la brèche laissée pour l'entrée.

Mon ancien ami, l'homme qui m'avait protégé autrefois et qui m'avait permis de passer par le chemin interdit au risque d'y perdre son emploi, se trouvait aussi sur le trottoir pour surveiller les travailleurs et les inciter à se dépêcher. Sans pouvoir soupçonner mes intentions et considérant normal que je fusse attiré pour satisfaire ma curiosité, il me dit sur un ton aigre:

— Voilà ce qu'on fait quand on a trop d'argent! Ils ont peur qu'on ne leur vole les arbres... C'est comme ça quand les jeunes se dressent sur leurs ergots et singent le maître...

— Une autre fantaisie de monsieur Paul? demandai-je, essayant d'en savoir plus long.

— Non, répondit-il vivement. Imagine-toi que c'est l'idée de Mademoiselle! Monsieur Paul s'était opposé, mais c'est elle qui a eu le dessus et qui a donné l'ordre que la clôture soit terminée pour dimanche soir. Quelle folie! Les hommes ont travaillé d'arrache-pied toute la journée, et Mademoiselle est restée hier soir jusqu'à dix heures pour les surveiller. De plus, elle veut que je monte la garde chaque matin, probablement pour empêcher les mouches d'y entrer, et elle a ordonné aussi que deux hommes fassent la ronde toute la nuit. Qu'est-ce que tu dis de cette baraque?

Sans attendre mon opinion et content d'avoir eu l'occasion de vider son cœur, il traversa la rue pour reprendre sa place auprès des ouvriers qui semblaient avoir quelques difficultés à ajuster la porte.

Le nouvel obstacle brouillait complètement mes projets. Je fus donc obligé de reprendre le long chemin du début en longeant la grille massive qui clôturait le parc sur une distance interminable pour faire ensuite un angle droit devant la large façade du palais et se prolonger à perte de vue sur une autre rue latérale qui marquait la lisière de l'ouest du domaine. En réalité, j'avais besoin de faire un tel détour pour avoir le temps d'examiner la situation et d'envisager une autre solution.

Incontestablement, le moyen choisi par *elle* pour m'interdire le passage était plus intelligent, plus poli et plus efficace que celui imposé par son cousin. Au fond de mon cœur, je lui donnais raison. Pourquoi devait-elle avoir des émotions, se disputer avec Paul à cause de moi et lui arracher la promesse qu'il ne me roue pas de coups? Les grandes demoiselles sont trop délicates et n'aiment ni le sang ni la boue. Et, de plus, elle voulait être seule avec son prince charmant, qu'ils courent tous les deux dans les allées et les sentiers du parc, qu'ils rient et chantent à leur aise qu'ils s'embrassent à leur gré, sans les témoins qui dérangent l'intimité d'un couple de pigeons amoureux.

C'est donc elle qui avait suggéré dès le tout début qu'on interdise le passage aux gens de l'extérieur, tandis que Paul n'avait été qu'un exécutant brutal des ordres de Mademoiselle. Quand on pense que j'avais été furieux contre Paul et que j'avais gardé pour sa cousine les sentiments les plus tendres sans me demander un seul instant si elle voulait de moi ou si, au moins, elle désirait me revoir!

J'eus ainsi la preuve que Mademoiselle était plus cynique et plus égoïste que son cousin. Elle ne s'était pas mise du tout à la place des pauvres gens qui chaque jour allaient au travail pour gagner un misérable bout de pain et qui, à cause de son caprice, devaient faire un détour exténuant, matin et soir, et raccourcir leur temps de repos déjà trop bref.

Désirer me voir! N'est-ce pas elle qui, agenouillée au bord du fossé, m'avait demandé: «Pourquoi êtes-vous revenu?» Ce n'était qu'une manière polie de me dire: «Que veux-tu de nous? Pourquoi nous embêtes-tu?» Et, comme elle tenait à tout prix à

ne plus me rencontrer, elle n'hésita pas à faire ériger une clôture infranchissable.

Cette réalité que mon optimisme ainsi que ma soif de vengeance m'avaient cachée me dévoila un grand malheur, très difficile à supporter et contre lequel ni mes muscles ni ma volonté
n'avaient aucun pouvoir, car la tigresse était plus méchante que
Paul et plus forte que moi.

J'aurais mieux supporté sa haine que son indifférence.

IX

Quoi faire? Braver Paul et me moquer de lui n'était plus un problème pour moi, et j'en avais déjà donné la preuve; mais comment défier l'ordre de «Mademoiselle» pour lui montrer que ni les montagnes les plus élevées, ni les chaînes lourdes ou les fils de fer barbelé ne peuvent m'arrêter ou me faire capituler?

À la tombée de la nuit, je me rendis sur place pour examiner la situation.

Au dire d'un passant, sur l'emplacement situé entre la grille de fer et le mur du fond du jardin se trouvait jadis une vieille chapelle qui, délabrée par le temps, avait été démolie, et c'est ainsi que ce coin resta ouvert.

La nouvelle clôture était couverte d'une peinture vert foncé qui n'avait pas encore séché. La porte, imperceptible de loin car elle faisait corps commun avec l'ensemble, n'avait pas de poignée et ne pouvait être ouverte du côté de la rue qu'avec une clef. Le seul moyen clandestin de pénétrer dans le parc aurait été d'escalader la grille de fer, malgré la hauteur de ses lances qui dépassaient cinq mètres, sans compter le parapet de pierre dans lequel elles s'implantaient. Ce n'est pas l'effort demandé par une telle opération, si facile pour moi, qui me retenait, mais le fait que l'homme du palais montait la garde le matin et que deux gardiens faisaient la ronde toute la nuit. La rue était bien éclairée et n'importe qui aurait pu me surprendre et appeler la police. L'entrée principale était aussi bien surveillée et avait été fermée depuis l'incident des «lions aux béquilles». J'avais encore un faible espoir: la porte de service située à l'autre extrémité de l'allée. Je fis le grand détour pour arriver à l'endroit par où je sortais auparavant du chemin interdit. La porte de fer était aussi fermée à clef. Un «Avis au public» interdisait «l'accès des particuliers sans raison de service» et demandait aux fournisseurs de sonner trois fois.

Il me restait un seul endroit par où j'aurais pu, peut-être, pénétrer: le grand mur du sud. Mais il fallait l'examiner d'abord, et une telle opération demandait un certain temps. J'ajournai la suite de mes investigations pour le dimanche d'après.

Le jour venu, je fis dans l'après-midi le tour du quartier en cherchant un point où j'aurais pu escalader le mur. Je m'égarai dans un dédale de rues et de ruelles qui menaient dans une direction opposée à mon chemin habituel; et comme je passais par là pour la première fois, j'avais l'impression de me trouver dans une autre ville. Mon seul point de repère fut le toit du palais, qui était de plus en plus éloigné, mais je devais me guider aussi en fonction des maisons et des sinuosités du chemin qui m'obligeaient à des écarts imprévus. Finalement, je trouvai une route proche du mur qui m'obsédait. Il s'agissait d'une rue morne, couverte de flaques d'eau boueuse et assombrie davantage par un ciel de plomb. Il n'y avait que des maisons délabrées, vieilles et sales, entourées chacune d'une cour mal entretenue et ayant comme limite, au fond, le mur noirci du palais. On aurait dit plutôt la Grande Muraille de Chine car la solide clôture, très haute et épaisse comme un mur de prison, séparait deux mondes différents.

En essayant de me rapprocher de la porte d'une de ces maisons misérables, je faillis être mordu par un chien; il se précipita furieusement sur moi et alerta toutes les bêtes du quartier qui se mirent à aboyer à tue-tête. Plus loin, la rue s'enfonçait dans un cul-de-sac et je dus revenir sur mes pas pour aboutir, après un nouveau détour, à un terrain vague, parsemé d'immondices et de débris et dont la limite était le mur hideux.

C'est seulement là que j'aurais pu tenter l'escalade avec le moins de risques d'être surpris, mais à condition de faire l'opération la nuit quand le diable même aurait hésité à s'y aventurer.

Fou comme j'étais, je rentrai chez moi préparer mes bagages: mon cartable bourré de livres et de cahiers, un bon bout de pain et un morceau de fromage ainsi que l'outil indispensable à l'alpiniste: la corde — dont je me servais pour mes exercices d'estrapade — à laquelle j'attachai un crochet à quatre pointes recourbées que j'avais découvert depuis longtemps dans une remise attenante à ma pauvre maison.

Vers minuit, je partis en expédition et, environ une heure et demie après, je me retrouvais tout seul dans le noir sur le même terrain vague et désolant, au pied du mur.

Pour ne pas être tenté d'abandonner l'entreprise, je jetai d'abord ma serviette dans le jardin. Il me fallut répéter cinq fois l'opération car le mur était trop haut et je ne visais pas bien.

L'accrochage de la corde fut plus difficile encore. Les becs pointus refusaient de mordre au chaperon du mur et, malgré mes efforts, le grappin tombait à terre suivi, naturellement, de la corde.

Je me félicitai d'avoir envoyé la serviette m'attendre de l'autre côté car, autrement, j'aurais pris la décision de revenir une prochaine fois pour identifier un endroit plus propice. Comme le jeu ne pouvait pas continuer jusqu'à l'aube, j'avançai le long du mur en me tordant le cou afin de trouver un point d'appui; et, finalement, la Providence me fut favorable en m'amenant sous les extrémités d'une branche d'arbre assez forte et qui dépassait la cime de la maçonnerie. Mon ancre à quatre pointes s'y fixa sans difficulté; malheureusement trop bien, car il me fut impossible de la décrocher après et je dus l'abandonner avec toute la corde. L'escalade du mur ne se passa pas non plus sans incidents fâcheux. Le chaperon du mur était hérissé de tessons de bouteilles qui avaient été incorporés dans le ciment pour empêcher les malfaiteurs de tenter ce que j'étais en train de faire. Un de ces morceaux de verre déchira la manche de mon veston et pénétra sur toute la longueur de mon bras droit. Mon pantalon s'accrocha à un autre morceau tranchant mais, heureusement, sans toucher à la peau. Le vieil arbre me vint encore une fois en aide, et je descendis de branche en branche du châtaignier sans me rendre compte que la terre était encore loin de mes pieds. En atterrissant, je tombai sur le dos mais, par chance, le lit de feuilles mortes était assez épais pour amortir ma chute.

Les premières lueurs du jour commençaient à filtrer timidement à travers les branches des arbres à moitié effeuillés, et je pus alors localiser les dégâts: le sang avait collé à la peau la manche de ma chemise, mais mon pantalon était moins abîmé

que je ne l'avais cru. Mes bottes pesaient quelques kilos à cause
de la boue accumulée et à laquelle s'étaient collées des feuilles
mortes. Je les nettoyai à l'aide de ces feuilles dont je pouvais
disposer à volonté. Un coup de peigne ainsi qu'un «repassage»
à la main de mes vêtements suffirent pour me donner, plus ou
moins, une tenue passable. Je retrouvai sans trop de peine ma
serviette et me proposai de la garder à mon flanc droit pour
cacher la déchirure de la manche que j'avais grossièrement
remise en place avec une épingle de sûreté trouvée au revers
de mon veston. Le bras droit était, de toute façon, hors de combat. Il me restait un seul bras, les jambes et... les dents.

L'entrée de l'allée se trouvait beaucoup plus loin que je ne
l'avais pensé. Avant d'arriver à la nouvelle clôture de bois, je
passai par un endroit parsemé de pierres noircies; il s'agissait
sans doute de quelques tombes d'ancêtres oubliés qui avaient
été enterrés là, près de la vieille chapelle démolie. Qu'il me fut
réconfortant de piétiner ces dalles sous lesquelles gisaient les
corps damnés ayant appartenu à cette caste fière, égoïste et
méchante dont Marguerite et Paul faisaient partie!

La nouvelle porte était munie, à l'intérieur, d'une grosse
serrure et, par excès de sécurité, on y avait fixé un solide verrou un peu plus bas. Les usagers de cette porte la déverrouil-
laient en sortant le matin et, en revenant, ils se servaient d'une
clef pour entrer. Puis, de l'intérieur, ils donnaient un tour de clef
et poussaient le verrou.

J'avais encore du temps jusqu'à l'heure approximative où
mes ennemis devaient passer par là et, pour ne pas être surpris
par le personnel du palais, je me retirai vers le mur. Caché parmi
les arbres, j'avalai le pain et le fromage, tandis que mon cerveau essayait de réexaminer la nouvelle stratégie qui s'imposait.

Dans ma hâte de pénétrer dans le parc, j'avais négligé de
me demander par où je sortirais. Il est vrai que j'avais ignoré
que l'escalade du mur poserait tant de problèmes et que le retour
par la même voie serait impossible. Pour le moment, je me trouvais dans une souricière mais je ne voulais pas me tracasser
pour ce que je ferais *après*, en me disant que si Ulysse avait inventé un moyen de s'évader de l'antre du cyclope, il serait un
peu moins difficile pour moi de quitter un domaine tellement
vaste.

Avant de revenir à l'allée, j'arrangeai de nouveau ma tenue vestimentaire, éliminai les restes de boue qui étaient encore collés à mes bottes, frottant et pressant avec les mains les faux plis très saillants de mon veston. La blessure du bras, bien qu'étendue, n'était pas aussi profonde qu'elle m'avait semblé au début; et cette constatation me réjouit en pensant que je pourrais utiliser aussi ma main droite, au besoin. Mais ma grande préoccupation était d'avoir la chance de rencontrer mes adversaires car, si je les manquais, une autre occasion de les affronter sur le même chemin aurait été impossible.

À mon grand désespoir, ils ne se montrèrent pas et je fus obligé de retourner à la porte, en me cachant parmi les arbres; et lorsque j'arrivai à la nouvelle clôture, je repris encore une fois la marche sur l'allée. J'avançai de nouveau jusqu'au point où le sentier qui menait au palais rejoignait le chemin asphalté. C'est par là qu'ils arrivaient toujours, et comme ils ne firent pas leur apparition, il ne me resta qu'à attendre derrière le tronc d'un gros arbre. Finalement, je les aperçus. Je me dis que ma peine n'avait pas été vaine mais, ignorant quel serait le résultat de mon aventure, je me demandais s'il n'était pas trop tôt pour me déclarer heureux de les rencontrer.

Je courus vers la nouvelle porte d'entrée et je repris pour la troisième fois le même chemin. J'avançais comme par le passé, d'un air naturel, sans que mes ennemis eussent pu soupçonner les pirouettements auxquels j'avais recouru pour nous croiser.

«Mademoiselle» était à la gauche de son cousin. Je choisis la droite du chemin pour passer à côté d'elle et pour éviter ainsi de toucher Paul de mon bras blessé. Je ne devais pas oublier que ce combat présentait pour moi des risques à cause des fatigues d'une nuit blanche et du long après-midi qui l'avait précédée; mais comme j'étais là pour me battre, si l'adversaire passait à l'attaque, il ne me restait qu'à riposter avec la rapidité de l'éclair.

Quelle fut leur réaction?

Paul ne me regarda même pas et avança, nonchalant, les mains dans les poches, sifflant fort et faux l'air du toréador et feignant de ne pas m'avoir remarqué.

Attitude très bizarre! Mais la fille m'étonna davantage.

Lorsqu'elle m'aperçut, elle s'arrêta un instant et me regarda comme si elle voulait s'assurer qu'il ne s'agissait pas d'une illusion d'optique; et, au lieu de courir pour empêcher Paul de m'assaillir, elle pouffa de rire et couvrit pudiquement sa bouche et son menton du bout des doigts.

Sans perdre de vue son cousin qui ne semblait pas avoir envie de se battre, car il s'éloignait lentement et sifflait le même air strident, je m'arrêtai devant elle. Après lui avoir adressé un sourire, je reculai de deux pas et lui fis une révérence en m'inclinant cérémonieusement, pliant un genou et mimant le geste d'ôter un invisible chapeau panaché avec lequel je faisais de larges cercles en l'air jusqu'à ce que ma main touchât la terre.

«Mademoiselle», évidemment choquée par ma moquerie, fronça les sourcils et, indignée, reprit brusquement son chemin pour rejoindre son cousin qui avait contemplé la scène et attendait de l'autre côté de l'allée, sans perdre son flegme mais renforçant son sifflement pour le rendre plus perçant et plus faux encore.

Je sortis du parc sans complications: par la porte de fer où je passais autrefois lorsque j'arrivais au bout de l'allée. Un livreur était en train de décharger sa charrette des boîtes et des paniers qu'il déposait à l'entrée de service du palais. Tandis qu'il échangeait quelques mots avec le cuisinier, je profitai de l'occasion pour me faufiler dehors.

❑

J'étais réhabilité mais je n'étais pas heureux. Je m'étais moqué de Paul à outrance et j'avais défié avec dédain les mesures prises par sa cousine pour m'empêcher de passer. En ne me trouvant plus dans leur chemin, ils allaient penser que j'avais abandonné la lutte de mon propre gré après avoir montré que je n'avais pas peur.

C'est ainsi qu'on écrit l'histoire, mais quelle faible consolation pour moi! Pour caractériser mon état d'âme, je pensais à un vers de Schiller:

Oh non! je n'ai rien perdu et, pourtant, tout me manque.

❑

Après les efforts et les émotions de cette dernière aventure, je n'eus aucune envie d'aller à l'école et je rentrai chez moi.

Le lendemain matin, je repris résigné l'ancien long chemin qui faisait le tour du palais et de son parc. À l'école, je fus étourdi et très impatient de finir la journée pour pouvoir rester seul avec mes souvenirs et mon chagrin. En classe d'histoire, le professeur m'embêtait avec des détails sur les mouvements ouvriers et les conflits de travail en France, en Angleterre et aux États-Unis dans la seconde moitié du XIXe siècle et le commencement du nôtre. Tout à coup, je dressai l'oreille lorsqu'il parla de la réaction des patrons pour contrecarrer les menaces de grève de leurs ouvriers, ou quand ils voulaient éliminer ceux qui étaient membres d'un syndicat. Ils usaient du *lock-out*, c'est-à-dire, ils fermaient les portes des usines.

J'avais donc été aussi victime d'un *lock-out*! Mais une porte peut être fermée de deux côtés: pour empêcher les gens d'entrer *et, aussi, pour les empêcher de sortir.* Cet axiome m'inspira un moyen de rendre à mes nobles la monnaie de leur pièce.

Le soir même, je remplis mes poches de petites vis et ramassai aussi de l'ancienne remise un gros cadenas et quelques pitons larges et solides. (Le mari de la vieille dame qui m'avait adopté avait été un brave serrurier). Prenant toutes les précautions pour ne pas être surpris, je me rendis, tard dans la nuit, à «la porte de Marguerite». Il faisait un temps horrible. Une pluie triste d'automne tombait sans arrêt et des rafales la dispersaient secouant les branches des arbres et frappant les toits et les fenêtres. La rue était déserte et parsemée de feuilles mortes tourmentées par le vent et emportées par l'eau qui formait de larges ruisseaux le long des trottoirs. Les esprits des ténèbres étaient venus à mon aide afin que je puisse accomplir sans risques mon acte de sabotage.

J'introduisis les vis une à une, par l'orifice de la serrure que je gavai jusqu'à ce qu'il n'y eût plus de place. À l'aide d'une mince lime, j'entassai les tiges de fer pour pouvoir en ajouter d'autres; mais, à force de presser et de remuer, le bout de l'outil se brisa et resta aussi dedans.

L'opération de vissage des deux gros pitons fut moins facile car le bois du poteau était très dur et je n'avais pas de foret pour pratiquer des trous avant d'introduire les queues à vis. J'arrivai pourtant à faire un bon travail et, immédiatement après, toujours à tâtons, je passai l'arceau du cadenas géant dans les pitons. Après avoir tourné deux fois la clef dans la serrure du cadenas, je quittai vite l'endroit mais je revins sur mes pas, malgré la pluie qui m'avait glacé jusqu'aux os, pour vérifier encore une fois si le cadenas était bien fermé et pour glisser aussi dans sa serrure quelques petites vis. Je jetai la clef dans une bouche d'égout.

Sans doute, me dis-je, ils feront venir un serrurier et ils prendront des mesures rigoureuses pour prévenir la répétition d'un tel acte, *mais demain ils feront aussi un LONG détour et ils sauront que ça vient de moi.*

Vaine satisfaction, car c'était moi qui condamnais l'entrée du chemin pour lequel j'avais enduré une longue torture et risqué ma peau pour le maintenir ouvert! Ce ne fut pas le seul paradoxe tragique de ma vie.

❑

L'assassin a l'habitude de retourner sur les lieux du crime.

Par prudence, je m'abstins pendant quelques jours d'apparaître dans la rue où se trouvait «la clôture de Marguerite». Malgré ma curiosité de «criminel», je savais qu'il n'y aurait pas grand-chose à voir car, entre-temps, la porte avait dû être remise à son état initial.

Une semaine après, conseillé par le diable de recommencer l'opération «lock-in», je m'arrêtai au coin de la rue et, regardant de loin, j'aperçus la porte de Marguerite entrebâillée. Le soir, en rentrant, je fus très surpris de voir la même porte se balancer au vent, tantôt largement ouverte, tantôt fermée brusquement.

Le matin suivant, un peu plus sûr de moi, je passai près de la porte et constatai que la serrure avait été enlevée et que le piton que j'avais vissé au poteau était arraché. Le cadenas était toujours là mais pendait à l'anneau de l'autre piton, resté au même endroit de la porte, là où je l'avais fixé. Sur le bord de la porte ainsi qu'à la partie correspondante du poteau, on voyait des marques évidentes de violence: le bois était mordu ou écrasé par la pince-monseigneur qui avait forcé l'entrée.

En me rendant de l'autre côté du parc dont je fis le tour par l'extérieur, je constatai que la porte de service était grandement ouverte comme par le passé et «l'avis au public» avait disparu.

«Hourra! m'écriai-je, le blocus est levé!»

Le même jour, en classe de géographie, l'intendant du lycée interrompit les explications du professeur pour lui dire que monsieur le directeur voulait me voir immédiatement et qu'il m'attendait dans son bureau.

Il me suffit de regarder le visage bourru et le froncement des sourcils du directeur pour me rendre compte qu'il s'agissait d'une chose très sérieuse.

En effet, il était très déçu de mon comportement «tant à l'école qu'ailleurs». J'étais toujours en retard et, parfois, je m'absentais des journées entières sans permission; ma tenue était déplorable et je ne préparais plus mes devoirs; je manquais d'attention en classe et j'étais impertinent avec mes professeurs quand ils osaient me faire des remarques et même quand ils voulaient me donner un conseil.

— Je ne sais pas ce qui se passe dans ta tête, mais je dois te rappeler que si cette situation continue, tu vas perdre ta bourse. Tes agissements sont scandaleux partout, et pas seulement à l'école. Nous venons de recevoir des plaintes très graves contre toi. N'oublie pas que tu appartiens à un lycée d'élite d'où sont sorties des personnalités exceptionnelles! Tu n'as qu'à relire leurs noms gravés en or sur le tableau d'honneur en marbre, près de l'entrée principale. Tant que tu portes l'uniforme et les couleurs de notre institution, tu n'as pas le droit de nous compromettre. Ton effronterie est allée trop loin en pénétrant de force dans la propriété de Son Excellence monsieur le ministre de la Justice, malgré les interdictions qu'on t'avait signalées; et tu ne t'es pas contenté de violer un domicile — délit qui peut t'envoyer en prison — mais tu provoques les gens, tu les insultes et tu cherches la bagarre à tout prix...

Je l'interrompis par un regard intrigué mais il ne comprit pas.

— N'essaie pas de nier! C'est la propre fille du ministre qui me l'a dit. Pour mettre un terme à cette situation révoltante, elle m'a supplié, les larmes aux yeux, de t'empêcher de passer par là. Je ne veux pas avoir d'histoires à cause de toi. Si tu ne changes pas d'attitude, si tu continues de t'absenter et si tu n'améliores pas tes notes, tu n'es pas seulement en danger de perdre l'année, tu perdras aussi ta bourse. Et si tu passes encore une fois par le jardin de Son Excellence, je demanderai immédiatement au ministère de l'Éducation de te transférer à une autre école — en province plutôt — et de te retirer toute aide matérielle car, autrement, c'est *moi* qui serai muté. *Je me suis porté garant de ta conduite et j'ai promis à la demoiselle, en la priant aussi de transmettre mes assurances à Son Excellence monsieur le ministre, qu'elle ne te rencontrera plus dans son chemin. Ne dis pas que je ne t'ai pas averti!*

❏

Après les menaces, le chantage.

C'était à moi de faire le choix entre la capitulation et la résistance, mais je savais très bien que, quelle que fût ma décision, me soumettre ou me révolter, je ne pouvais être que perdant. Alors il valait mieux choisir la rébellion et dire *non* au chantage. Si Marguerite ne veut pas de moi, c'est moi qui veut d'elle, et si je ne peux la conquérir, que je lui montre au moins mon mépris. Ils n'ont qu'à m'arrêter; qu'ils m'arrachent le morceau de pain de la bouche, qu'ils essaient de m'envoyer en province à un internat ou plutôt une école de correction pour me réduire à la vie de forçat, mais qu'ils ne me demandent pas de capituler!

Me voilà en guerre contre tout le monde et il ne me reste, comme à Médée, qu'une ressource: «MOI, dis-je, et c'est assez...» et je ferai exactement ce qu'auraient fait mes héros favoris devant pareil dilemme. Je dirai comme Samson qui savait ce qui l'attendait: «Ce qui sera, sera!»

Le matin suivant, je me trouvais sur l'allée du parc. Les arbres étaient complètement défeuillés et un soleil violacé et froid se laissait envahir par des lambeaux de nuages noirs qui l'aveuglaient par intermittence et couvraient la terre d'un linceul d'ombre.

Difficile à croire: mon apparition fut une surprise très agréable pour... Paul car, dès qu'il me vit, il exulta en riant et en se frottant les mains pour manifester sa joie. Il ne me laissa plus l'impression d'avoir encore l'intention de tenir sa promesse et de me faire «avaler des vidanges». Quand il se rapprocha, il reprit son calme et son indifférence d'auparavant: même allure et même sifflement strident de l'éternel air du toréador qu'il commença et répéta comme une orgue de Barbarie détraquée. Il me dépassa sans me jeter un seul regard tandis que sa cousine ralentit ses pas et me fit signe plusieurs fois, par des mouvements courts du revers de la main, comme si elle voulait me dire de faire marche arrière. Elle faisait ce geste discrètement pour ne pas être remarquée par Paul, bien que celui-ci ne montrât pas la moindre envie de savoir pourquoi sa compagne ne le rejoignait pas. Lorsque Marguerite fut près de moi, elle chuchota vite: «Ne revenez plus! Je vous implore, monsieur!» Elle mendiait cette «grâce» de ne plus me voir, non seulement d'une voix mélodieuse et veloutée, mais aussi de ses yeux tristes, presque pleurants. Je m'arrêtai un instant et, en la regardant fixement dans les yeux, je lui répondis par un signe lent et catégorique de la tête pour lui dire *non!*

Après avoir fait quelques pas, je m'arrêtai de nouveau et,

me tournant dans la direction où avançaient les deux amoureux, je hurlai:

— *Je reviens et je reviendrai toujours, matin et soir, et si ça vous dérange, vous n'avez qu'à prendre un autre chemin.*

❑

Je fus très irascible toute la journée, indigné contre ces nobles qui se prêtent à tout quand il s'agit de suivre leur caprice. Je les avais vus menaçants et triviaux, féroces, lâches et rusés, délateurs et cyniques; et quand aucune de leur méthode ne donne de résultat, ils font du théâtre et deviennent pathétiques pour obtenir ce qu'ils veulent. Mais il me fallait reconnaître qu'elle était si belle et m'avait parlé si gentiment... pour me chasser!...

Je m'attendais d'un moment à l'autre d'être rappelé par le directeur pour me faire dire que je pouvais préparer mes bagages; mais la journée se passa sans aucun incident. Sans doute n'était-il pas encore au courant de mon nouvel exploit mais, pensais-je, ce soir ou demain, la noble demoiselle lui donnerait un autre spectacle de *la commedia dell'arte* et, au milieu des larmes de crocodile, elle inventerait une autre grossièreté commise par moi pendant ce nouvel acte effronté de «violation de domicile», à moins que «Son Excellence monsieur le ministre» ne prît lui-même le téléphone pour trancher cette importante affaire d'État!

❑

Mon élimination de l'école était imminente et j'étais déterminé à interrompre mes études plutôt que d'abandonner le chemin du parc par où passait aussi mon destin.

Qu'allais-je devenir? J'étais trop pris par mes déceptions pour essayer de trouver une réponse.

Le soir, revenant à la maison, je trouvai le parc pareil à mon âme: froid, solitaire, sombre et découragé dans l'attente de l'hiver impitoyable. J'éprouvai pourtant un certain sentiment de paix parmi ces arbres géants et résignés qui, au lieu du chant harmonieux du rossignol, avaient écouté dernièrement les sifflements et les tambours sinistres des vents, et parfois, les croassements lugubres de Paul, le corbeau maudit. Tout à coup, je revins à mes préoccupations et à mes souvenirs. Obsédé par l'intonation fausse et ridicule de l'air du toréador que Paul fredonnait pour se moquer de moi, je commençai à l'imiter, mimant ses singeries et sa morgue grotesque et lançant à haute voix des jappements pleurnicheurs qui me soulageaient et me faisaient sortir de ma mélancolie.

J'arrivai près du fossé, à moitié rempli de feuilles mortes, là où le noble m'avait jeté dans la boue et sali de sa bave parce que j'étais faible et infirme. Je m'arrêtai un instant pour revivre dans le noir la scène et les gestes du fanfaron lâche et imbu de lui-même. Et pourtant, je devais reconnaître que la chance était de son côté. Il était aimé par un être aussi merveilleux que Marguerite, il était toujours avec elle, il l'embrassait et la serrait dans ses bras sans même se rendre compte de l'immensité de son bonheur parce qu'elle était à sa portée, docile et souriante, tandis que moi, je restais toujours le vagabond, le loup solitaire, le sauvage inopportun qui l'aime vivement sans qu'elle le sache et souffre sans aucun espoir.

Pour me moquer plutôt de mon malheur que de mon adversaire, je repris sur le même ton faux et criard le passage de l'air interrompu par mon court arrêt: *Qu-a-and l'a-mour te prend, qua-a-and l'a-mour te prend...* mais il me fut impossible de continuer. Un coup sec de matraque me fit tomber sur un genou.

Deux ombres se précipitèrent sur moi, m'immobilisèrent et me traînèrent dans le noir du parc. Un troisième personnage fit son apparition et il ne me fut pas difficile d'identifier la silhouette de «monsieur Paul».

La torture commença. Tandis que les deux bandits me tordaient les bras pour m'empêcher de bouger, le «noble monsieur Paul» déchaîna sur moi un torrent de coups de poing et de soufflets, à pleines paumes et du revers de la main. Je sentis le sang gicler de mon nez et, lorsque son poing tomba sur ma bouche, un craquement sourd de dents brisées, accompagné d'une douleur insupportable, me fit pousser un cri aigu.

Soudainement, je pensai à «La mort du loup» et, ramassant le reste de volonté qui me tenait encore debout, je décidai d'affronter mon agresseur avec la seule arme dont je pouvais disposer: le défi.

> Gémir, pleurer, prier, est également lâche...
> [...] souffre et meurs sans parler.

Souffre et meurs sans parler! Meurs sans parler! me disais-je en me donnant cet ordre inexorable tandis que je léchais mon propre sang et que le torrent de coups continuait avec la même violence.

Finalement, le bourreau s'arrêta un instant et, lorsque je croyais que les deux complices qui me tenaillaient les bras étaient prêts à me relâcher, la brute — le criminel — m'asséna un coup violent — le coup de grâce — au-dessous du thorax.

La seule chose que je retins avant de m'affaisser et de m'évanouir fut mon propre hurlement qui déchira le silence du parc et de la nuit sans étoiles.

X

Lorsque j'ouvris les yeux, je crus être mort et arrivé au paradis. Au-dessus de moi, dans le ciel bleu, des anges grassouillets volaient gracieusement dans la mousse transparente de quelques nuages passagers.

Oh! je n'aurais jamais pensé qu'il fût si beau d'être mort!

Heureux, j'esquissai un sourire, et c'est alors qu'une vive douleur me ramena à la réalité. J'étais allongé dans un grand lit. L'oreiller, blanc comme la neige fraîchement tombée, était orné d'une très délicate broderie, discrètement parfumée. La couverture, en soie matelassée à reflets rose tendre, était légère comme une plume.

Je voulus me lever, mais la force me manqua. Je ressentis des brûlures comme si j'avais un brasier dans le ventre, notamment du côté droit, vers le foie. J'eus envie de vomir, et une personne dont j'avais ignoré jusqu'alors la présence vint immédiatement à mon aide.

Pendant quelque temps, je languissais entre la vie et la mort. De violents maux de tête et des vomissements me torturaient sans répit, tandis que la brûlure déchirait mon ventre.

Quelques jours après, je me sentais un peu soulagé et il me fut possible de toucher aux repas légers — du potage et du jus d'orange — qu'on m'apportait au lit sur une table roulante. En me regardant dans le grand miroir qui surmontait la cheminée de marbre, je constatai que mon visage était horriblement tuméfié, livide et couvert d'escarres.

Je me proposai de résoudre le mystère du lieu où je me trouvais et de découvrir ce qui m'était arrivé après l'assaut bestial et lâche dont j'avais été victime. Mais je me sentais encore trop faible.

Tard, dans l'après-midi, un grand monsieur entra dans la chambre impériale où j'étais alité. Il avait une tenue noble et très distinguée. Après m'avoir salué avec une marque de grande considération, il prit place dans le fauteuil, près du lit.

— Comment allez-vous, monsieur? me demanda-t-il avec douceur. Le médecin me dit que vous êtes en voie de guérison. Comme vous le savez, deux de nos domestiques, excédant les ordres d'empêcher les gens de l'extérieur de passer sur notre propriété, vous ont sauvagement assailli. Les coupables ont été renvoyés le soir même quand on vous a trouvé gisant dans le parc, évanoui et couvert de sang. Nous avions voulu communiquer avec votre famille mais, apprenant de ma fille que vous n'avez aucun parent et que vous vivez seul dans une maison du voisinage, nous vous avons amené chez nous au lieu de vous faire transporter à l'hôpital. Mon propre médecin s'est efforcé de vous prodiguer ses soins. Vous voilà pratiquement tiré de cette horrible affaire — oh! que nous avons eu des émotions! — et c'est le moment de vous présenter toutes nos excuses. Comme faible compensation de vos souffrances, nous avons décidé de vous donner l'hospitalité jusqu'à votre complet rétablissement. Entre temps, pour vous dédommager de la perte de vos vêtements, qui ont été abîmés, nous vous prions d'accepter les complets que nous vous avons fait préparer. Des chaussures neuves et des chemises à volonté se trouvent aussi dans le placard. Enfin, à titre symbolique, ma fille vous supplie d'accepter ce portefeuille avec, bien entendu, tout son contenu. Quant à vos absences à l'école, ne vous en faites pas car j'ai tout arrangé avec le directeur de votre lycée. Je vous souhaite une parfaite guérison et, encore une fois, soyez convaincu de notre répugnance contre la barbare agression de nos anciens domestiques.

À ces mots, il s'inclina et disparut par la grande porte ornée de moulures en or.

Le bandit! sifflai-je entre les dents. Il parle de l'agression commise par les deux domestiques, mais *rien* du véritable assaillant, du *seul* criminel responsable. Et ils ont eu peur, mais pour leur peau et pas pour ma vie. Ce n'est pas par amour qu'ils m'ont pris chez eux — ces gens qui ne m'avaient pas permis de *passer* par un lointain chemin de leur parc — et qu'ils m'ont fait soigner par leur médecin au lieu de m'envoyer à l'hôpital. Pour acheter mon silence, ils m'offrent des habits neufs, des souliers et des chemises et, comble d'humiliation, mademoiselle — «la fille» — me «supplie» d'accepter, «à titre symbolique», un portefeuille «avec tout son contenu».

Ma tête tourne et j'ai le vertige. Je veux suivre un raisonnement mais je manque de force pour me concentrer. Ah! ce mal de tête et cette nausée qui reviennent! Les paupières à demi fermées, je fais des efforts pour surmonter cette sensation terrible en essayant de respirer profondément, mais je dois renoncer à cause de la douleur aiguë qui monte du fond de ma poitrine.

Bien que soulagé un peu, je n'arrive pas à dominer mon indignation. Je me trouve dans la maison de mes pires ennemis. Le bourreau doit être ivre de joie. Il est probablement venu à mon chevet en sifflant «son» air du toréador, a eu la satisfaction d'admirer son œuvre et, peut-être, a-t-il craché encore une fois sur moi. Et elle... Elle est sortie avec lui bras dessus, bras dessous, sans être plus dérangée par mon insolence. Il lui aurait dit en ricanant:

— Il a eu exactement ce qu'il a cherché.

Et elle de répondre avec la même soumission que celle d'une hypnotisée dont elle avait toujours fait preuve:

— Oui, mon amour, il l'a bien mérité. Je l'avais prévenu de ne plus apparaître dans notre chemin.

Ce dialogue créé par ma fantaisie et qui pouvait très bien constituer la réalité, me fait sauter jusqu'au centre de l'immense chambre.

Je me trouve sous le même toit avec mes ennemis, et cette situation est intolérable car, même mort, je n'aurais pas souffert d'être enterré avec eux dans la même fosse!

La rage qui m'emporte est plus forte que mes souffrances physiques et ma fièvre, et des larmes baignent mon visage. Mais ce ne sont pas des larmes pour mes douleurs, pour ma vie gaspillée, pour ma jeunesse qui n'a jamais connu que misère, désespoir et torture. Ce sont les larmes les plus amères: *les larmes de la défaite.*

Haine, sainte Haine, aide-moi! et si j'arrive à détruire ces criminels, je ferai de toi la déesse la plus vénérée sur cette terre. J'érigerai des temples en ton honneur car tu es plus clairvoyante que la Justice qui, sous prétexte d'avoir les yeux bandés, incline la balance en faveur des riches et des nobles scélérats. Aide-moi, et j'imposerai ton culte à tout l'univers!

La folie déchaînée, je déchirai l'accoutrement luxueux dans lequel je me trouvais. Après avoir enfilé une chemise et un pantalon accrochés derrière la porte du placard, j'ouvris la fenêtre. Elle n'était pas trop haute. Je me trouvais au rez-de-chaussée, mais si j'avais été au dernier étage, j'aurais sauté tout de même sans hésiter. En tombant sur le gazon, je constatai que j'étais nu-pieds et qu'il pleuvait. Je traversai le parc à pas de loup et, arrivé dans la rue, je courus plus vite encore, hanté par la peur de m'évanouir et d'être à nouveau transporté chez mes ennemis.

Mouillé jusqu'à la moelle des os, haletant et hébété, crachant du sang, je me trouvai enfin sur mon lit misérable.

La fidèle et merveilleuse sœur Anne me découvrit dans un état épouvantable.

Je vivais encore; c'était l'essentiel. Ma première pensée fut *de me venger*, et je le jurai sur le sang durci de mon oreiller. J'étais secoué par la fièvre et, en dépit des supplications de la pauvre sœur Anne qui me recommanda de rester sage pendant son absence, je descendis du lit, agité comme un lion en cage.

Pour calmer ma fureur, je pensai avec envie au roi de Calydon, Tydée, qui, blessé à mort par son rival Ménélipe, avant de rendre le dernier soupir, avait ordonné qu'on lui apportât la tête de son adversaire et, à sa vue, il y avait enfoncé les dents avec bestialité.

À bas les lâches et la faiblesse! Vive la haine! *Vive la mort!*

Je m'endormis tard, en faisant encore une fois le serment de détruire mes ennemis, même si je ne devais survivre que quelques instants pour les voir allongés à mes pieds.

❑

J'avais décidé auparavant d'être sans pitié envers moi-même et j'avais tenu parole. Il ne me restait qu'à manifester la même cruauté envers mes ennemis jusqu'à l'extrême limite et quel que soit le sacrifice. Je n'étais plus impressionné par le geste de Mucius Scaevola qui, pendant le siège de Rome, avait placé sa main sur le brasier pour se punir d'avoir manqué de tuer Porsenna, le roi des Étrusques. Ce châtiment volontaire et rigoureux était juste et mérité, et je me promis de me soumettre au même supplice, sans montrer une seul ride sur mon visage en cas d'un nouvel échec.

Chaque soir, avant de me coucher, je récitais, avec des flammes dans les yeux, l'épitaphe glorieux de cet inconnu et vaillant guerrier des temps farouches de la Chine antique, à qui je rendais des hommages vibrants:

«C'est ici que nous l'avons pris vivant. Comme il se battait bien, nous lui offrîmes du service. Il préféra servir son prince dans la mort. Nous lui avons coupé les jarrets. Il agitait les bras pour témoigner son zèle. Nous lui avons coupé les bras. Il hurlait de dévouement pour son prince. Nous lui avons fendu la bouche d'une oreille à l'autre. Il a fait signe des yeux, qu'il restait toujours fidèle.

«Ne crevons pas ses yeux comme au lâche! Mais, tranchant sa tête avec respect, versons le koumys des braves, et cette libation:

«Quand tu renaîtras, Tchen-Houo-Chang, fais-nous l'honneur de renaître chez nous!»

XI

Sans perdre de temps, je repris mes exercices et mon entraînement bizarre avec une frénésie qui dépassa tous mes efforts inhumains d'autrefois.

La torture que je venais de subir me montra que mes résolutions audacieuses n'avaient été qu'une fanfaronnade car elles n'avaient pas pénétré dans chaque nerf et dans chaque fibre de mon corps pour les immuniser contre la souffrance, les faire réagir par eux-mêmes et me donner la force de résister sans bouger à n'importe quelle épreuve. J'avais décidé de «souffrir et de mourir sans parler», mais la douleur avait été si insupportable que, avant de m'évanouir, j'avais poussé, malgré moi, le hurlement qui donna la suprême satisfaction à mon agresseur. À quoi m'avait servi la philosophie stoïcienne dont je m'étais déclaré un adepte si fervent alors que j'avais manqué de la force morale d'Epictète? Tyrannisé par son maître qui lui tordait la jambe, il avait dit calmement: «Tu vas la casser!»; et, quand l'os se brisa, il conclut en toute tranquillité: «Ne te l'avais-je pas dit?». Voilà la différence entre la théorie et la pratique! Avant de connaître Goethe, j'avais constaté que *penser, c'est facile; agir, c'est difficile; mais ce qu'il y a de plus difficile au monde, c'est agir suivant sa pensée.*

Ne me laissais-je pas encore une fois aveugler par ma rage en croyant que j'aurais la force de dépasser les limites de mon endurance? Serais-je dorénavant au moins conséquent avec mes résolutions? Était-il réellement possible de supporter la torture la plus terrible sans bouger?

Voilà les doutes qui me tourmentaient après avoir essuyé le dernier et le plus cuisant des échecs.

C'est Montaigne qui me donna la réponse et l'encouragement pour me faire voir que le succès ne dépendait que de moi: «Les choses ne sont pas si douloureuses ni difficiles d'elles-mêmes; mais notre faiblesse et lâcheté les fait telles.»

En m'imprégnant de cette pensée, et sans plus hésiter, je me déterminai à rompre les lois de la nature et à rendre mon corps complètement insensible à la douleur, même si on me soumettait à l'écartèlement. Je pensais alors au cruel voïvode moldave, Jean le Terrible, qui, condamné par les Turcs à être déchiré en se faisant tirer les membres par deux chameaux, au lieu d'être épouvanté par l'affreux supplice qu'on lui préparait, s'était exclamé avec dépit — selon le vieux chroniqueur: «Tiens, je n'avais jamais expérimenté ce genre de torture sur mes ennemis!»

Pourtant, la cause de ma défaite ne fut pas seulement mon manque de résistance physique, mais mon impardonnable absence de vigilance, et, surtout, ma mentalité stupide et ridicule, alimentée par mes scrupules qui s'étaient manifestés dans mes duels imaginaires avec Paul, devant la dame de nos cœurs, au cours desquels je me montrais généreux et humiliant à la fois, en permettant à mon adversaire de ramasser — comme au cinéma — la rapière que je lui avais fait sauter de la main. N'avais-je pas été imprégné par le vers cornélien: *À vaincre sans péril, on triomphe sans gloire?* Et n'avais-je pas appris par cœur ce passage de *L'Énéide:* «Mézence ne jugea pas digne d'abattre Orodès en fuite, ni de le blesser d'un trait qu'il n'aurait pas vu. Il court à sa rencontre, l'attaque face à face, homme contre homme, et triomphe non par ruse, mais par le courage de ses armes»? Et, avec fierté, n'avais-je pas répété les paroles du grand Alexandre: «J'aime mieux avoir à me plaindre de la fortune qu'à rougir de ma victoire»?

Mon propre ennemi s'était avéré très réaliste et fort pratique en négligeant de penser à l'éthique guerrière moyenâgeuse et, sans hésiter, il s'était passé de gloire pour triompher sans péril, car ce qui compte, c'est le résultat — la victoire — et non les moyens utilisés. Tant que les guerres dureront, le machiavélisme sera toujours à l'honneur. Le temps des chevaliers errants est révolu, et celui qui veut les imiter tombe dans le ridicule de Don Quichotte. Loin de moi l'idée d'enfoncer un couteau dans le dos de Paul et de m'enfuir. Un tel acte répugnant était inconcevable! Mais je n'avais pas non plus l'intention d'imiter Cyrano de Bergerac: faire une ballade pendant le duel et prévenir mon adversaire que «À la fin de l'envoi, je touche».

Les nouvelles contorsions et épreuves d'endurance imposées à mon corps dépassèrent toutes les limites de la folie. En plein hiver, quand il gelait à pierre fendre, je commençais ma journée tôt le matin par un bain froid en entrant dans le tonneau qui me servait de baignoire et dans lequel flottaient des morceaux de glace, car la maison n'était pas chauffée. Je courais nu-pieds dans la neige et je me créais toutes sortes d'obstacles pour mettre à l'épreuve ma résistance physique et pour vérifier mon agilité. Je pris des leçons de jiu-jitsu mais mon professeur, après que je lui eus écrasé le nez d'un coup de talon inattendu, me considéra un élève trop assidu pour avoir besoin de continuer le cours de spécialisation. Malheureusement, les maux de tête accompagnés de nausées et de vomissements bilieux revenaient de plus en plus souvent et duraient parfois quelques jours d'affilée; et quand ces symptômes affreux disparaissaient, j'étais pâle comme un cadavre et très affaibli. Au début, je fus très démoralisé car cette étrange maladie chronique pouvait m'empêcher de prendre ma revanche mais, en pensant à Épictète, je me proposai d'inclure ces souffrances dans mon entraînement. Je pris l'habitude d'attendre le retour de la crise pour la braver et pour savoir quelles étaient les limites de ma résistance. Lorsque la crise commençait, je sortais dans la rue pour déblayer le trottoir et l'entrée de la maison, et je m'enfonçais dans la neige accumulée jusqu'à la hauteur de ma poitrine. Je vomissais dans la pelle mais je ne m'arrêtais jamais avant de finir la rude besogne que je m'étais imposée. Je suçais des glaçons et je m'appliquais des poignées de neige sur la nuque et sur les tempes — car j'avais remarqué que ce «traitement» m'aidait parfois —, ou bien je courais dans les rues du quartier, respirant au rythme de mes pas.

À ma grande satisfaction, j'obtenais parfois un soulagement. C'était terrible, cependant, quand les symptômes me surprenaient dans le sommeil, car, alors, il n'y avait rien à faire et, malgré mes efforts habituels pour enrayer le mal, j'étais cloué au lit à la merci de la maladie, mais sans me plaindre ni gémir. À ce moment-là, je ne pensais qu'à ma haine et à la vengeance que je me proposais de rendre plus atroce encore que mes souffrances. Je me disais que, si l'on arrive vraiment à dominer son propre être et ignorer la douleur physique, on cesse d'être un mortel et on devient un dieu.

Le changement produit dans ma mentalité m'imposa aussi une révision totale de mes principes moraux auxquels j'avais aspiré auparavant quand j'apprenais par cœur une multitude de préceptes éthiques dans le but utopique d'atteindre le sommet de la sagesse et de la perfection humaine. Les événements m'avaient montré que la loyauté, l'honnêteté ainsi que toutes les autres vertus qu'on nous vantait à l'école et à l'église ne mènent pas au bonheur de l'homme mais à sa destruction. L'amour du prochain avait coûté la vie à Jésus et à Gandhi, pour ne prendre que deux exemples de la liste interminable des martyrs qui avaient prêché la paix et la fraternité sur terre en feignant d'ignorer que les gens ne sont, ne veulent ou ne peuvent être pareils quant à l'âme et au raisonnement; et que la haine, le crime, la ruse et tous les autres «péchés capitaux» ne disparaîtront jamais de ce monde. L'homme est un animal social dans la mesure où il a besoin des autres pour satisfaire son propre égoïsme; et dans la société, comme dans la nature, il y a une lutte perpétuelle et sans pitié où le plus fort seulement réussit à survivre.

L'homme vertueux doit imiter l'arbre de santal qui, lorsqu'on l'abat, parfume la hache qui le frappe. C'est beau comme image poétique, mais c'est plus pratique de manier la hache que d'en subir son coup.

Je me considérai comme un révolté social qui voulait la destruction du monde entier, un anarchiste, un suppôt de Satan. La haine devint le principe «moral» suprême et le guide de toutes mes actions; la même haine qui avait renversé tant de tyrans et de sociétés injustes, et au sujet de laquelle T. E. Lawrence disait: «Ce que veulent les gens, c'est la haine, la haine et rien que la haine. Et au nom de l'amour et de la justice, ils haïssent.»

Je m'empresse d'ajouter que cette attitude cynique ne fut que le résultat du désarroi dans lequel je vivais; et, depuis, je revins sur l'opinion que l'homme est un loup pour l'homme, pour me voir assez souvent récompensé de coups de sabots pour l'amour de mon prochain.

❑

Poussé par cette haine sacrée, je menais une vie de vampire qui rôde autour de sa future victime. J'épiais mes ennemis, suivais leurs pas comme si j'avais été leur propre ombre et étudiais le moment et le lieu les plus favorables pour frapper.

Avec l'arrivée du printemps, mes préparatifs furent de plus en plus fébriles. Caché dans les bosquets ou dans le feuillage d'un arbre, je traçais des croquis de l'itinéraire de mes ennemis et notais le moindre détail.

La plupart du temps, Paul était en compagnie de sa cousine. Je la haïssais à mort quand elle lui souriait ou prenait son bras. En plus, en étant si près de lui, elle embrouillait mes plans. Je m'étais proposé de sauter sur Paul directement de la branche de l'arbre au-dessous duquel il passait habituellement: le terrasser, lui marteler la figure à coups de poings violents, le piétiner avec rage sans lui laisser un seul instant pour réagir. Ma mission foudroyante devait être accomplie en quelques minutes et il fallait laisser le bandit évanoui, défiguré et couvert de sang avant le retour de la fille qui, sans doute, courrait à l'autre bout du parc, vers le palais, pour crier au secours.

Malheureusement, une nouvelle et terrible crise de migraine m'immobilisa durant deux jours, mais comme j'avais fixé une date limite pour passer à l'attaque, je ne voulus m'accorder aucune excuse et ajourner la rencontre décisive. Encore étourdi et très affaibli, je sortis tôt le matin afin d'examiner une dernière fois le champ de bataille en vue du combat — de l'agression, plutôt — que j'avais fixé pour le jour suivant. Me glissant autour d'un arbre, j'étais en train de traverser une petite allée lorsque les deux amoureux apparurent soudainement devant moi, à une distance de quelques pas seulement.

Marguerite, après avoir jeté un cri d'angoisse, se détacha vite du bras de son cousin et vint s'interposer entre lui et moi. D'un geste brusque, je la poussai de côté et, sans perdre un instant, j'assénai un coup sec de botte dans le tibia du prince charmant. Les bouts de mes semelles ainsi que les talons étaient plaqués de fer. Paul fit une grimace horrible et poussa un «Ah!» qui lui déchira le gosier. En se penchant pour frotter sa jambe, son visage rencontra mes deux poings unis et entraînés dans un mouvement contraire, de bas en haut. Tandis que le bandit couvrait son visage de ses mains, je lui envoyai un coup de pied, violent et très peu académique, au bas du ventre. Il s'accroupit de douleur, en gardant les mains prisonnières entre ses cuisses. Un coup de poing en pleine face le projeta contre un arbre, derrière lui.

La vue du sang me fit hésiter un moment et j'eus même le temps de penser à *elle* qui, sans doute, serait de retour à tout moment avec les gens qu'elle aurait alertés. Je tournai vite la tête dans la direction du palais mais, à ma grande surprise, Marguerite était toujours là, près de l'arbre où je l'avais poussée.

Nos regards se rencontrèrent un instant. Le mien, farouche; le sien, presque imperturbable.

Son calme me fit redoubler de rage et d'acharnement.

La courte interruption donna au noble le temps de sortir de sa poche un terrible instrument de combat, l'arme utilisée par les gangsters dans leurs règlements de compte et décrite comme «un poing de métal serti de piquants». Parbleu! ma botte avait le don de la magie. Sans lui dire un mot, elle foudroya le pouls de mon adversaire justement au moment où il s'apprêtait à passer ses doigts dans les anneaux à dents d'acier qui mordent la chair et défigurent. L'arme perfide fit des vrilles en l'air pour tomber, en hommage, aux pieds de la princesse!

Mon étonnement fut à son comble lorsque je la vis ramasser par terre la pièce d'acier et la cacher dans le creux de sa main.

«Tiens! me dis-je, j'ai deux adversaires maintenant! Finissons d'abord avec celui qui est le plus dangereux!»

Je guettai du coin de l'œil la perfide et quand je constatai qu'elle ne bougeait pas, je vouai tout mon temps et mon énergie à son soupirant avec un redoublement de rage provoquée par sa tentative bestiale, sans me soucier du sang qui tachait mes poings et ma chemise déchirée.

Je pensai que c'était le moment de m'arrêter car le vaillant Paul n'était qu'une loque humaine couverte de sang. Je pouvais dire que ma soif de vengeance avait été copieusement abreuvée mais, pour jouir complètement de ma victoire, j'attendais que Marguerite intervînt ou qu'elle fît le moindre signe de m'arrêter. Mais elle refusa de bouger.

Absurde dignité de noble! Auparavant, c'était elle qui me défendait car *moi* j'étais le faible, et Paul, son héros, le fort. Dans un revers de fortune, il lui était impossible de s'abaisser pour me demander d'épargner son amoureux, et elle préférait l'abandonner à son sort.

Dans les arènes romaines, le gladiateur regardait vers la tribune des vestales pour attendre le signe de vie ou de mise à mort du rival vaincu. À mon tour, je lui demandai des yeux un geste — je le mendiai presque —, le moindre signe de tête qui aurait pu sauver la vie de son cousin. Mais elle refusait d'abdiquer sa fierté.

Je n'avais donc pas le choix! Si elle ne voulait pas m'arrêter, *il ne me restait qu'à tuer Paul.* Oubliant mon serment d'allégeance à Satan, j'implorai Dieu d'accomplir un miracle en m'empêchant d'achever celui que je frappais et piétinais. En effet, le miracle se produisit. Paul, essayant de se lever et n'ayant pas la force nécessaire, resta courbé sur un genou et, d'une voix faible et pleurnicheuse, me dit: «Assez! Assez! De grâce!»... et s'étendit flasque à mes pieds.

C'est alors que Marguerite, pâle et frémissante, s'avança vers moi pour me dire doucement:

— Oui, arrêtez-vous! *Je vous en prie... monsieur!*

Elle avait une lueur étrange dans les yeux et un sourire vague flottait sur ses lèvres.

En réponse, je tournai la tête et crachai sur le noble qui gémissait à mes pieds et implorait grâce. Essuyant ensuite mon front avec le lambeau de manche encore accroché à ma chemise, je partis, traînant le pas, non sans avoir jeté à la fille un regard plein de haine et de dédain.

XII

Le bonheur dont on rêve et pour lequel on a tout sacrifié se dissipe dès qu'on arrive à l'atteindre.

Je me demande si la peine imposée à Sisyphe — condamné après sa mort à rouler dans les Enfers une grosse pierre au sommet d'une montagne d'où elle retombe sans cesse — n'est pas plus enviable que celle infligée à Thésée qui tua le Minotaure et qui, après une vie extraordinairement agitée, fut condamné, dans le même royaume de Hadès, à rester éternellement assis. La véritable et insupportable torture commencerait pour Sisyphe seulement le jour où il arriverait à pousser le rocher tout en haut et à l'empêcher pour toujours de retomber. En n'ayant plus de but à atteindre ni d'efforts à renouveler, et en n'étant plus animé par l'espoir dans la réussite de sa tentative répétée, Sisyphe deviendrait le plus malheureux des damnés des Enfers.

Moi non plus, je n'avais plus de but à poursuivre, et tant le succès remporté que le repos qui s'ensuivit, au lieu de me rendre heureux et optimiste, m'abandonnèrent à mon triste sort. J'étais mené par le fatalisme et l'indifférence totale pour la vie. Le chemin disputé ne m'intéressait plus parce que personne n'aurait plus osé me l'interdire et, de toute façon, j'étais las de me battre. Marguerite n'était qu'un souvenir douloureux pour moi, et le symbole de mon échec dans ce combat insensé qui avait abouti par une victoire ne menant à rien.

L'année scolaire touchait à sa fin et, à cause de mes préoccupations belliqueuses et de mes crises hépatiques, les résultats de mes examens furent loin d'être brillants. À vrai dire, j'aurais dû être refusé et perdre l'année, mais l'intervention personnelle de «monsieur le ministre» auprès du directeur, après l'agression dont j'avais été victime, m'assura une protection démesurée dont je profitai avec cynisme et impudence.

Un soir, je rencontrai une fille de mœurs légères qui était femme de chambre au palais de Marguerite. Elle m'entraîna dans le cercle de ses amis, des voyous et des débauchés vivant d'expédients et surtout de larcins. Mon amie, trés jolie mais vulgaire, se prit sérieusement d'affection pour moi. Elle avait loué en ville avec une serveuse, sa copine, une chambre meublée. C'est là-bas que nous nous rencontrions en fin de semaine. Les soirs, surtout les samedis et les dimanches, nous sortions faire la bombe avec «la bande» composée de trois gredins et de leurs partenaires du même calibre. La soubrette me couvrait de cadeaux, me donnait de l'argent de poche et m'acheta deux costumes, des chemises, des cravates et des souliers pour me permettre d'avoir une tenue convenable quand nous étions «en société», selon son expression. C'était elle aussi qui réglait l'addition pour toute la clique. Je me demandais d'où elle se procurait tant d'argent, mais je me disais que la cameriste d'une princesse devait nécessairement toucher un salaire princier.

Un jour — c'était un samedi — mon amie arriva très tard au rendez-vous. Fort agitée, elle me raconta qu'on l'avait suspectée de vol. Un inspecteur de police était venu à la maison de sa maîtresse pour mener une enquête: on avait constaté, depuis peu, la disparition de quelques bibelots et statuettes de grande valeur, de pièces d'argenterie et notamment d'une bague sertie d'un gros diamant et de rubis, un très précieux souvenir de famille que mademoiselle Marguerite avait l'habitude de garder parfois dans le tiroir de la commode. Après des recherches très minutieuses auxquelles avaient été soumis quelques domestiques, l'attention de l'inspecteur s'était concentrée sur mon amie. Une fouille de ses effets et de son sac à main avait mené à la découverte d'une somme de 5 000 lei, montant considérable pour une modeste cameriste. Pressée de questions, mon amie avait justifié cet argent comme provenant de ses épargnes, car elle avait un bon salaire, ne dépensait pas un sou pour ses repas, étant logée et nourrie, les invités lui laissaient des pourboires, et Mademoiselle Marguerite, toujours gentille, lui donnait des cadeaux généreux.

L'inspecteur avait trouvé aussi, parmi ses papiers, une

photo prise à la dernière foire et dans laquelle j'apparaissais à ses côtés dans une attitude triviale. Il lui avait demandé mon nom et mon adresse.

— Je lui ai dit que tu étais mon ami et que nous sortions chaque fin de semaine ensemble; et quand j'ai voulu lui donner ton adresse, mademoiselle Marguerite m'a interrompue en disant à l'inspecteur qu'elle ne me soupçonnait pas du tout, car je suis une fille très économe et très appliquée, qu'il était vrai que je recevais de gros pourboires et qu'elle-même me donnait des cadeaux, de l'argent, du linge et du parfum. Elle a ajouté qu'elle n'était pas tout à fait certaine quand elle avait porté, la dernière fois, la bague héritée de sa mère, et qu'il était fort probable qu'elle l'ait perdue à la campagne ou égarée parmi ses affaires. Bref, elle a déclaré qu'elle retirait sa plainte. L'inspecteur est parti en s'inclinant très révérencieusement devant nous et en s'excusant du dérangement causé. Dès qu'il est sorti, mademoiselle a pris notre photo et l'a déchirée furieusement en petits morceaux qu'elle m'a jetés au visage. Elle m'a ordonné ensuite de faire immédiatement mon bagage, de ramasser l'argent et les autres objets trouvés dans mon sac à main et de partir sur le champ. Qu'est-ce que tu veux? Ça pouvait être encore pire.

Je me mordis les lèvres. J'avais eu, jusqu'alors, la satisfaction d'en avoir fini avec «mes» nobles en vainqueur et en justicier. Cet incident honteux effaçait complètement l'image que j'avais cru avoir laissée et leur montrait ce que j'étais en réalité: un voyou, le sale complice d'une voleuse et le concubin de leur servante. Je compris donc très bien le geste discret de la fille du ministre qui, pour ne plus entendre parler de moi, avait retiré, pleine de dégoût, la plainte au moment où je pouvais être très facilement impliqué dans une affaire de vol et de recel. Une telle générosité n'était qu'une gifle pour moi, *mais tout m'était indifférent*. Ce rebondissement d'orgueil ne fut que de très courte durée.

Peu après, je rejoignis les autres copains et copines, et nous passâmes ainsi, le lendemain, un très bruyant dimanche qui se prolongea tard dans la nuit dans une taverne sordide et un lupanar infect.

Mon amie retrouva vite son moral et, en effet, quelques

jours après, elle fut placée chez un riche marchand qui, veuf et assez avancé en âge, avait besoin d'une personne débrouillarde pour s'occuper de son ménage et égayer sa solitude. Le cercle de voyous avait beaucoup de relations et était directement inté- ressé dans ce genre de placements.

Pourquoi me suis-je laissé glisser dans la fange? Était-ce le plaisir de l'alcool que j'ingurgitais, qui m'embrouillait et me faisait vomir le lendemain du fiel teint de filets de sang? Des cigarettes que je fumais en les allumant l'une après l'autre, qui jaunissaient mes doigts et me donnaient la nausée et des maux de tête terribles? Le plaisir de me trouver dans la haute société de la crapule en compagnie de ces voleurs et de ces proxénètes pourris, violents, bornés et tapageurs? L'amour pour cette ser- vante lascive et bête qui puait le parfum et volait ses patrons chez qui la plaçaient ses souteneurs? L'intérêt matériel que j'avais en étant «l'ami de cœur» de cette femme dépravée et de basse souche?

Rien de tout cela! C'était plutôt le dégoût de la vie, le réveil à la réalité après avoir été repu de chimères, l'abandon de tout espoir et surtout le refuge, dans une interprétation personnelle et adaptée à mon propre état, dans la philosophie bouddhiste qui enseigne que vivre n'est que souffrir et que le seul moyen de s'affranchir de la torture de l'existence est de renoncer à soi- même pour atteindre le nirvāna, l'anéantissement suprême. Mais, au lieu de me réfugier dans le chemin de la purification spirituelle, je choisis la destruction et la souillure corporelle.

❑

Un seul être était encore pur pour moi: sœur Anne, mais elle pouvait constituer, dans une certaine mesure, un obstacle à l'anéantissement vers lequel je me hâtais d'arriver.

Elle passait de plus en plus rarement chez moi et, à sa der- nière visite, elle fut stupéfiée de constater à quel degré de déchéance morale et physique j'étais parvenu. Je ne sais pas qui lui avait parlé de mes escapades et de mes nouveaux amis. Malheureusement, elle devait quitter Bucarest et rentrer en province pour être près de ses vieux parents qui la réclamaient. Il y avait aussi une autre raison. Elle s'était fiancée à un jeune médecin qui avait obtenu un poste à l'hôpital situé dans la même localité où vivaient les parents... et le mariage devait avoir lieu dans un mois.

Sœur Anne ne me cacha pas son grand chagrin de me laisser seul et de me voir égaré sur le chemin de la perdition totale. Tout ce qu'elle avait bâti avec tant de patience et d'amour était prêt à s'écrouler. Elle me déclara qu'elle était très malheureuse de m'abandonner surtout à un tel moment, quand j'avais plus que jamais besoin de sa présence. En me faisant remarquer qu'elle me demandait une faveur pour la première fois, mon inoubliable douce amie et protectrice m'adressa un appel pathétique pour obtenir ma promesse de renoncer pour toujours à la vie scabreuse que je menais. C'était, comme elle le disait, le plus merveilleux cadeau de mariage qu'elle aurait désiré, car l'accomplissement de son bonheur dépendait aussi de moi.

La nouvelle de son départ me consterna. J'étais trop attaché à elle, et l'idée de ne plus la revoir m'accablait. Ne pouvant supporter une telle perspective, je lui promis en sanglots que si elle restait, je changerais complètement de vie, je ferais tout ce qu'elle me demanderait pour la rendre plus fière de moi, plus fière que jamais, et que je ne m'écarterais plus de ses conseils.

Je l'avais soumise à une rude épreuve. Ne pouvant plus dominer son émotion, elle s'agenouilla devant moi et, sans s'arrêter, elle couvrit mes mains de baisers et de larmes. Ce que je lui demandais était vraiment *impossible*, et elle s'efforça de m'expliquer et de me convaincre.

— Impossible! lui repartis-je. Certainement, les parents, le fiancé, le bonheur... surtout le bonheur... On ne fait jamais de telles aumônes et des sacrifices pour sauver quelqu'un de la mort. Tu ne devais pas être si bonne pour moi et me ramener à la vie si tu savais qu'un jour tu m'abandonnerais!

J'étais absurde à l'extrême, aveuglé par un égoïsme féroce et par la jalousie. «Elle allait être *heureuse*, me disais-je, *heureuse*, et moi, je hais les gens heureux».

— Alors, lançai-je soudainement, en saisissant son bras et en l'attirant vers moi, s'il t'est impossible de rester, je veux que tu sois à moi... ici... maintenant, et après, tu n'as qu'à partir pour toujours et je ne serai plus malheureux. Je te le promets! J'aurais ainsi la preuve que tu ne me détestes pas, comme les autres, que tu as été sincère.

— Lucien, s'écria-t-elle, épouvantée. Je fus pour toi une sœur... presque une mère... Comment peux-tu me demander une telle folie? Lucien, laisse-moi partir et je te jure d'oublier pour toujours la honte que j'éprouve à cet instant! Laisse-moi partir pour garder pur le souvenir du garçon que j'ai tant aimé et pour le bonheur de qui je prierai toujours!

Elle se détacha, sans aucune insistance de ma part. Quant à moi, j'avançai vers un coin de la pièce et m'arrêtai face au mur, car je n'avais pas le courage de la regarder dans les yeux. Je venais de commettre le comble de l'ignominie, l'acte le plus odieux de ma vie. Peu après, je sentis ses pas s'approchant lentement de moi. Elle mit gentiment, comme une caresse, la main sur mon épaule, et chuchota avec douceur, sans aucune trace de rancœur:

— Adieu, Lucien.

Je ne tournai pas la tête et restai ainsi muet et immobile, même après avoir entendu la porte se fermer discrètement. Quelques minutes s'écoulèrent... En me rendant compte de la monstruosité de mon comportement, désespéré d'avoir perdu le seul être humain qui fût si bon pour moi, et si sincère, je me frappai violemment la tête à coups de poing. Étouffé de sanglots, je pleurai toute la nuit comme un petit orphelin abandonné dans la rue.

XIII

J'ai parfois une certaine sympathie pour le philosophe Pangloss, le précepteur de Candide, qui voyait dans les maux qui nous accablent une étape nécessaire pour atteindre le bonheur; et je peux donner comme un bon exemple pour soutenir sa thèse, le départ de sœur Anne et la scène horrible qui s'était passée alors et qui provoqua, peu après, un revirement dans mon comportement.

Je ne pouvais oublier qu'elle m'avait demandé comme cadeau de mariage ma promesse de me réformer, et je considérai qu'il était de mon devoir de lui obéir afin de lui montrer que son sacrifice n'avait pas été vain et que je regrettais amèrement mon geste irresponsable. Je rompis immédiatement tout lien avec la bande des voyous et refusai avec entêtement de revoir la soubrette après lui avoir déclaré carrément qu'elle me dégoûtait, que je détestais les voleurs et que je ne voulais plus être compromis ou avoir des démêlés avec la police. Ayant gaspillé une fois ses larmes et ses cajoleries pour me faire changer de résolution, elle s'abandonna à sa colère et me menaça d'aller voir «Mademoiselle» ainsi que l'inspecteur pour leur dire que, en effet, c'était elle qui avait pris la bague, mais seulement avec l'intention de «l'emprunter» pour un soir et la rapporter quelques heures après, et que moi, je lui avais arraché le bijou et l'avais ensuite vendu.

Cette menace m'effraya, car ces gens étaient capables de toute infamie. Je gardai cependant mon sang-froid et m'offris de l'accompagner tout de suite à la préfecture de police pour voir aussi l'inspecteur et lui donner quelques renseignements sur l'activité de ses amis ainsi que sur ses occupations habituelles et les intérêts qu'elle avait dans sa bande. Je n'oubliais pas qu'elle avait eu la chair de poule, selon son propre aveu, pendant la visite de l'inspecteur, et je me flattais qu'elle ne serait pas si bête d'aller en prison pour le simple plaisir de se venger. Pourtant, rien n'était exclu et, en toute justice, je me dis que je méritais n'importe quel châtiment pour la vie et les amis que j'avais choisis.

Avec tout l'argent qui me restait encore et qui devait me suffire jusqu'à la fin du mois quand je recevrais mon allocation, je commandai une magnifique corbeille chez le plus grand fleuriste dont l'enseigne indiquait la mention officielle: «Fournisseur attitré de la Cour Royale» Je donnai l'adresse de la destinataire que j'avais obtenue de l'hôpital, et le magasin se chargea de la livraison. Je laissai aussi une lettre cachetée qui devait accompagner les fleurs et dans laquelle j'exprimais «à mon inoubliable et noble sœur Anne» ma vive reconnaissance pour tout ce qu'elle avait fait pour moi. Je l'assurai que je serais digne de tous les espoirs qu'elle avait mis en moi et que je mènerais toujours une vie irréprochable. Je la priai de transmettre mes hommages à ses vénérables parents ainsi qu'à son distingué fiancé, et je leur souhaitai de tout mon cœur une vie heureuse, remplie de bonheur et de prospérité. Ce dont j'étais réellement sincère!

Mes remords furent ainsi un peu apaisés et la réponse de ma gentille sœur Anne m'apporta le contentement total. Elle me remercia de mon geste qui l'avait très profondément touchée et, plus que la corbeille de fleurs, «digne d'une reine», elle considérait comme le plus superbe cadeau ma résolution de mener une vie exemplaire. Elle souligna qu'elle n'avait jamais douté de mon avenir et me transmit ses vœux les plus chaleureux auxquels s'ajoutaient les bénédictions de ses parents ainsi que les égards et les remerciements de son fiancé.

Redevenu ascète par décision et aussi par nécessité, je me nourris jusqu'à la fin du mois de carottes crues et de cacahuètes que je mangeai avec les coques pour en augmenter la quantité.

Je fus satisfait de mon agissement et en paix avec ma conscience. Pendant ces journées de réclusion, je considérai amoral de tirer des avantages d'une bourse que je ne méritais pas, et je décidai de renoncer à l'école et de gagner mon pain quotidien en travaillant comme tout le monde. J'étais déterminé à faire n'importe quel travail — même celui de balayeur de rues ou d'homme de peine — si je ne trouvais pas un emploi de bureau, et je me proposai de m'inscrire plus tard aux cours du soir pour adultes afin de poursuivre mes études ou d'apprendre un métier.

Dans ma fièvre expiatoire, je considérai comme étant aussi de mon devoir d'écrire une lettre à Marguerite et de lui demander humblement pardon pour toutes les inconvenances que j'avais commises, en lui donnant comme preuve de mon regret le fait que je n'apparaissais plus dans son chemin et qu'elle ne m'y verrait jamais. Quant à l'affaire sordide du vol, je n'y étais pour rien...

Je déchirai le brouillon et renonçai à mon pieux projet car je me rendis compte que je commençais à déraisonner et, en essayant de m'excuser, je me serais davantage accusé. À vrai dire, ma lutte pour forcer le chemin interdit et réparer mon honneur avait été une action juste, et je ne pouvais désavouer mon attitude. La défense au sujet du vol était trop pénible car je n'aurais jamais pu expliquer mes rapports honteux avec la femme de chambre; et le souvenir de la photo obscène était ineffaçable. Je ne devais pas oublier non plus que c'était Marguerite qui m'avait interdit le passage, que c'était elle qui m'avait dénoncé au directeur du lycée en inventant des mensonges pour me noircir davantage, qu'elle avait déjà fait son choix et ne pouvait donc pardonner ma brutalité et ma haine contre son amoureux. C'était plutôt elle qui aurait dû m'écrire et exprimer son regret en désavouant l'auteur du guet-apens dont j'avais été victime.

Devais-je aller si loin et lui envoyer aussi une corbeille de fleurs et lui souhaiter le bonheur éternel quand elle épouserait Paul? Et celui-ci, la brute, m'avait-il complètement oublié et ne me préparait-il pas une vengeance plus cruelle encore? Le bandit avait fait preuve de bonne mémoire. Qui avait brisé dernièrement les vitres de ma maison et qui m'avait envoyé récemment une nouvelle note — dans le style de la promesse d'antan «de me faire avaler des vidanges» — pour me rappeler que mes jours étaient comptés? Fort probablement, la bande de voleurs ou mon ancienne «amie»; mais, non moins probable, Paul qui portait dans sa poche l'arme à anneaux dentés de la pègre.

Je pouvais mener une vie honnête sans faire des vœux monastiques et sans lécher la main de mes ennemis. Le plus sage conseil que je pouvais me donner était de redoubler de vigilance, car j'avais toutes les raisons de me méfier et de m'attendre à une attaque imminente.

❑

Un soir, allongé sur mon lit, je relisais à la lumière de la lampe à pétrole les passages, dans les fables de La Fontaine, que j'avais soulignés au crayon rouge afin de les mémoriser, et je m'arrêtai justement à la moralité de l'histoire des «deux coqs»:

Tout vainqueur insolent à sa perte travaille.
Défions-nous du sort, et prenons garde à nous
Après le gain d'une bataille.

Je savais par cœur depuis longtemps ce conseil ainsi que tant d'autres sans avoir pourtant suivi leur sagesse car les bons conseils ont été inventés plutôt pour être donnés que pour être suivis. Si j'avais fait un peu plus attention au moins à la moralité de la fable «Les deux coqs», Paul ne m'aurait jamais attrapé. Je me demandais justement si je serais assez sage à l'avenir, lorsque mes pensées furent interrompues par un très léger bruit, comme un frôlement presque imperceptible venant du côté de la porte. Je crus d'abord que c'était la souris qui me visitait parfois, mais comme le froissement continuait, je fus debout d'un bond, brandissant la chaise près du lit. Il s'ensuivit un silence qui ne fit qu'augmenter ma panique soudaine, et je retins mon souffle afin de ne pas trahir ma présence à l'endroit où je m'étais posté pour guetter l'intrus. Non, décidément, je ne me trompais pas! Il y avait quelqu'un dehors, à la porte. Tiens, un autre frôlement, cette fois venant du seuil! Sous mes yeux écarquillés d'épouvante, un papier — une enveloppe — est en train d'être glissé lentement sous la porte. Sans détacher les yeux de cette enveloppe qui gît sur le plancher, je mets la lampe en veilleuse. Par une fente des planches de bois qui protègent les fenêtres depuis qu'on m'a cassé les vitres, je regarde dans la rue et je vois une ombre s'éloigner en courant comme une gazelle.

Avec des précautions toujours, je ramasse la lettre. À cause de l'émotion et de l'étonnement, je dois la lire et l'examiner plusieurs fois pour comprendre son contenu qui, d'ailleurs, est assez laconique et clair:

«Je dois vous parler. Venez vendredi soir à huit heures au château de Vlad Tzepesh dans le parc. Je compte sur votre discrétion. Détruisez ce papier. Merci.» Signé: *Marguerite*.

Ce message n'était pas tapé à la machine et l'écriture était déliée et nette. Il n'était pas impossible que Marguerite eût été l'auteur de ces lignes, et c'était probablement elle aussi le messager mystérieux qui avait glissé le papier sous ma porte et que j'avais vu courir si vite.

Sans doute, s'agissait-il de quelque chose de très important si elle-même s'était aventurée en pleine nuit pour me l'apporter. C'était certainement au sujet de la bague volée. La canaille aurait donné suite à ses menaces, et Marguerite, qui avait déjà eu l'élégance et la présence d'esprit de me défendre, voulait me prévenir du danger. Je n'avais jamais pensé qu'elle fût si généreuse et bonne, même pour ses pires ennemis. Elle savait très bien d'ailleurs que j'étais innocent et elle n'oubliait pas que je n'avais pas voulu de son argent et de ses cadeaux. Je m'étais enfui de leur maison en emportant seulement un pantalon et une chemise de toute la garde-robe qu'ils m'avaient préparée. Je ne pouvais donc être un voleur. C'est moi qui avait été méchant et qui l'avait insultée et suspectée d'être la complice de Paul. À bien y penser, elle avait été très polie avec moi, m'avait appelé «monsieur» et m'avait même souri. Le même sourire de bonté et d'amitié que celui de sœur Anne.

❏

L'humanité aurait été un peu plus heureuse si on n'avait jamais inventé le mot «pourquoi» qui est à la base de toute connaissance et de tout raisonnement.

J'aurais pu continuer jusqu'à l'aube avec mes éloges enthousiastes, si ma raison n'était pas intervenue avec ce mot «pourquoi» pour me faire redescendre sur terre.

S'il s'agissait d'une question si importante, elle était *ipso facto* urgente, et *pourquoi* alors m'avait-elle écrit *dimanche* de la rencontrer *vendredi soir* quand il aurait été normal qu'elle voulût me voir le lendemain?

Il me fut impossible de répondre à ce «pourquoi».

Si l'affaire était chaude, *pourquoi* n'avait-elle pas frappé à la porte pour me parler tout de suite?

À cette question, je trouve une explication très plausible: une jeune fille honorable, bien élevée et descendante d'une famille illustre, ne pouvait s'aventurer, en pleine nuit, dans la chambre d'une personne dont la brutalité, la vulgarité et les mœurs détraquées lui étaient très bien connues. Mais cette excuse n'est plus valable quand je pense que la même demoiselle distinguée, fille de ministre et élève du fameux «Institut Pompilian», donne rendez-vous au même jeune homme sauvage, dangereux et lascif, à un endroit solitaire où elle pourrait se trouver plus en péril qu'enfermée avec lui dans n'importe quelle maison.

Et alors, *pourquoi*?

Parce qu'il ne s'agit pas de l'affaire de la bague ni de me rendre un service; *mais pour me tendre un piège*.

Ça saute aux yeux, et c'est Paul qui a combiné ce rendez-vous fantasque pour m'attirer dans les parages du château de Vlad Tzepesh, c'est-à-dire «Vlad l'Empaleur», connu aussi sous le nom de «château de Dracula»!

Toutes mes exaltations initiales ainsi que mes dithyrambes pour Marguerite se dissipèrent, mais je me demandai aussi si elle était réellement dans le coup. À vrai dire, je ne connaissais pas son écriture. De plus, le trop de confiance qu'on me montrait — «Je compte sur votre discrétion» — et la tentative de stimuler mon... honneur chevaleresque — «Détruisez ce billet» — étaient plus que suspects. Et une fille de la classe de Marguerite ne se serait pas compromise en donnant — et par écrit! — un rendez-vous si bizarre. Et *à qui*!... et encore *pourquoi*?

C'était donc seulement entre Paul et moi; mais cette fois, c'était une question de vie ou de mort.

Que faire? Le plus sage serait d'ignorer complètement le rendez-vous et de détruire le billet; mais je ne fus jamais sage. Je devais avoir d'abord la certitude que le message était apocryphe.

❏

Dans l'après-midi de lundi, je téléphonai au palais et demandai à parler à mademoiselle Marguerite.

— C'est de la part de qui?

— C'est le magasin «Jasmin», le fleuriste.

La camionnette du magasin, le même où j'avais commandé les fleurs pour sœur Anne, s'arrêtait parfois devant l'entrée des fournisseurs du palais.

— Ne quittez pas!

Après une attente qui me parut longue comme un siècle, j'entendis la sonnerie d'un téléphone intérieur et, finalement, quelqu'un au bout du fil.

— Allô, est-ce bien mademoiselle Marguerite? demandai-je.

— Mademoiselle Marguerite n'est pas là.

— Pouvez-vous me dire quand je pourrais rejoindre mademoiselle Marguerite?

— C'est de la part de qui?

— Un livreur de la maison «Jasmin», le fleuriste. Il s'agit d'un bouquet spécial commandé par mademoiselle.

— Mademoiselle sera de retour exactement à quatre heures.

Je rappelle à quatre heures et quart. C'est la même personne qui me répond. Probablement la femme de chambre. Le dialogue se répète:

— Est-ce que je peux parler à mademoiselle...?

— C'est de la part de qui?

— C'est le livreur de la maison «Jasmin».

J'entends alors la personne qui m'avait répondu annoncer à une autre personne que c'est «Jasmin» au téléphone; mais je ne peux distinguer les paroles de l'autre.

— Mademoiselle vous prie de me dire à moi de quoi il s'agit.

— D'une commande... Mais elle ne me laisse pas finir et transmet à l'autre personne «c'est pour une commande».

— Mademoiselle dit qu'elle n'est pas au courant et qu'elle n'a fait aucune commande de fleurs. C'est peut-être monsieur Paul ou la secrétaire de monsieur le ministre. Nous allons leur demander et on vous téléphonera au magasin.

Une fraction de seconde avant qu'elle ne raccroche, j'ai le temps de préciser:

— Oui, dites à mademoiselle Marguerite qu'il s'agit d'une commande spéciale, faite par écrit, pour la kermesse de vendredi soir. Je répète: *vendredi soir*. À peine mes paroles furent-elles transmises, qu'une autre personne prit le récepteur:

— Vous disiez...

— C'est vous mademoiselle Marguerite?

— Oui... monsieur...

— C'est vous qui avez lancé l'invitation pour vendredi soir?

Sa voix était presque étranglée lorsqu'elle me répondit:

— Oui... monsieur. C'est moi...

— Pour huit heures du soir?

Cette fois, ce fut moi qui baissa la voix.

— Oui, oui, monsieur...

Je chuchotai:

— À huit heures, dans le parc, au château de Vlad l'Empaleur?

— Oui, monsieur, vous avez l'adresse exacte. C'est là que vous devez livrer les fleurs. Merci.

Et elle raccrocha immédiatement.

«La raison humaine est un glaive double et dangereux», dit Montaigne, et mon cerveau était une vraie girouette. En moins de vingt heures, j'avais porté jusqu'aux nues et piétiné au sol, à tour de rôle, la même personne, poussé par une logique «infaillible» qui était immédiatement après contredite par un raisonnement non moins solide. J'avais voulu vérifier l'authenticité de la lettre, convaincu qu'il s'agissait d'une imposture grossière, et j'arrivai à la conclusion, basée sur une preuve indiscutable, que la très gracieuse fille de Son Excellence le ministre n'était qu'un monstre perfide et un instrument odieux, manipulée par son cousin et aveuglée par sa propre haine.

Si on ne peut concevoir qu'une telle demoiselle puisse être capable d'écrire et de donner un rendez-vous nocturne et dans un endroit dangereux à une personne de mon calibre — surtout après tout ce qui s'était passé —, on peut admettre cependant que la même demoiselle peut se prêter à n'importe quelle infamie quand elle agit avec la connaissance et la complicité de son amoureux.

Sans aucun risque de me désavouer encore une fois, il était évident que Marguerite m'attirait dans un guet-apens. J'ai déjà dit que les grandes demoiselles n'aiment pas la boue et le sang, mais j'avais oublié qu'au cours de la lutte entre Paul et moi, elle avait très bien tenu le coup; si bien que c'est à cause d'elle que la bataille avait duré longtemps, car la fière aristocrate ne voulait pas s'humilier et me demander de m'arrêter. Elle n'était intervenue qu'après la capitulation de son chevalier.

Paul tenait donc à tout prix à avoir le dernier mot, regagner en même temps le prestige perdu, et il avait choisi pour cela un endroit spécial et une heure nocturne afin de m'avoir à sa discrétion, sans doute avec ses deux domestiques «renvoyés à cause de leur excès de zèle».

Je me trouvais dans un dilemme tragique. Si je ne donnais pas suite à l'invitation, ils croiraient que j'avais peur. Si j'allais au rendez-vous, tout pourrait tourner très mal contre moi. Lâche par absence ou passé au tabac par témérité, je serais toujours perdant. Mais je savais aussi que je ne pouvais m'esquiver indéfiniment et que si je me retranchais dans la défensive, Paul viendrait me chercher.

Comme je disposais d'un délai de quatre jours, je me proposai d'aller étudier le champ de bataille.

❑

Vlad Tepes qu'on prononce «Tzepesh», c'est-à-dire Vlad l'Empaleur, connu aussi sous le sobriquet non moins sinistre de «Dracula», prince de Valachie dans la seconde moitié du XVe siècle, fut fameux par ses agissements diaboliques, par son courage extraordinaire tout comme par sa cruauté affreuse. Dracula est un dérivé du mot roumain «drac» qui signifie «diable»; il fut la terreur de l'Empire ottoman qui s'infiltrait et essayait de se frayer un passage sur le territoire valaque et moldave pour conquérir l'Europe; et, en même temps, un adversaire tenace de son voisin, le voïvode de la Moldavie, Stéphane le Grand, que le Pape appelait dans une de ses bulles «l'Athlète du Christ» à cause de ses succès extraordinaires remportés contre les infidèles.

L'instrument de torture du féroce Dracula était le pal. Caché dans la cime des montagnes, Vlad préférait à son palais de la capitale un château isolé et terrifiant qui dominait la vallée sauvage et boisée de la rivière Argesh. Même aujourd'hui, en passant dans le défilé formé par les montagnes noires, couvertes de sapins, et en suivant le chemin étroit, sinueux et creusé dans le rocher selon le caprice du cours d'eau qui descend rapidement en petites cascades ou en tourbillons vertigineux et profonds, on se sent envahi par une atmosphère de terreur et de mystère qui flotte dans l'air pur et embaumé de résine. En haut, sur un pic solitaire et surmontant les rochers sombres, se dressent, encore provocatrices, les ruines funestes du château de l'Empaleur; et pour y accéder, il faut prendre un sentier étroit, escarpé et impraticable pour un pied inexpérimenté. L'ascension est très difficile et seuls les sportifs excentriques s'y aventurent. Le méfiant prince se servait d'autres moyens d'accès et de sortie, plus compliqués encore, la plupart débouchant dans le rocher, au-dessous du niveau de l'eau. La légende qui se perpétue dit que, parmi les ruines, sont ensevelis des trésors inestimables, gardés par des démons, et que, à certains moments après minuit, des lumières bizarres et des flammes ondoyantes éclairent la danse enragée des elfes et des revenants dont les corps n'ont pas trouvé le repos dans la mort où les avait envoyés le pal du prince.

En se guidant sur les ruines qui dominent la vallée de l'Argesh, les archives historiques et la tradition populaire, les créateurs d'un des plus vastes et superbes jardins publics de Bucarest ont reconstruit, dans un coin éloigné et isolé du parc, une réplique du «château de Dracula», tel qu'il se dressait au temps de Vlad l'Empaleur. Afin de donner un cachet plus authentique à cette reconstitution, les architectes paysagistes l'ont entourée de rochers, de ravins, de végétation envahissant la rocaille, d'arbustes sauvages et de petites cascades. Pour accéder à ce château médiéval et à ses murs en briques rouges et en pierres noircies, il faut prendre un sentier escarpé et tortueux, le seul qui mène à l'entrée triste de la forteresse.

Le souvenir épouvantable du prince diabolique, transformé en vampire par la superstition populaire, est là, présent partout. Pas de lumière la nuit, et personne n'habite à l'intérieur des murs sévères et froids, abandonnés à la chouette et à la chauve-souris. Après le coucher du soleil, l'air est percé parfois de cris rauques ou stridents, et aucun visiteur du parc ne se hasarde dans ce coin isolé.

Je me rendis sur place et, m'arrêtant au pied d'une tour, j'évoquai à haute voix l'esprit du prince Vlad pour lui demander de m'insuffler le même mépris de la mort et la même cruauté justicière dont lui-même avait fait preuve lorsqu'une perfide unité de Turcs s'était infiltrée pour l'attirer dans un piège.

Comme j'avais la conviction que Dalila voulait du sang, je me promis de lui en montrer à gogo et, dans ce but, je ne me présentai pas au rendez-vous de vendredi les mains vides. Faisant attention de n'être pas guetté ou suivi, j'arrivai au château à quatre heures dans l'après-midi, c'est-à-dire quatre heures à l'avance. Caché derrière un chèvrefeuille touffu et serrant dans les mains une barre de fer, je me mis à l'affût, tout en surveillant continuellement, à perte de vue, les allées qui mènent à l'unique sentier d'où commence la montée vers la forteresse.

Il faisait très beau, et j'étais très calme. Le soleil dorait la colline. Les fleurs sauvages, les arbustes et le lierre qui avait envahi une partie du mur, tressaillaient sous la caresse passagère du zéphyr.

Plongé dans une douce béatitude, je pensais à la beauté d'une vie tranquille et heureuse que j'aurais voulu mener et que je n'avais jamais connue. Cette sensation de paix et de contentement, nuancée d'une légère mélancolie, ne fut que de courte durée, et, au fur et à mesure que la brise devenait plus présente et que les ombres du soir descendaient graduellement, j'étais saisi d'une inquiétude qui s'accentuait de plus en plus.

Mes regards se concentraient sur les lumières espacées de l'unique allée qui menait au pied de la colline du château. C'est par là que, à tout moment, devaient apparaître les canailles.

Comme je ne voyais personne, toutes sortes de suppositions me traversèrent l'esprit. Peut-être ne viendront-ils pas, persuadés que je n'aurai pas le courage de m'y aventurer; ou peut-être, m'attendent-ils pour m'attraper en aval de l'allée et sont-ils toujours là aux aguets; ou encore, c'était fort probable, m'ont-ils fait venir ici pour saccager ma maison et m'obliger à dormir désormais à la belle étoile avec seulement ce que j'ai sur moi. Oui, cela était possible, et je me demandai comment j'avais omis de penser à une telle éventualité. S'ils détruisaient ma maison, leur satisfaction serait de courte durée, car je jurai de mettre le feu à leur palais...

Une autre supposition me fit sursauter: *ils sont déjà là, depuis longtemps et avant mon arrivée, dans l'attente de la tombée de la nuit, cachés sans doute à quelques pas de moi et, à n'importe quel moment, un coup peut me réduire au silence sans que je puisse deviner d'où il vient.*

À cette idée, mon front se couvre d'une sueur froide et, d'un bond, debout, le dos protégé par les pierres du château que je touche d'une main tandis que de l'autre je serre la barre de fer, je regarde, surexcité, autour de moi; je tressaille à toute branche qui bouge et je ressens le frisson au passage de la première chauve-souris qui perce la soirée.

D'un coup, la grande et fidèle amie et partenaire de mes années de désespoir, la lune, fait discrètement apparaître son frêle croissant de nacre, et je la remercie d'un triste sourire d'être venue me tenir compagnie à un tel moment de désarroi.

Tiens! En bas, s'avance une ombre en blanc comme un fantôme. Lorsqu'elle arrive au bout de l'allée, près de la dernière lampe dont la lumière est obscurcie par les feuilles des arbres, je distingue la silhouette de la princesse.

Pour empêcher mon cœur de sauter, je presse ma poitrine de mes deux poings.

— Le bandit! Il envoie d'abord l'agneau comme appât.

C'est ainsi que les Indiens font la chasse au tigre, notamment quand ils veulent l'attirer dans une chausse-trappe.

La voilà, c'est Dalila qui arrive pour me livrer à mon ennemi! Elle s'arrête un moment, tourne la tête en arrière et, avant de prendre le sentier escarpé, elle s'arrête encore une fois et fait le même geste en regardant vers l'allée par où elle est passée. Donc, le bandit va la suivre bientôt!

Apparemment, elle a gravi la pente sans difficulté et, arrivée au petit plateau, elle semble un peu déçue de n'y trouver personne. Elle regarde partout, consulte sa montre et choisit une grande pierre pour s'asseoir après avoir pris la précaution de protéger sa jupe plissée qui fait maintenant une grande auréole sur le gris-noir qui l'entoure. C'est une vraie et magnifique marguerite qui vient de se poser à quelques pieds de moi!

La lune, mon alliée, tresse des rayons argentés dans les cheveux noirs de celle qui est là pour me perdre, mais je ne comprends pas pourquoi je ne suis plus indigné et n'éprouve aucune haine maintenant qu'elle est si près de moi. Je fais même vers le ciel un signe d'approbation et je souris du coin des lèvres à l'astre de la nuit.

En jetant de nouveau un coup d'œil sur ma fière ennemie, il m'est impossible de retenir un murmure d'admiration. Immobile, le profil fin et scintillant de traits d'argent, elle transforme l'endroit en un domaine de rêves et de contes de fées. Sans doute est-elle Diane elle-même, la mystérieuse déesse de la lune!

XIV

— Me voici, dis-je, en faisant brusquement mon apparition devant elle. Où est l'autre?

— L'autre?!

— Oui, *l'autre*. Ne croyez pas que je suis si bête!

— Comment? Vous croyez qu'il vient aussi?

— Pourquoi pas? Vous êtes inséparables.

— Tiens! Vous le pensez sérieusement?!

Son ton était un peu railleur.

— J'ai vu et je le crois.

— Même maintenant? Elle leva la tête pour m'inviter à la regarder dans les yeux. Son visage, éclairé par la lune, souriait avec douceur.

— Ne jouons pas à cache-cache! lui dis-je, en m'arrachant du sortilège qui m'avait enivré pendant quelques instants. Vous m'avez attiré dans un piège, et l'innocence que vous feignez me rend encore plus méfiant.

— Comment pouvez-vous me croire capable d'une telle bassesse?

— Fort bien, et ce que vous avez fait ne peut être appelé que *bassesse*.

Elle resta presque sans souffle, la tête penchée. Évidemment, c'était la première fois que quelqu'un la traitait ainsi. Finalement, elle se dirigea vers une grosse pierre qui bordait le sentier, se croisa les bras en signe de résignation, s'assit et me dit d'une voix ferme:

— Si c'est comme ça, il ne nous reste qu'à l'attendre, mais je vous préviens que ce sera long, et moi je ne peux rester très tard. *L'autre* ne sait pas que je suis ici; personne ne le sait chez moi, *personne au monde*, vous comprenez? personne en dehors de *vous* et de *moi*! «Lui», «l'autre», «Paul», appelez-le comme il vous plaira, est parti aujourd'hui, à six heures, à Targoviste, à l'école de cavalerie et, après un stage jusqu'à l'automne, il ira en France, à l'Académie militaire de Saint-Cyr et suivra ensuite un autre cours de spécialisation.

J'eus envie de rouler par terre de joie et j'étouffai à grand-peine un cri d'enthousiasme. En échange, je laissai échapper une malice que je regrettai sur le coup:

— Oui, il a besoin d'apprendre à se battre...

Faisant semblant de ne pas m'avoir entendu, elle ajouta:

— Donc, pas de «lui» ou pas de «l'autre» et, surtout, pas de «bassesse» car ce mot me blesse énormément.

— Et alors, pourquoi m'avez-vous fait venir ici?

— Pour discuter avec vous quelques questions très importantes.

— Et pourquoi ici et à cette heure?

— Parce que c'était le seul endroit où je pouvais vous rencontrer. Je suis très surveillée et je dois rendre compte de chacun de mes pas. C'était aussi pour ne pas vous exposer. Nous sommes ici plus en sécurité que dans ma propre maison. À partir de dimanche, je serai complètement libre.

— Alors pourquoi n'avez-vous pas attendu encore deux jours?

— Parce que ce que je veux vous dire est très important et que j'étais impatiente de vous parler le plus tôt possible...

— Immédiatement après son départ, naturellement...

— Naturellement, si vous voulez.

— Et vous n'avez pas eu peur de venir toute seule dans ces parages?

— Du tout, répliqua-t-elle vivement. Je ne crois pas aux fantômes, et les superstitions m'amusent au lieu de m'effrayer.

— Mais quand même, un autre Dracula qui vit encore et qui est plus dangereux que les vampires aurait pu vous faire du mal.

— Nenni, protesta-t-elle, tandis qu'un large sourire laissa entrevoir l'éclat de ses dents. Je savais que vous seriez là pour me défendre.

— Vous êtes très adroite. Vous savez très bien que je suis

votre ennemi et de quoi je suis capable. Vous saviez aussi que je vous haïssais.

— Une des raisons qui me rendaient si impatiente était de rétablir la vérité. Je n'ignorais pas du tout ce que vous pensiez de moi. Vous m'avez toujours cru *sa* complice. Je lisais dans votre regard une haine contre moi. D'ailleurs, vous n'êtes pas capable d'un autre sentiment que la haine, et même de ce point de vue je vous comprends.

— Ha, ha, ha! et pour me dire tout ça, vous vous êtes aventurée *toute seule* pour braver quelqu'un qui n'est pas capable d'un autre sentiment que la haine? Qui, en dehors d'une pauvre vieille femme et d'une infirmière trop attachée à mon malheur, qui a été bon pour moi? Qu'ont-ils fait les autres pour moi, pour que je ne sois pas méchant? Ils se sont tous moqués de moi, de mes béquilles, de ma faiblesse, de ma pauvreté, de mon langage, *de tout, de tout*. Pour me frayer un chemin que votre bonté de cœur et votre amour du prochain m'avaient interdit, j'ai dû tuer tout ce que j'avais d'humain en moi et j'ai dû lutter même contre la nature. Et maintenant, vous venez me dire que je ne suis pas capable d'un autre sentiment que la haine... C'est seulement grâce à la haine que je suis debout.

— Oui, je vous ai dit que vous êtes méchant, mais j'ai ajouté que je vous comprends.

— Êtes-vous capable de me comprendre?

— Écoutez-moi! et elle mit ses deux mains sur mon bras pour me calmer. J'ai voulu, en premier lieu, vous dire ce que vous n'auriez jamais cru: que je n'y étais pour rien dans cette lutte horrible, que je me suis torturée en suppliant celui que vous affrontiez de ne pas vous interdire de passer...

— Jusqu'à ce que vous ayez trouvé vous-même d'autres moyens pour me barrer le chemin; comme votre fameuse clôture de bois surmontée de fils de fer barbelé. À propos, je m'excuse du dérangement que je vous ai causé en vous obligeant aussi à faire un détour, une fois... Et quand vous avez vu que vous ne pouviez m'empêcher de passer, vous avez eu l'élégance d'aller vous plaindre au directeur de mon lycée.

— D'accord. J'ai tout essayé pour vous empêcher de passer par le parc. C'était pour vous sauver car j'étais épouvantée de ce que la colère de... *l'autre* aurait été capable. Je tremblais pour votre vie...

— Mais vous ne vous êtes pas contentée de supplier le directeur de m'interdire de réapparaître dans votre chemin. Vous lui avez dit aussi que j'étais agressif et insolent...

— Oui, parce que le directeur m'avait demandé si nous ne pouvions pas faire une exception pour vous et vous laisser passer, mais comme je ne voulais pas lui dire que je craignais la cruauté et la vengeance de *l'autre*, j'ai dû insister et exagérer en me plaignant de votre attitude «agressive et insolente». C'est alors que le directeur m'a promis de mettre un terme à cette «honte». Vous ignorez pourtant que c'est moi qui ai crié au secours en vous trouvant allongé par terre et couvert de sang et que c'est toujours moi qui ai insisté pour qu'on vous transporte dans ma chambre, pour vous soigner...

— Mais c'est toujours vous, celle qui a refusé d'arrêter le combat pour ne pas vous humilier et dans l'espoir que «l'autre» reprenne l'initiative.

— C'est faux! Quand j'ai vu à quel subterfuge abject... à quelle arme infâme il voulait recourir, et en pensant au mal qu'il vous avait fait en vous assaillant avec ses aides, dans le noir, j'ai considéré votre colère légitime, et j'ai voulu que vous ayez complète satisfaction; qu'il vous demande lui-même de lui faire grâce. C'est alors seulement que je suis intervenue.

Devant ce torrent d'explications si évidentes, je ne savais plus quoi dire. Finalement, je lui demandai:

— Et pourquoi avez-vous fait tout ça pour moi?

— Parce que c'était injuste et inhumain de vous traiter ainsi, parce que vous m'avez fait pitié dès le premier moment et, si vous voulez que je vous dise tout, parce que votre courage et votre persévérance m'ont étonnée. Non, vous n'êtes pas un être comme les autres et, parfois, en pensant à vous, j'avais peur... pas tout à fait peur de vous... Oh! je ne sais pas comment vous expliquer!...

— Pour ne pas prolonger vos appréhensions, je vous propose de finir pour ce soir. Est-ce que je peux vous donner le bras pour vous aider?

Elle prit mon bras et nous descendîmes sans plus nous dire

un mot, chacun absorbé dans ses propres pensées. Finalement, c'est elle qui rompit le silence:

— Quand je disais que j'avais peur, je pensais à vous aussi, à votre avenir. Votre haine ne peut vous conduire qu'à la destruction, des autres et de vous-même. Avez-vous jamais essayé d'aimer au lieu de haïr?

— Comme je vois, vous êtes venue me convertir au mormonisme! Soyons sérieux! Il est ridicule et contre nature d'aimer au lieu de haïr ceux qui vous font du mal. Vous m'exhortez à tendre l'autre joue à celui qui vient de m'appliquer une gifle. Selon cette théorie, vous n'arriverez jamais à mettre le monde d'accord et à l'unir parce qu'il y aura toujours quelqu'un pour donner les coups et quelqu'un d'autre pour offrir sa face.

— Je ne suis pas si absurde pour vous demander une chose pareille. Vous avez une volonté d'acier et, au lieu de la mettre au service de la haine, pour démolir, laissez-la s'éclairer de l'amour, de vos semblables et de vous-même, et proposez-vous de bâtir. Sans être bigote, je pense, inspirée par la Bible, qu'avec l'amour comme avec la foi, on peut déplacer même les montagnes. C'est la seule solution qui puisse encore sauver l'humanité.

Nous étions dans l'allée éclairée du parc et je dégageai discrètement mon bras. *C'est elle qui le reprit.*

— Je suis venue pour quelque chose de plus sérieux et qui vous regarde complètement. Me permettez-vous de vous parler ouvertement?

— Allez-y!

— J'ai eu plusieurs entretiens ces derniers mois avec votre directeur. C'est de lui que j'avais appris vos malheurs, vos souffrances ainsi que le miracle physique et intellectuel qui s'est produit après. Vous aviez dépassé tout le monde, vous étiez un élève modèle et on vous prévoyait un avenir brillant quand, soudainement, vous êtes devenu un rebelle, vous vous absentiez souvent de l'école sans permission, vous étiez agressif et insouciant du désastre vers lequel vous vous dirigiez. Les détails que me donnait le directeur sur vous étaient confirmés par ce que moi-même j'avais constaté chaque fois que je vous voyais; et j'étais en mesure d'en avoir l'explication. Pour vous, c'était plus important de briser l'obstacle et de vous venger. Vous n'aviez que cette obsession. Le reste ne vous intéressait pas et j'étais la seule à savoir la cause de cette déchéance. Vous êtes malade, *très malade*, et vous êtes exposé à un grand danger. Notre médecin qui vous a soigné m'a parlé souvent de votre affection. Vous *devez* être soumis à un traitement intensif et, s'il ne donne pas de résultats... à une opération qui, mon Dieu! — là, elle serra vivement mon bras et sa voix frémissait d'angoisse —, est *très* risquée. Voilà pourquoi je devais vous parler. Le reste, la bourse, votre scolarité et votre avenir, rien ne compte quand votre vie est en danger. Notre médecin *vous prie* d'aller le voir n'importe quand. Il vous attend. Promettez-moi d'y aller, je vous en supplie!

Encouragée par mon silence, elle continua en serrant fortement mon bras contre le sien:

— Vous serez traité comme un membre de notre famille; vous suivrez un régime alimentaire spécial et je suis persuadée que l'opération pourra être évitée. Le danger sera écarté et même éliminé complètement si vous êtes sage. Vous redeviendrez l'étoile de votre école et je me porte garante de votre avenir. Laissez-moi vous conduire, et vous ne le regretterez jamais! Faites-moi confiance!

Nous arrivâmes près de la grille du parc et elle me proposa de retourner sur la même allée pour faire encore quelques pas ensemble. Était-ce le parfum des tilleuls qui m'enivrait ou la douceur de sa voix qui me rappelait le rêve que j'avais fait après notre première rencontre?

— Un dernier mot avant de m'en aller, car il se fait tard. Je préfère vous le dire ici, dans la pénombre. Autrement, je n'oserais pas. Vous devez arrêter la fréquentation des amis avec lesquels vous sortez presque chaque soir. Ils ne sont pas pour vous, et ce genre de vie vous détruit vite. Je n'ai aucune autorité pour me mêler de votre vie privée ou pour vous demander une faveur. Je ne la mérite peut-être pas, mais il s'agit de votre santé et je serai très heureuse en sachant que...

— Eh bien, soyez heureuse si ça peut faire votre bonheur! J'ai rompu tout lien, et pour toujours! avec votre camériste et sa bande de voyous.

— Et vous ne les verrez plus? Depuis quand avez-vous pris cette décision qui ne peut que vous faire honneur?

— Depuis presque trois semaines.

— Alors, je suis vraiment heureuse... ou presque. Vous allez m'excuser pour ce soir, dit-elle brusquement. À propos, à partir de la semaine prochaine, je serai *seule* chaque jour dans notre jardin, sur un banc près de la serre. Venez me voir! Je vous attends.

À ces mots, elle toucha doucement mes doigts pour me dire adieu et s'envola dans la nuit.

XV

Je passai le reste de la nuit à flâner dans les rues en rêvant debout, les yeux perdus loin dans mon paradis. Quand on est amoureux et heureux, le beau est plus beau, les étoiles plus scintillantes, la lune plus lumineuse que jamais.

Rentré chez moi, je repris sans cesse chaque mot et chaque geste vécu, en me demandant si tout cela était vrai et si je n'avais pas eu d'hallucinations. Je pouvais être certain d'une chose: que j'étais *ivre de joie* et qu'une telle ivresse s'appelle *bonheur*.

Je perçai pourtant quelques trous dans ce bonheur et je réussis à le troubler en reprenant les raisonnements suspicieux du passé qui m'avaient conduit à des conclusions si ridicules. Pourquoi est-elle venue? Pour me prévenir que je suis malade et donc *par pitié*. C'étaient ses propres mots. Comme preuve qu'il ne s'agissait pas d'un autre sentiment, elle ne m'a pas dit d'aller la voir *lundi* mais «à partir de la semaine prochaine». Elle n'était donc pas trop pressée. Très bien! Pourquoi devais-je lui montrer mon impatience de la revoir et de la rencontrer si vite? Qu'elle s'inquiète un peu, et si elle désire réellement que je vienne, qu'elle se tourmente aussi, sans soupçonner combien je brûle d'impatience. J'irai donc chez elle vers la fin de la semaine et même dans deux semaines!

C'était là ma ferme décision prise lundi matin, mais le même jour, quelques heures après, je courais la chercher dans le parc de son palais.

Je la trouvai assise sur un banc, en train de lire un livre qu'elle gardait sur ses genoux. Elle portait l'uniforme simple mais distinguée de son fameux collège. Ses cheveux de soie, noirs comme l'ébène, étaient emprisonnés dans une résille. Cette tenue modeste rehaussait sa candeur et sa beauté.

— Mademoiselle, lui dis-je, en m'arrêtant à quelques pas devant elle et accompagnant mon salut d'une légère inclination de tête.

— Oh non! s'exclama-t-elle, en fronçant les sourcils, pour revenir immédiatement après à son sourire. Pas de «mademoiselle», à moins que vous ne vouliez que je vous appelle toujours «monsieur»! À propos, quel était mon nom quand nous étions ennemis?

— Parfois «la tigresse», parfois «la princesse» et, dernièrement, jusqu'à vendredi soir, «Dalila».

— J'admire votre franchise. De toute façon, mon nom est trop compliqué: Jeanne-Louise Marguerite. Vous n'avez qu'à continuer de m'appeler comme bon vous semble, même si je préfère que vous me disiez, comme tout le monde, «Marguerite».

— D'accord, Marguerite.

— Ça va mieux comme ça, Lucien. Vous êtes plus domptable que je ne le pensais. C'est drôle d'être dompté par une tigresse, n'est-ce pas?

— Au contraire, il en aurait été normal car je ne suis qu'un sauvage. Comme dans les contes de Kipling, mon dompteur devait être seulement une bête féroce de la forêt, mais ma bonne étoile m'a envoyé un ange du paradis. S'il y a quelque chose de bon dans mon âme, je l'ai acquis grâce à vous.

— Oh non, n'exagère pas, car je n'aime pas les flatteurs!

— Même quand ils sont sincères?

— S'ils le sont, qu'ils gardent leur appréciation pour eux.

— Bon, je garderai alors pour moi l'opinion que vous êtes un ange.

— Tu feras un bon avocat.

Elle tressaillit d'un coup:

— Voilà, je vous tutoie déjà sans vous en avoir demandé la permission et, comble de l'impolitesse, je ne vous ai pas encore invité à vous asseoir!

— Tu n'en as pas besoin, Marguerite, car je suis à côté de *toi*.

— Bravo, Lucien! C'est comme ça que les vieux amis doivent se comporter.

Sur un ton sérieux, elle ajouta à mi-voix:

— Je n'en crois pas mes yeux ni mes oreilles! Merci, Lucien, d'être venu. Maintenant, je peux te dire quelles émotions j'ai eues en pensant que tu ne serais pas là vendredi soir. Encore une fois, merci.

— Non, c'est moi qui dois te dire merci, Marguerite, mais les mots sont trop pauvres pour exprimer ce que je ressens, car ta présence a compensé tous les malheurs que j'avais connus dans ma vie. Une goutte de bonheur vaut le poids d'une montagne de souffrances. Je n'exagère pas quand je dis que vendredi soir, j'ai atteint le comble du bonheur et que je ne peux m'imaginer un autre qui puisse le dépasser. Je n'irai plus au château du parc pour ne pas troubler mes souvenirs, mais j'y retournerai seulement quand je cesserai d'être aussi heureux que maintenant; et je t'assure qu'alors, je serai l'être le plus malheureux de la terre.

Très émue, elle prit ma main, la porta doucement à ses lèvres et, après avoir effleuré sa joue, elle l'arrêta au coin de son œil pour essuyer une larme. En passant le bras autour de sa taille, je l'attirai vers moi. Pour un instant, sa poitrine fut collée à la mienne, et nos cœurs se parlaient par des battements directs. Nos lèvres étaient presque unies lorsque, soudainement, le livre qu'elle gardait encore sur ses genoux tomba à nos pieds et le bruit dissipa l'extase.

Elle se détacha et se leva brusquement. Après avoir reculé de quelques pas, elle me dit sur un ton ferme, sans plus garder son sourire:

— Nous avons un tas de choses à accomplir. D'abord, le médecin. Nous irons chez lui demain. Je lui téléphone sans faute ce soir. Il y a une autre question que nous devons discuter aussi. Mon frère, André, est un rebelle, et personne ne peut lui tenir tête. Il doit se présenter, à l'automne, à l'examen d'admission au lycée. Je ne peux pas dire qu'il est paresseux, mais c'est à grand-peine qu'il a terminé l'école élémentaire. Nous craignons qu'il ne soit refusé. Son échec serait une grande honte pour nous. J'ai consulté le directeur de ton lycée. J'ai eu la chance de le trouver encore en ville. Je l'ai remercié et je me suis excusée de tout le dérangement que je lui avais causé. Je lui ai dit aussi que toi et moi, nous avions eu une explication amicale et qu'il n'y avait plus de différend entre nous. Il en était enchanté. Je me suis permis de lui dire que tu avais l'intention de te préparer cet été pour passer à l'automne les examens de l'année qui te manque encore pour arriver à la classe correspondant à ton âge. J'ai ajouté aussi que nous nous présenterions l'année prochaine à l'examen du baccalauréat et que nous nous préparerions ensemble. Tu devais voir combien grand était son enthousiasme! Il applaudissait comme au théâtre et criait: «Bravo! Bravo!»

— Il ne faut jamais vendre la peau de l'ours avant qu'on ne l'ait mis à terre, dis-je sèchement.

— Je me permets de te demander encore quelques instants pour pouvoir finir et, après, nous reviendrons à la peau de l'ours, répondit-elle avec une nuance d'ironie dans le ton. Je lui ai fait part ensuite des soucis que nous cause André, mais ton directeur avait déjà la solution: «Que votre frère se présente pour passer les examens chez nous. Ce sera un vrai honneur pour notre lycée d'avoir comme élève le fils de Son Excellence le ministre de la Justice. Pour le reste, ne vous en faites pas! Il sera admis.» Je lui ai dit que nous ne pouvions accepter sa suggestion et que mon père ne tolérerait jamais que son fils passe les examens frauduleusement. Le directeur, évidemment embarrassé, est venu alors avec une autre solution: «Demandez à Lucien de vous dépanner. Il a préparé l'année dernière deux élèves qui devaient se présenter à des examens de repêchage; ils ont réussi mieux que les autres et se sont maintenus après parmi les meilleurs dans leur classe. Je n'oserai comparer votre frère à ces cancres. Essayez avec Lucien! Quand il se propose d'atteindre un but, il est formidable... à condition que ce soit le même Lucien d'autrefois...» J'en ai parlé à mon père, et il a trouvé la suggestion excellente. Papa admire ton courage ainsi que ta dignité, et te prie aussi de t'occuper de mon frère. La rétribution ne sera pas mesquine surtout que nous savons qu'il s'agit d'une tâche difficile. André est un garçon très intelligent et il a un cœur d'or, mais il est indépendant, entêté et parfois même arrogant. Il faut tenir compte qu'il ne nous reste que deux mois et demi et, qu'entre-temps, tu dois faire aussi l'effort de préparer ton examen. Nous voici donc arrivés «à la peau de l'ours» que je me suis permis de vendre sans ton consentement.

— Je *vous* écoute, *Mademoiselle. Continuez!*

— Si je ne m'abuse, c'est *vous, Monsieur,* qui *aviez* l'intention de faire des commentaires sur ce que j'avais discuté avec le directeur.

— Eh bien! Je n'accepte pas. J'ai d'autres projets. Je veux renoncer à l'école et travailler. Dans deux ou trois ans, je suivrai des cours du soir pour compléter mes études.

— Nous t'offrons la meilleure solution: travail et études en même temps. André, admis ou refusé, aura besoin d'être aidé au moins pour quelques années. Si je me suis dépêchée de parler au directeur de tes intentions de récupérer à l'automne une année scolaire et de te présenter au baccalauréat en même temps que moi, tu ne dois pas voir en cela une manœuvre de ma part pour forcer ta main et te mettre devant un fait accompli. Étant donné que je t'avais dénigré à ses yeux, il était de mon devoir de te réhabiliter. Maintenant c'est moi, *Monsieur,* qui *vous* écoute.

— Il ne me reste qu'à te féliciter pour tes talents extraordinaires de diplomate et, à ma honte, je dépose les armes. Tu as gagné.

Lorsqu'elle entendit ma réponse, elle se précipita vers moi et m'embrassa sur la joue. Un baiser spontané et innocent comme celui d'une petite fille joyeuse et enthousiaste qui vient de recevoir à Noël la poupée mécanique dont elle avait rêvé depuis longtemps. Se rendant compte, immédiatement après, où l'avait menée son empressement, elle couvrit ses lèvres avec pudeur et n'osa plus me regarder en face.

— Excuse-moi, Lucien... j'étais si heureuse!

Pour la sortir de l'embarras, je lui dis que, malheureusement, je ne pouvais lui donner aucune garantie de succès pour André, qu'il ne fallait pas surestimer mes possibilités et attendre des miracles de moi.

— À *l'impossible, nul n'est tenu* et personne ne te demande des garanties. Cela va sans dire. Pourtant, d'après ma *propre* expérience, Lucien ne connaît pas le mot *impossible.* Comme preuve, mais je te prie de ne pas m'en vouloir! j'ai assuré le directeur que tu décrocherais le prix d'excellence l'année prochaine, que tu passerais le baccalauréat avec la mention «Exceptionnel», que tu suivrais après, à la fois les cours de la Faculté de droit et de la Faculté des lettres et de philosophie, et que...

— Et que je serai le plus célèbre avocat au monde, qu'une fée descendra d'une étoile dans un char d'or tiré par des coursiers ailés, qu'elle renoncera à son immortalité pour moi, qu'à notre mariage seront invités, comme dans nos contes populaires, tous les rois et les empereurs de la terre, et que notre maison sera remplie d'une douzaine d'enfants, moitié fées, moitié futurs avocats...

— Non, bien que même cela puisse être possible — et elle devint soudainement triste —, je ne suis pas allée si loin dans mes promesses au directeur. Mais je me rends compte que je ne devais pas me dépêcher... — le froncement de ses sourcils devint plus prononcé et son regard s'assombrit comme un ciel clair de printemps qui vient de se couvrir soudainement de nuages orageux... — car tout dépend de ce que dira le médecin et si l'opération peut être évitée. Je suis pourtant persuadée — ses yeux recouvrirent leur éclat, le froncement s'évanouit et sa gaieté retrouvée montrait que le soleil avait dissipé les nuages... — que tout va être bien. Notre médecin est un savant; parfois, il est même appelé à la cour royale. Il en a sauvé des vies! Oui, oui, il te sauvera aussi! Demain matin à huit heures tu seras ici. S'il pleut, sonne à la porte principale. Comme tu vois, il faut croire aux miracles. Hier, on t'interdisait de passer sur une allée du parc; demain, seront ouvertes pour toi les portes de notre maison. Au revoir, Lucien, et merci d'être venu. À demain!

Elle me tendit la main et s'en alla vers le palais pendant que moi, je prenais le chemin de la sortie. Elle m'appela subitement et, tournant la tête, je la vis courir vers moi. Le beau soir d'été descendait doucement autour de nous et Venus, l'étoile du berger, palpitait dans le ciel serin.

— Lucien! Lucien! Excuse-moi de te retenir encore. Je voulais te dire seulement que je n'ai jamais été si heureuse et si malheureuse que cet après-midi; et je te demande pardon...

— Pardon? de quoi?

— Tu sais très bien ce que je veux dire... j'ai été rude et

j'ai agi maladroitement... comme une sotte. Mais il faut que ce soit *toujours* comme ça. *Je ne suis pas habituée... je n'ai pas le droit... et je ne veux pas être traitée comme les autres.* Il faut que tu le saches dès maintenant, et que tu n'attendes de moi que mon amitié. Nous serons les meilleurs amis au monde, *mais rien que des amis.* Il ne faut plus nous écarter de cette ligne de conduite par le moindre geste, par un mot et même par une ombre d'illusion. Il m'est impossible de m'exprimer plus clairement, mais je pense avoir été bien comprise. Ta présence ici, notre amitié et, surtout, ton avenir dépendent de l'observance de cette règle immuable. Je me fie à ta sagesse! Bonsoir, Lucien, et bonne nuit.

Elle toucha ma joue du bout des doigts, comme une caresse, et s'en alla.

XVI

Les événements vécus les derniers jours me montrèrent que trop de raisonnement est aussi pernicieux, ou peut-être pire encore, que le manque total de jugement.

Comblé par l'attention et l'intérêt dont j'étais l'objet, je ne fus pas du tout préoccupé par la mise en garde de Marguerite de ne jamais dépasser les limites strictes de l'amitié et de ne pas me faire d'illusions que cette situation pourrait changer un jour. Ce qui s'était passé n'avait été que la conséquence d'une émotion commune et spontanée qui nous emporta l'un vers l'autre. Je regrettai sincèrement cet incident et fus complétement d'accord qu'elle ne devait pas être «traitée comme les autres». Sans doute, le souvenir de son ancienne femme de chambre lui était-il présent et, pour prévenir toute situation équivoque, elle exigea qu'une certaine ligne de conduite fût rigoureusement suivie.

Je ne m'en faisais pas plus pour ce que le médecin pouvait me trouver, parce que j'étais si habitué à mes embarras gastriques et à mes migraines, que je les considérai comme partie intégrante et... normale de ma vie.

Ce qui me tracassait réellement, c'était le nouveau défi représenté par André. J'avais l'intuition — qui ne me trahissait pas — que mater et former un enfant gâté, entêté et indépendant, et faire de lui en deux mois ce que sa famille n'avait pas réussi à faire en dix ans, était une tâche immense; et le résultat de cette mission était la pierre de touche de ma chance de gagner Marguerite.

❑

Je fus exact au rendez-vous du lendemain, et nous partîmes tout de suite chez le médecin qui habitait dans la même
rue, à une distance de quelques centaines de mètres.

L'accueil du docteur fut très amical. Après un examen
général très minutieux, il m'envoya à sa clinique pour toutes
sortes d'analyses et de radiographies. Les examens se déroulè-
rent en partie dans l'après-midi du même jour et, le reste, le
matin suivant. Marguerite m'accompagnait partout. Les douleurs
dans la région du foie étaient moins aiguës à la palpation, et
les maux de tête ainsi que les vertiges revenaient encore, mais
à des intervalles plus espacés. Les derniers temps, les symptômes
de mon étrange maladie étaient moins violents.

— Je pense que cette amélioration est due à un changement produit dans mon moral, dis-je au médecin.

Faisant semblant de ne pas saisir mon allusion, Marguerite donna aussi son opinion:

— Oui, monsieur est sage maintenant. Depuis trois semaines, il ne sort plus les soirs et il se couche tôt...

— Sauf vendredi dernier où je suis allé à la messe de
minuit...

— Il ne fume plus, continua Marguerite, rougissant légèrement et retenant à peine un sourire complice.

— Je fume encore, mais très peu.

— Il ne fumera plus à partir d'aujourd'hui, docteur. N'est-
ce pas, Lucien?

— Je renonce dès maintenant et pour toujours.

— Ne vous ai-je pas dit, docteur?

Le médecin sourit avec bienveillance à cet échange de mots
enfantins qu'il interrompit pour nous dire qu'il était temps de
discuter de choses très sérieuses.

— Je ne vous cache pas, jeune homme, que votre cas est
très inquiétant.

Marguerite poussa un cri et sauta de sa chaise, mais le
médecin lui fit signe de ne pas l'interrompre. Et il reprit:

— Très inquiétant, mais pas désespéré. La solution est en
grande partie entre vos mains. Je ne vous promets pas une guérison complète mais, si vous suivez mes conseils à la lettre, vous
pourrez éviter une opération qui est très, très risquée. Vous
devez suivre un régime alimentaire draconien, une vie régulière,

équilibrée et sans tracas. Aucune goutte d'alcool, aucun abus. Repas à heures fixes et, je le répète, une diète stricte suivant les menus et la liste que je vais vous donner. Vous devez prendre sans interruption les médicaments indiqués dans cette ordonnance et vous soumettre à des contrôles périodiques. D'ici deux mois, vous devrez faire un bref séjour à ma clinique pour une nouvelle série d'analyses et de radiographies; et, éventuellement, pour un traitement intensif. Je vous condamne à une vie d'ascète pour une durée indéfinie, mais cette période d'austérité pourra être raccourcie si vous suivez consciencieusement mes recommandations. Sans vouloir vous épouvanter, je dois vous prévenir que si une nouvelle obstruction se produisait, la science médicale ne pourrait rien faire dans votre cas à cause d'une lésion décelée à votre foie.

Il nous conduisit jusqu'à la porte, nous serra la main et embrassa Marguerite sur la joue.

— Ne soyez pas jaloux, me dit-il, en clignant de l'œil. C'est moi qui l'ai accueillie à son arrivée au monde. C'est une fille adorable, et je l'aime autant que mes propres enfants.

❏

Sur notre chemin de retour, Marguerite, évidemment préoccupée, essaya de minimiser le verdict du médecin:

— Il ne faut pas perdre la tête! Pour pouvoir briller dans la vie, tu dois consentir à vivre en veilleuse pour un certain temps. C'est tout!

Voyant les problèmes de santé que j'avais à affronter, Marguerite me délia de l'engagement qu'elle avait pris pour moi devant le directeur du lycée et m'assura qu'elle irait lui dire que le médecin m'avait défendu de fournir un tel effort. Quant à André, elle m'exhorta à ne pas trop me fatiguer car, de toute façon, le temps était trop court, et l'année d'après, quand je n'aurais plus de soucis de santé, je serais plus à mon aise pour essayer d'apprivoiser son frère.

Comme je n'avais plus rien à perdre, en dehors de la vie, je répondis que nous ne devions pas abandonner nos projets car je me portais déjà mieux et, qu'en commençant le régime alimentaire et le traitement prescrits, il n'y aurait aucun inconvénient.

Le même jour, je fus invité par Marguerite à faire la connaissance de son frère et, éventuellement, à saluer leur père si, par hasard, il était disponible. J'entrai, en ami, par la grande porte d'honneur du même palais d'où je m'étais enfui par la fenêtre, en pleine nuit, pour ne pas être sous le même toit que mes ennemis. C'est un autre exemple de contradiction flagrante entre mes résolutions et mes actions, et qui démontre encore une fois que le destin se moque de tous les obstacles de la raison.

Il me fut très difficile de me prononcer sur André d'après son comportement au cours de notre première rencontre. Je m'attendais à trouver un petit prince impertinent, arrogant et défiant — «un rebelle», comme on me l'avait décrit —, et, en réalité, j'avais devant moi un garçon pâle, timide, réservé et ombrageux. Ce qui me frappa surtout chez lui, c'était la tristesse de son regard. Cet enfant devait être, sans doute, malade.

Le frère de Marguerite me montra une hostilité sourde au début, et, dans sa méfiance, il fut très réservé. Il me fallut beaucoup de ruse et de perspicacité pour pénétrer dans le labyrinthe de son âme, et je dus faire toutes sortes de tentatives pour éveiller son intérêt et lui dénouer la langue. J'arrivai à ce résultat en moins de cinq jours. J'abordais des sujets de nature différente pour m'arrêter ou revenir à ce qui me semblait lui plaire. Le récit de Robinson Crusoé l'impressionna particulièrement, et l'histoire de Tarzan fit briller ses yeux. Il doutait pourtant qu'un homme puisse sauter d'un arbre à l'autre comme un singe ou se servir de lianes pour parcourir rapidement des distances énormes. En réponse, et au risque de me casser le cou, je grimpai comme un écureuil sur un gros arbre et, de là, sautant dans le vide pour m'accrocher à une branche d'un arbre voisin, je continuai dans le même style une course aérienne sur une certaine distance et revins au point de départ en roulant mon corps autour des branches qui me servaient de barre de gymnastique, pour atterrir enfin, avec une agilité de panthère, près d'André.

Pour la première fois depuis que je l'avais rencontré, il avait des roses sur son visage et, tandis que je reprenais mon souffle, c'est lui qui devint bavard.

Je fus étonné de constater qu'il ignorait des histoires que tous les enfants de son âge connaissent si bien, jusqu'à les considérer banales et ennuyeuses. Le garçon m'ouvrit finalement son cœur et, de question en question, j'appris que lui aussi avait été victime de la brutalité et de l'absurdité de son cousin Paul.

Resté orphelin de mère à un âge très jeune, il avait été élevé par une vieille institutrice revêche et bigote. Comme il parlait couramment le français à la maison, et comme l'école élémentaire communale n'attirait pas les familles nobles, André avait été inscrit à l'école évangélique allemande de Bucarest et soumis à une discipline prussienne. Il devait mémoriser de longs poèmes écrits en caractères gothiques, sans comprendre les mots barbares qu'il répétait comme un perroquet. À la moindre faute ou incartade, il était puni et obligé de copier à la maison, sur des pages entières, la même phrase par laquelle il promettait d'être diligent et discipliné. En été, il avait un professeur particulier avec qui il devait préparer la matière du programme des écoles roumaines pour se présenter aux examens d'équivalence devant une commission spéciale nommée par le ministère. Ce précepteur saisonnier, choisi et engagé par Paul, était toujours d'humeur acariâtre, servile et lâche, et rapportait au grand cousin les actes d'insoumission, réels et parfois inventés, du malheureux élève. Comme Paul gagnait de plus en plus de prépondérance dans la maison du ministre — et la raison de cette redoutable autorité ne m'était pas encore connue —, il s'arrogea aussi le droit de s'occuper directement de l'instruction de son frêle cousin. Les punitions et les inepties quotidiennes à l'école furent complétées par les ukases stupides de Paul. Insulté, bafoué et brutalisé, André se trouva de plus en plus démoralisé et isolé du monde. Paul, fils de général de corps d'armée, ayant été élevé dans une ambiance martiale, se fit un malin plaisir de soumettre son débile cousin à une discipline absurde. La punition la plus fréquente était la claustration. Malgré les implorations et les larmes de Marguerite, le tyran était inflexible et obligeait le pauvre garçon à passer les plus belles journées de l'année entre les quatre murs de sa chambre pour bourrer son crâne du contenu des livres imprimés en caractères gothiques. Il s'était aplati le nez à force de regarder avec envie, par les vitres, les gens qui passaient dans la rue.

En comparant la vie d'André à la mienne, je trouvai beaucoup de points de rapprochement, sans arriver à me rendre compte qui, de nous deux, avait été le plus malheureux.

Une chose était certaine: sa haine contre Paul était aussi grande que la mienne, et je me proposai d'exploiter ses ressentiments. Pour gagner la confiance totale d'André qui était persuadé, au commencement, que j'avais été envoyé par son cousin, je lui racontai comment moi-même j'avais été persécuté par Paul et quelle avait été ma vengeance. Très ému, mais exultant de joie, André me promit de garder le secret. À mon tour, je me déclarai prêt à le défendre et à le protéger contre n'importe qui, à le sortir de sa prison — si Paul revenait — et à m'enfuir avec lui au besoin. Moi-même, je ne croyais pas à ce que je disais! Finalement, je lui garantis que s'il passait avec succès les examens d'entrée au lycée, il ferait un affront inoubliable à son méchant cousin qui le considérait bête et incapable. Je m'offris de l'aider à franchir n'importe quel obstacle et, en échange de mes efforts, je ne lui demandai que son amitié. Il me parut gagné à ma suggestion, enthousiasmé même.

En nous retrouvant dans un coin éloigné du parc, Marguerite eut une surprise très agréable. Trois jours plus tôt, elle avait assisté à une scène pénible de désobéissance de la part de son frère et ne s'attendait pas à le voir se lier si vite d'amitié avec moi. André, monté sur mes épaules, était accroché à une branche d'un châtaignier et me priait de le laisser se débrouiller seul. Lorsqu'il vit sa sœur, il voulut sauter et courir à sa rencontre, mais j'eus la présence d'esprit de le prendre vite dans mes bras et de le faire glisser doucement.

— Marguerite, je te présente mon ami Tarzan qui sera aussi mon professeur. Il me montrera comment grimper et voyager dans les arbres pour combattre les lions et les tigres à main nue. Nous allons découvrir une île mystérieuse où nous vivrons comme Robinson Crusoé...

— Et l'école, André?

— Oh! ça aussi, car Tarzan sait tout.

❑

Marguerite me dit que son père voulait me parler et me priait de venir dîner avec eux. Grâce à la gaieté inusitée d'André qui étonna tout le monde, ma rencontre avec le ministre fut moins embarrassante mais, ignorant comme j'étais des usages de la bonne société, le couvert déployé devant moi m'épouvanta. Les premiers instants, je fus aussi maladroit qu'un homme des cavernes invité à la table d'un roi.

Le garçon raconta les exploits de Gulliver et évoqua avec une nuance d'ironie prouvant sa finesse d'esprit, un épisode qu'il venait d'apprendre de moi: enfermé dans une maison qui, pour les géants, n'avait que les dimensions d'une cage, Gulliver se rendit compte de ce que voulait dire garder un être vivant emprisonné, et jura de ne jamais priver de liberté personne, ni même un petit oiseau.

Le ministre et sa fille baissèrent les yeux et se turent, chacun regardant fixement dans son assiette. Un instant de silence gênant qui aurait pu décider, comme je craignais fort, de ma présence dans leur maison.

En effet, le ministre demanda soudainement à Marguerite si tout était prêt pour le lendemain matin; et, se tournant vers moi, il me dit:

— Marguerite et André sont invités par leurs grands-parents à passer les vacances à la campagne...

Ce fut comme un coup de hache qui me fendit la tête.

— Non, s'écria André, je ne pars pas sans Tarzan.

— Ça reste à voir, répondit le père après une certaine hésitation.

Je fus pétrifié.

— Ça reste à voir, reprit-il. Je ne pourrais consentir qu'à condition que...

— À quelle condition? interrompit André, impatient.

— À condition que tu promettes de l'écouter toujours, de l'appeler «monsieur» et non... «Tarzan» et de faire de ton mieux pour réussir aux examens...

— Il a déjà tout promis, intervint Marguerite, tandis que son frère acquiesçait d'un signe de tête.

— Alors... Ça va, conclut le ministre, en pesant chaque mot comme un juge qui prononce une sentence.

Tous les yeux se fixèrent sur moi.

— Tout va bien, mais vous avez oublié l'essentiel, dis-je.

— C'est-à-dire?

— Je vous remercie de votre aimable invitation, mais je ne suis pas disponible.

— Comment, demanda vivement Marguerite, tu ne veux pas aider André?

— Je regrette, mais je dois rester à Bucarest.

Je me sentis obligé de dire ce mensonge pour leur montrer qu'ils ne me faisaient pas une faveur extraordinaire et parce que j'avais eu l'impression que le ministre avait donné son consentement à contre-cœur.

— Vous pouvez partir sans moi, ajoutai-je.

— Non, répliqua Marguerite. André ne part pas sans toi, et moi non plus sans... André.

— Alors, nous restons tous ici, dis-je.

— Si tu le veux... murmura Marguerite sur un ton trahissant une profonde déception.

— Vous voulez dire que tout ça dépend de moi seulement?

— Oui, de toi seulement!

— Alors, nous partons tous les trois demain, si Son Excellence est d'accord.

Le père, la fille et le garçon ne purent retenir leur enthousiasme et tous les trois manifestèrent leur joie en battant des mains. Le plus expansif fut André. Il sauta de sa place, m'embrassa avec empressement et, prenant une pose sérieuse, me dit solennellement:

— Merci, monsieur... Tarzan.

Et il cligna de l'œil à son père.

Je me joignis à l'hilarité générale.

XVII

C'était, à ce que je sache, mon premier voyage par train et ma première sortie de Bucarest.

Avant le départ, le ministre m'appela dans son bureau et me remit une enveloppe scellée contenant des «instructions» qu'il me pria de suivre et dont je devais prendre connaissance seulement à l'arrivée. Il me remercia de tout ce que je ferais pour son fils et me témoigna sa confiance totale d'après les résultats «formidables» déjà obtenus rien que depuis quelques jours. Il ajouta que la décision de m'inviter à la campagne avait été prise avec Marguerite à l'avance, mais qu'il s'était prêté à la petite comédie de la veille pour voir la réaction d'André.

Un conte de fées comme celui que je vivais mène, parfois, à un château enchanté; et je le trouvai, en effet, au bout de notre voyage.

La maison des grands-parents de Marguerite était située au centre d'un vaste domaine. Les champs labourés s'étendaient à perte de vue, et le promeneur imprudent qui s'aventurait trop profondément dans les bois courait le risque de s'égarer. Ce merveilleux coin de pays était aussi le paradis des chasseurs et des amateurs d'équitation. Une rivière cristalline, bordée par des collines riantes, offrait aux privilégiés du sort les plaisirs de la pêche ou de la natation; et la proximité de la montagne purifiait et rafraîchissait l'air que le parfum des fleurs et le baume des arbres rendaient plus enivrant encore. C'était un endroit idéal pour passer des vacances princières. Le château, complètement modernisé à l'intérieur, comprenait vingt-cinq grandes pièces, sans compter les parties attenantes et une riche bibliothèque munie d'une élégante salle de lecture, accessible nuit et jour à ceux qui cherchaient des satisfactions plus raffinées.

Ma chambre, située près de la bibliothèque, avait des fenêtres s'ouvrant sur des collines gaies et couvertes, par endroits,
de vergers. Le soleil montait souriant et doux sur le ciel bleu
clair et me souhaitait presque chaque matin une journée merveilleuse. Je le remerciais de mon plus vif sourire car j'étais heureux et, pour la première fois depuis que je me connaissais, en
paix avec moi-même.

Andé était partout mon compagnon inséparable. Selon
mes habitudes, je me levais tôt le matin et je me baignais dans
la rivière aux eaux glacées. Mon jeune ami venait me rejoindre
et, profitant de chaque moment, je combinais les leçons de natation avec les répétitions en vue de l'examen, préoccupé en permanence de stimuler son intérêt sans le fatiguer ou l'ennuyer.
Pour le faire mieux retenir certains points importants, je revenais de temps en temps sur le même sujet mais sans trop insister; ainsi, il accumulait des connaissances sans aucun effort
comme on arrive à fredonner une mélodie qu'on entend souvent.

Dans l'après-midi, on passait à des épreuves pratiques, et
nous faisions, à la fin, le sommaire des connaissances acquises.
Une courte dictée, dans laquelle j'accumulais tous les pièges de
la grammaire roumaine, au lieu de l'agacer, incitait son ambition, comme s'il participait à une compétition sportive. Je lui
racontais des épisodes historiques ou des fragments tirés des
œuvres inscrites au programme, et je m'arrêtais au point culminant. André, impatient de connaître la fin, lisait le livre en entier
et me racontait la suite le lendemain. Après un mois d'entraînement intense, il me suffisait d'appuyer sur un bouton pour
avoir la réponse prompte et précise, tandis que les répétitions
périodiques conservaient fraîches dans sa mémoire les matières
d'examen. Mon élève évitait les erreurs sur lesquelles j'avais déjà
attiré son attention ainsi que les pièges de mes questions, et il
était si passionné des lectures que je lui recommandais ou des
sujets dont je ne cessais jamais de souligner l'importance que,
sans aucune exigence de ma part, il passait des heures entières,
les soirs, à approfondir.

Quant à moi, je me mis au travail dès le premier jour de
notre arrivée à la campagne, mais je ne disposais que de peu
de temps, et seulement la nuit, car mes journées étaient entiè-

rement consacrées à André. Marguerite me donna tous les livres dont elle s'était servie pendant la dernière année et m'offrit un concours illimité afin d'assurer ma réussite à l'examen. En fait de diète et de prescriptions médicales, elle était non moins scrupuleuse et veillait sur moi comme une poule sur ses poussins.

Nos professeurs étaient très exigeants, et une des matières sur laquelle ils mettaient un accent spécial, c'était l'étude de la langue et de la littérature française car, selon une tradition prestigieuse perpétuée dans toutes les familles riches et dans la noblesse des pays de l'est de l'Europe, le français était la langue courante de la haute société roumaine; et le culte de la France était répandu chez nous. Paris n'a pas eu seulement le cœur de Montaigne depuis sa tendre enfance, mais aussi le cœur de chaque Roumain. Les élèves du premier cycle au lycée connaissaient par cœur la suite des grands boulevards parisiens entre la Bastille et la Madeleine, les grandes artères, les places célèbres et les monuments publics de la Ville lumière. Les études supérieures de chez nous étaient équivalentes à celles des universités françaises.

Le nombre de docteurs en droit ou de médecins roumains sortis des facultés françaises ou spécialisés à Paris ne cessait d'augmenter. Un titre pareil donnait un prestige incomparable et ouvrait le chemin vers des dignités et des situations enviables.

Marguerite maîtrisait le français aussi bien que le roumain grâce à l'ambiance familiale, à son éducation à «L'Institut Pompilian» ainsi qu'à ses fréquents voyages et séjours à Paris et sur la Côte d'Azur. Elle parlait et lisait aussi l'anglais avec la même facilité.

C'est grâce à elle, et à ma honte, que je découvris ce que je n'aurais jamais saisi: que mon «français» *était horrible* malgré ou, peut-être, à cause des innombrables livres que j'avais dévorés, des expressions et des proverbes que j'avais appris par cœur, sans me rendre compte que chaque mot était estropié par ma prononciation incorrecte ainsi que par mon accent roumain. À cette explication s'ajoutaient d'autres raisons: dans mes premières années de lycée, je n'arrivais à m'exprimer qu'avec grande difficulté, même en roumain. Qui aurait gaspillé son temps pour me faire parler plus ou moins convenablement une langue étrangère? Il faut reconnaître aussi que même la prononciation de

nos professeurs — à l'exception de monsieur François Lebrun
— était loin d'être irréprochable.

Heureux Français et gentils Parisiens, vous qui parlez votre
langue avec un charme incomparable, et avec la même facilité
que Monsieur Jourdain qui faisait de la prose depuis quarante
ans sans le savoir, soyez indulgents pour ceux qui trébuchent
parfois quand ils s'expriment dans votre langue, car ils n'ont pas
grasseyé, comme ceux de l'Île de la Cité, ou roulé les *r*, comme
les Méridionaux ou les Bourguignons, depuis le berceau! Ne
vous moquez pas d'eux quand ils font des erreurs qui blessent
vos fines oreilles, mais essayez de penser un peu aux efforts
tenaces qu'ils ont fournis pour arriver à se faire comprendre de
vous; et considérez leur bonne volonté comme une preuve
émouvante de l'amour et de l'admiration qu'ils ont pour vous
et pour votre glorieux pays! *Mais priez Dieu que tous nous veuil-
lent absoudre!*

C'est Marguerite qui se chargea de la tâche difficile de
m'enseigner le vrai français et qui fit preuve, à cette occasion
aussi, d'une patience angélique. La différence dans la prononciation entre *é* et *ai* m'est très difficilement entrée dans la tête.
J'étais habitué à dire ou à lire *métr* pour «maître»; *chén* pour
«chaîne»; *per* pour «paire»; et, comble de sacrilège, *Franssé* pour
«Français», pour ne donner que quelques exemples qui, rien
qu'à y penser, me font rougir même aujourd'hui. Et quand je
me rappelle comment je traitais les *e*, les *é*, les *è* et les *ê*, en
les prononçant toujours et sans distinction *é*, comme en roumain, pour dire *réligion, dévénir, dévoir, émbarras*, etc., etc.,
etc., mon visage *se cardinalise comme les homards et les écre-
visses à la cuisson* du gai Rabelais.

On dit que celui qui veut bien apprendre doit avoir la sagesse et la volonté de se débarrasser d'abord de tout ce qu'il a
mal appris; et comme j'avais beaucoup appris — et mal —,
j'eus beaucoup de fil à retordre. Une fois, dans un accès de
désespoir, je montrai à Marguerite une remarque ironique de
Gogol, dans *Les âmes mortes*, contre l'aristocratie russe qui parlait le français, «langue indispensable au bonheur universel».

— C'est la satisfaction et la vengeance de l'ignorant,
répliqua-t-elle. À mon avis, le français est indispensable à ton
avenir et à ton bonheur, à moins que l'étude n'en soit pas trop

difficile — ou impossible — pour toi... Dans une telle éventualité, tu n'as qu'à lire en roumain les classiques français, mais pour moi, un chef-d'œuvre en traduction est comme une lithographie grossière à côté d'une peinture originale.

Pouvais-je me déclarer incapable et me plier devant «l'impossible»? Pour stimuler mon ambition, elle avait appuyé sur la pédale la plus sensible de ma fierté.

Je trouvai dans la bibliothèque du château un cours de français sur disques qui m'aida à prononcer les mots correctement, mais la difficulté recommençait dès que je faisais appel à une pensée ou à un vers que j'avais mémorisés. Je me surveillais de près et répétais à tue-tête chaque mot corrigé, et quand je lisais à haute voix un texte français, j'avais les mêmes émotions qu'un dilettante s'aventurant sur une corde raide au-dessus d'un précipice.

Un matin, au cours d'une promenade avec Marguerite au bord de la rivière, je l'assurai qu'elle ne serait plus embêtée à cause de mes fautes stridentes de français. Pour me mettre à l'épreuve, elle me demanda de lui dire vite un mot avec un *ai*.

Je fus très spontané et, en la regardant avec insistance dans les yeux, je lui lançai dans le plus impeccable et le plus mélodieux français:

— Je t'*aime*!

Son visage devint blême.

— Je ne t'*ai* pas demandé de me dire un mensonge mais un mot!

— Si j'avais dit «Je ne t'*aime* pas», ç'aurait été un mensonge.

— Lucien, me répondit-elle sur un ton irrité, je t'avais posé une seule condition qui doit rester à la base de notre amitié et tu ne la respectes pas; et j'ai déjà souligné que je ne voulais pas être traitée comme les autres. Mais parce que tu as touché à ce sujet *tabou*, je ferai une exception — seulement cette fois -– pour te dire ce que j'avais l'intention de garder en moi. Eh bien! je me vois obligée de te prouver que tu n'es pas sincère et que, heureusement, tu n'as pas dit la vérité.

— Mais je te jure que c'est vrai!

— Je t'en prie, Lucien, finis avec cette comédie qui n'est

qu'une moquerie et que je ne peux supporter! Ne jure pas, car j'en ai des preuves!

La voix étouffant de colère, elle continua:

— Je ne veux pas me mêler de ce qui ne me regarde pas, mais je suis très choquée par tes agissements. *Tu as une amie* — il ne s'agit pas de moi! — et tu es libre de lui dire n'importe quoi; mais ne m'insulte pas en me répétant les mêmes déclarations que tu as adressées à l'autre!

J'étais comme tombé de la lune.

Prenant mon silence pour un aveu, elle ajouta:

— D'ailleurs, il te serait impossible de le nier. Je l'avais soupçonné le soir même de notre rencontre... dans le parc... lorsque, en me permettant de te donner le conseil de ne plus fréquenter une certaine société, tu m'as répondu que tu avais déjà rompu avec ces gens *depuis trois semaines*. M'est-il permis de te demander pourquoi menais-tu une telle vie?

— Parce que je n'avais plus d'idéal et parce que je *t'aimais*. Je *t'aimais* sans espoir, conscient que tu appartiens à un monde qui m'est inaccessible; et, pour essayer de t'oublier, j'avais pris le chemin qui menait le plus vite à ma destruction.

Elle se mordit les lèvres.

— Je te répète que tu n'es pas sincère, et te voilà en pleine contradiction: tu as rompu avec un certain milieu *trois semaines avant la date de notre rencontre* et donc à une date à laquelle «l'idéal» dont tu parles était aussi «inaccessible» qu'auparavant. Peux-tu nier que ce sacrifice ait été fait pour une *autre* personne, c'est-à-dire pour un... idéal accessible?

— Pas tout à fait...

— Donc partiellement!... Et ton refus de venir avec nous à la campagne n'était-il pas aussi à cause de l'autre? Mais, pour prévenir toute envie de ta part de camoufler la vérité, il faut que je sois plus explicite. Je te conseille d'être plus prudent à l'avenir. Tu as oublié dans le livre de Maeterlinck la lettre par laquelle tu rappelais à ton... idéal accessible *que tu l'avais toujours aimée, que tu l'aimerais toujours*, que tu ne la décevrais plus et que ta reconnaissance envers elle ne s'effacerait jamais. En trouvant le papier dans le livre, j'ai cru qu'il s'agissait d'un commentaire sur *Avant le grand silence* et je l'ai lu; mais, dès que je me suis rendu compte qu'il s'agissait de quelque chose qui ne me regardait pas du tout, j'ai mis la lettre sur ton bureau.

J'éclatai de rire et je ris jusqu'aux larmes tandis qu'elle, en me prenant pour un cynique, me regardait avec dépit.

— Bravo, mademoiselle Sherlock Holmes! Voilà comment on peut envoyer un innocent à la potence. Je dois commencer par reconnaître que c'est moi l'auteur de la lettre égarée, que les sentiments exprimés dans cette lettre sont les plus sincères et que la personne existe donc.

C'est la première fois que je lus la haine dans les yeux de Marguerite.

— Oui, cette personne existe. C'est sœur Anne, mon ange gardien qui avait veillé sur mon lit d'hôpital pendant les années où je gisais en léthargie, et qui a pris soin de moi après. Malgré son jeune âge, elle a été presque une mère pour moi. N'oublie pas que, en dehors d'elle, je n'avais personne en ce monde! Avant de quitter définitivement Bucarest pour s'établir en province, près de ses vieux parents, et pour rejoindre aussi son fiancé, médecin à l'hôpital local, elle est venue me voir une dernière fois et m'a trouvé en pleine déchéance. Elle m'a supplié de sortir de la vie immonde dans laquelle j'étais enlisé et a essayé de me convaincre qu'elle ne serait jamais heureuse si je continuais une telle existence empoisonnée. J'ai été impertinent avec elle et j'ai eu une attitude qui me fera toujours honte, mais ma merveilleuse Anne m'a pardonné sur place. Après son départ, accablé de remords, j'ai décidé de me réhabiliter aux yeux de tout le monde et de mener une vie honnête et irréprochable. À la lettre qui m'incriminait, selon toi, et que tu n'as pas lue jusqu'à la fin — j'en suis persuadé! — ma gentille Anne m'a répondu en exprimant sa grande satisfaction. Elle se déclare très heureuse de savoir que je me trouve à la campagne près de gens comme vous et m'envoie ses bénédictions. Je te montrerai cette lettre dès que nous serons rentrés.

— Non, ce n'est pas la peine, dit-elle sur un ton convaincu et conciliant.

— Quant à ma déclaration que je ne pouvais vous accompagner ici, ce n'était qu'un bluff de ma part. J'avais eu l'impression que ton père avait consenti à m'envoyer avec vous seulement sur les instances d'André. Avant notre départ, il a eu l'élégance de me dire que la décision de vous accompagner avait été prise auparavant. À propos, ton père m'a remis alors une enveloppe scellée que j'ai ouverte, selon ses instructions, à notre arrivée ici. Je ne peux accepter cet argent. Je me considère largement payé par l'amitié d'André et par la tienne, et par tout ce que vous faites pour moi. Mais nous aurons une autre occasion d'en reparler et de te remettre l'argent. Pour le moment, je veux seulement te prouver que j'étais sincère en te disant que...

— Non, Lucien, laisse-moi croire que tu n'as pas dit la vérité!

— Mais c'est *vrai*, Marguerite, et je te jure encore une fois que c'est la pure vérité...

— Non, Lucien, n'en parlons plus! Je t'en supplie, Lucien, sois sage! car, si c'était vrai, ce serait un grand malheur pour toi, pour moi, pour tous. Plus qu'un malheur, *une tragédie*. Et si tu es sincère, *renonce à cette folie!*

❑

J'en avais enfin la preuve! Marguerite pensait à moi plus que je ne l'avais jamais espéré. Elle venait de trahir ses tourments et sa jalousie, mais je fus loin d'être heureux après cette dernière mise en garde si tranchante et si inexorable. Elle insistait pour que je renonce à ma «folie». Ça voulait dire qu'elle était ferme dans sa détermination et que le seul lien qu'elle pouvait concevoir entre nous était l'amitié, la camaraderie plutôt. Et comment pouvais-je renoncer à elle? Si j'avais pu obtenir une obéissance complète de la part de mon corps, je n'avais aucune autorité sur mon cœur. C'était plutôt lui qui me guidait.

On dit que le Christ a fait tant de miracles: Il a donné la vue aux aveugles, a guéri les lépreux, a fait marcher les paralytiques, a ressuscité Lazare, et Lui-même, Il est revenu du règne de la mort, mais on ne parle nulle part de la guérison d'un amoureux. Un tel miracle est tout à fait inconcevable. Zeus, qui commandait à tous les autres dieux, qui maniait les foudres et qui pouvait anéantir la terre entière d'un simple froncement de sourcils, Zeus, lui-même, n'a jamais eu la force de dominer les penchants de son propre cœur enflammé d'amour; et Titus était maître de l'univers mais pas de son cœur.

❑

Les vacances touchaient à leur fin. Deux jour après l'incident provoqué par ma lettre à sœur Anne, Marguerite m'annonça qu'elle devait rentrer tout de suite à Bucarest «pour des affaires très urgentes et pour les préparatifs requis par notre retour».

C'était une explication sibylline et je fus très intrigué par son départ précipité, mais il me suffit de lire une certaine mélancolie dans ses yeux et de l'entendre dire qu'elle serait très impatiente — bien qu'il ne s'agissât que d'une absence de quelques jours — de nous revoir tous réunis, pour n'avoir plus d'inquiétude. Marguerite se déclara très satisfaite de mon comportement qu'elle qualifia d'«impeccable», de mon «assiduité» ainsi que des «résultats extraordinaires obtenus avec André».

Elle se considérait *heureuse* de voir ma santé améliorée et me répéta que son père était toujours *enthousiasmé* à mon sujet et qu'il m'aimait comme si j'avais été son propre fils. Le ministre me proposait par l'intermédiaire de sa fille de continuer à m'occuper en permanence d'André, même au lycée, et me priait d'emménager chez eux pour être toujours près de mon élève. Pour me flatter davantage, Marguerite m'assura qu'elle-même aurait besoin de mon aide et que, de toute façon, en étant ensemble, nous pourrions mieux préparer l'examen du baccalauréat.

Devant mon hésitation à accepter leur invitation — et cette fois, il ne s'agissait pas d'une politesse formelle —, elle se sentit obligée d'ajouter:

— Si tu ne veux pas le faire pour moi — et je reconnais

que je ne mérite pas une telle faveur — fais-le au moins pour papa! Mon pauvre père...

— Ton... *pauvre* père!

— Oui, mon *pauvre* père a été moins gâté dans la vie que tu ne le crois. Depuis la mort de ma mère surtout, il a eu beaucoup de soucis, et son seul appui moral sont ses enfants. Si tu savais combien grand est son bonheur de voir André si merveilleusement changé! Il ne perd pas l'occasion de répéter qu'il n'oubliera jamais ce que tu as fait pour nous, et je te prie de lui épargner toute déception et de ne pas refuser notre hospitalité. Pense aussi à André qui ne veut plus se séparer de toi et qui t'aime tant!

— Oui, c'est ma chance, dis-je avec un sourire mélancolique, je devrais être heureux que ton père et ton frère au moins m'aiment.

— Mais moi aussi, je t'aime! Ne suis-je pas ta meilleure amie? Si tu veux, je tombe à tes genoux pour te prier de dire «oui». Mais... un instant! À moins que l'autre ne s'oppose pas...

Elle me fit le plus beau sourire et me regarda fixement dans les yeux.

— Alors, rétorquai-je, laisse-moi réfléchir un peu et donne-moi aussi le temps de demander *son* consentement.

— Donc tu emménages chez nous! Moi-même je vais préparer ta chambre. Rien ne te manquera...

— Sauf...

Mais il me fut impossible de continuer. Elle mit son doigt sur mes lèvres et, gardant toujours son gracieux sourire, elle me donna un ordre qui me semblait un encouragement plutôt qu'une interdiction:

— *Silence!*

❑

Le soir de son départ, je trouvai de nouveau le livre de Maeterlinck sur mon bureau. Le bout d'une feuille de papier dépassait de la couverture du volume. Était-ce un message? Probablement.

Sur la feuille, mise évidemment à mon intention, Marguerite avait reproduit quelques vers que j'évoque vaguement:

> Le meilleur moment de l'amour
> N'est pas quand on dit «Je t'aime».
> Il est dans le silence même
> À demi rompu tous les jours.
> Il est dans les intelligences
> Feintes et cachées des cœurs...

Était-ce une note *illustrant* la pensée de Maeterlinck ou plutôt un rébus qui se prêtait à une interprétation ambiguë, selon mon pessimisme ou mon optimisme? Une nouvelle invitation à me taire et à garder pour moi seulement mes sentiments, ou bien une manière de dire... en silence, qu'il y avait une intelligence entre nos cœurs? Difficile à savoir.

Pour me prêter avec complaisance à ce jeu littéraire, j'ajoutai au bas de la page deux vers tirés de la comédie *Le Menteur* de Corneille:

> ... Quand une femme a le don de se taire,
> Elle a des qualités au-dessus du vulgaire.

Mais pour un homme, un tel silence est insupportable.

> Quel tourment de se taire en voyant ce qu'on aime
> (Racine).

À mon retour à Bucarest, je rendis le livre avec la même feuille mise comme marque entre les pages.

Pour observer *le silence*, aucun commentaire ne s'ensuivit.

❑

Le lendemain matin, je reçus une douche froide. André m'informa que sa grand-mère lui avait dit que «le cousin Paul» rentrait de Targoviste où il avait fini l'école de cavalerie; et qu'après un arrêt de quelques jours à Bucarest, il partirait en France.

Donc le message de Marguerite n'avait pas été dans le sens favorable qui aurait pu me rendre le plus heureux des mortels. Elle, qui s'était montrée si innocente et si affectueuse, avait joué une petite comédie avant de courir dans les bras de son cousin.

Rentré à Bucarest, je fus très impatient de revoir Marguerite pour lui dire qu'il m'était impossible d'emménager chez eux et que je n'aurais plus le temps de m'occuper de son frère.

Ce qui m'indigna le plus, ce furent son air ingénu et l'exubérance avec laquelle elle manifesta sa joie de nous revoir. Troublée par mon attitude froide et réservée, elle s'inquiéta au sujet de ma santé et se fit des reproches d'avoir été obligée de me négliger pendant quelques jours. Avant que je n'ouvre la bouche pour lui communiquer ma décision, elle me dit:

— Lucien, je dois m'excuser encore une fois de mon départ précipité. Paul... je veux dire mon cousin... ayant fini le stage préparatoire à l'école de cavalerie de Targoviste, était prêt à venir à la campagne pour rester quelques jours avec nous avant son départ pour Saint-Cyr, en France. Afin d'éviter des complications énormes — car il ne devait pas savoir que tu étais chez nous et que tu t'occupais d'André —, je lui ai télégraphié que j'étais déjà rentrée à Bucarest et que je l'attendais là-bas. J'ai ajouté même les mots «avec impatience». En réalité, je l'attendais dans la crainte qu'il ne découvre ma supercherie. Jusqu'à son départ à Targoviste, il surveillait chaque pas que je faisais, et il avait aussi ses espions. Pour prévenir toute indiscrétion, voulue ou non, de la part de ceux qui savaient que tu étais avec nous, je lui ai proposé, dès son arrivée, de l'accompagner chez sa mère et de passer ensemble, à son chalet dans la montagne, les quelques jours qui restaient encore avant son départ pour la France. Et il a trouvé mon idée «extraordinaire». Voilà «les affaires urgentes» qui m'ont obligée à revenir seule et tout de suite à Bucarest. Nous sommes amis — *de vrais amis*

— et je ne dois *rien* te cacher. Et si tu veux en savoir davantage, *tu m'as manqué énormément.*

Quand on pense que ma petite valise était prête et que, par un pur hasard, je n'avais pas eu l'occasion de communiquer à Marguerite ma «ferme» décision! Autrement, je me serais couvert de ridicule.

Décidément, mon hypersensibilité était incurable!

XVIII

Je n'avais aucun doute du succès d'André à l'examen d'admission au lycée, mais je voulais obstinément qu'il fût en tête de liste; et pour atteindre ce but, terrorisé comme je l'étais par la brièveté du temps dont je disposais, je repris le travail avec plus d'énergie. Il faut reconnaître qu'André était aussi ambitieux que moi et ne se montra pas du tout ennuyé de mon insistance pour récapituler sans cesse et tambour battant toute la matière d'examen et se soumettre à des épreuves écrites de plus en plus compliquées.

Comme je consacrais tout mon temps à mon élève, il ne me restait que les nuits pour préparer mon propre examen et, quand on est trop exigeant envers soi-même, plus on fournit d'efforts pour apprendre, moins on a l'impression d'en savoir, jusqu'à ce que le doute se transforme en panique. Ma situation se compliquait davantage encore, car même les heures volées à mon repos n'étaient pas complètement destinées aux matières d'examen. J'avais pris l'habitude de ne pas m'endormir sans avoir lu au moins quelques chapitres de la collection «Les cent chefs-d'œuvre qu'il faut lire» que j'avais découverte à la bibliothèque du château. C'est ainsi que me tomba sous la main *Voyage autour de ma chambre* de Xavier de Maistre, et mon attention fut frappée par une vérité de La Palice à laquelle je n'avais jamais pensé: nous passons à peu près la moitié de notre vie au lit et nous ne vivons donc que la moitié de nos jours. Je trouvai presque la même constatation dans les *Pensées* de Pascal. Gérard de Nerval prétendait qu'il consacrait moins de temps au repos. «Le sommeil occupe un tiers de notre vie», disait-il. Dans mon cas, le sommeil dérobait déjà moins d'un tiers de mon existence; et, pour récupérer les années de léthargie et augmenter le temps d'études, je me proposai de réduire de plus en plus mon repos nocturne et d'essayer même de l'éliminer complètement. Brûlant de toutes les ardeurs de vaincre, la nouvelle volonté qui fit irruption dans mon cerveau réussit encore une fois à écraser toute tentative de désobéissance de la matière. Dans mon délire, j'avais l'impression que l'âme s'était détachée complètement de mon corps et qu'elle flottait comme l'esprit de Dieu à la surface des eaux du chaos.

En me remémorant un film d'aventures qu'on avait projeté à la salle de spectacle de l'hôpital, je voulus imiter le procédé ingénieux auquel avait recouru un jeune pirate pour lutter contre le sommeil. Mort de fatigue et en grand danger d'être surpris par la bande rivale, le héros resta aux aguets toute la nuit en gardant à la ceinture le manche d'un long couteau dont la pointe touchait son menton. En s'exposant en permanence au péril de se faire couper la gorge s'il se laissait gagner par le sommeil, il doubla de vigilance et se maintint éveillé jusqu'au lendemain matin. À son exemple, je me procurai un grand couteau dont la pointe et le fil coupaient comme un rasoir; mais je n'eus pas l'occasion de l'utiliser. Ma résolution était ferme: *le succès ou la mort*. Succès voulait dire *Marguerite*, et j'étais prêt à lui sacrifier tout, même ma vie. Animé par cette devise, je réussis parfois à étudier sans fermer l'œil de la nuit.

André passa sans difficulté les épreuves écrites qui étaient éliminatoires. À l'examen oral, il répondit brillamment mais, lorsqu'on afficha les résultats, il figura en troisième place sur la liste, suivi de cinquante autres noms. Une quarantaine de candidats furent refusés. Tandis que toute la maison du ministre était en liesse, car tout le monde jusqu'au dernier domestique avait participé aux émotions causées par l'examen du «petit monsieur», je ne savais où cacher ma honte et mon dépit.

Marguerite s'occupa tout de suite des formalités requises pour faire inscrire son frère. Le directeur fut, comme d'habitude, très affable et remercia «Son Excellence», toujours par l'intermédiaire de sa fille, de l'honneur fait au lycée qu'il dirigeait, en lui confiant «un tel élément de valeur».

— Je vous assure qu'à la fin de ses études le nom de votre frère sera inscrit sur le tableau d'honneur en marbre de notre lycée, dit-il.

Pour réparer la gaffe commise lorsqu'il s'était offert de faire admettre André sans aucune préparation, le directeur confia à Marguerite qu'il était quand même intervenu auprès du président du jury d'examen, mais pas dans le but de protéger le candidat. Au contraire, il avait suggéré qu'on diminuât les notes d'André de quelques points pour le placer en troisième position sur la liste, «afin de prévenir toute suspicion de la part de ceux qui seraient tentés de dire que le fils de Son Excellence monsieur le ministre de la Justice avait bénéficié d'un régime de faveur».

C'est à table que Marguerite nous fit part de sa conversation avec le directeur. La conclusion du père fut laconique: «Un idiot!» Il ajouta après, comme pour lui-même: «Et il n'en est pas à sa première bêtise!»

À la fin du repas, André me demanda de lui faire un grand plaisir et insista de lui promettre que je ne dirais pas non.

— André, comment puis-je dire non à un ami, le seul ami que j'ai en ce monde?

— Je croyais que tu me considérais aussi ton amie, intervint Marguerite avec dépit.

— On parle de l'amitié entre garçons, précisa André.

— Oui, tu as raison, commenta Marguerite, esquissant un sourire complice, car un garçon ne peut avoir qu'un seul ami fidèle. Quand il s'agit d'amies, il peut en avoir plusieurs.

— Alors, reprit André, dissipant ainsi un silence incompréhensible qui tombe parfois sur les convives les plus bruyants, c'est entendu! Et il fit un signe à son père.

— En souvenir du bonheur que vous nous avez apporté, dit le ministre, André vous prie d'accepter ce cadeau symbolique.

Il ouvrit un étui et, après m'avoir serré dans ses bras, il m'attacha une superbe montre au poignet. Une montre en or avec calendrier et trotteuse, un objet auquel je n'avais jamais osé penser même dans mes rêveries les plus optimistes! C'était une surprise extraordinaire. Oubliant que je ne me trouvais pas seul, je ne regardais que mon bijou en suivant la course palpitante de la trotteuse. Je me collai même le cadran à l'oreille pour saisir le tic-tac. Remarquant enfin que tous les yeux étaient dirigés vers moi, je rougis, très embarrassé. Sans trop réfléchir, je m'excusai plus maladroitement encore:

— Excusez-moi, mais je ne suis pas habitué à recevoir des cadeaux. Cette montre est quelque chose d'extraordinaire. Je suis très heureux de l'avoir. Je vous remercie de tout mon cœur; mais, à vrai dire, tout le mérite revient à André. Il a travaillé fort et c'est lui plutôt qui doit la porter. Maintenant que la montre m'appartient, permettez-moi de l'offrir à mon ami et de le remercier...

— Non, m'interrompit le ministre, évidemment ému. André a déjà sa montre. Gardez-la, et vous allez voir qu'elle vous portera toujours bonheur.

— Oui, ajouta Marguerite, et tu en auras la preuve lundi prochain quand tu passeras ton examen.

❏

En me rappelant l'approche de la date de l'examen, j'eus la sensation que le bracelet de la montre brûlait mon poignet.

Le lendemain, je me rendis au lycée pour me renseigner sur l'heure précise de l'examen. Par hasard, je rencontrai mon très disgracieux directeur. Il m'entraîna dans son bureau et, après avoir pris place dans son fauteuil confortable, il fixa longuement sur moi, sans dire un mot, ses grands yeux de veau, humides, paisibles et transcendants. Je restai devant lui debout, et malgré le pressentiment d'un danger imminent, je pris un vif plaisir à contempler son crâne chauve et lustré comme une bille de billard, la rangée touffue de ses sourcils grotesques ainsi que son visage fraîchement rasé, joufflu et lisse, qui lui donnait l'aspect d'un bébé vieilli.

— Je tiens à t'annoncer, dit-il d'une voix grave, que le ministère m'a désigné pour présider la commission devant laquelle tu dois passer l'examen. Il est de mon devoir de te prévenir qu'il s'agit d'un examen très difficile et très important. Tes piètres résultats de l'année dernière ainsi que ton comportement honteux ne peuvent être si facilement oubliés. J'ai appris que tu as gaspillé tout l'été pour préparer le fils de Son Excellence monsieur le ministre. Tu n'as donc pas eu le temps de préparer ton propre examen. Naturellement, tu as compté sur ma protection, mais tu t'es trompé, car je suis un homme impartial. Entre nous soit dit, si ton élève n'avait pas répondu passablement, je l'aurais laissé tomber même s'il avait été le fils de Sa Majesté le roi. N'oublie pas que je serai entouré de quatre délégués du ministère de l'Éducation et que je ne compromettrai pas ma carrière en essayant de les rendre indulgents et de leur fermer les yeux! Je te préviens qu'une seule faute peut t'être fatale. Tu as encore le temps de renoncer à l'examen et de te tirer d'affaire honorablement. C'est la dernière fois que je te le dis: ne compte pas sur mon appui car je suis juste et inflexible! Je t'autorise même, si tu en as l'occasion, de raconter ce que je viens de te dire à Son Excellence monsieur le ministre. C'est à toi de décider. Si tu te sens bien préparé, tu n'as qu'à te présenter, mais sans compter sur ma protection. Et maintenant, va-t'en!

Je ne soufflai pas un seul mot quand je rentrai. La canaille était capable de toute turpitude pour montrer à «Son Excellence» son impartialité. Il était connu, d'ailleurs, comme un vrai maître des questions pièges. Un vrai terroriste. Lui et la plupart de ses savants collègues étaient les sadiques des détails les plus insignifiants auxquels ils donnaient une importance cruciale. Il pouvait refuser un candidat pour la simple raison que ce dernier avait oublié ou ignoré la date de naissance ou celle de la mort d'un obscur prince de Valachie ou de Moldavie, ou bien le jour précis et l'année d'un épisode quelconque de l'histoire antique ou contemporaine. Ce n'est pas en vain qu'on avait à Bucarest des rues comme «14 mars», «11 juin», «10 mai», «24 janvier», «13 septembre», etc. Nos têtes étaient de vrais calendriers. Quatre siècles auparavant, Montaigne constatait: *Savoir par cœur n'est pas savoir. C'est tenir ce qu'on a donné en garde à sa mémoire.* Mais les pédagogues qui se sont succédé depuis ne se sont pas encore débarrassés de cette méthode scolastique et absurde de bourrer de dates inutiles le crâne des élèves. Même l'enseignement de la logique ou de la philosophie se basait plutôt sur la mémorisation mécanique de définitions et de termes techniques que sur l'effort de stimuler l'intelligence et le bon raisonnement.

Le cynique directeur avait tous les moyens de m'écraser sans effort et de me tendre n'importe quel piège pour montrer qu'il était juste, honnête et intransigeant. J'étais pour lui une proie trop facile et un bouc émissaire idéal, et il ne se serait pas soucié même si je lui avais dit que l'enjeu de l'examen était ma propre vie et non seulement le désir de sauter une classe.

Après avoir dépassé probablement tous les records d'endurance et de nuits blanches en piochant comme un enragé, je me présentai, dévoré par la fièvre et terrassé par une migraine terrible, devant le bourreau. Mes anciennes crises étaient revenues avec une intensité accrue, et je faisais de mon mieux pour cacher mon état, surtout à Marguerite. J'étais persuadé que je serais recalé mais j'eus la force de sourire et de remercier lorsque, avant de partir, le ministre et sa fille me souhaitèrent le succès et m'annoncèrent qu'ils m'attendraient avec impatience pour fêter la victoire. En réalité, j'avais la conviction de les voir pour la dernière fois, car je ne concevais pas de rentrer vaincu et couvert de honte. Dans ma détermination farouche, j'avais déjà sur moi une lettre explicative tandis que mon long couteau était bien camouflé sous mon veston. Chemin faisant, je pensais à ce que Marguerite m'avait dit une fois: «Si tu perds cet examen, *tout, tout* est perdu!» Et j'en étais conscient.

L'examen eut lieu dans le bureau du directeur. Je fus invité à prendre place sur une chaise capitonnée, placée devant le tribunal révolutionnaire qui voulait m'envoyer à l'échafaud, victime de la cruauté mentale et de l'absurdité de mes juges.

Leur sourire mielleux redoubla ma haine que laissa voir mon regard défiant.

Après un moment de lourd silence qui, dans des cas pareils, semble interminable, le directeur, ayant obtenu d'une légère inclination de tête l'approbation de tous les membres de la commission, laissa tomber la question fatale:

— Dites-nous, *monsieur*, (!) quelle est la reine écrivain que vous aimez le plus et dont l'initiale est la lettre «M»?

— Marguerite d'Angoulême, auteur de l'*Heptaméron* et du recueil de poésies *Les Marguerites de la Marguerite des princesses*, répondis-je machinalement, sans me rendre compte que j'avais donné le nom d'une princesse et non d'une reine.

— Oh, que c'est beau! mais vous avez pensé plutôt à Sa Majesté la reine-mère Marie de Roumanie dont vous avez sans doute lu les *Mémoires* qui viennent d'être publiés.

— Sans doute, dis-je, échappant avec effronterie le mensonge, intrigué comme je l'étais de la politesse ironique du directeur. Pris dans la souricière, je m'attendais qu'il exploitât mon mensonge et me demandât de raconter un chapitre du livre que je n'avais jamais ouvert.

À mon grand soulagement, le directeur n'insista plus et, avec la même bienveillance étrange, m'invita à lui dire à quelle occasion «le roi héros» Carol I de Roumanie s'était exclamé: «Voilà la musique que j'aime!» Sans me donner l'occasion d'ouvrir la bouche, c'est lui qui continua: «Au moment de l'éclatement d'un obus turc tombé tout près de Sa Majesté pendant la guerre d'Indépendance, en 1877, comme vous le savez si bien. Naturellement, vous êtes aussi au courant qu'une imposante statue du glorieux roi, avec les mots célèbres gravés sur le socle, orne le parc Bibesco de Craiova.»

J'approuvai d'un coup de tête en pensant, sourire aux lèvres, que cette exclamation aurait dû être citée dans le recueil des phrases historiques qui n'avaient jamais été prononcées, car le vaillant roi n'aimait pas salir ses bottes, si impeccablement cirées, dans la boue des champs de bataille. Tandis que les obus décimaient les braves soldats roumains à l'assaut des redoutes turques en Bulgarie, «le roi héros» écoutait, très détendu, au coin de la cheminée de son palais de Sinaïa, dans les Carpathes, à cent lieues de la zone de combat, le crépitement joyeux des étincelles se levant au-dessus du brasier de l'âtre. Il n'est pas impossible qu'il se soit exclamé en ces circonstances que ce bruit fascinant et soporifique était *la musique qu'il aimait*, mais en tout cas, il avait dû s'exprimer dans sa langue maternelle, l'allemand, qui l'a toujours empêché de parler convenablement le roumain jusqu'à la fin de son règne de quarante-huit ans.

Un autre membre de la commission, sans se départir de la même politesse étrange qui m'avait tant choqué, me posa une autre question puérile et, à tour de rôle, chacun de ses collègues me demanda d'autres naïvetés, tout en s'empressant de me donner en même temps la réponse.

Comme leurs questions ne dépassaient pas le niveau de l'école maternelle, et que la commission feignait d'ignorer que je me présentais à un examen conduisant à la dernière année de lycée, en vue du baccalauréat, c'était évident qu'ils se moquaient de moi.

Pour conclure, le directeur voulut me poser une dernière question:

— Vous savez que la Révolution de 1848...

— A éclaté exactement en 1848, l'interrompis-je avec impertinence, ne pouvant plus supporter cette farce.

— Exactement, bravo! dit le directeur, et tous les autres anthropoïdes l'approuvèrent d'un signe résolu de la tête. Vu votre maturité intellectuelle, votre application au travail, qui nous est très bien connue, et vos réponses impeccables, la commission, à l'unanimité, vous déclare admis, en vous donnant le droit de vous inscrire en huitième année de lycée.

En clignant de l'œil, il me fit signe que je pouvais me retirer.

❑

Cette parodie d'examen m'intrigua et me dégoûta à l'extrême. Je m'étais torturé pour me préparer en passant tant de nuits blanches et, dans mon désespoir, j'avais même décidé de mettre fin à ma vie en cas d'échec, et voilà qu'au lieu de réussir par mes propres mérites, je m'en tirai grâce à mes liens avec la maison de «Son Excellence monsieur le ministre de la Justice»!

Au lieu de revenir «sur ou sous le bouclier», comme je m'était proposé, je rentrai traînant le pas, courbé de fatigue et de lassitude.

Se précipitant à ma rencontre, Marguerite se mordit les lèvres. Pâle et évidemment trés déçue, elle me dit d'une voix faussée de trémolos:

— Ça ne fait rien, Lucien! Les examens sont une loterie. La santé d'abord. Tu passeras en juin prochain l'examen de la septième en même temps que celui de la huitième et, immédiatement après, le baccalauréat.

— J'ai été reçu, Marguerite, lui dis-je, sur un ton las et découragé.

Je lui racontai comment s'était déroulé le fameux et redoutable «examen» et l'humiliation à laquelle j'avais été soumis, mais elle n'eut pas la patience de me laisser finir et, se précipitant vers le grand escalier intérieur, elle cria avec enthousiasme:

— Papa, papa, Lucien a réussi à l'examen! Il est dans la même classe que moi! Dans la même classe!

Souriant, le ministre descendit et, après m'avoir serré vivement la main, calma le débordement de joie de sa fille en lui disant qu'on venait justement de lui annoncer le résultat par téléphone et qu'il n'avait pas d'ailleurs douté un seul instant de mon succès.

Ce n'était pas difficile de conclure que le ministre était intervenu en ma faveur, et mon dépit n'eut pas de limites.

Marguerite m'accompagna dans ma chambre, et je ne lui cachai pas mon indignation. Elle m'assura que son père n'aurait pu se prêter à un tel acte et me promit de lui en parler. Avant de me quitter, elle insista, très amusée, pour que je lui répète le nom de la reine poète que j'aimais le plus et dont l'initiale était la lettre «M». Je lui répondis que, pour moi, «la Marguerite des princesses» n'était pas l'auteur du fameux recueil mais une autre princesse du même nom. Elle ne me laissa pas continuer.

— *Silence*, Lucien! m'ordonna-t-elle avec douceur. Repose-toi bien, tu le mérites plus que jamais.

❑

Mon fameux examen avait été en réalité un incident banal.

Marguerite raconta à son père comment s'était déroulé l'examen, et le ministre avoua qu'il n'y avait été pour rien ou... presque. Il reconnut qu'il avait relaté au ministre de l'Éducation, son meilleur ami, comment André avait passé l'examen d'admission au lycée. Dans sa fierté paternelle, il avait ajouté que, sans l'intervention indélicate et stupide du directeur, son fils aurait été à la tête des candidats admis. Il s'était agi d'une confidence et pas d'une réclamation, mais le ministre de l'Éducation avait demandé à son chef de cabinet d'appeler le directeur et de lui faire des remontrances. À cette occasion, on lui avait reproché aussi la cruauté mentale qu'il infligeait à ses élèves ainsi que son manque d'impartialité.

En me rencontrant peu après, le directeur s'était dressé sur ses ergots sans oublier de me recommander de répéter ses paroles au père de Marguerite. Pourtant, il n'eut pas le courage de mettre ses menaces à exécution et, pour prouver qu'il n'avait pas l'habitude de poser des questions absurdes et de se comporter en sadique, il se prêta au simulacre d'examen dont je fus le bénéficiaire désabusé.

Mis au courant de ces détails de coulisse, j'oubliai ma colère. La lâcheté servile du directeur avait sauvé non seulement sa propre peau, mais la mienne aussi. L'essentiel était que, en dépit de ma vanité exagérée de gagner par mes propres forces une bataille qui se serait annoncée féroce, j'avais atteint mon but sans coup férir et mon prestige était sauvegardé dans la maison du ministre.

XIX

Les efforts insensés auxquels je m'étais soumis finirent, comme je l'avais déjà dit, par affecter ma santé. Un court séjour à la clinique me remit vite sur pied. À mon grand soulagement — je dois dire plutôt au grand soulagement de Marguerite qui était très alarmée —, mon affection hépatique ne semblait plus donner trop d'inquiétude à mon consciencieux médecin.

Je ratai la rentrée des classes, mais je rattrapai vite les heures manquées; et, jusqu'à la fin de l'année, je n'eus plus d'absences.

Je devins un élève modèle, et cette prérogative à laquelle je n'avais jamais aspiré fut une entrave à ma liberté physique et morale. Je cessai d'être frondeur et anarchiste, et ne cherchais plus à triompher dans les compétitions sportives. Je les évitais même. J'avais toujours une tenue impeccable et j'observais des manières avenantes dans mes rapports avec les professeurs et les camarades. Autrefois, malgré ma grande obsession et mes déboires pour percer le chemin interdit, et en dépit de mes complexes d'infériorité et des crises atroces de migraine, j'étais en général gai, insouciant et libertin. Dans ma dernière année de lycée, je changeai complètement pour devenir sérieux, soucieux et muni d'un sens exagéré des responsabilités. J'eus le sentiment d'avoir imité Aramis qui, après avoir brillé dans des prouesses retentissantes à côté de ses camarades endiablés, avait abandonné les mousquetaires pour se retirer du monde et se dédier à la vie dévote.

Je fis de mon mieux pour essayer de m'adapter aux mœurs de la famille du ministre, comme au caractère des gens qui fréquentaient la maison, mais j'arrivai à la conclusion que, malheureusement, je ne pourrais jamais devenir un vrai *gentleman*:

la noblesse est *une race* à laquelle on ne peut appartenir que par la naissance. Il est aussi inconcevable de changer de classe sociale — ou plutôt de race — que de changer de peau; et même l'argent, le passe-partout inventé par le diable, est impuissant dans ce domaine. Un paria aurait beau essayer d'acheter une carte d'entrée dans le club des brahmanes. Même s'il possédait les fameux trésors des quarante voleurs de Bagdad, il resterait toujours, malgré sa fortune, un hors caste et une souillure. Les nobles, cette race damnée, avaient une prestance, un langage et une physionomie à part. Ils étaient distingués par nature, et même le mot le plus trivial sonnait différemment dans leur bouche, car la vulgarité avait une résonance agréable quand elle émanait d'un aristocrate.

❏

À cause de mon programme quotidien, j'avais obtenu de Marguerite la permission de ne pas être toujours à leur table. Je ne prenais que le petit déjeuner avec elle et son frère. À midi, je me contentais d'un sandwich à la cantine de l'école, et les soirs, je dînais à un modeste restaurant dans le quartier. Ma bourse scolaire avait été doublée et, comme j'étais très équilibré dans mes dépenses, j'avais la possibilité de faire des économies. Ma seule condition posée avant d'accepter l'invitation du ministre à rester près d'André fut la restitution de l'enveloppe bourrée d'argent qu'il m'avait donnée le jour du départ à la campagne. Marguerite comprit très bien mes scrupules, mais je reçus par la suite tant de cadeaux et de «petites» attentions, qu'on me rendit plus que je n'en avais restitué.

Marguerite avait une amie et camarade de classe qui venait assez souvent «chez nous». Lydia était son nom. Je fus ébloui dès le premier instant par la beauté, l'élégance et l'air hautain de cette fille qui, en dehors du raffinement de sa «race», était douée d'une intelligence très subtile et rusée.

Depuis le début de la création, la nature ne s'est jamais

répétée. Deux personnes peuvent se ressembler comme deux gouttes d'eau mais il n'y a pas, il n'y a pas eu et il n'y aura jamais une duplication absolument parfaite, même quand il s'agit vraiment de deux gouttes d'eau. De par le monde, il y aura autant de beautés que de belles femmes, car chacune a son charme et son trait caractéristique. Marguerite était le symbole de la beauté angélique, chaste et spirituelle, dont la fraîcheur et l'innocence étaient celles d'une rose prête à s'épanouir. Je ne peux penser à elle, même maintenant, sans associer à son nom le vers de l'Arioste: *La verginella è simile alla rosa*.

Lydia, par contre, était sensuelle, ardente et insinuante, mais non moins superbe dans son genre. Je ne pouvais jamais regarder trop longtemps Marguerite dans les yeux sans qu'elle rougisse ou dérobe son visage, tandis que devant Lydia, je n'avais pas la force de soutenir son regard insistant et son sourire persifleur. Si j'essayais parfois d'être plus à mon aise et plus audacieux, je me heurtais à une attitude de bravade moqueuse qui était un défi et un encouragement à la fois. En comparant Marguerite à Lydia, je pense plutôt au titre qu'au contenu d'un tableau du Titien, *L'Amour sacré et l'Amour profane*, et si je voulais mieux me représenter la différence entre ces deux chefs-d'œuvre de la nature, Marguerite était plutôt à l'image de l'innocente et pudique vierge de Botticelli, Vénus, qui vient de naître de l'écume de la mer, tandis que Lydia me faisait évoquer la lascive Vénus, dite d'Urbino, toile dans laquelle la déesse courtisane du Titien provoque par son regard sensuel et la volupté audacieuse de son nu. Il s'agissait de *bellezze diverse* — de «beautés différentes» — dont l'harmonie n'aurait pu être réconciliée même dans un tableau peint par l'infortuné Mario Cavaradossi.

Marguerite s'aperçut vite de l'étrange comportement de son amie et mit en œuvre une stratégie subtile pour me tenir à l'écart. À mon tour, pour ne pas laisser l'impression d'être indiscret, je commençai aussi à éviter Lydia.

Un soir, en rentrant, je la rencontrai dans la rue, à un endroit qui n'était pas loin de la maison de Marguerite.

— Tiens, tiens! me dit-elle, sans me cacher son sourire narquois, le hasard et les anciens moyens de communication sont plus efficaces que la technique moderne! On ne vous trouve *jamais* quand on vous téléphone. Et j'ai eu parfois besoin de votre aide. Je me demandais même si vous étiez encore en ville. Il est vrai que je ne passe plus trop souvent chez Marguerite qui, dernièrement, était aussi de moins en moins accessible; et quand je suis là, vous vous cachez constamment pour éviter de me dire même un innocent «bonjour». J'ai l'impression que vous avez peur de moi, et si c'est à cause de ça que vous vous esquivez, *j'en suis très flattée.*

— Peur de vous!

— Oui, vous êtes un timide, et je vous assure que je n'ai pas la moindre intention de vous déniaiser ni de vous arracher à la dame de votre cœur.

— De qui parlez-vous? Qui est «la dame de mon cœur»?

— L'innocence feinte est un fard à l'intention des femmes seulement. Elles peuvent l'appliquer sur leur visage d'une manière invisible, sans couvrir leur teint naturel. Quand les hommes veulent recourir à un tel artifice, ils ne font pas autre chose que d'enfariner leur face, comme les clowns. Non, ça ne vous va pas! Être amoureux et se sentir obligé de nier l'évidence, voilà ce qui est le plus à déplorer.

— Admettons que Marguerite soit «la dame de mon cœur». Je n'ai pas de comptes à vous rendre ni à gagner votre compassion.

— Que vous ne deviez pas me rendre des comptes, j'en suis d'accord. Quand il s'agit pourtant de ma pitié, vous n'avez pas non plus le droit de m'interdire des sentiments humanitaires. Naturellement, vous pouvez m'empêcher de les manifester quand je vous parle, mais je suis obligée quand même de rendre un service à un semblable lorsqu'il est en grand danger. Autrement, je commettrais un délit de «non assistance».

— Je ne vois pas où vous voulez en venir.

— À la face cachée de la lune, celle que personne ne voit ou... presque.

— C'est-à-dire?

— Que Marguerite est une folle; qu'elle est éperdument amoureuse de vous. Une fille comme elle ne peut aimer qu'une seule fois dans la vie. Elle sait très bien qu'elle n'a pas le droit de vous aimer et lutte inutilement pour cacher ses sentiments. Marguerite se rend compte que cet amour ne peut mener qu'à la souffrance et au renoncement. Quant à vous, pauvre écervelé, secouez fortement votre tête tant qu'il est encore possible de vous éveiller! Si vous aimez réellement Marguerite, éloignez-vous d'elle! Suivez le conseil de Napoléon qui bravait l'ennemi sur le champ de bataille mais qui disait que la plus grande victoire que l'on puisse remporter contre l'amour est de s'enfuir. Pensez à l'imprudence de l'esclave qui osait aspirer aux grâces d'une vestale. Son action impie ne pouvait le mener qu'à une mort atroce, et si la vestale devenait infidèle à ses vœux, elle était enterrée vivante. Ce n'est qu'une allégorie mais, toutes proportions gardées, le résultat de votre inconscience n'est que le désastre. Encore une fois: fuyez tant qu'il n'est pas trop tard! Essayez de juger un peu avec votre tête et pas avec votre cœur qui vous mène au bord du gouffre!

— Je suis certain qu'elle ne m'aime pas. Et même si je me trompe, elle aura toujours la volonté de me tenir à l'écart. S'il y a un danger, il n'existe que pour moi. Et je l'accepte.

— Pauvre enfant romantique! Vous allez vous rendre compte un jour que j'ai eu complètement raison. Il ne me reste qu'à vous faire une dernière recommandation: abstenez-vous de raconter à Marguerite ce que nous venons de dire. Naturellement, vous êtes libre de lui révéler que nous nous sommes rencontrés. D'ailleurs, je la verrai lundi matin à «Pompilian». Ne manquez pas de lui dire aussi bonjour de ma part, ajouta-t-elle sur un ton sarcastique.

En effet, le même soir je dis à Marguerite que j'avais rencontré Lydia, par hasard.

— C'est un hasard *calculé* de Lydia quand elle veut couper le chemin à quelqu'un, dit Marguerite d'un air irrité.

— Je ne vois aucun mal dans cette rencontre même si elle avait été calculée. À l'exception de notre première rencontre sur le chemin interdit, toutes les autres n'avaient été que des «hasards calculés» de ma part.

— As-tu été content au moins de l'avoir vue grâce à ce «hasard»?

— Puis-je te demander si tu étais heureuse de me voir dans ton chemin par le même... hasard?

Au lieu de me répondre, Marguerite serra fortement mon bras pour accentuer l'avertissement:

— *Évite Lydia! Elle est très dangereuse.* Je la connais mieux que toi et je sais très bien ce que je dis. Plus que dangereuse: *un vrai monstre.*

❑

Je pris à la légère, et même avec un très grand plaisir, ce conseil, imbu comme je l'étais de moi-même, et persuadé que la jalousie lui dictait ces mots.

XX

Voici le grand jour arrivé! C'était la distribution des prix. En dehors du corps enseignant, des élèves et de leurs parents, assistaient aussi des personnalités marquantes qui étaient passées par le même lycée où je venais de finir ma dernière année d'études.

Après les discours de circonstance, le directeur commença par la première classe. André remporta le premier prix.

En descendant de la tribune, mon petit ami vint près de moi et, après avoir mis le paquet de livres et le certificat sur mes genoux, il enlaça les mains autour de mon cou et m'embrassa avec empressement sur chaque joue. Je lui répondis de la même manière.

Quand arriva le tour de notre classe, le directeur avertit l'assistance que le prix qui serait décerné représentait le couronnement «d'un effort dépassant même les exploits des héros de la mythologie».

— Cet élève restera un modéle pour nous. L'enfant malade, orphelin et retardé, entré dans ce lycée sur des béquilles, sort maintenant pour conquérir la vie sur ses propres jambes, sain de corps et d'esprit, et victorieux comme le plus illustre général. Au lieu de se consoler et d'attendre le contentement dans un autre monde, selon la parole biblique, il a montré que, sur cette terre, *les derniers peuvent être les premiers* s'ils ont une volonté inébranlable et un idéal sublime à atteindre. Son combat épique contre les maux qui l'affligeaient illustre l'axiome énoncé par Shakespeare dans *Jules César*: «Les hommes, à de certains moments, sont maîtres de leur sort; et si nous sommes des subordonnés, ce n'est pas à cause de nos étoiles, mais de nous-mêmes.» Je profite de l'occasion pour rendre un hommage ému à ses éminents professeurs qui font la gloire de notre école, et sans lesquels ce miracle n'aurait pas été possible.

Lorsqu'il prononça mon nom, j'eus la sensation que mes jambes étaient complètement engourdies et que je devais revenir aux béquilles pour pouvoir bouger. Deux de mes camarades se présentèrent devant la chaise où je m'étais blotti et me conduisirent à la tribune.

Un tonnerre d'applaudissements et des bravos secouèrent les murs de l'imposant édifice carré. Au délire de l'assistance s'ajouta celui de l'orchestre composé d'élèves du lycée et qui répétait avec un brio de plus en plus accentué les quelques notes triomphales honorant chaque élève appelé sur l'estrade. Un des violonistes était plus enflammé que tous les autres. Debout avec ses compagnons qui s'étaient levés aussi en mon honneur, il inclinait profondément son corps à chaque coup d'archet pour donner plus de force au son du violon. Soudainement, il déposa l'instrument sur une chaise et, gardant toujours l'archet dans la main droite, il se précipita vers moi et m'enlaça dans ses bras. C'était Marcel le Renard. Il pleurait de joie, me caressait, et, sans être embarrassé de la présence des autres, il criait: «J'ai honte de moi-même. Pardonne-moi, pardonne-moi!»

Le public ignorait la raison de cet empressement, mais ceux qui avaient participé aux luttes et aux humiliations dont j'avais été victime, poussèrent des cris d'enthousiasme lorsqu'ils nous virent tomber dans les bras l'un de l'autre.

L'assistance, électrisée davantage, applaudissait debout, chacun s'efforçant de dépasser l'élan de son voisin.

Quand il réussit enfin à se faire entendre, le directeur donna lecture d'un télégramme qu'il agitait en levant la main afin d'obtenir un moment de silence. Le ministère de l'Éducation venait de m'accorder une bourse me donnant le droit de suivre gratuitement, jusqu'à la fin, les cours de n'importe quelle faculté de l'Université de Bucarest.

Les applaudissements du public éclatèrent comme des coups de canon.

❑

En descendant de la tribune, je me trouvai soudainement devant Marguerite. Elle était assise au premier rang, au milieu. Une grande suprise pour moi, car je ne l'avais pas remarquée jusqu'alors et j'avais été intrigué de son absence.

Très ému, je me penchai doucement pour lui chuchoter à l'oreille: «Merci, merci pour tout».

À ma grande stupeur, elle baissa la tête sans me regarder et sans me dire un mot. Comme elle ne bougeait pas, je demeurai tout confus et, finalement, je me retirai hébété en me frayant un chemin dans la foule qui m'entourait, sans répondre aux félicitations de mes camarades et de leurs parents, et bousculant ceux qui voulaient me retenir.

Au lieu de rentrer «chez eux», je me rendis à l'humble maison où j'avais vécu pendant ma triste adolescence. J'avais besoin de rester seul pour ruminer le fruit amer de la victoire et essayer de comprendre la réaction étrange de Marguerite. Je me laissai ensuite entraîner par des souvenirs et arrivai à la triste conclusion que, sans nous en rendre compte, la partie la plus fascinante de notre vie est dans la lutte acharnée que nous menons pour atteindre un idéal, et non pas dans la victoire. C'est le rêve en lui-même et non l'aboutissement de nos efforts qui nous rend heureux, car nous ne nous demandons jamais et ne pouvons comprendre à l'avance ce qui arrivera après avoir atteint notre but qui, de loin, nous semble un bonheur suprême, immuable et éternel.

XXI

Je peux prétendre aussi, comme Baudelaire, que *j'ai plus de souvenirs que si j'avais mille ans*. Les conversations et les discussions que je rapporte directement, tout comme les paroles que je cite sont imprimées dans mon cerveau, exactement comme sur la bande d'un magnétophone. Il m'est donc plus facile encore de reproduire fidèlement la lettre qu'André me remit de la part de sa sœur, que je lus et relus à plusieurs reprises.

«Mon cher Lucien,

«Je m'imagine bien ton étonnement et ton chagrin après notre brève rencontre d'hier, et je me hâte de t'expliquer mon comportement bizarre.

«J'avais attendu avec une impatience fébrile le jour de ton couronnement et je m'étais proposé de partager ton bonheur, qui est le mien aussi, en passant toute la journée avec toi pour nous réjouir du présent et discuter de l'avenir. Nous préparions un banquet en ton honneur pour dimanche prochain, mais nous avons été obligés de le remettre à plus tard à cause d'appels répétés que j'ai reçus de Paris.

«Il me serait très difficile de te donner maintenant des explications car il s'agit d'une question de famille assez compliquée. On exige que je parte tout de suite pour la France. C'est mon père surtout qui insiste sur mon départ, *et il faut que je lui obéisse*.

«Je m'empresse de te dire que je ferai de mon mieux pour raccourcir au minimum mon séjour là-bas, mais il m'est impossible de me faire l'illusion que je pourrais être de retour avant un mois. *Et c'est énorme pour moi de rester si longtemps loin de toi car tu me manques déjà*.

«Comme le malheur a voulu que le dernier télégramme, le plus impératif, arrive la veille du jour où toutes mes pensées et tout mon dévouement se tournaient vers toi afin de célébrer ton triomphe, je ne trouvais pas les mots pour t'annoncer mon départ subit, et je n'avais pas le courage de te regarder car je pleurais. Les larmes que je ne pouvais contenir n'étaient pas causées par la joie. Je m'imagine très bien ta déception, mais je me demande pourquoi n'es-tu pas encore rentré. Pourtant, bien que ton absence m'ait énormément inquiétée, j'ai la lâcheté de te dire qu'elle m'a épargnée de te donner cette nouvelle de vive voix.

«Pour ma propre tranquillité, *je te conjure d'être sage!* Dans trois semaines, tu passeras l'examen du baccalauréat et tu dois être, comme toujours, le meilleur. Quant à moi, je serai obligée de me présenter à la session d'automne. Comme tu le vois, tu as pris le devant et c'est moi qui doit te rattraper. Mais j'ai aussi mes ambitions. Je veux être digne de toi, et je compte en toute confiance sur ton aide à mon retour.

«Au revoir, mon bon ami — mon seul ami —, et sache que, tant que je serai loin de toi, je ne pourrai me considérer qu'une

très désolée
Marguerite.»

❑

Malgré la chaleur de la lettre, l'inquiétude ne me laissa pas un seul moment de repos. Je savais très bien que Paul était en France et que Marguerite serait avec lui. Forcée ou non, elle m'avait donc abandonné pour lui tenir compagnie.

Après une nuit de tourments, il me fut impossible de toucher au petit déjeuner, et quand je fus prêt à sortir pour errer dans les rues, je trouvai Lydia confortablement assise sur un fauteuil dans le grand salon. Elle était élégante, volubile, et sa gaieté contrastait avec mon humeur noire.

— Pour ne pas risquer de te manquer au téléphone, comme d'habitude, je suis venue spécialement te rendre visite et te féliciter de ton triomphe. Comme tu le vois, je suis sage et j'ai attendu que tu finisses ta toilette.

C'était la première fois qu'elle me tutoyait.

— Savez-vous que Marguerite n'est pas là et qu'elle est partie en France?

— Bien sûr, et c'est pour ça que j'ai pris la liberté de venir te voir. Autrement, je n'aurais pas osé, car elle te cache de moi.

— Vous vouliez me parler. Il s'agit sans doute du baccalauréat et, malheureusement, je ne suis pas disponible maintenant...

— Non, mon beau monsieur, il ne s'agit pas de l'école. Je suis venue pour quelque chose de plus important. À propos, nous sommes camarades, et tu peux me tutoyer aussi, sans cérémonie. Je serais plus à mon aise.

— De quoi s'agit-il?

— De l'amour du prince charmant pour la belle au bois dormant.

— Excusez-moi. Vous voyez bien que j'étais prêt à sortir; et de toute façon, je ne suis pas d'humeur à écouter vos contes enfantins.

— Je sors, moi aussi. Avant de me mettre à la porte, permets-moi de te retenir quelques minutes seulement.

— Allez-y, lui dis-je, sur le même ton ennuyé.

— C'est dommage que tu ne veuilles pas profiter de mon invitation à être moins protocolaire. Enfin, ça viendra! Je suis venue te demander si tu sais quel est le but exact du voyage de Marguerite.

— Des questions urgentes de famille.

— Exactement! Elle est allée passer un mois avec son fiancé qui est très pressé de te mettre à la porte.

— Vous voulez dire que Marguerite et Paul...

— Je veux dire que tu es un grand naïf.

— Mais vous me disiez vous-même que Marguerite m'aimait.

— *Ainsi que la vertu, l'amour a ses degrés.* Que le subtil Racine m'excuse de le mutiler! Elle t'aime, sans doute, mais pour toi, elle ne garde que ses sentiments, ses pensées et ses regrets. Son âme est pour toi, mais son corps est pour l'autre. Comme dans les tragédies de Corneille, le devoir l'emporte sur le sentiment. Oui, elle est fiancée à Paul et ils vont se marier... Oh, non! Tu perds ton équilibre! Je croyais que tu étais au courant.

— Fiancés... depuis quand? balbutiai-je.

— Pas depuis hier ou avant-hier, mais depuis des années; peut-être depuis que Marguerite est venue au monde. Un mariage de famille ou de raison plutôt, par lequel les parents forgent l'avenir de leurs progénitures.

— Et vous voulez dire que ce genre de combines est immuable?

— Seulement si l'un des partenaires meurt. Mais ne compte pas sur ça! Si Paul disparaissait, un autre Paul, et pas un Lucien, prendrait sa place. Un autre Paul, jeune ou vieux, beau ou moche, qui doit remplir deux conditions essentielles: appartenir à la noblesse et avoir une fortune qui soit à la hauteur de son arbre généalogique.

— Et vous croyez que ce système moyenâgeux existe encore de nos jours?

— Si je le crois? Tu le crois aussi en regardant autour de nous. Ne prenons pas l'exemple de la famille royale; Marioara, mariée au roi de Yougoslavie, Elisabeth, au roi de Grèce, Carol, à la sœur du roi de Grèce après avoir vu son mariage secret avec une roturière annulé. Pensons plutôt aux Brancovans, aux Cantacousins, aux Ghicas, Shoutzous, Stourdzas, Stirbeys et autres descendants de la noblesse traditionnelle du pays ou des dignitaires influents, venus du Fanar grec et installés par les Turcs sur les trônes de Valachie et de Moldavie. Je parle d'une caste qui ne consentirait pour rien au monde à diluer la pureté de son sang bleu et à le mélanger à celui d'un simple mortel. C'est le racisme de classe. Nous vivons dans le même siècle, mais nous ne sommes pas leurs contemporains. Tu as visé trop haut, mon pauvre ami. C'est pour ça que je te disais l'autre fois que, vis-à-vis de la classe des brahmanes, tu ne resteras toujours qu'un paria. On a aussi des scrupules dans ma famille, mais on n'est pas absurde, et mes parents savent que je ne me marierai jamais par procuration à un homme qui ne soit pas choisi par moi, sans égard à son origine sociale. Ma famille appartient plutôt à la noblesse de robe qu'à celle de l'épée. Un de nos ancêtres avait été décapité à la cour d'un prince moldave, et c'est de lui que nous avons conservé le blason sans nous demander si la raison de sa peine était justifiée ou non, c'est-à-dire s'il avait été un vrai dilapidateur ou la victime de la camarilla.

— Tu devais tomber amoureux de moi, continua-t-elle en riant pour me montrer qu'elle plaisantait, et qui sait! si tu m'avais plu, tu n'aurais pas eu les problèmes d'aujourd'hui. Mais, sait-on jamais? Pense un peu à la situation impossible dans laquelle tu te trouves vis-à-vis de Marguerite et de sa famille, et mets-toi à la place du père de Marguerite! Qui aimerais-tu avoir comme gendre? Un Lucien, pauvre et issu d'une famille inconnue ou un Paul, le riche descendant de la noblesse la plus authentique du pays?

— Oui, l'interrompis-je sans rancœur contre elle et plein d'amertume contre l'évidence, mais si elle m'aime, elle me suivra partout. Je serai son esclave et elle sera ma reine. Je travaillerai comme un titan, avec acharnement, afin que rien ne lui manque...

— Mon gentil Lucien, tu es toujours dans la lune. *Un honnête homme peut être amoureux comme un fou, mais non pas comme un sot.* C'est La Rochefoucauld qui l'a dit. Essaie de convaincre Marguerite d'abandonner sa famille! Tu n'y réussiras pas. Mais prenons l'impossible pour le réalisable. Emmène-la où tu veux ou, plutôt, où tu peux, et tu verras après quelle sorte de vie vous attend. C'est elle-même qui ne te pardonnera pas plus tard le crime de l'avoir arrachée à son milieu et de l'avoir traînée dans la misère. L'amour le plus passionné dépérit vite s'il est astreint seulement à un régime de pain bis et de ciel bleu. Si tu aimes Marguerite, ne lui complique pas la vie et ne détruis pas, non plus, la tienne! Si tu avais été au moins son aîné de quelques années, tu aurais pu déjà avoir une profession, avocat, ingénieur, médecin. La situation aurait été un peu différente, mais pas tout à fait, car tu ignores les pressions que le père de Marguerite fait sur elle. Tu ne pourras jamais la racheter, et le temps ne travaille pas pour toi dans cette affaire. C'est la première fois que je me permets de te mettre en garde si ouvertement. J'ai été très dure, mais je devais te parler sans mâcher mes mots; et il fallait que quelqu'un te dise ce que tu n'aurais jamais pensé toi-même.

Pleine de compassion, elle appuya les mains sur mes épaules courbées sous le coup que je venais de recevoir et contre lequel je voyais très bien qu'il n'y avait pas moyen de me défendre. Sa voix était mélodieuse comme les cordes d'une harpe éolienne touchée par le zéphyr, et j'avais besoin de son appui et de sa présence, égaré comme je l'étais dans un désert infini.

— Lucien, je suis là pour t'aider, me répéta-t-elle. Si tu ne m'en veux pas, à cause de ma franchise, ce sera un grand signe de sagesse de ta part. J'ai une grande admiration pour toi. Viens, sortons un peu! L'air frais te fera du bien. Ce qui est arrivé ne doit pas te démoraliser. Tu as l'avenir entier devant toi, et les malheurs d'aujourd'hui feront ton bonheur de demain. C'est dommage que je ne puisse me donner des conseils si sages à moi-même, murmura-t-elle, secouant tristement la tête.

Nous sortîmes ensemble et, en effet, l'air frais du matin changea un peu mon moral. Je sentis moins douloureux le nœud qui serrait ma gorge et m'empêchait de dire un seul mot. Le visage de Lydia était transfiguré. Je n'y décelai plus la courtisane au sourire moqueur et sensuel, mais la douceur d'une amie sincère qui avait été obligée de m'apporter des nouvelles si tristes et qui souffrait autant que moi en me voyant si malheureux.

— Je ne sais pas ce que tu vas décider, Lucien, mais je sais que cela ne sera pas trop facile. Si tu crois que ma présence et mon amitié peuvent alléger un peu ta déception, compte sur moi! N'oublie pas que, dans trois semaines, tu dois passer ton baccalauréat.

— Oh, non!

— Mais si! La vie continue et tu dois suivre ton chemin. Toi, tu n'as pas mes raisons pour t'en abstenir. Je ne suis pas suffisamment préparée, et c'est pour cela que je me présente à l'automne. Pour toi, c'est un jeu d'enfant, et tu ne dois pas rater l'examen. Ta décision de t'abstenir montre que tu es en grand désarroi, et je ne peux te laisser seul avec ton chagrin. Fais-moi le plaisir de venir demain après-midi chez nous. Tu as l'adresse. Il n'est pas impossible que je trouve une solution pour te sortir de cette impasse. Viens, je t'attends; ne dis pas non! La solitude ne fera qu'augmenter ta souffrance et la rendra insupportable.

Je lui promis d'y aller. Je l'accompagnai un petit bout de chemin, et elle prit un taxi pour aller en ville. J'errai ensuite dans les rues, sans me rendre compte de ce qui se passait autour de moi jusqu'à ce que mes pas me portent vers le parc public où se trouve le château de Dracula. Sans avoir réfléchi, je fus conséquent à ma résolution d'y revenir seulement quand mon chagrin serait plus grand que le bonheur immense que j'avais connu au même endroit. Plus tard, quand je lus *La Divine Comédie*, je pus m'expliquer pourquoi là-bas ma souffrance avait été si profonde. *Il n'y a pas de douleur plus grande que de se souvenir des temps heureux dans le malheur.* Qui pouvait comprendre mieux que moi la portée de cette exclamation déchirante de l'infortunée Francesca da Rimini?

Le lendemain matin, je ramassai mes objets personnels et mes livres, et je retournai à ma modeste demeure d'autrefois. C'était une action logique: André n'avait plus besoin de mon aide et, de toute façon, tôt ou tard, j'aurais dû quitter la maison du ministre sans attendre qu'on me le suggère ou que j'embarrasse qui que ce soit. Lydia avait raison. Je ne devais plus compliquer la vie de Marguerite et prolonger ma situation ambiguë.

❏

Dans l'après-midi, je me rendis chez Lydia.

La maison de ses parents, entourée d'un jardin bien soigné, coquet et reposant, était aussi un hôtel particulier, mais de dimensions modestes par comparaison au palais du ministre de la Justice.

Lydia avait choisi une tenue simple qui contrastait avec les toilettes hardies qu'elle portait quand elle venait chez Marguerite. Même sa coiffure était changée. Ses cheveux étaient lisses et ramassés en chignon, et sa démarche simple et naturelle lui donnait un air pudique effaçant l'image de courtisane qui m'avait embarrassé et provoqué auparavant. Elle me prit par la main, avec un geste franc et amical, et m'emmena au premier étage, dans sa chambre de travail. C'était une pièce très agréable, dépourvue de tout artifice. Comme meubles, un bureau d'acajou, une chaise dans le même bois, un fauteuil et deux tabourets. La bibliothèque, bien garnie de livres impeccablement rangés, couvrait un mur entier. Des draperies discrètes et une carpette de Perse qui rehaussait l'éclat du parquet astiqué étaient les seuls accessoires décoratifs de cette chambre d'étudiante aisée et laborieuse, modeste et ordonnée. Quand on pense que je l'imaginais vivant dans une sorte d'alcôve digne d'une Sémiramis!

En apprenant que j'avais quitté la maison de Marguerite et que j'étais revenu chez moi, Lydia loua ma «fermeté» ainsi que ma «dignité», et me conseilla de ne pas rompre brusquement avec la famille du ministre. Je fus complètement d'accord avec elle.

Je partis de chez Lydia, détendu et un peu moins accablé de lassitude. Elle m'accompagna jusqu'à la porte cochère et me demanda de lui faire le plaisir de revenir le lendemain. J'acceptai sans hésiter et, en effet, je fus plus qu'impatient de me retrouver chez elle car, dès que je restais seul avec mes souvenirs, j'avais l'impression de perdre la raison et me sentais prêt à faire n'importe quelle folie qui aurait pu me passer par la tête.

En me souvenant que l'œillet était sa fleur favorite, je lui en apportai un bouquet. Lydia fut trés agréablement surprise, mais elle me parut intriguée quelques instants après.

— Comment le savais-tu?

— Quoi?

— Que j'aime les œillets.

— De toi-même.

Je lui rappelai dans quelles circonstances, au cours d'une de ses visites chez Marguerite, j'avais appris sa préférence en fait de fleurs.

— Oh, oui, je m'en souviens, dit-elle avec une satisfaction visible. Quand je pense que ce sont des gens qui, dans leur méchanceté, ne me pardonnent même pas cet innocent plaisir! Pour se venger de moi, un de mes anciens soupirants me dénigre partout et m'appelle «la dame aux œillets» pour m'assimiler, d'un certain point de vue, à l'héroïne d'Alexandre Dumas fils.

— Si je l'avais su, je n'aurais pas commis cette gaffe...

— Dis plutôt plaisir. Loin de m'indisposer, tes œillets me rendent heureuse. Je suis vraiment comblée de joie par ton geste si délicat. Merci, Lucien.

Elle me parla ensuite de ses préoccupations artistiques, des musées qu'elle avait visités presque partout au monde, de ses préférences dans le domaine de la musique ainsi que de ses lectures, et me montra le dernier livre qu'elle était en train de lire: *Jenny*, de Sigrid Undset. Je lui exprimai ma vive admiration pour sa vaste culture générale et reconnus en même temps mon degré d'ignorance face à l'horizon insoupçonné qu'elle venait de me révéler.

— Je ne sais pas si je dois te le dire, mais je suis une épicurienne à tous les points de vue, dans le bon et dans le mauvais sens, tandis que toi, Lucien, tu es pur. La base de tes connaissances est profonde et solide, et elle t'aidera à bâtir un édifice auquel tu pourras ajouter d'autres étages toute ta vie durant, sans aucun danger d'écroulement. Je pense que c'était Rousseau qui disait que, chez l'homme, la raison est la faculté qui se développe le plus tard et le plus difficilement. À mon avis, l'intellect d'une femme est complètement mûr à dix-huit ans. Naturellement, elle peut enrichir ses connaissances toute la vie, mais son intelligence restera la même. Une femme qui brille à quarante, à cinquante ou à soixante ans, avait déjà brillé avant d'atteindre vingt ans. Le cerveau de l'homme n'arrive pas si vite à son apogée mais se développe toute la vie. Je sais bien que ma théorie est critiquable, mais c'est un point de vue basé sur mes propres observations. Un jeune homme comme toi peut être aujourd'hui un écervelé, un exalté ou un naïf, et vingt ans après, il peut devenir un sage devant lequel tout le monde se découvre. Raison de plus s'il a déjà la chance d'être aussi éveillé que toi... Mais ne te dépêche pas de protester car ta puberté physique et mentale n'exclut pas une dose inévitable d'ingénuité. Tu es aujourd'hui aussi innocent que le naïf Candide qui courtisait Cunégonde, persuadé que tout est pour le mieux dans le meilleur des mondes possibles, et qui finit par devenir réaliste, sobre et raisonnable. Quant à Cunégonde, elle restera, depuis le commencement et jusqu'à la fin du récit, la même oie insensible qui ne se suicide pas après le bannissement de son bienaimé et qui ne meurt ni de honte ni d'épuisement quand «elle a été éventrée par des soldats bulgares, après avoir été violée autant qu'on peut l'être.» Elle ne garde même pas un mauvais souvenir de ces atrocités qu'elle considère comme des... bagatelles. «*On ne meurt pas toujours de ces deux accidents*», a-t-elle confessé en toute innocence à Candide.

Sans fausse modestie, Lydia me parla de son ignorance presque totale de la littérature roumaine. C'était d'ailleurs la raison principale de son abstention à l'examen du baccalauréat. Ce fut à mon tour de lui résumer *La Forêt des pendus*, le bouleversant roman de Liviu Rébréano, traduit dans la plupart des langues au monde, et de lui parler du chef-d'œuvre de Duiliu Zamfiresco, *La Vie à la campagne*, une fresque émouvante de la disparition d'une classe de propriétaires d'élite qui se trouvent aux prises avec les difficultés d'ordre économique et les mœurs des temps nouveaux. Ce n'étaient que deux exemples. Quant à la poésie roumaine contemporaine, mon embarras du choix fut plus grand encore, car «le Roumain est né poète», comme le disait avec fierté notre Alecsandri dans son fameux recueil de légendes folkloriques. Je récitai quelques vers du *Silence* de Lucien Blaga:

> Il y a tant de silence qui m'entoure, que j'ai l'impression
> d'entendre
> Les rayons de la lune frapper sur les vitres.

Cette image me fit penser à *Lumière* de Toparceano:

> Une mouche passe par la lumière blanche
> Comme une étincelle noire.

Chaque réminiscence m'en faisait évoquer une autre et, malgré mon désir de m'arrêter, je récitai, sur l'insistance de Lydia qui m'écoutait avec dévotion, quelques vers de Cincinat Pavelesco:

Vous souvenez-vous encore, Madame?
C'était en automne et sur le tard.
Et les feuilles des arbres, angoissées,
Tremblaient dans le vent du soir
Comme des papillons tourmentés et égarés
Des pays de la douleur.

Vous souvenez-vous encore du soir
Et du crépuscule violet,
Quand l'automne accordait doucement sa guitare
Avec la note de la feuille jaunie?

Sur le lac argenté par la lune
Passait doucement un cygne
Et sa tache blanche se perdait
Dans le soir descendu.

Soudainement, en regardant ma montre, je me déclarai confus d'avoir abusé de son hospitalité, en me laissant entraîner par mes souvenirs littéraires. Lydia protesta vivement et me remercia encore et encore d'être venu, ainsi que pour l'inoubliable après-midi que nous avions passé ensemble.

— Je suis trop expansive et je me perds dans les mots. Pour t'exprimer d'une manière plus manifeste ma gratitude, reste comme tu es, ferme les yeux et compte jusqu'à trois.

J'étais en train de me soumettre, souriant, à ce caprice innocent, quand je sentis ses lèvres pressées contre ma bouche. Je la saisis dans mes bras et l'embrassai. Son corps frémissait de désir. Tout à coup, elle dégagea une main et me couvrit les lèvres avec l'intention de tempérer l'ardeur de mes sens.

— Non, non, chuchota-t-elle, en me suppliant avec insistance. Pas maintenant! Je t'implore! Mes parents sont à la maison et nous pouvons être surpris à tout moment. Il ne faut pas, Lucien! Ils partent demain soir à la campagne, et je serai seule dans toute cette maison.

Éveillé par le danger auquel nous étions exposés, je réussis vite à me dominer. Haletante, Lydia me remercia de mon obéissance et m'embrassa encore une fois.

— Demain soir, tu seras ici exactement à huit heures! Je t'attends, mon amour. Je savais que tu viendrais un jour.

En descendant, j'entendis des voix venant de la salle à

manger. La bonne, souriante, me salua très gracieusement. Lydia m'accompagna jusqu'au coin de la rue. Avant de nous séparer, elle m'embrassa, frémissante de volupté, et me mordit la lèvre jusqu'au sang.

❑

Durant les trois jours qui suivirent le départ de Marguerite, j'avais reçu des nouvelles bouleversantes et je m'étais laissé envoûter par Lydia. Mes visites chez elle n'avaient pas d'autre raison que celle de me trouver près d'une amie sincère qui aurait pu me rendre un peu plus supportable le coup que je venais de recevoir. Aucune arrière-pensée de ma part de «conquérir» celle que j'avais comparée auparavant à la Vénus d'Urbino!

Le changement brusque de mes rapports avec Lydia, provoqué par elle, m'avait fait perdre les sens sur le coup; et si ses parents n'avaient pas été à la maison, l'inévitable aurait été consommé.

Sur le chemin du retour, au lieu d'être furieux à cause de cet empêchement, j'eus une inexplicable satisfaction. Soudainement, je me demandai si la subite réapparition de Lydia, qui coïncidait avec le départ de Marguerite, n'avait pas pour but de me séparer de la merveilleuse fille que j'adorais et de m'entraîner dans une aventure; et je me dis aussi que l'histoire des fiançailles et la théorie sur les préjugés de l'aristocratie auraient pu être des arguments perfides pour me faire renoncer à Marguerite. Je me rappelai que Lydia m'avait dit qu'elle était une épicurienne dans tous les sens du mot et qu'elle était connue dans un certain milieu par le sobriquet peu flatteur de «la dame aux œillets», qui l'assimilait à la fameuse courtisane aux camélias. Elle n'était donc pas la fille pudique et rangée que j'avais cru connaître durant les derniers jours, l'aristocrate révoltée contre les préjugés de sa propre classe sociale et l'amie débordante de pitié, mais une insatiable Messaline. Le fait d'avoir de l'esprit et d'être passionnée pour le beau ne l'empêchait pas d'être libertine.

Comme je déteste ce genre de femmes qui s'offrent si facilement qu'on ne voit pas de différence entre elles et les filles de joie qui sollicitent les passants, je téléphonai le lendemain à Lydia pour lui dire qu'il me serait impossible de me rendre chez elle.

— Mais je t'attends. Tu peux venir même après minuit, n'importe quand.

— Non, Lydia, je ne reviendrai qu'au retour de tes parents.

— Mais comment? Tu crois que j'ai inventé une histoire? Ils étaient bien là.

— Je suis d'accord qu'ils étaient là, mais ne m'attends plus!

— Alors demain?

— Jamais.

— Ne pense pas que je tomberai à tes genoux!

— Le résultat serait le même.

— D'accord. C'était d'ailleurs ma faute. Je devais au moins attendre un autre moment avant de te... provoquer. Je viens justement de lire une pensée de Sigrid Undset dans le livre que je t'ai montré: *Quand on excite un homme sans le satisfaire, il va à une autre.* Il ne me reste qu'à fredonner à ton intention les vers de Desportes:

> Nous verrons, volage bergère,
> Qui premier s'en repentira.

Oui, tu verras un jour, volage *berger* — et elle prononça le mot avec dédain pour me vexer —, qui premier s'en repentira, car *un tel affront ne sera jamais oublié.*

À ces mots, elle raccrocha brusquement.

XXII

Le travail est la plus grande compensation donnée à l'homme pour lui faire oublier les délices du paradis perdu.

Le retour à la lampe au pétrole et au matelas de paille, après la vie de château dans le luxe et le confort, ne me fut pas du tout pénible. Au contraire, je retrouvai entre les murs noircis de ma demeure l'ancienne dignité dont j'avais été si jaloux autrefois, ainsi que la liberté complète. J'étais *chez moi*, et le vrai confort réside dans le bien-être de l'esprit et non dans les mille commodités d'un logement élégant de passage et où on mène une existence d'invité perpétuel.

Pour être plus à mon aise, je commençai par un ménage général de l'intérieur. Bricoleur par nature, après avoir réparé les fissures et plâtré les surfaces endommagées des murs, j'y mis deux couches de peinture blanche. Je me débarrassai des planches de bois sinistres qui obstruaient le passage de la lumière par les fenêtres, et posai des vitres. J'éliminai ensuite toute tache de saleté et passai à «l'ameublement» de ma demeure. Je trouvai assez de planches dans la remise, située au fond de la cour, pour construire une étagère pour les livres, une table de travail et une banquette. Je me procurai à peu de frais un petit tapis fait à la machine, un couvre-lit et des brise-bise, et je polis les quelques meubles qui me restaient encore en bon état. Je mis de l'ordre dans la garde-robe ainsi que dans les tiroirs, et je ne laissai plus rien traîner dans la maison. Avec un peu d'ingéniosité, je fis une séparation dans la chambre voisine et y aménageai la cuisine, modeste mais brillante de propreté. Dans un coin de cette pièce, je mis une petite table et deux chaises bien proportionnées pour garder assez d'espace autour. L'annexe dont j'ai toujours été fier fut «la salle de bains» que j'installai avec des moyens de fortune près du corridor qui menait vers la cour. Je fus plus ingénieux que les techniciens qui avaient monté la baignoire de Marie-Antoinette dans le Petit Trianon! En n'ayant pas de domestiques pour me verser l'eau nécessaire de la pièce voisine par un tuyau qui traversait le mur, j'inventai un système de douche très original: ma trouvaille n'a jamais été brevetée et pourrait m'être très facilement volée. Pour respecter la propreté et l'ordre jusqu'au coin le plus obscur de la maison, je posai à l'entrée un tapis brosse sur lequel je m'essuyais les pieds plus qu'il ne fallait, chaque fois que je passais le seuil.

Je ne mis que six jours — depuis l'aube jusqu'à minuit — pour transformer le chaos d'autrefois en un intérieur décent et coquet, inspiré un peu par les décors d'opérette ainsi que par les villages de Potemkine. À l'instar de Dieu après la création, je me reposai le septième jour!

Je dédiai la semaine suivante aux réparations, à la peinture de l'extérieur ainsi qu'à l'aménagement d'un joli jardin avec des plates-bandes garnies de fleurs repiquées et bordées d'un sentier sinueux couvert de gravier blanc.

Chaque soir, j'allais demander au petit palais s'il y avait du courrier pour moi. Aucune nouvelle de Marguerite. Je trouvai seulement une invitation d'une dame, amie de la famille, qui me priait de donner des leçons à sa fille, élève dans la troisième année du lycée. J'acceptai de lui consacrer deux heures par jour pendant toute la durée des vacances d'été, et je fus payé royalement. J'avais aussi deux autres élèves qui venaient chez moi chaque matin. Grâce à la vie équilibrée que je menais, aux économies déjà faites, à ma bourse scolaire ainsi qu'à ces revenus supplémentaires, je m'offris le luxe de refaire décemment ma modeste garde-robe et achetai aussi d'autres accessoires de ménage. Je me renseignai dans quelles conditions on pouvait installer l'électricité dans la maison et je me proposai d'appeler un électricien deux ou trois semaines après, car on venait de finir les travaux de plomberie — égout et conduites d'eau — et j'avais besoin d'un répit pour pouvoir mettre l'argent nécessaire de côté.

Ces activités me furent bénéfiques, mais mon moral recommença à fléchir avec chaque jour qui passait sans aucune nouvelle de Marguerite. Le ministre avait pris aussi deux semaines de vacances, et la dernière fois que je l'avais vu, il m'avait traité avec froideur et m'avait parlé d'un air méprisant, sans répondre à ma question.

Apparemment, Lydia m'avait dit la vérité, et mon optimisme m'avait aveuglé encore une fois.

Je me retirai, abruti, dans ma tanière, incapable de prendre la moindre initiative. Et que pouvais-je entreprendre pour sortir de ma léthargie? Absolument rien.

Une autre longue journée d'attente inutile et agonisante! Les deux heures passées avec mes élèves me semblèrent interminables, et je décommandai par téléphone la leçon de l'après-midi. Je me proposai de passer «pour la dernière fois» au palais afin de chercher la lettre que je me persuadais de recevoir «sans faute». Je m'étais donné toutes sortes d'explications pour justifier le retard du courrier, et je me disais que la lettre de Marguerite avait été égarée, tout en refusant avec entêtement de croire qu'elle ne m'écrirait plus ou qu'elle ne reviendrait jamais. Et pourtant, six semaines s'étaient écoulées depuis son départ. Je me demandais comment je réagirais si, encore une fois, je n'avais pas de ses nouvelles. Je me préparais lentement à sortir, tout en cherchant à retarder le plus possible le moment de la déception.

Vers le coucher du soleil, j'étais encore à la cuisine en train de grignoter le reste du dîner de la veille — car j'étais resté à jeun depuis — lorsque j'entendis des coups à la porte d'entrée.

J'étais si étourdi que, oubliant les mesures de précaution habituelles, j'ouvris machinalement la porte. C'était Marguerite. Elle-même! La surprise me figea sur place, sans pouvoir en croire mes yeux, parce que je n'avais pas pensé qu'elle pût être de retour et surtout qu'elle vînt chez moi. Elle me dévisageait d'un regard inquiet et, finalement, me dit d'une voix étranglée par l'émotion:

— Je viens d'arriver...

Devant mon silence et mon immobilité, elle ajouta encore plus hésitante:

— Est-ce que je peux te parler quelques instants?

— Bien sûr, lui répondis-je après quelques moments d'hésitation, sans bouger d'un pas.

— Je ne dérange pas... si je rentre?

— Au contraire, lui dis-je avec plus de vivacité, m'effaçant pour la laisser entrer.

J'aurais été plus spontané, mais j'avais pensé qu'elle voulait que je sorte pour discuter avec moi dans la cour.

Pour ne pas l'embarrasser, je laissai exprès la porte ouverte, mais c'est elle qui la ferma et poussa le verrou. Elle se tourna ensuite vers moi et, éclatant en sanglots, passa les bras autour de ma nuque et m'embrassa longuement. Puis, elle prit mes mains et les couvrit de baisers sans que je pusse l'en empêcher. Finalement, toujours en pleurs, elle pressa la tête contre ma poitrine et serra fortement mes bras qui l'avaient accueillie.

— Je viens de rentrer, répéta-t-elle dès qu'il lui fut possible d'articuler quelques mots, et on m'a dit que tu avais déménagé... J'ai cru que tu étais fâché, que tu ne voulais plus de moi... et j'ai couru immédiatement ici pour te demander pardon de tout et pour te dire ce que je n'ai pas le droit de dire: *que je t'aime et que je t'ai toujours aimé.*

Je caressai doucement sa joue et ses boucles pour la calmer, tout en m'efforçant de dominer ma propre émotion.

Elle s'assit sur la bergère, et je m'agenouillai à ses pieds, gardant toujours ses mains dans les miennes. Ses yeux souriants mais humides encore, brillaient comme les gouttes de rosée percées par les rayons du soleil. Extasié, je me sentais plonger dans une lumière céleste qui inondait la pièce et pénétrait dans nos cœurs. C'était un de ces rares moments quand la vie est si belle que nous oublions notre existence terrestre et que nous avons la sensation d'être transportés dans un monde de miracles et de béatitudes ineffables.

Marguerite avait un tas de choses à me dire, mais je voyais bien qu'elle était épuisée de fatigue, et je lui proposai de la conduire chez elle. Nous marchâmes lentement pour rester ensemble le plus longtemps possible. Arrivée devant la porte, Marguerite retira sa main qui était dans la mienne et caressa doucement mon visage. Elle me pria de revenir le lendemain à l'heure du déjeuner, et je lui promis de ne pas manquer ce plaisir.

Exactement à midi, je sonnai à sa porte. C'est elle qui m'ouvrit et s'empressa de me remercier pour «le superbe bouquet de fleurs» qui était déjà arrivé avec mes souhaits de bien-venue.

Nous fûmes seuls à table, heureux et débordants de gaieté, mais lorsque je lui dis que je ne m'étais pas présenté à l'examen du baccalauréat, elle devint livide:

— Pourquoi as-tu fait ce crime contre toi-même et contre moi aussi?

— On t'avait forcé d'abandonner à la dernière minute et il aurait été une lâcheté de m'y présenter seul. C'est toi qui voulais que nous passions l'examen ensemble, et il était de mon devoir que je t'attende. D'ailleurs, sans toi je ne suis rien et je réagis comme Antée qui perdait sa force dès qu'il ne touchait plus la terre. Chez moi, cette force réside dans tes yeux. S'ils sont loin, je n'ai plus de courage.

Trés émue, elle vint à côté de moi et m'embrassa tendrement.

— Nous vaincrons alors ensemble à l'automne et nous vaincrons aussi après! Nous lutterons l'un à côté de l'autre, main dans la main, dit-elle avec conviction et chaleur.

— Nous vaincrons toujours, lui répondis-je avec la même exaltation.

Je téléphonai à la maison de mon élève pour me faire excuser de nouveau en promettant de remplacer, à la fin de la semaine, les heures manquées. Je sortis après avec Marguerite dans le parc, et nous choisîmes, selon son désir, le même banc sur lequel nous nous étions assis à ma première visite.

— Je n'ai rien oublié. J'ai été méchante avec toi de peur que tu ne me considères frivole. J'étais forcée de garder en permanence une distance entre nous. Pourtant, comme tu vois, il m'a été impossible de respecter ce que moi-même je voulais t'imposer. Je n'avais pas le droit de t'aimer parce que je n'étais pas libre...

— Et maintenant, tu l'es! m'exclamai-je avec exubérance.

— Non, murmura-t-elle, secouant la tête. La situation est inchangée; elle est peut-être pire encore, mais moi, je ne suis plus le même agneau docile qu'on voulait mener à l'autel... du sacrifice. Durant les six semaines passées auprès de celui que je déteste, qui nous terrorise et qui m'est imposé par mon père, j'ai eu la preuve que je ne pourrais vivre sans toi et que je ne dois détruire ni ta vie ni la mienne.

❏

Il me fut enfin possible d'avoir toutes les explications concernant la présence et le rôle prédominant de Paul dans la maison du ministre.

Marguerite et Paul étaient des cousins de deuxième degré et, pendant leur enfance, ils s'étaient vus seulement en de rares occasions. Plus tard, ils se rencontrèrent par hasard, à Londres. La frêle cousine d'antan était devenue une ravissante demoiselle et Paul s'éprit d'elle. À leur retour à Bucarest, il devint de plus en plus assidu, malgré ou peut-être à cause de l'attitude froide et réservée de Marguerite. Le ministre voyait d'un très bon œil les avances de Paul, et lorsque celui-ci lui demanda la main de sa fille, le père profita de l'occasion pour ouvrir aussi son cœur: il était complètement ruiné et bourré de dettes, donc, dans l'impossibilité d'offrir — selon la coutume — la moindre dot. Paul était le descendant d'une des plus riches et des plus nobles familles du pays et, en plus, il venait d'hériter d'une autre fortune fabuleuse laissée par une tante. Il se déclara prêt à sortir le ministre de tous ses problèmes pécuniaires à condition que la fille consentît à l'épouser. Le père eut la très pénible tâche d'en parler à Marguerite et, se heurtant à son refus catégorique, il lui dévoila le triste tableau de sa situation financière. Ses domaines à la campagne ainsi que le palais de Bucarest étaient grevés de lourdes hypothèques, et les arriérés s'accumulaient sans cesse. Les créanciers étaient sur le point de commencer des procédures d'exécution. Cela voulait dire la débâcle, la ruine et le déshonneur. Le salut dépendait seulement de Marguerite, et le père avait demandé en pleurant le concours de sa fille. Marguerite eut le cœur brisé. Elle donna en principe son consentement mais posa des conditions dilatoires: le mariage ne devait avoir lieu qu'à la fin de ses études universitaires. Elle était encore en sixième année de lycée et avait obtenu ainsi un sursis d'au moins six ou sept ans jusqu'à la licence ès-lettres.

Paul se déclara d'accord surtout que lui-même, destiné à la carrière d'armes, devait entrer dans deux ans à l'école de cavalerie de Targoviste et, à la fin du stage, aller en France pour se spécialiser à la fameuse École militaire de Saint-Cyr et dans d'autres centres militaires. Il prit donc sur lui les dettes de son futur beau-père dont il devint le créancier unique et profita de cette situation pour se comporter comme un despote avec la famille du ministre, sans permettre la moindre désobéissance à ses ordres.

Inutile de dire combien grande était la haine qu'il nourrissait contre moi, surtout après notre rencontre finale. Il avait juré de se venger, et même de me tuer de sa propre main ou par n'importe quel moyen. Son sadisme fut un peu tempéré quand il apprit que ma vie ne tenait qu'à un fil et que j'étais gravement marqué pour le reste de mes jours par une lésion au foie qui pouvait m'être fatale à tout moment. Il se considérait donc d'une certaine manière quitte envers moi, du fait que c'était lui qui, aidé par ses acolytes, m'avait infligé ce mal incurable.

Quelques semaines avant la session du baccalauréat, une mystérieuse lettre «confidentielle» le mit au courant de ma «résurrection», de mon séjour à la campagne, de ma vie dans la maison du ministre ainsi que de mes «relations amoureuses» avec sa fiancée. On imagine sa grande rage. Comme il ne pouvait s'absenter de Saint-Cyr, il exigea par téléphone et par une rafale de télégrammes que Marguerite prît le premier train pour lui donner sur place les explications qui s'imposaient. En cas de refus, il menaçait de rompre les fiançailles, de réclamer le remboursement intégral de la dette, de procéder à la vente aux enchères du palais et à l'évacuation de toute la famille. Le ministre s'arrachait les cheveux de désespoir, et Marguerite n'arrivait pas à convaincre son cousin de patienter encore quelques semaines. Paul était féroce et intransigeant, et le père menaçait de se suicider si sa fille ne partait pas tout de suite.

— Voilà «les questions de famille importantes» qui ont exigé l'abandon de l'examen et ma présence immédiate en France!

Que se passa-t-il là-bas et comment Marguerite se débattit-elle dans la gueule du lion?

De ce point de vue, le voyage avait été un chef-d'œuvre de diplomatie, et ma merveilleuse princesse m'en donna les moindres détails, tout en soulignant sa répugnance d'avoir été obligée de se prêter à une telle comédie abjecte.

Rien n'est plus versatile que l'esprit de l'homme, et Paul n'échappait pas à cet axiome. L'arrivée de Marguerite ainsi que l'innocence qu'il put lire dans ses yeux apaisèrent une grande partie de sa colère. Un peu d'imagination et des explications plausibles se chargèrent du reste.

Elle reconnut l'exactitude de l'information concernant ma présence dans leur maison. La raison? Pour épargner à tout le monde *et surtout à Paul* des complications très sérieuses. La santé de «Lucien» était de plus en plus chancelante à cause de la lésion interne qu'on lui avait infligée au cours de «l'incident». Un des domestiques, complice du règlement de compte bestial, ayant été mis à la porte quelque temps après, mais pour d'autres raisons, avait été trop bavard; et tout le personnel du palais savait ce qui s'était passé. C'est ainsi que le médecin apprit aussi un jour la véritable identité de l'agresseur. Il se reprocha de ne pas avoir averti immédiatement les autorités lorsqu'il fut appelé d'urgence au chevet du garçon qui gisait inconscient dans le lit de Marguerite, tout couvert de sang et le visage sauvagement tuméfié. On lui avait expliqué que le blessé avait été roué de coups par un domestique qui l'avait surpris la nuit dans le parc et qui l'avait pris pour un voleur. Pour éviter le scandale, le ministre pria le médecin de prodiguer sur place tous les soins nécessaires; et, comme nous le savons, le brave docteur mit tout son talent pour sauver le patient bien qu'il eût été de son devoir d'informer la police car, en cas d'échec, il aurait été tenu responsable d'avoir couvert une tentative de meurtre et de ne pas avoir envoyé à l'hôpital la victime qui était gravement blessée. D'ailleurs, Paul se souvenait très bien que, mis au courant de la gravité des blessures et du danger qui menaçait la vie du jeune homme, il avait été pris lui-même de panique et tremblait pour sa propre peau. Il eut donc intérêt à étouffer l'affaire et à faire soigner le malade sur place. Ces choses étaient bien connues du vaillant cousin. L'ingéniosité de Marguerite broda sur ces faits «les explications» sur ma «réapparition amicale» dans la maison du ministre.

Le médecin, rencontrant Lucien par hasard dans le quartier et constatant que son état, déjà si pitoyable, empirait, alerta la famille du ministre. Le malade devait suivre un traitement intensif et un régime alimentaire spécial si on voulait éviter un malheur. Le docteur insista pour qu'on reprît Lucien et qu'on s'occupât de lui de près. Il menaça d'aller voir le procureur général et de lui raconter tout ce qui s'était passé si son conseil était ignoré. Il obtint le consentement du ministre et de sa fille, mais il y avait aussi un autre obstacle à éliminer: la susceptibilité de «Lucien», son faux amour-propre et sa haine farouche. Le docteur emmena le malade à sa clinique pour les premiers soins, et c'est là-bas qu'il le mit face à face avec Marguerite. Avec beaucoup de tact et de patience, ils réussirent à convaincre «le sauvage» que personne n'avait aucune inimitié contre lui et que c'était le moment de faire la paix. On ne lui cacha pas la gravité de sa maladie et on lui proposa de l'emmener au palais pour lui faire suivre le traitement qui s'imposait. En sachant qu'il était particulièrement sensible dans son amour-propre, on lui demanda, en échange de ce qu'on voulait faire pour lui, de préparer André à l'examen d'admission au lycée.

Paul dut reconnaître qu'ils avaient très bien procédé et que, en agissant ainsi, ils avaient évité beaucoup d'ennuis.

Lucien fut installé dans une chambre à la mansarde de la maison, et le médecin venait le voir chaque jour. Les effets bénéfiques du traitement furent évidents et, toujours sur l'avis du docteur, on prit Lucien à la campagne, dans la maison des grands-parents, là où André devait passer ses vacances. Au fur et à mesure que son état de santé s'améliorait, «le sauvage» se montrait de plus en plus apprivoisé. Rongé par des remords, il déclara un jour à Marguerite — qui ne le voyait que «très rarement et toujours de passage» — qu'il regrettait énormément son comportement antérieur et qu'il était prêt à demander «humblement pardon à monsieur Paul pour toutes ses insolences du passé». À la rentrée des classes, l'ancien voyou était complètement changé et ses professeurs criaient au miracle. Le médecin exigea qu'on continuât le traitement et qu'on surveillât Lucien de près pendant au moins un an. Il était persuadé que si l'amélioration se maintenait, le danger serait écarté pour toujours. Il va sans dire que Paul aurait été tenu au courant plus tard de tout ce qu'on avait entrepris pour éviter le scandale. Enfin, tout le monde devait avoir la satisfaction d'avoir récupéré une épave humaine et mis sur le bon chemin un orphelin misérable.

— Quant à la calomnie concernant les... «liaisons amoureuses», je n'ai plus eu besoin de m'en disculper, ajouta Marguerite, car la lettre qui nous avait causé tant de mauvais sang et de complications laissait voir la perfidie de son auteur anonyme.

Paul fut réduit à la défensive, à des excuses et à des regrets pour avoir gâché l'examen de sa fiancée et promit de ne plus se laisser emporter par son tempérament. Il exhorta Marguerite à continuer «l'œuvre de charité», à m'encourager dans mes études, à veiller afin que rien ne me manquât et insista pour qu'on me gardât chez eux aussi longtemps que je voudrais.

— Ce qui m'a dégoûtée le plus dans cette affreuse comédie à laquelle je me suis prêtée pour ne pas te perdre, a été mon propre comportement à côté de cette brute. J'étais obligée d'être tendre avec lui, de feindre de l'attachement et, surtout, d'user de beaucoup de tact pour me soustraire à ses attouchements scabreux et à ses baisers répugnants.

En prononçant ces mots, elle ne put retenir une grimace et frotta avec haine sa bouche du revers de la main comme si elle venait d'être souillée par les lèvres de son cousin. Elle conclut enfin:

— Comme tu vois, je ne te cache rien car je n'ai rien à me reprocher.

Je félicitai Marguerite pour son ingéniosité, tout en reconnaissant que son combat subtil qui l'avait menée à une telle victoire amère n'était pas enviable.

— Et il ne s'agit que d'une étape, ajouta-t-elle.

— D'accord! et parce qu'on parle de combat, une guerre comme celle dans laquelle nous sommes engagés doit être gagnée seulement par étapes. Pour le moment, rien n'est perdu, et les événements pourraient tourner en notre faveur.

— Nous avons du temps, mais pas assez pour les autres, le temps, c'est de l'argent; pour nous, c'est la vie. Profitons de chaque moment pour reprendre les choses où nous les avons interrompues! Passons d'abord le baccalauréat. Nous ferons ensemble les lettres et, en même temps, tu suivras les cours de la faculté de droit. Dans trois ans, tu seras avocat. Pour la Faculté des lettres et de philosophie, il nous faut quatre ans jusqu'à la licence, et je ferai de mon mieux pour prolonger la durée des études en m'inspirant du subterfuge de Pénélope afin d'échapper aux insistances de ses prétendants. Mais le sort de mon pauvre père sera toujours en jeu.

— N'y pensons plus pour le moment! Nous avons décidé de vaincre par étapes.

❑

Nous passâmes ensemble un merveilleux été.

Marguerite admira mes efforts et mon ingéniosité qui avaient transformé la masure d'autrefois en un nid propre et accueillant. La maison était éclairée à l'électricité, et l'intérieur s'était enrichi d'un nouveau tapis, de draperies, de tableaux et même de quelques bibelots. Quant au jardin, il était si beau que les passants s'arrêtaient assez souvent pour l'admirer. Me voici devenu le seigneur d'une demeure que, malgré ses dimensions minuscules, son ameublement modeste et son manque d'un confort ultra-moderne, je n'aurais pas changée pour le plus somptueux palais d'un roi, surtout depuis que la plus ravissante princesse qui ait jamais vécu sur cette terre franchissait son seuil.

Je consacrai les matinées à mes élèves pour être avec Marguerite pendant le reste de la journée et le soir. Nous répétions avec fébrilité la vaste matière d'examen et, bien que le baccalauréat fût le cauchemar de la jeunesse de notre temps, nous n'avions aucune crainte d'être refusés. Notre seule préoccupation était de passer la grande épreuve avec des mentions exceptionnelles. Un «Très bien» m'aurait aidé énormément dans la carrière que je voulais choisir. Malgré la crise économique, la pléthore de nouveaux licenciés en droit et le grand nombre de candidats aspirant à la gloire, il y avait encore beaucoup d'avocats qui faisaient fortune. Parmi eux, quelques maîtres spécialisés dans les causes pénales et surtout à la Cour d'assises,

faisaient la manchette des journaux et jouissaient de la considération générale, comme des demi-dieux.

Je me proposai de conquérir vite une gloire pareille, conscient que la profession d'avocat excellait dans «l'art unique de
faire parler les gens d'un homme qui ne fait pas autre chose
que de parler», pour évoquer une remarque malveillante de
Papini. C'est seulement en devenant célèbre que j'aurais pu
affronter Paul avec succès, et ma renommée m'aurait valu un
titre de noblesse plus respectable que celui d'un aristocrate de
naissance, me disais-je. Il me suffit de penser à Perrette et à son
pot au lait et de me rappeler qu'il faut compter les poussins seulement après les avoir vu sortir de leurs œufs, pour renoncer à
faire des rêves et pour ne m'occuper alors que du baccalauréat.

Ce n'était qu'une première borne dans le long chemin qu'il
me restait encore à parcourir.

XXIII

L e résultat de l'examen du baccalauréat récompensa nos efforts.

Nous célébrâmes le succès dans un restaurant discret situé sur une île dans la région des lacs et des parcs superbes qui s'étendent à la lisière de l'est de notre ville. Vers le soir, nous rentrâmes la main dans la main comme tous les amoureux, heureux et confiants dans l'avenir.

Étant le bénéficiaire de deux bourses d'études supérieures, je finis vite les formalités d'inscription à la Faculté de droit et à la Faculté des lettres et de philosophie, et devins ainsi le camarade de Marguerite. En choisissant comme objet d'études «La philologie romane occidentale», nous prîmes comme spécialité principale la langue et la littérature françaises, et, comme spécialité seconde, la langue et la littérature italiennes, la philologie et la littérature roumaines. C'est ainsi que je m'engageai de nouveau dans un projet ambitieux, exténuant mais sublime, et je ne regretterai jamais cette décision.

Je planifiai minutieusement mon programme pour ne pas manquer les cours essentiels à la faculté de droit, où la présence des étudiants n'était pas obligatoire, et je me procurai des livres et des traités pour apprendre chez moi les cours auxquels je ne pouvais assister à cause des heures simultanées d'études — théorie et pratique — aux «lettres». Je fixai aussi des heures spéciales pour mes élèves en réservant les nuits pour enrichir mes connaissances dans le domaine immense des disciplines passionnantes que nous enseignaient toute une pléiade de professeurs dont la renommée dépassait les frontières du pays.

Les diplômes obtenus avec éloges à l'Université de Paris par mes professeurs de droit leur avaient ouvert des carrières brillantes dans l'enseignement supérieur. Personnalités de grand talent, ils s'étaient distingués aussi dans la vie politique, dans la magistrature, dans le corps diplomatique ou à la barre. Leur éloquence et leur formation intellectuelle leur conféraient un prestige inégalable.

Les vastes amphithéâtres de la Faculté de droit étaient toujours combles. Les garçons formaient la majorité écrasante. On découvrait à peine parmi eux quelques filles qui avaient choisi la carrière aléatoire et ingrate de la barre. Les examens étaient très difficiles et, entre autres matières des plus redoutées, le droit romain était le cauchemar des candidats. Je m'expliquai ainsi pourquoi on était si nombreux. Une bonne partie des étudiants piétinaient dans la même année universitaire à cause surtout des chicanes du titulaire de la chaire de droit romain, un homme froid et distant. Il prenait vis-à-vis de ses étudiants un ton méprisant et doctoral qui les médusait. Personne n'avait jamais vu un sourire sur les lèvres de cette sommité céleste. Toujours soucieux de sa tenue vestimentaire impeccable, il avait le visage aussi empesé que le col, les manchettes et le plastron de sa chemise. Il posait des questions sans compromettre son calme olympien et glacial, et sans regarder les gens dans les yeux; si le candidat donnait l'impression d'ignorer le sujet ou de ne pas le maîtriser, il revenait à la charge sur le même thème et ne lâchait pas avant que son sadisme ne fût satisfait. Pour donner une idée de ses procédés perfides, c'était comme si on avait demandé: «Avez-vous jamais vu le bon Dieu?» Si la réponse était non, la deuxième question pouvait être: «Quelle est la couleur des yeux de Dieu?» Troisième question: «Jusqu'où tombe la barbe de Dieu?» Quatrième question: «Quelle est la taille de Dieu?» etc., etc. Plus difficile encore lorsque, oubliant Dieu et le diable, le savant s'accrochait à un détail obscur, égaré quelque part dans son volumineux, prolixe et insipide *Traité de droit romain*. Après une douzaine d'autres questions pivotant sur le même point, le candidat était refusé avec dédain: «Vous n'avez répondu à *aucune* de mes questions malgré ma générosité en vous offrant plus d'une chance. Je vous donne rendez-vous à l'année prochaine. Merci!»

Si, après la première question, le candidat montrait qu'il connaissait le sujet, le professeur changeait de tactique et entamait une autre matière où la victime semblait moins habile, pour la harceler ensuite sur les moindres détails. Enfin, si l'examinateur au visage de parchemin n'avait pas de chance et que le candidat réussissait à s'en sortir, il ne restait qu'une dernière étape à franchir: celle de répondre à une ou deux questions sans aucun rapport avec la matière d'examen, ayant comme but de montrer le degré d'intelligence du candidat. La réponse influait sur la mention finale qu'on accordait selon les normes de la Faculté: *bille blanche*, «Très bien»; *bille blanche-rouge*, «Bien»; *bille rouge*, «Passable». Soit dit en passant, le mesquin professeur n'avait presque jamais accordé une bille blanche, même si le candidat l'avait pleinement méritée, car le truc auquel il avait recours pour mesurer avec des questions idiotes l'intelligence d'une personne ne visait qu'à rougir la mention.

Je ne nie pas que je fus très préoccupé de mon sort et que je me demandais sérieusement si je réussirais à me tirer du filet dans lequel le maniaque empesé essaierait de m'envelopper. En dehors de la répétition exhaustive du *Traité de droit romain* — ressemblant, par son volume et ses caractères, à un annuaire de téléphone — bourré de définitions latines qu'il fallait connaître par cœur et truffé de notes au bas de chaque page dans des caractères typographiques encore plus petits, je rédigeai avec patience une longue liste de questions qui avaient déjà été posées à d'autres candidats. En assistant à quelques examens, j'eus la grande satisfaction de constater que les mêmes sujets revenaient avec une fréquence frappante. Comme j'avais affaire à un possédé, ses idées fixes avaient toutes les chances de se répéter. Je concentrai aussi toute mon attention sur les notes minuscules qui constituaient en elles-mêmes une source abondante de questions pièges.

La pauvre Marguerite était dans la salle et grelottait de peur lorsque je pris place devant le redoutable Minos.

Je répondis avec aplomb à toutes les questions dont il me mitrailla. Oh! s'il avait su que tout ce qu'il me demandait figurait déjà sur ma liste minutieuse... et, à mon tour, si j'avais été certain qu'il ne s'écarterait pas de ses manies stéréotypées, combien de nuits blanches et de soucis n'aurais-je pas épargnés!

Lorsqu'il en eut assez, il passa «au test d'intelligence»:

— Que feriez-vous si vous étiez le propriétaire de la lune?

— Je la partagerais en lots et je la mettrais en vente.

Il me foudroya d'un regard étonné. Le respectable et impeccable professeur était aussi l'héritier d'une fortune fabuleuse et il vendait en parcelles de terrain un vaste périmètre situé à une grande distance de la capitale et qu'il avait dénommé «Le nouveau Bucarest».

Après m'avoir dévisagé comme un fauve prêt à sauter sur sa proie, il laissa tomber sa dernière question:

— À quoi reconnaît-on un fou?

Je répondis du tac au tac:

— À ses questions, monsieur le professeur.

Silence sépulcral dans la salle, à l'exception d'un «oh!» faible, échappé d'une bouche qui ne pouvait être que celle de Marguerite.

Le verdict ne se fit pas trop attendre, à la stupéfaction générale:

— Si vous aviez été mon égal, je vous aurais envoyé mes témoins. Vous êtes impertinent, mais je ne peux nier votre intelligence. Je passe peut-être pour un fou à vos yeux et à ceux de vos camarades qui me détestent et que je déteste davantage; mais je suis loyal. À cause de votre insolence, j'aurais pu changer la couleur de la bille blanche que je viens de vous accorder, mais je ne veux pas descendre jusqu'à la petitesse de votre taille morale. Merci!

Marguerite, fortement appuyée sur mon bras, sortit presque évanouie de la salle.

Nous nous rendîmes chez moi où nous passâmes le reste de l'après-midi. L'atmosphère de tension se dissipa assez vite, et la maison se remplit de cascades de rires et de cris de joie. Il faisait déjà noir quand nous arrivâmes au petit palais.

— Avant de nous séparer, dit Marguerite en prenant soudainement une pose sérieuse, permettez-moi, monsieur, de me soulever à la hauteur de votre taille et de vous embrasser de tout mon cœur pour essayer de sceller un peu cette bouche qui pouvait nous perdre. Vous êtes fou, monsieur, mais vous êtes très intelligent.

— Vous ai-je posé, mademoiselle, quelque question choquante pour m'appeler «fou»? Je suis pourtant d'accord avec vous et je dois vous rappeler que je suis amoureux de vous comme un fou.

— Et moi, sans être aussi intelligente que vous, je ne suis pas moins folle de vous.

❑

À la Faculté des lettres régnait une ambiance complètement différente. C'étaient les filles qui constituaient la presque totalité des étudiants. Il n'y avait que quelques garçons, venus de la province, très timides et se sentant mal à l'aise dans ce milieu de belles aristocrates, élégantes et brillantes. J'eus l'honneur d'avoir comme camarades beaucoup d'anciennes élèves de «Pompilian» qui avaient passé le baccalauréat en même temps que Marguerite. Lydia était de leur nombre.

Elle ne fit aucune allusion à mes deux visites chez elle et, à mon tour, je ne dis pas un seul mot à Marguerite de ce qui s'était passé pendant son absence. C'était une situation très embarrassante surtout que Marguerite avait été si franche avec moi et m'avait donné tous les détails sur son séjour en France, tandis que moi, je pratiquais la politique de l'autruche. La moindre indiscrétion aurait pu me compromettre gravement et même détruire mon bonheur. Je me consolai pourtant en pensant que, grâce à mon comportement à la fin ainsi qu'à mon refus de mordre à l'appât, je n'avais rien à me reprocher.

Lydia nous invita chez elle avec d'autres camarades d'université, et nous passâmes une très agréable soirée. J'admirai le tact et l'élégance de la belle aristocrate qui ne laissa pas voir qu'il y avait un secret entre elle et moi. Pourtant, je ne fus pas moins inquiet de son sourire étrange que moi seul pouvais comprendre.

❑

Les professeurs de la Faculté des lettres venaient aussi des plus fameuses universités de l'étranger, surtout de Paris, et il y avait parmi eux des figures renommées. Les matières faisant partie de notre programme étaient très passionnantes et embrassaient une infinité de connaissances: langues et littératures anciennes et modernes, histoire de l'art, philosophie, pédagogie, archéologie, etc. Les cours captivants et d'un niveau exceptionnellement élevé étaient complétés par des travaux pratiques sous la surveillance de maîtres de conférence et d'assistants universitaires expérimentés. Aux cours d'histoire de l'art, on nous familiarisait avec les chefs-d'œuvre de tous les temps et de tous les pays; et, à l'aide de projections, nous nous promenions dans tous les musées du monde, conduits par notre savant guide qui nous donnait d'amples explications.

Quand je pense que six ans avant de commencer ces études passionnantes et raffinées, je ne savais pas encore compter et je ne pouvais prononcer proprement un seul mot! J'avais toutes les raisons d'être reconnaissant à la Providence qui m'avait mis sur le chemin de Marguerite, l'auteur, la fée de ce miracle.

Les cours de pédagogie nous enseignaient *l'art d'enseigner*. Les lois de la mémoire, de l'attention, de la concentration et de l'aperception sont les outils essentiels d'un professeur pour éveiller l'intérêt chez ses élèves et leur donner la possibilité d'apprendre avec enthousiasme et sans effort. Comme la vie, la liberté ou la fortune des gens dépendent assez souvent de la manière dont les avocats soutiennent les causes de leurs clients, on devrait interdire de passer le seuil du temple de Thémis aux juristes qui n'ont pas une préparation pédagogique, ainsi qu'on défendait l'entrée à l'antique Académie d'Athènes aux philosophes qui n'étaient pas des mathématiciens. Si je connus dans ma profession ce qu'on appelle «succès», le secret de ma réussite est dû surtout aux connaissances acquises aux cours théoriques et pratiques de pédagogie à la Faculté des lettres.

Loin de moi la prétention de dire que nous avons dépassé les connaissances que les autres intellectuels auraient pu accumuler en puisant à des sources culturelles différentes! Je soutiens pourtant que peu de gens dans ce monde eurent la chance d'accéder à certains chefs-d'œuvre que nous avons approfondis

pendant nos études ferventes à la Faculté des lettres de Bucarest. Nous avons touché à des trésors inestimables qui resteront
enterrés pour toujours et méconnus par la plupart des mortels,
même parmi les esprits les plus raffinés.

Je place Dante et sa *Divine Comédie* dans cette catégorie.
Tout le monde est d'accord pour dire que Dante Alighieri est
un auteur fameux et génial parce que la tradition nous l'a
toujours transmis ainsi; mais seule une poignée d'élus peuvent
expliquer pourquoi Dante est fameux et génial.

Pourquoi *La Divine Comédie?* Parce que son divin poème
m'a accompagné dans ma fuite, et qu'il a eu une influence décisive sur mon destin, comme je le montrerai plus tard. C'est
avec amertume que je dis maintenant qu'il aurait été mieux
pour moi de ne pas appartenir à la catégorie des «initiés» et que
La Divine Comédie me fut inabordable aussi; mais à l'époque
où je l'avais découverte j'étais heureux, et elle faisait partie intégrante de mon bonheur.

Personne ne rentre impunément du festin des dieux, et
c'est trop tard de regretter, comme Jean-Jacques Rousseau, et
de dire: «Si j'avais suivi ma première vocation et que je n'eusse
ni lu ni écrit, j'en aurais sans doute été plus heureux.»

XXIV

Nous étions en pleine euphorie, et notre état d'âme s'explique quand on pense aux cours ensorcelants que nous suivions, aux sentiments qui nous unissaient, au but commun que nous voulions atteindre ainsi qu'à notre jeunesse enthousiaste. Saint François d'Assise avait béni «le frère soleil», «notre gentille sœur la lune» et tous les autres astres, le vent, le ciel, les nuages, la terre, et même la mort, pour exprimer l'extase de son âme devant les miracles de la création. Quand on est heureux, on a le sentiment que toute la terre nous appartient et que nul autre n'a jamais connu le bonheur que nous vivons. Oubliant que j'avais été un athée endurci, je bénissais le mystérieux auteur de la nature qui avait pensé surtout à Marguerite et à moi pour nous offrir ce qu'il y a de plus pur et de plus sublime au monde.

Marguerite venait très souvent chez moi. Pratiquement parlant, nous étions inséparables et nous passions ainsi des journées et des soirées merveilleuses, ignorant le danger d'être surpris ou épiés, et étonnés toujours de la rapidité avec laquelle s'écoulait le temps. Nous faisions les rêves les plus enfantins et les plus fascinants, et je lui racontais parfois ce que mon imagination avait inventé pour peupler ma solitude à l'époque où j'étais misérable et sans aucun espoir. Une histoire la passionna particulièrement.

L'action se passait en Espagne, dans la première partie du XVIe siècle. Orphelin et couchant à la belle étoile, je menais une vie de chien. J'avais presque seize ans quand je fus admis comme mousse à bord d'une caravelle qui faisait la navette entre l'Espagne et le Mexique fraîchement conquis par Cortés. La vie sur le bateau n'était pas facile, et les membres de l'équipage, de vraies brutes féroces, me rouaient de coups sans aucune autre raison que leur propre plaisir de me faire du mal, et me chargeaient de fardeaux sous le poids desquels je trébuchais. La plupart de ces marins avaient participé, avec l'armée de Cortés, au massacre des Aztèques. Bestialement ivres, ils se disputaient entre eux assez souvent, surtout au jeu de dés; et dans les bagarres qui éclataient, le sang coulait à flot.

Un jour, je butai contre le corps d'une canaille se débattant encore dans une mare de sang. Ses meurtriers se tordaient de rire et me forcèrent ensuite à leur donner un coup de main pour jeter le moribond aux requins qui rôdaient autour du bateau. C'est moi aussi qui dus laver le plancher gluant et qui reçus des coups de talon pour me dépêcher. Cinq années passées ainsi entre le ciel et la mer avaient fait de moi un abruti, insensible au roulis et au tangage, aux tempêtes qui ravageaient le bateau, aux hurlements des vents et de l'océan, à la cruauté de mes compagnons.

Le navire transportait parfois des passagers, et ceux-ci n'étaient pas meilleurs que les membres de l'équipage, car c'étaient des aventuriers allant au Nouveau Monde chercher de l'or et grossir le nombre des conquistadors qui tuaient, torturaient et pillaient sans aucun remords.

Nous reçûmes un jour à bord une hôtesse exceptionnelle: une passagère qui s'embarquait avec sa gouvernante et une suite entière de domestiques et de gardes du corps pour aller au Mexique où l'attendait son fiancé, officier dans l'armée de Cortés. Elle était jeune, ayant à peu près mon âge, très belle, et surtout, fière et superbe. Une vraie descendante de l'orgueilleuse aristocratie espagnole. Pour lui rendre la traversée plus agréable, on avait aménagé près du pont principal, pour elle et son personnel, un appartement luxueusement meublé et isolé du reste du bateau. Après un certain temps, la princesse — c'est ainsi qu'on la dénommait — prit l'habitude de sortir pour faire des promenades sur le pont ou pour regarder les flots de l'océan, le coucher du soleil ou l'éclat de la lune sur l'immensité des eaux.

Une fois, en compagnie de sa gouvernante, elle visita quelques parties du bateau qu'elle n'avait pas encore vues et suivit avec intérêt l'activité de l'équipage. Chargé d'une lourde caisse que je devais déposer près du gouvernail, j'étais déjà engagé sur la passerelle lorsque devant moi apparut la princesse. Le pont était trop étroit, et je reculai pour lui donner libre passage. Je posai la caisse sur le plancher et je la poussai de côté afin de faire plus d'espace. La princesse avançait, souriante, et, arrivée près de moi, s'arrêta un instant et me dit, pleine de grâce: «Merci, monsieur». Tombé en extase, je restai cloué sur place.

Elle s'éloigna doucement, mais après avoir fait quelques pas, se tournant vers moi, me salua d'un léger signe de tête, avec le même sourire merveilleux qui m'avait rendu si heureux. C'est à ce moment que le sauvage chef d'équipage fit son apparition. Impatient de me voir revenir à l'endroit d'où je devais transporter les autres caisses, il était allé me chercher et me surprit debout, le fardeau à terre. Il m'empoigna au collet et me poussa contre le garde-fou; il me prit ensuite à la gorge et allongea le bras pour m'asséner un coup de poing qui m'aurait défiguré. À notre grand étonnement, la princesse était déjà là et toucha le bras de la brute, prêt à frapper. En quelques mots, elle expliqua ce qui s'était passé, demanda qu'il me lâchât et promit d'aller voir le capitaine pour m'innocenter. Le monstre se calma soudainement et essaya de dire un mot, tandis que moi, je repris vite la caisse et, malgré son poids qui me coupait la nuque, je courus la déposer à l'endroit indiqué. Quelques instants après, en revenant, je ne vis plus ni la princesse ni mon bourreau. Celui-ci réapparut un peu plus tard. Chargé d'une autre caisse, plus grosse encore, je passai devant lui au galop. Il grommela un juron entre les dents, et j'eus ainsi le soulagement de constater que l'incident était clos.

«L'incident» mais pas mon cœur. C'était la première fois dans ma vie qu'on m'avait adressé un mot gentil et un sourire. Et je ne pouvais oublier que, malgré son rang et sa fierté, elle était intervenue pour sauver un misérable comme moi. Je passai toute la nuit allongé sur un amas de cordes, scrutant la voûte céleste et comptant les étoiles une à une. Le lendemain, j'étais plus alerte que jamais. Aucun fardeau ne me sembla lourd, et lorsqu'on me demanda de dénouer une corde qui s'était enroulée autour d'un mât, j'y grimpai jusqu'à la cime avec l'agilité d'un écureuil. Arrivé au sommet, je regardai vers l'endroit où elle se montrait parfois. J'eus le bonheur de la voir, en effet, et je pense qu'elle m'avait remarqué aussi. Lorsque je descendis, elle n'était plus là.

Mes efforts pour la rencontrer furent vains, et c'est à peine si je l'apercevais quelquefois, mais de loin. La plupart du temps, elle était accompagnée de sa gouvernante et ne s'éloignait plus de la partie qui était séparée du reste du bateau. Un soir, j'eus «la chance» de la voir enfin seule. La nuit était féerique et l'eau de l'océan clapotait sous les rayons argentés de la pleine lune. La brise lui caressait le visage souriant et les cheveux d'ébène. Sans trop réfléchir, je me glissai jusqu'à l'endroit où, appuyée sur un poteau, elle semblait absorbée dans une douce rêverie. Je tombai à ses genoux et je voulus lui exprimer ma gratitude en posant les lèvres sur sa main. C'est ainsi qu'agissent les fous et les sauvages. Elle arracha sa main et s'enfuit en poussant des cris qui alertèrent ses hommes. Je fus vite maîtrisé, roué de coups et jeté dans un cachot.

Le lendemain matin, je fus amené devant le capitaine. La belle princesse était présente et ne daigna même pas me jeter un coup d'œil. Le jugement fut sommaire, et je fus condamné à la corde. À l'insistance de la noble passagère, le capitaine commua ma peine de mort et ordonna que je reste au cachot pour un temps indéterminé. Je devais recevoir aussi vingt-cinq coups de fouet chaque semaine, à partir du jour même.

— Je m'en fous, m'écriai-je, de ta corde, de ta ratière et de ton fouet! Pends-moi plutôt! car je n'accepte pas l'aumône de cette...

Il me fut impossible de continuer. La sale brute m'écrasa la bouche d'un coup de coude si violent qu'il m'allongea à terre. Ses hommes me traînèrent dehors, sur le pont, et m'attachèrent les poignets et les chevilles à des anneaux de fer fixés au plancher. Mes bras et mes jambes étaient si étirés que j'eus la sensation que les bourreaux voulaient m'écarteler. Quelqu'un déchira ma chemise et me découvrit le dos. Collé à plat ventre, il ne m'était possible que de regarder tout droit et jusqu'à la hauteur où je pouvais soulever la tête. À quelques mètres devant moi, se tenait le chef des bandits, le capitaine, dont la taille colossale me paraissait plus géante encore de la place où je me trouvais coincé. À côté de lui, et presque de même stature, le chef d'équipage avec une tête de mort tatouée sur la poitrine, remuait avec impatience un fouet à lanières tressées. Sur une estrade derrière lui, «la princesse» restait impassible, attendant le commencement du spectacle.

— Fils de putain, hurla le capitaine lorsqu'il fut près de moi, voilà ta dernière chance. *La graciosa princesa* insiste encore une fois pour qu'on te fasse grâce.

Il murmura ensuite:

— Ça ne veut pas dire que nous n'allons pas régler ton compte plus tard.

Il continua:

— Pour le moment, il ne te reste qu'à dire merci et demander pardon à *Su Alteza*. Vas-y, cochon bâtard!

Je levai les yeux vers elle. Le chef d'équipage se mit à mon flanc pour me permettre de dire directement le mot qui m'aurait sauvé. La princesse, altière et froide, me considérait avec dédain. Cette attitude ne fit qu'accroître ma haine. Lui demander «pardon» de quoi? Quel était le mal que je lui avais fait? Et lui dire «merci» par-dessus le marché?

Je la foudroyai du regard et je crachai dans sa direction.

Le coup de botte du capitaine me fendit le front et l'arcade sourcilière et, en même temps, je sentis une brûlure terrible, comme si on avait versé de l'eau bouillante sur mon dos. Je ne sais plus ce qui se passa ensuite car je m'évanouis de douleur.

Lorsque je revins à moi, je gisais, toujours à plat ventre, sur une couche de paille. À côté de moi, Sancho, mon seul ami, lavait soigneusement mes blessures cuisantes. Miracle! Je n'avais plus les mains attachées et je ne me trouvais pas au cachot. Mon copain m'apporta de l'eau et me força à avaler quelques cuillerées de potage. Il m'expliqua ensuite qu'après le coup de fouet, la princesse s'était précipitée vers le capitaine et lui avait demandé énergiquement qu'on arrêtât la punition et qu'on me relâchât. Elle avait menacé de se plaindre à son fiancé ainsi qu'à son père, si ses ordres n'étaient pas écoutés. Le capitaine s'y était soumis en haussant les épaules.

Elle m'avait donc sauvé trois fois la vie, et pourtant, je la haïssais davantage.

Notre traversée touchait à sa fin lorsque, soudainement, le bateau fut dévié de sa route à cause de vents contraires. Deux jours après, il ne pouvait plus avancer. Il n'y avait pas le moindre souffle de vent, et la chaleur était si étouffante que les brutes de l'équipage, réduites à une vie de fainéantise, n'avaient plus aucune envie de jouer aux dés ou de se bagarrer. Laissé à mon aise, je récupérai mes forces. Ce qui m'étonna le plus était l'attitude du capitaine et de son acolyte à mon égard. Mes rations de pain, de viande et de tabac furent triplées, et j'eus droit à une tasse de vin chaque jour. Le chef d'équipage était la douceur même, et ce changement bizarre ne fit qu'augmenter mes suspicions. Il me dit qu'il avait obtenu le consentement du capitaine pour me mettre en charge du magasin de vivres à partir de notre voyage de retour et pour tripler ma solde. Comme je n'avais pas oublié la promesse de l'ivrogne en chef de régler mon compte plus tard, je me proposai de m'enfuir dès que nous serions arrivés au Mexique. Quant à la princesse, je lui en voulais moins pour avoir alerté ses gardes — car la surprise et la peur auraient bien justifié sa réaction — que pour être intervenue en ma faveur. Je me sentais humilié et dépité de lui être redevable de ma vie. Et pourtant, je pensais de plus en plus à elle.

— *Donc, tu l'aimais!* m'interrompit Marguerite à ce point de mon récit. *Dis-moi, comment était ta princesse? Tu disais qu'elle était belle...*

— Belle? *Très* belle. Et si tu veux avoir son portrait exact, tu n'as qu'à te regarder dans le miroir.

— Mais tu ne nies pas que tu l'aimais et que tu souffrais à cause d'elle.

— Oh! je pense que c'est Proust qui a dit: «On regrette moins ce qu'on a toujours su inaccessible...»

— En principe, oui, mais «les seuls biens dont la privation nous coûte sont ceux auxquels on croit avoir droit». C'est de Rousseau, et je suis d'accord avec lui. Ma conclusion est indiscutable: tu l'aimais et tu étais malheureux parce que la princesse te paraissait inaccessible. Mais continue ton histoire qui m'intéresse énormément!

Le bateau reprit enfin son voyage, poussé cette fois par un vent impétueux qui devenait de plus en plus violent. Les nuages s'amoncelaient à l'horizon et obscurcirent entièrement le ciel. C'est en vain que nous essayâmes de plier les voiles. Un de nos hommes fut happé par les vagues et le vent qui balayaient le pont. Une grande panique se déclencha lorsque le grand mât fut brisé, écrasant cinq marins dans sa chute.

Nous étions la proie d'un effroyable cyclône qui secouait sans répit le navire, le faisait tourner sur lui-même comme une girouette, le plongeait dans l'océan mugissant et le soulevait sur la crête des vagues hautes comme des montagnes. L'inévitable ne tarda pas à se produire. La coque du bateau fut percée en plein ventre, et l'eau inonda la carène. Il n'y avait que cinq barques à rames, et tout le monde se précipita vers elles en se bousculant et en se pressant confusément pour se trouver une place.

Je courus vers l'appartement de la princesse en luttant contre les obstacles et les débris qui me barraient le chemin. Je la trouvai toute seule, agenouillée devant un crucifix, près d'une chandelle qui lançait ses dernières lueurs vacillantes dans le noir de la pièce. Le personnel l'avait abandonnée durant la débandade. En m'apercevant, elle poussa un hurlement de terreur, se réfugia dans un coin et, tremblant de peur, elle unit ses mains pour m'implorer de l'épargner. Il n'y avait plus un moment à perdre, et je n'avais pas de mot pour lui expliquer que je voulais la sauver. En me voyant avancer vers elle, la princesse tomba à genoux et me supplia de ne pas la toucher. Je l'arrachai sans aucun ménagement, la portant de force dans mes bras tandis qu'elle se débattait, me frappait de ses poings et me griffait le visage. Arrivés sur le pont, nous fûmes jetés dans l'océan. Je la maintenais d'un bras à la surface tandis que de l'autre, je faisais des efforts pour nous écarter de la coque du navire qui chavirait et qui aurait pu nous engloutir dans le tourbillon qui se produirait. Par un miracle qui arrive plus souvent dans les romans d'aventures que dans la vie réelle, au moment où il n'y avait aucun espoir, car mes forces m'abandonnaient, je cognai ma tête contre un mystérieux obstacle. Je découvris en tâtonnant qu'il s'agissait d'un canot. Bien qu'à bout de souffle, je hissai lentement mon précieux fardeau dans l'embarcation, et j'arrivai, enfin, à y monter aussi à grand-peine. Complètement épuisé, je m'affaissai et je ne sais plus ce qui arriva ensuite.

Lorsque je me réveillai, probablement le lendemain, le ciel était clair, l'océan doux, et le soleil radieux dorait l'immensité des eaux. Ébloui par ce spectacle inattendu, je fis des efforts pour me ressaisir. Découvrant que j'étais allongé sur le plancher d'une barque, je me souvins tout d'un coup du cauchemar vécu. Je cherchai fébrilement autour de moi. Une autre surprise: je ne vis qu'une seule personne. C'était la princesse. Blottie à l'autre extrémité de la barque, elle me regardait d'un œil épouvanté. Je tournai la tête pour voir où nous nous trouvions car l'embarcation ne bougeait plus. En effet, nous étions enfoncés dans un banc de sable au littoral d'une terre inconnue, peuplée vers l'intérieur de palmiers et d'une végétation luxuriante. J'eus l'intention d'aider ma compagne de naufrage pour la conduire au sol, mais dès qu'elle me vit avancer, elle se retira davantage dans le coin où elle s'était réfugiée et leva les bras à la hauteur de son visage comme une personne qui veut parer un coup. Je renonçai et, tournant le dos, je descendis dans le sable pour me diriger vers la lisière de la forêt.

— L'histoire que je te raconte et qui me passa par la tête à un moment où je cherchais un moyen de me fuir avait été inspirée, évidemment, par les aventures de Robinson Crusoé. La suite n'est qu'un récit de notre existence étrange sur l'Île du Paradis où nous avait jetés le destin, dis-je à Marguerite qui m'écoutait souriante et pleine d'impatience de connaître la fin.

Dès qu'elle me vit m'éloigner, la princesse mit pied à terre. À mon retour, elle était assise près d'un rocher isolé et profitait des rayons du soleil pour faire sécher ses vêtements. Il lui suffit de m'apercevoir pour se réfugier dans la barque, tremblant de peur comme une colombe qu'on vient de fourrer dans une cage et plus effrayée que le sauvage Vendredi lorsqu'il rencontra Robinson Crusoé. Je ne savais pas comment lui montrer qu'elle n'avait aucune raison de me craindre. À l'aide d'une pierre et de mon couteau que j'avais encore sur moi par hasard, j'ouvris, sans gaspiller une seule goutte de leur précieux lait, deux noix de coco que j'avais ramassées près d'un palmier. Je déposai sur une motte de gazon les quatre moitiés et, à côté, le couteau. Je m'éloignai de nouveau en direction de la forêt afin d'explorer les lieux. Je découvris, derrière un roc, une cabane abandonnée. Un autre naufragé était donc passé aussi par là. Je m'appropriai une gourde et quelques ustensiles que je trouvai à l'intérieur. Un peu plus loin, coulait un petit ruisseau à l'eau cristalline.

Après m'être désaltéré, je remplis la gourde pour la porter à ma sauvage. Arrêté à une bonne distance, je versai de l'eau dans le creux de la main et je bus pour montrer de quoi il s'agissait et qu'il n'y avait pas de danger. Je fis encore quelques pas pour déposer le récipient avec son précieux contenu et repris pour la troisième fois le chemin vers l'intérieur de cette terre qui n'était qu'une île aux dimensions moyennes, perdue dans l'océan et éloignée de la route des navires, comme je le constatai par la suite. J'eus la chance d'y trouver des bananiers et des ananas, et je cueillis à cœur joie des fruits pour les apporter à la princesse. Gardant toujours la distance de sécurité, j'étais sur le point de déposer à terre les provisions lorsque la *señorita* me fit signe d'approcher. J'étalai le trésor à ses pieds, et elle me montra du doigt le couteau. Je lui adressai les premiers mots depuis que je l'avais vue à bord de la caravelle:

— Gardez-le si vous croyez en avoir besoin pour vous défendre contre moi! Soyez pourtant tranquille! Vous m'avez sauvé la vie, et je ne vous ferai pas de mal.

Elle hocha la tête avec amertume et insista pour me faire reprendre le couteau.

Je voulus me retirer lorsque, ô miracle! c'est elle qui me retint:

— Monsieur, vous êtes blessé — elle porta la main à son front pour me montrer l'endroit. Permettez-moi de vous aider!

Je touchai ma tête et vis du sang au bout des doigts. Haussant les épaules, je retournai à la cabane pour y faire le ménage de fond en comble et la rendre habitable. Je commençai par le lit dont la couverture était masquée par un épais linceul de poussière. À l'aide d'un faisceau de feuilles de palmier, je balayai très consciencieusement le plancher. Je couvris ensuite d'une toile la petite table qui était dans un coin de la pièce et, pour égayer un peu l'intérieur, je mis dans un pot de terre quelques branches de gardénia dont les fleurs blanc mat étaient d'une beauté exquise.

Avant le coucher du soleil, je revins à la princesse pour lui dire que je lui avais trouvé un abri pour la nuit. Elle me suivit assez docilement mais, à l'entrée de la cabane, elle demeura hésitante et hocha la tête en signe de refus. Pour regagner sa confiance, je lui mis dans la main le manche du couteau en l'invitant à le garder, et je lui montrai que la porte était munie à l'intérieur d'un verrou à tige qu'elle pouvait pousser aisément. Après m'avoir fixé longuement dans les yeux pour essayer d'y lire mes vraies intentions, elle me rendit le couteau et, avant de pénétrer dans la cabane, m'esquissa un vague sourire en guise de «merci». Immédiatement après, j'entendis le clic du verrou.

— Oh! la méchante! s'écria Marguerite. Et toi, où t'es-tu abrité s'inquiéta-t-elle comme si l'histoire était véridique.

— Ne t'en fais pas! lui répondis-je d'une voix rassurante. Je trouvai un bon abri creusé dans le rocher et, pour draps et matelas, j'eus des feuilles de palmier en abondance.

Tôt le matin, après avoir apporté près de la porte de la cabane une bonne provision de fruits ainsi que de l'eau fraîche, je commençai le vrai travail d'exploration de l'île et constatai que, en dehors du petit gibier en abondance, nous étions les seuls habitants de ce paradis terrestre. Ce qui me préoccupait le plus, c'était le manque de feu dont nous avions besoin pour préparer les repas. N'ayant pas les possibilités de Prométhée de dérober le feu du ciel, je mis à contribution toute mon énergie pour le produire sur terre par des moyens de fortune et selon les procédés des primitifs. Mes efforts, en frottant presque toute la journée les deux bâtons de bois sec, furent récompensés, et le problème d'entretenir le feu sacré dans un âtre installé à l'abri des intempéries ne se posa pas, car la princesse assuma de bon gré la charge de vestale. Nos grillades en plein air furent délicieuses, et ma compagne s'avéra un vrai cordon bleu.

Toujours inspiré par l'histoire de Robinson Crusoé, j'aperçus quelques jours après l'épave de la caravelle que les vagues avaient poussée dans les rochers situés à une certaine distance, pas trop loin de notre île. À l'aide du canot qui nous avait sauvés, je m'approchai du bateau éventré et me hissai à son bord. Grande fut ma joie de découvrir que le magasin de vivres avait été très peu avarié. Quant à la chambre de la princesse, malgré le grand désordre et les débris éparpillés partout, j'y découvris, intact, un grand coffre contenant des objets qui me semblèrent précieux. Je le descendis non sans peine et je l'apportai avec soin sur l'île pour le déposer à l'entrée de la cabane. Je repris immédiatement le chemin vers l'épave pour ramasser des provisions et des outils. À mon retour, après avoir arrangé les caisses remplies de victuailles, au moment où j'étais prêt à partir pour un nouveau transport, la princesse fit son apparition. Souriante, elle me prit par la main, me conduisit dans la cabane et m'offrit une bourse bourrée de monnaies d'or ainsi qu'un splendide collier de diamants. Ces trésors provenaient du coffre retrouvé.

Je lui rendis la bourse et, m'approchant doucement d'elle, je lui attachai au cou la rivière de diamants.

— Tu ne devais pas faire ça! m'admonesta Marguerite, toute dépitée. J'ai eu donc raison quand je disais que tu l'aimais.

— Tu oublies toujours que la princesse orgueilleuse, celle que tu appelles «méchante», c'était toi!

— Oh! tu as raison. J'étais jalouse de moi-même! Et ensuite?

— Pour ta tranquillité, je t'assure que je suis parti immédiatement reprendre le canot pour continuer à décharger l'épave.

De cette manière, nous avons accumulé des réserves immenses et, grâce aux produits de la chasse et de la pêche ainsi qu'à l'abondance des arbres fruitiers, rien ne nous manqua. Je déployai mes talents de bricoleur en me servant des outils que j'avais ramassés dans le bateau naufragé et, après avoir transformé la cabane en un logement assez confortable, je commençai à bâtir une grande maison à l'endroit le plus pittoresque de l'île. La belle princesse n'avait plus peur de moi. Elle m'accompagnait à la pêche, me donnait parfois un coup de main, préparait les repas et se faisait un plaisir en me racontant des histoires ou en lisant à haute voix quelques pages des livres qu'elle avait emportés dans son coffre. C'est ainsi que je connus la légende tragique de Geneviève de Brabant ainsi que le roman de Lancelot du Lac qui s'était épris de la femme du roi Arthur. À mon tour, je lui donnai des leçons de natation, et nous nous baignions chaque jour dans les eaux rafraîchissantes de la crique qui n'était pas loin de la colline où la nouvelle maison prenait forme.

— Et elle poussait toujours le verrou lorsqu'elle se retirait le soir?

— Je ne pense pas... Quand il faisait très chaud, elle dormait la porte ouverte...

— Moi, j'aurais eu la même confiance. Mais n'as-tu jamais essayé de profiter ou... comment te le dire... de raccourcir la distance qui te séparait encore d'elle?

— Jamais. Je ne devais pas oublier que je n'étais qu'un rude homme de peine, et je ne voulais pas traiter une princesse comme les... autres femmes que je rencontrais quand la caravelle faisait escale. Je savais qu'elle était fiancée à un gentilhomme et que, tôt ou tard, ils seraient réunis. J'étais donc préparé à sacrifier ma vie plutôt que de compromettre celle qui était si pure et que j'aimais tant.

Marguerite se mordit les lèvres. Je trouvai mon ironie déplacée, mais il était trop tard.

— Et alors, quelle a été la fin de cette aventure?

Je voulus construire un bateau solide pour faciliter le retour au monde auquel elle appartenait, et j'allumais chaque nuit, sur une colline, près de la plage, un brasier afin d'attirer l'attention d'un bateau qui aurait pu passer et nous repérer du bout de l'horizon. Mais c'est elle qui m'en dissuada: une embarcation rudimentaire et de petites dimensions aurait pu devenir un jouet de l'océan, et le feu dans la nuit aurait pu attirer des sauvages ou des pirates. D'ailleurs, me confessa-t-elle, rien ne pressait surtout qu'elle n'avait jamais été aussi libre et heureuse que sur l'île où le hasard nous avait conduits.

— Elle était très sage! s'exclama Marguerite, et moi, je la comprends parfaitement.

— Oui, mais personne n'est arrivé à faire des contrats éternels avec le bonheur. Un jour, une grande caravelle à quatre mâts mouilla l'ancre dans la baie de notre île. Un des officiers qui était à bord reconnut la princesse et nous emmena au Mexique. Lorsque le bateau toucha le port, je me cachai pour éviter la princesse et dès que je débarquai, je me perdis dans la foule. Peu après, je trouvai une place de matelot sur un navire qui retournait en Espagne. Ma vie fut triste, et la seule consolation qui me resta fut le souvenir merveilleux des jours ensoleillés vécus sur l'Île du Paradis.

Marguerite se jeta dans mes bras, secouée de sanglots et répétant sans cesse:

— *C'est faux, c'est faux, c'est faux!* Je sais très bien que la princesse n'a jamais consenti à se séparer de son amoureux qui était aussi, pour elle, sa seule raison de vivre. Elle a refusé de se marier avec le fiancé imposé par la famille. Et si tu as des doutes, je suis prête à devenir ta femme et je ne pars plus d'ici.

— Marguerite chérie, lui dis-je, très ému, après avoir couvert de baisers ses yeux et son front, tu es une fillette trop sensible, et il ne fallait pas que je te raconte des contes de fées quand il fait si tard. Nous avons un idéal commun et nous allons atteindre notre but. Je ne doute ni de ta sincérité ni de ta détermination à partager ta vie avec la mienne. Mais nous devons être sages. Le respect que je te porte est le gage de l'amour que j'ai pour toi. D'ailleurs, comme je te le disais, mon histoire était valable seulement au temps où j'étais malheureux et où il m'était interdit d'avoir le moindre espoir. Et même alors, mon récit avait une autre fin que celle que je viens de te raconter. J'ai été méchant avec toi car, dans le conte réel, mon histoire d'amour ne finissait jamais. Lorsque nous avons aperçu le bateau à l'horizon, nous nous sommes enfuis dans la brousse pour nous cacher dans la cave à provisions dont l'entrée était parfaitement camouflée. Après une nuit d'angoisse, le lendemain matin nous avons eu la satisfaction de constater qu'il n'y avait aucune trace du bateau. Et la princesse resta pour toujours à côté de moi.

— Et pourquoi as-tu changé la vraie fin de l'histoire?

— Parce que je n'oubliais pas que je parlais à une demoiselle respectable. Autrement, j'aurais conclu, sans déformer le récit, que la population de l'Île du Paradis augmentait d'un autre ange presque chaque année...

— Oh! si c'est comme ça, cette fin est beaucoup moins tragique. Elle est plutôt cocasse...

❑

Gardant son sourire heureux, elle s'endormit dans le fauteuil. Je la couvris doucement avec un plaid léger et je veillai sur elle jusqu'à l'aube.

Le lendemain matin, au petit déjeuner, nous eûmes la sensation de nous trouver loin de ce monde, libres et heureux, sur l'Île du Paradis.

XXV

Nous venions de passer les examens de deuxième année à la faculté des lettres et, au moment où nous faisions le projet d'aller quelques jours à la campagne, Marguerite reçut de France une lettre qui nous prit au dépourvu. Paul avait un congé de deux mois et annonçait son intention de passer les vacances en Roumanie.

Désireux de le tenir à l'écart autant que possible, et en même temps soucieux qu'il ne fût pas mis au courant de nos rencontres, nous nous efforçâmes de trouver un moyen d'empêcher Paul de venir à Bucarest. Comme nous étions de toute manière obligés de nous séparer pendant plus de deux mois, nous nous demandâmes s'il ne serait pas mieux que Marguerite allât encore une fois en France. Il s'agissait d'une solution fort désagréable, mais nous choisîmes ce qui nous sembla le moindre des deux maux.

Après avoir envoyé un télégramme, Marguerite écrivit une lettre très affectueuse — que nous composâmes ensemble — pour manifester à Paul le grand plaisir ainsi que son impatience de le revoir. Elle exprima le désir de passer plutôt les vacances sur la Côte d'Azur comme ils l'avaient projeté au cours de sa précédente visite en France. Paul se déclara enchanté de cette proposition.

Une autre cousine de Paul, mise au courant, s'accrocha à Marguerite et insista pour l'accompagner à Nice. C'est ainsi que la grassouillette et babillarde Émilie, avec ses dix-huit printemps et ses cent kilos, fut du voyage également.

Il me fut très difficile de supporter le départ de Marguerite. En attendant son retour, je trouvai une consolation dans le travail. Mes matinées, je les destinais à mes élèves. Dans l'après-

midi et jusqu'à minuit, je préparais quatre examens très difficiles, en droit, et je mettais la dernière main à mon étude sur
«La vie et l'œuvre de Giovanni Boccaccio», fruit de recherches
minutieuses et rédigée avec soin, qui me valut d'ailleurs le prix
de «L'Institut de culture italienne» de Bucarest. Je travaillai avec
assiduité pour en finir avec cette biographie qui contenait plus
de six cents pages de manuscrit. Le jury, en m'accordant ce
prix, fit une légère remarque sur le style de mon ouvrage «parfois trop vibrant et trop personnel» mais attribua cet élan à ma
jeunesse ainsi qu'à l'identification avec le sujet traité.

Enfin, le retour de Marguerite me fit revivre. Je fus très
choqué en apprenant qu'elle n'avait pas été malheureuse pendant le mois passé sur la Côte d'Azur. Quand j'en connus la
raison, je partageai sa joie. L'intimité du couple avait été continuellement dérangée par l'exubérante Émilie qui s'accrochait
tout le temps à eux: au restaurant, à la plage, au casino, à la
promenade, sans leur donner la moindre occasion d'un tête-à-
tête. C'est Émilie qui faisait les programmes quotidiens les amenant à Cannes, à Saint-Tropez, à Monaco ou à la montagne,
surtout dans le défilé des rochers rouges comme le sang, qui
monte à Valberg. Gloutonne et capricieuse, elle avait découvert
à Ventimiglia, en Italie, un restaurant où l'on servait «la plus dé-
licieuse lasagna au monde» et les força assez souvent à revenir
à Menton, d'où ils passaient la frontière. Émilie partageait avec
Marguerite une chambre au «Negresco» et, fatiguée des randon-
nées de la journée, elle exhortait tout le monde à aller au lit de
bonne heure en vue de l'excursion du lendemain.

La veille du départ pour Bucarest, Paul eut enfin l'occasion
de s'entretenir un peu avec sa cousine. Marguerite se déclara
désolée d'avoir raté les vacances à cause de la présence indis-
crète d'Émilie. Paul ne fut pas moins emporté contre «cette oie
qui ne cesse de jaser et de balancer son postérieur». Il ne fut
question de moi à aucun moment, mais elle eut le frisson lorsque Paul lui annonça son retour irrévocable l'année d'après et
sa détermination à ne plus remettre la date de leur mariage.

— L'étau se resserre, dit Marguerite, mais je trouverai
encore des subterfuges pour renvoyer cette date aux calendes
grecques. Ce n'est pas en vain que je t'avais parlé de Pénélope.
Je vais m'abstenir de me présenter à quelques examens pour

prolonger d'au moins un an mes études en lettres. Quant à toi, dans huit mois, tu seras avocat. Je sais bien que l'épée de Damoclès sera toujours suspendue sur nos têtes et que la situation est encore plus compliquée du fait que mon père ne fera plus partie du nouveau cabinet et qu'il sera mis à la retraite. Sa situation financière est de plus en plus embrouillée et...

— Alors tout est perdu!

— Non, je t'avais toujours dit que je crois aux miracles. Vénus descendra du ciel pour nous aussi. Tu m'appelais autrefois «tigresse». Eh bien, je me débattrai comme une vraie tigresse pour briser le pacte de l'infamie. Mais je ne veux pas précipiter les choses et tuer mon père. Oh, ça non! jamais de la vie, ajouta-t-elle à mi-voix, en secouant la tête.

❏

La situation me semblait sans issue, mais je ne devais pas oublier la leçon du chemin interdit et renoncer à la lutte. L'expérience m'avait montré que la logique la plus évidente peut être absurde et que, à force de trop raisonner, on perd la raison. Je me tourmentai inutilement toute la nuit pour trouver une solution. Le lendemain, la radio me vint en aide. La mélodie m'était familière: c'était l'ouverture de *L'Enlèvement au sérail*, de Mozart. Alors, c'était plus que simple! Je me demandai comment j'avais été assez bête pour n'y avoir pas pensé dès le début. Le «pacte de l'infamie» dont parlait Marguerite devait prendre fin le jour du mariage. À cette occasion, Paul signera une quittance authentique de remboursement intégral de la dette. Merveilleux! Immédiatement après, Robin des Bois passera à l'action. Il enlèvera tout simplement la mariée. Je me proposai de ne pas dévoiler mon plan à Marguerite pour ne pas lui faire peur et, en même temps, pour ne pas l'impliquer dans le coup que je préméditais.

En retrouvant ma tranquillité, il me fut possible de me consacrer avec plus de passion à mes occupations habituelles.

Pour établir un certain contact entre mes deux champs d'études qui menaient à des carrières différentes, j'avais inauguré à la Faculté de droit des procès littéraires. Parmi les sujets débattus, nous consacrâmes quelques séances aux «tragédies-procès» de Corneille, qui avait été lui-même avocat à Rouen. Les derniers actes de *Cinna*, d'*Horace* et du *Cid* sont de vrais procès où chaque personnage déploie tout son talent pour soutenir sa thèse avec une logique très serrée. Le verdict est donné par le chef suprême de l'État, et l'exposé des motifs, c'est-à-dire les considérations précédant la décision finale, est, dans chaque pièce, un monument de sagesse qui met un terme aux disputes légitimes des adversaires, apporte une solution logique et justifie la tragédie consommée. Un très vif succès fut le procès de *Shylock* qui montre jusqu'à quel point l'astuce d'un avocat habile peut briser le contrat le plus diabolique prévoyant une livre de chair à couper du corps du débiteur s'il ne paie pas la dette exactement à la date établie. «D'accord, dit l'avocat du débiteur, le créancier n'a qu'à procéder à l'exécution de sa créance mais l'usurier n'a pas le droit de prendre la moindre goutte de sang, car on n'a pas prévu une telle disposition dans le contrat. Et, s'il insiste pour recevoir une livre de chair, il ne doit retrancher d'un seul trait de couteau qu'une livre exactement, ni plus ni moins, pour ne pas torturer davantage le débiteur. Et parce qu'il n'a pas prévu ces clauses, Shylock se rend coupable de tentative de meurtre.»

Dans nos salles de cours, se déroulaient des «procès» sérieux avec un «jury» sélectionné, et des étudiants triés sur le volet détenaient des rôles précis: président de la cour, magistrats, procureur général, avocats de la défense et de la partie civile, greffiers, etc. Le succès de nos séances attirait beaucoup de gens de l'extérieur qui, avec les étudiants, remplissaient le grand amphithéâtre de la faculté. Les journaux nous consacraient des reportages nourris et mentionnaient assez souvent mon nom et mon rôle dans ces tournois d'éloquence devenus un spectacle très recherché du monde intellectuel. Et j'avais besoin d'une telle publicité!

Marguerite, bien qu'occupée tout le temps avec les cours, les travaux pratiques et la préparation des examens, me donnait un coup de main précieux et se déclarait toujours très fière de moi.

Parallèlement, je finis une *Histoire du théâtre italien*, et, sans aucun répit, j'écrivis *La vie et l'œuvre de Francesco Petrarca, La vie de Dante Alighieri* et *La vie de Giacomo Leopardi*.

Je dus interrompre brusquement cette activité fébrile pour passer les derniers examens à la Faculté de droit. Peu après, je m'inscrivis au barreau et je fus donc conséquent avec la résolution prise au moment où j'avais relevé le défi de Marcel le Renard et de sa bande.

Pour célébrer la victoire, j'emmenai Marguerite au même restaurant où, trois ans auparavant, nous avions fêté notre succès au baccalauréat.

À ma grande déception, elle ne me parut pas du tout enthousiasmée. Au lieu de partager ma joie, elle était très réservée, m'écoutait d'une oreille distraite et dérobait son regard. Comme elle touchait à peine aux plats et se taisait tout le temps, je fus inquiet de son silence, en me demandant si elle n'était pas malade. Marguerite s'excusa de son manque d'entrain dont la cause, disait-elle, était la fatigue et surtout un mal de tête qui l'avait empêchée de fermer l'œil toute la nuit. Je lui proposai de la conduire tout de suite à la maison. Elle refusa catégoriquement et voulut passer le reste de l'après-midi dans le parc. Nous traversâmes le lac en bateau et, arrivés au débarcadère, au moment où je lui tendis la main pour l'aider à descendre, je remarquai qu'elle pleurait. Je la priai de nouveau de me permettre de la ramener à la maison, mais elle s'y opposa plus vivement encore:

— Non! je t'assure que je me porte mieux. Il faut profiter de chaque instant. Qui sait quand nous aurons encore l'occasion d'être ensemble?

Je restai pétrifié. Elle se couvrit d'un geste instinctif les lèvres, mais ce fut trop tard; les paroles lui avaient déjà échappé.

— Tu veux dire que nous ne nous verrons plus? murmurai-je dès que je pus dire un mot.

— Non, non, non! C'est pas ça, ce que je voulais te dire. Tu te rappelles le jour de la distribution des prix au lycée... quand...

— Comment? T'a-t-il encore une fois appelé en France?

— Non, cette fois, c'est plus grave encore: c'est lui qui rentre définitivement. Il arrive après-demain. La terreur a recommencé. On me surveille de près et, pour venir à notre rendez-vous d'aujourd'hui, je me suis évadée en déroutant les espions. Son retour brusque m'intrigue et m'inquiète. Abstiens-toi de venir nous voir pendant un certain temps, jusqu'à ce que je te rappelle! Je ferai de mon mieux pour te rejoindre demain chez toi... je veux dire plutôt chez nous, à notre maison de l'Île du Paradis. Il m'est impossible de préciser l'heure. Si je n'arrive pas à me faufiler, je trouverai un autre moyen de me mettre en rapport avec toi. Soyons très prudents, plus prudents que jamais!

J'étais si étourdi que j'oubliai complètement mon plan mirobolant d'empêcher ce qui me semblait inévitable. Le danger était trop près, et je me voyais déjà séparé de Marguerite. Le soleil plongeait tristement dans l'eau du lac et augmentait ma détresse. Il donnait l'impression qu'on lui avait enfoncé un poignard dans la poitrine, qu'il s'éteignait dans son propre sang répandu sur le firmament et qu'il disparaissait du ciel pour toujours.

Nous rentrâmes tard sans plus nous parler, chacun de nous étant pris par ses propres pensées, et nous nous séparâmes à une distance assez éloignée de l'entrée de sa maison.

Alors à demain... à notre maison de l'Île du Paradis! Encore une fois, ne t'inquiète pas si je ne peux te rejoindre!

❏

Sans me faire des illusions, je passai toute la journée du lendemain, et jusqu'à la tombée de la nuit, à guetter l'arrivée de Marguerite. Je décorai la table minutieusement et préparai tout ce qu'il fallait pour égayer le dernier repas. Pour tout éclairage, j'allumai deux bougies. De leur chandelier de cristal, elles moiraient les murs blancs d'une lueur qui me semblait tantôt enjouée, quand je croyais entendre des pas dans la cour, tantôt sombre, quand je me disais qu'il était impossible qu'elle pût encore venir si tard. Une des bougies vacillait en touchant à sa fin tandis que son pendant n'était pas loin d'arriver aussi à son bout pour laisser la place au noir funèbre envahissant silencieusement la pièce et mon âme.

J'avais perdu tout espoir lorsque j'écrasai le dernier bout de chandelle agonisant dans la fumée. J'entendis soudain un coup très discret à la porte. Impatient, j'ouvris immédiatement. Marguerite se glissa dans l'entrebaillement de la porte et me demanda de ne pas allumer. Pour tout éclairage, nous eûmes les rayons paisibles de la lune qui pénétrait dans un coin de la pièce.

Il ne fut plus question de parler de l'avenir quand la situation présente était si grave. Dans sa dernière lettre, Paul lui faisait des reproches à mon sujet et se déclarait indigné de l'amitié que sa cousine me montrait et qui choquait tout le monde. Il rentrait décidé à mettre un terme à ce scandale et à *légitimer* leurs relations. Marguerite avait besoin de temps pour apaiser la brute et pour préparer le terrain avant que je ne pusse faire ma réapparition. La dernière fois que j'avais vu Paul, il était étendu à mes pieds, et, après lui avoir donné un coup de botte, j'avais craché sur lui. Comment pouvais-je réapparaître maintenant devant lui?

Les grandes vacances venaient de commencer. À la Faculté des lettres restaient ouverts seulement le grand hall où étaient affichés les résultats des examens, et la bibliothèque. Marguerite trouva un moyen de se revoir, sans attendre la normalisation de mes rapports avec Paul. Elle parla ouvertement à sa vieille tante, sœur aînée de sa mère, et lui confia notre secret. Il n'y avait pas de raison de s'inquiéter car «la générale» adorait sa nièce et détestait Paul.

Sans aucune hésitation, elle lui suggéra de se servir de sa maison pour nos rencontres et l'assura de tout son concours. Je notai l'adresse de l'hôtel particulier de la noble dame, et nous fixâmes tous les détails de notre rendez-vous. Je devais être là au moins une demi-heure à l'avance et, après avoir pris toutes les précautions, emprunter l'entrée de service située à l'arrière de la cour, sur une autre rue. La clef était déjà dans ma poche. Tout le personnel de la maison, sauf la dévouée dame de compagnie de la générale, était à la campagne. Marguerite, amenée en voiture, entrerait par la porte cochère et le chauffeur l'attendrait devant le grand escalier.

Je me présentai à l'heure au lieu convenu et, après avoir fait quelques détours pour m'assurer que je n'étais pas épié, je pénétrai dans la maison. Avec la complicité de la gentille dame de compagnie au service de sa maîtresse depuis trente ans, je fus discrètement introduit dans un petit salon situé au premier étage. Dans l'attente, j'eus tout le temps d'admirer les meubles et le décor de cette pièce charmante qui aurait fait honneur à un musée d'arts décoratifs. Soudainement, une très vénérable dame fit son apparition. Elle était grande et très alerte, malgré son âge avancé. Élégante, sans accessoires ou ornements inutiles, altière dans son regard et imposante avec ses cheveux blancs rehaussant son allure royale, la tante de Marguerite m'examina silencieusement de la tête jusqu'à la pointe des pieds. Je m'inclinai très respectueusement devant elle, et sa réponse fut un vague froncement de sourcils suivi d'un geste retenu par lequel elle m'invita à m'asseoir.

— Marguerite vient de me téléphoner et sera là dans quinze minutes. Vous allez m'excuser.

Sans me donner le temps de lui exprimer mes remerciements, elle se retira avec la même dignité froide et me salua d'une courte inclinaison de la tête.

Décidément, je lui avais déplu! Et pour cause. Une personne de sa race a un odorat très fin. Quand on pense que je m'attendais à trouver une alliée en elle!

Marguerite se montra très optimiste et m'exhorta à ne pas perdre courage malgré le danger qui nous guettait. L'aimable gouvernante nous servit un délicieux goûter et je m'empressai de la remercier tout en la priant de transmettre ma gratitude à sa distinguée maîtresse.

Lorsque Marguerite me donna rendez-vous deux jours plus tard au même endroit, j'eus des réticences à cause de la mauvaise impression que j'avais laissée à sa tante.

— Qui t'a mis ça dans la tête? Je parie que ma tante est tombée amoureuse de toi dès le premier instant, mais les femmes dans ma famille ont la mauvaise habitude, ou la coquetterie, de masquer trop longtemps les secrets de leur cœur.

Avant de nous séparer, Marguerite me donna un billet de théâtre pour le soir suivant. C'était la dernière représentation de la saison. Marguerite me dit qu'elle serait accompagnée d'Émilie, et le chauffeur espion les y amènerait et les reconduirait à la maison. Comme leurs places étaient assez éloignées de la mienne, nous nous arrangeâmes pour nous voir durant les entractes.

On donnait *Razvan et Vidra* de Bogdan Petriceico Hasdeu, drame romantique en vers, inspiré de la vie d'un prince moldave dont le règne de courte durée se situe dans l'une des périodes les plus instables et les plus sanglantes de notre histoire. Même aujourd'hui, après tant d'années de vagabondage dans le monde, je récite encore le fameux monologue, *Mal du pays*, tiré de cette pièce, que je savais par cœur depuis longtemps et qui, pourtant, ne m'empêcha pas de fuir ma patrie. Et l'exemple de Razvan prouvant à quelle fin tragique doit s'attendre celui qui ose changer de classe sociale n'arrêta pas non plus l'élan de mon cœur, avant que le mal ne fût irréparable.

Razvan était un tzigane, esclave comme tous les membres de sa race, mais qui avait été affranchi grâce à son intelligence et à sa réputation de «grammatique» — lettré — car il savait lire et écrire. Épris de liberté et trop sensible à la souffrance humaine, il affichait des pamphlets satiriques en vers contre le prince régnant et aidait les malheureux quand il le pouvait. Un jour, trouvant sur son chemin une bourse remplie d'or, il voulut l'offrir à un vieillard qui avait été dépossédé de sa terre et réduit à la mendicité. Celui-ci n'accepta qu'une pièce d'or, insistant pour que son bienfaiteur réserve l'argent à d'autres qui avaient aussi besoin d'être aidés. Peu après, Razvan est arrêté et condamné à la pendaison pour ses libelles diffamatoires. Selon la coutume, il pouvait être sauvé de la mort si une jeune fille de sang moldave consentait à l'épouser, mais personne ne voulut faire un tel sacrifice et devenir la femme d'un tzigane. Il avait déjà la corde autour du cou lorsque le boyard avare, après avoir cherché partout sa bourse perdue, la découvre attachée à la ceinture du condamné. Il demande qu'on ajourne l'exécution pour qu'il compte d'abord son argent. Constatant qu'il y manque une pièce, il insiste pour qu'il soit remboursé par le «voleur». Apprenant qu'il s'agit d'un tzigane «grammatique», le boyard exige, selon la loi, qu'on lui donne Razvan pour esclave à vie, à titre de dédommagement.

Dans le deuxième acte, nous retrouvons Razvan libre, vivant dans la grande forêt avec ses compagnons. Il a réussi à s'enfuir de chez son maître et à devenir le chef d'une bande de hors-la-loi — des haïdoucs —, genre Robin des Bois, qui prennent l'argent des riches pour le distribuer aux pauvres. Un jour, un jeune boyard s'aventure dans la forêt pour essayer d'obtenir, moyennant argent, l'aide de Razvan dans une affaire de cœur. Il propose que les hors-la-loi enlèvent, pour lui, Vidra, la fière nièce des Motzocs, une fameuse famille dont les descendants étaient renommés pour leur orgueil et leur ambition. Le marché est vite conclu. «Les haïdoucs» amènent Vidra dans la forêt, mais la nièce de Motzoc défie les brigands par son mutisme et son attitude hautaine. Le hasard veut que le même jour Sbiérea, le boyard avare qui avait fait de Razvan son esclave et l'avait maltraité et humilié, tombe entre les mains des «haïdoucs». Le chef le soumet au jugement de ses hommes et leur raconte comment il avait été réduit à l'esclavage et soumis à la torture. «Les haïdoucs» demandent la mort de Sbiérea, mais Razvan, dans sa grande générosité, le laisse partir sans le molester. Vidra, profondément touchée, n'hésite pas à féliciter Razvan de sa noblesse d'âme. Le jeune boyard Ganea est prêt à payer le reste de la somme convenue pour l'enlèvement de la nièce de Motzoc, mais Razvan lui jette à terre l'argent déjà reçu et lui dit: «Vidra est à moi, et si tu veux contester mon droit, laissons les armes décider selon les lois de la forêt!» Les épées sont prêtes à se croiser lorsque Vidra sépare les combattants et, méprisant le boyard, s'adresse au capitaine des «haïdoucs»:

— Non, Razvan, ne te bats pas! Il n'est pas digne d'un tel honneur.

Elle avait déjà fait son choix.

❑

À l'entracte, je réussis à échanger quelques mots avec Marguerite. Émilie s'était arrêtée au buffet. Les joues de mon amie étaient empourprées et ses yeux brillaient d'enthousiasme.

— Au moment où tu réglais ton compte avec... je n'ose même pas prononcer son nom, chuchota-t-elle, et tu croyais que je ne voulais pas intervenir à cause de ma fierté de... boyarde, j'étais aussi tentée de vous interrompre et de te dire: «Non, Lucien, ne te bats pas! Il n'est pas digne d'un adversaire comme toi.»

❑

Donc, Razvan, le tzigane esclave qui avait réussi à briser ses chaînes, c'était moi; et Vidra, la fière nièce de Motzoc, Marguerite. Je suivis avec plus de passion le déroulement de l'action.

Accompagné de Vidra et de deux de ses hommes les plus fidèles, Razvan passe la frontière moldave pour s'engager dans l'armée polonaise qui lutte contre les Russes. Grâce à son héroïsme, il devient vite «polcovnic», colonel, mais aucun honneur ne peut apaiser le mal du pays qui le tourmente. Vidra n'éprouve pas une telle nostalgie et ne songe qu'à voir son mari monter «plus haut», à n'importe quel sacrifice. Elle souhaite même que Razvan trahisse les Polonais et passe du côté des Russes. Rongée par une ambition effrénée, elle persuade Razvan d'accepter la dignité de hetman qui lui avait été offerte par le nouveau prince de Moldavie. C'est une nouvelle étape, mais Vidra avait des visées plus grandes encore et, suivant ses conseils, Razvan renverse le prince et monte sur le trône du pays. Peu de temps après, l'étoile de l'ancien esclave commence à pâlir. Un boyard du clan adverse ouvre traîtreusement les portes de la forteresse à l'armée polonaise assiégeante. Razvan sort à la rencontre des envahisseurs et réussit à les repousser. Il rentre vainqueur mais mortellement blessé et s'écroule sous les yeux de Vidra. Malgré la douleur éprouvée, elle garde le même orgueil de la race altière des Motzocs, sans verser de larmes et défiant ceux qui l'accusaient d'avoir causé la mort de son mari.

❏

Je fus très bouleversé, et je considérai de mauvais présage pour moi la fin de Razvan.

Je revis Marguerite le lendemain chez sa tante. Elle avait été troublée aussi par le dénouement du drame de Razvan et Vidra, mais, d'après elle, il n'y avait aucun rapport entre les personnages vus sur la scène et nous. *Elle ne sera jamais une «Vidra» pour moi, car elle n'a jamais cherché le triomphe de ses visées ambitieuses pour satisfaire son propre orgueil. Son but a été de me montrer seulement le chemin qui menait au succès que je méritais, d'après elle, et de stimuler mon zèle. Rien de plus.*

Bien que d'accord avec cette explication, j'étais soucieux de ce que pouvait nous apporter l'avenir, et j'eus la faiblesse de lui dire que la situation dangereuse dans laquelle je l'avais entraînée était due à mon audace irresponsable de dépasser les frontières de ma classe sociale, et donc ma fin devait être aussi tragique que celle de Razvan ou de Julien Sorel qui s'étaient révoltés contre leur mauvaise fortune.

Marguerite protesta vivement et déclara qu'elle ne pouvait concevoir cette théorie absurde de la séparation des classes sociales. Et si, en effet, cette séparation existait, c'était *elle* qui avait renoncé à ses «privilèges» en transgressant les normes rigides de sa classe.

Cette subtilité complaisante qui renforçait mes craintes — car elle me rappelait le sort de Mme de Rénal — me fit pourtant sourire.

Un dernier sourire pendant que les nuages noirs s'amoncelaient à l'horizon. Paul devait rentrer le jour suivant.

«Les beaux jours d'Aranjuez sont passés», avait dit le confesseur de Philippe II à don Carlos, le prince héritier, avant le départ de l'infant du charmant château et de la pittoresque ville espagnole où il avait été si heureux.

Les beaux jours d'Aranjuez finissaient pour moi aussi, faisant place aux tourments qui venaient de commencer.

XXVI

Qu'il était triste maintenant de vivre dans la cabane de Robinson! Les mauvaises herbes avaient envahi les plates-bandes garnies auparavant de rosiers, de pétunias et d'amarantes. Dans la maison régnait le même désordre qui m'avait entouré dans le passé, quand, sans m'en rendre compte, malgré les déboires que j'éprouvais, j'étais heureux. Je voyais Marguerite, je croisais son chemin, je défiais son cousin, je rêvais, j'étais optimiste et pensais à l'avenir. Désirer le bonheur, lutter pour l'atteindre, est plus supportable même s'il nous paraît impossible, que de le perdre après l'avoir conquis. Marguerite me manquait énormément et j'étais inconsolable.

Au lieu de me trouver un «maître» et de commencer à travailler au Palais de justice, je vagabondais dans les rues, sans but et découragé. Un jour, je passai près de l'Université, et, pour tuer le temps, j'entrai à la Faculté des lettres. Je parcourus d'un œil distrait les noms figurant sur les listes affichées dans le hall, et je montai ensuite jusqu'au deuxième étage, à la bibliothèque. Je demandai un livre que je fis semblant de lire et que j'abandonnai finalement. À la sortie, je rencontrai Marguerite. Elle était au bras d'un imposant officier en tenue de grande parade. C'était Paul.

Il me dévisagea d'une manière impertinente tandis que moi, je restais médusé. La haute taille, allongée encore par le képi, les épaulettes en or, la fourragère agrafée à l'épaule et entourant le bras, le dolman à brandebourgs de soie noire, les boutons luisants, les longues bottes, éperonnées et impeccablement cirées ainsi que le sabre de cavalerie avec le fourreau argenté suspendu à côté donnaient à mon rival une allure hautaine qui m'intimida.

C'est lui qui fit le premier geste de rapprochement. Après avoir salué militairement en portant les doigts à la visière, il me serra la main avec un sourire sec qui me révèla encore une fois, comme au temps de notre première rencontre dans le parc, la proéminence de son maxillaire inférieur à denture de fauve.

Marguerite poussa un soupir de soulagement et, nous prenant par la taille, nous entraîna dans la rue.

— Je meurs de faim, dit-elle, animée d'une gaieté de circonstance. Allons au «Continental» pour fêter en même temps le retour de Paul.

Sa joie me contraria, et je réagis avec méchanceté en proposant, au lieu du «Continental», «un restaurant paisible dans le parc, près des lacs». Marguerite devint blême.

— Ah non! pour rien au monde! protesta l'officier. Les règlements m'interdisent de fréquenter une boîte sordide. D'ailleurs, une telle place, c'est pour les nigauds amoureux. Allons au «Continental» et ne t'en fais pas, car c'est moi qui paie!

— Non, ce n'est pas pour cette raison que je vous ai proposé un autre restaurant.

Je ne savais pas comment réparer la bévue par laquelle je m'étais montré maladroit, niais et mesquin.

— Ne dis pas ça, car je ne te crois pas, à moins que tu n'aies gagné le gros lot.

Au restaurant, je restai quelques instants seul à table avec Marguerite, et je fus frappé par la tristesse de son regard. Paul, après avoir laissé son képi et son sabre au vestiaire, fit son apparition en sonnant des éperons et s'assit lourdement sur la chaise.

— J'ai entendu bien des choses à ton sujet. Tu vois ce que ça veut dire apprendre et travailler au lieu de traîner dans les rues? Bravo, Marguerite!

— Je n'aurais rien pu faire s'il n'avait pas eu une volonté de fer et un désir si grand d'apprendre. Paul, tu verras quel ami fidèle nous aurons! Lucien n'a jamais cessé de m'assurer du grand respect qu'il a pour toi ainsi que pour toute notre famille. Papa l'admire et André l'adore car, grâce à lui, et suivant tes conseils, mon frère est devenu l'étoile de sa classe.

— Je t'en prie, dit Paul, saisi soudainement d'un accès de colère, ne me parle pas de ton frère car je perds l'appétit! Il a toujours été impertinent avec moi, et maintenant il est plus insolent que jamais. Je le mets à la porte s'il continue comme ça...

Cette sortie m'inquiéta, sans mentionner l'embarras de Marguerite. Poussé par la même démangeaison de parler qui m'avait fait déjà dire d'autres stupidités, je sentis le besoin de lancer une autre perle:

— Monsieur Paul, si André vous dérange, laissez-le avec moi et soyez assuré que rien ne lui manquera.

— Qu'est-ce que tu dis? répondit-il, en mettant la main à l'oreille en guise de cornet acoustique et en faisant une grimace pour mimer le sourd.

Vexé par son geste moqueur, je me tus au lieu de répéter mon offre idiote, et mon silence l'encouragea à être plus impertinent encore:

— Et toi, de quoi vis-tu?

— Je ne sais pas si on vous l'a dit... je viens d'obtenir ma carte d'avocat.

— Et ça donne à manger, notamment aujourd'hui, quand, à cause de la pléthore, les clabaudeurs — c'est ainsi qu'il me plaît d'appeler la clique de la parlotte — crèvent de faim?

Il parlait fort et pouffait de rire. Le luxueux restaurant était rempli jusqu'à la dernière table, et tout le monde tourna la tête vers nous. Je rougis jusque dans le blanc des yeux et il me fut impossible d'articuler un seul mot. Habituellement, pour répondre à une telle impertinence, il faut s'exprimer par des gifles mais, en agissant ainsi, j'aurais tout perdu.

— J'ai parlé à papa, intervint Marguerite, blême de peur et s'attendant à une réaction de colère; il m'a promis de trouver pour Lucien une place dans le bureau du bâtonnier.

— Ah bon! dit Paul, soudainement calmé, secouant la tête et sifflant entre les dents. Bon, alors ça change. Travailler avec le bâtonnier veut dire entrer dans la profession par l'escalier d'honneur et pas par l'escalier de service. Si tu veux, je peux mettre aussi un mot pour toi...

— Que vous êtes généreux, monsieur Paul! et je vous serai toujours reconnaissant, dis-je sur un ton servile que moi-même je ne pouvais me pardonner.

— Qui sait, peut-être un jour te donnerais-je mon propre procès de divorce, ajouta Paul, en me faisant un signe de l'œil tandis qu'il pinçait sans gêne la joue de Marguerite. Elle rougit mais ne retira pas sa tête.

Le comble de la lâcheté fit que, au lieu de lui lancer un coup de poing dans la figure, je me terrai davantage sous ses bottes pour faire «le sage»:

— Monsieur Paul, parce que vous commencez une vie nouvelle ici, je souhaite que Dieu vous préserve d'avoir affaire aux médecins et aux avocats.

— Tu as raison, mon garçon! J'ai lu une fois que l'homme est un loup pour l'homme; et pour trouver la patte du loup, tu n'as qu'à regarder dans le soulier de l'avocat.

Il éclata de rire encore une fois, et, de nouveau, notre table fut le point de mire de tout le monde.

Le *beaujolais*, servi si cérémonieusement et sans parcimonie par le garçon de table sous la surveillance du maître d'hôtel, nous délia davantage les langues. Dominé par mon complexe d'infériorité et intimidé par l'éclat de l'uniforme, au lieu de lui dire ce que je pensais — «qu'il y a plus de distance de tel homme à tel homme qu'il n'y en a de tel homme à telle bête» et que la compagnie d'un rat me ferait plus plaisir que la sienne — je continuai à lui faire des courbettes pour le flatter:

— Comme je vois, monsieur Paul, vous avez lu Plaute, Bacon, Hobbes...

— Oh! ça ne m'est jamais arrivé. Je n'aime que les livres policiers. Ça ne m'ennuie jamais. Tiens, je suis sur le point de finir un roman. Il ne m'en reste que quelques pages pour savoir qui est le criminel.

Il sortit de sa poche les restes d'un livre qu'il me montra.

— Quel est son titre? Et c'est de qui?

— Ne m'embête pas avec ces questions! Au fur et à mesure que je lis deux pages, je déchire la feuille et je la jette pour ne pas gonfler inutilement ma poche.

— Et la littérature, la vraie, la poésie...?

— Ça, c'est l'affaire de Mademoiselle, dit-il, en me montrant d'un signe de tête Marguerite. Mais elle en sait assez, et j'ai l'intention de lui couper cette envie de devenir trop savante.

— Mais Paul, comment peux-tu dire que tu n'aimes pas la poésie? Sais-tu que Voltaire a dit que ceux qui ont l'esprit bouché pour les vers auraient le malheur de manquer d'un des cinq sens?

— Dis-lui qu'il est idiot.

Suivit un moment de silence très pénible que j'interrompis par une autre tentative pour amadouer le cousin borné de Marguerite.

— Et Vauvenargues disait...

— Et celui-là, qui est-il? Je t'avais dit, Marguerite, que tu sais trop de choses, et ce qui est de trop est inutile.

Emporté par son goût pour la vulgarité ainsi que par le beaujolais dont la sixième bouteille venait d'être vidée et dont j'avais moi-même abusé, Paul nous demanda quelle est la différence entre un philosophe et une cocotte; et, devant notre silence et la gêne évidente qu'éprouvait Marguerite, il nous en donna une explication scabreuse. Il continua avec d'autres histoires obscènes, et c'était toujours lui qui se tordait de rire. Pour mettre fin à ce spectacle grotesque, Marguerite demanda de rentrer. D'un geste théâtral, Paul régla l'addition et, ouvrant son porte-cigarettes en or massif, il me le tendit pour m'offrir une cigarette. Je m'excusai très poliment en lui disant que je ne fumais pas.

— C'est étrange! Très, très étrange! dit-il avec humour. Tu renverses la théorie d'un camelot à qui j'avais offert une cigarette pour le consoler de mon refus d'acheter des boutons et des lacets de souliers. «Merci, votre altesse, m'a-t-il répondu, et j'accepte avec plaisir. *Quand l'homme ouvre son porte-cigarette et la femme le rideau, il y a toujours des clients à gogo.*»

Je trouvai la boutade assez spirituelle tandis que Marguerite esquissa un geste de dégoût. J'appris plus tard que Paul répétait la même blague chaque fois qu'il sortait son porte-cigarettes.

Le cousin de Marguerite se tenait difficilement debout. Il me tapa lourdement sur l'épaule et me déclara d'un ton solennel:

— Toi, l'avocat, tu me plais!

Il me prit par le bras et, se penchant à mon oreille, il ajouta en chuchotant:

— Viens chez nous! J'ai apporté de France du champagne vér-rri-taaable!

Le champagne fut, en effet, «vér-rri-taaable», mais plus véritable encore fut ma bêtise servile. Pour lui faire plaisir, je bus sans soif: je vidais le verre dès qu'il le remplissait.

J'honorais ainsi plus celui que j'estimais le moins. Si le mal de tête m'était venu avant l'ivresse, je me serais bien gardé de trop boire; mais en tenant compagnie à Paul et soucieux de lui être agréable, j'oubliai autant les conseils de Montaigne que ceux de Marguerite.

Rentré chez moi, tard dans la nuit, je l'eus enfin, ce mal de tête accompagné de douleurs au foie et de vomissements convulsifs, et cette crise me cloua au lit pendant deux jours.

Je méritai bien cette punition.

C'est ainsi que je célébrai le retour de «monsieur Paul» et notre réconciliation.

XXVII

Je ne me reconnaissais plus!

Quatre ans auparavant, je me serais puni sans pitié pour la moindre pusillanimité, et il m'aurait été inconcevable d'agir comme un lâche. Jadis, ma fierté dépassait la noblesse héréditaire de «monsieur Paul» et, jaloux de ma dignité, je n'avais pas toléré ses brimades. Surtout en présence de Marguerite. Le sauvage d'antan avait plus de respect pour soi-même que l'avocat qui l'avait substitué. Il suffit donc que mon ennemi me serre la main, qu'il consente à me tolérer à sa table et me paie un repas, pour me faire oublier ma dignité humaine, me courber devant lui, rire pour lui faire plaisir, avaler toutes ses impertinences tout en laissant l'impression que je ne les saisissais pas, et m'adresser à lui avec déférence — «monsieur Paul» et «vous» — alors que lui, sans aucune considération pour moi, m'appelait «mon garçon» et me tutoyait avec impudence. Pour lui montrer en quelle estime je le tenais, j'acceptai son invitation à être son compagnon de beuverie et je gaspillai une journée et la moitié de la nuit pour vider des verres qui m'empoisonnaient, et écouter toutes ses plaisanteries triviales, en me forçant de rire comme un idiot.

Et pourtant, je n'eus pas le choix et dus me montrer docile pour maintenir le contact avec la famille du ministre et me laisser une porte ouverte. Marguerite avait utilisé la même tactique pour apaiser son cousin, car il fallait gagner du temps à n'importe quel sacrifice. Notre apparente soumission faisait partie de la stratégie, et nous devions éviter pour le moment la moindre friction, même au prix de notre avilissement. Les blessures morales étaient donc inévitables dans la lutte que nous menions, mais n'avais-je pas dépassé la mesure lorsque Marguerite, voulant m'empêcher de boire, avait essayé d'enlever mon verre en me rappelant les conseils du médecin? Paul lui avait hurlé: «Ne l'embête pas!» Et moi, j'avais ajouté comme un ivrogne: «Oui, la paix!» En réalité, je m'étais exprimé plus grossièrement encore. Elle resta figée devant moi, blanche de surprise et d'indignation et, après m'avoir percé d'un regard poignant, quitta la pièce sans plus revenir. Je continuai à tenir compagnie à Paul jusqu'à minuit quand il me congédia soudainement d'un simple geste du revers de la main en ajoutant une autre insolence: «Va te coucher et fiche-moi la paix!» Je me demande quand je serais parti s'il ne m'avait pas mis à la porte.

Je n'avais plus de nouvelles de Marguerite. À la sortie du restaurant, elle m'avait chuchoté d'attendre son message. Je me demandai si ce silence prolongé et très inquiétant était dû à l'empêchement créé par la présence de Paul ou si la cause n'était pas plus sérieuse et que Marguerite ne voulait plus de moi. Après un long tourment, j'arrivai à la conclusion que l'inimitié de Paul m'avait valu l'amour tendre de sa cousine et que l'amitié du même Paul m'avait fait perdre Marguerite.

Torturé par cette idée, je courus à la maison de la générale afin de demander s'il n'y avait pas de lettre pour moi; mais, arrivé à sa porte, je rebroussai chemin car le courage me manqua. Vers le soir, je revins dans notre quartier et je recommençai, comme autrefois, à rôder autour des grilles du parc. Je m'aventurai ensuite assez profondément dans le jardin, animé par mon désir ardent d'apercevoir Marguerite ou, au moins, son ombre, par la fenêtre de sa chambre située au deuxième étage. Je me préparais à grimper le mur extérieur à l'aide du fil du paratonnerre pour l'épier et lui signaler éventuellement ma présence quand, d'un coup, la lumière s'éteignit, et toute la maison fut plongée dans le noir. Je m'obstinai à attendre encore, et c'est avec peine que je me décidai finalement à partir. Quand je rentrai chez moi, après un autre long détour dans les rues désertes, il était presque deux heures du matin. J'étais las, sale, non rasé depuis trois jours et dans un état pitoyable, ressemblant plutôt à un clochard qu'à un avocat qui s'était proposé jadis de se couvrir de gloire.

C'est par hasard que je découvris près de la porte d'entrée une enveloppe sur laquelle j'avais marché sans m'en rendre compte. C'était le petit mot que j'avais attendu avec tant d'impatience avant de perdre tout espoir. Marguerite m'avait cherché le soir précédent et s'était aventurée encore une fois vers minuit, exactement à l'heure où je me trouvais dans le parc épiant la lumière de sa fenêtre. La situation était grave. «L'étau se resserre de plus en plus autour de nous». Chose bizarre: Paul m'avait cherché aussi pour m'inviter à une compétition équestre à laquelle il participait. «Le messager reviendra demain matin pour t'appeler chez nous. Tu peux venir sans aucune crainte, et le plus tôt possible, car nous devons partir de bonne heure.» Le billet avait été préparé par Marguerite au cas où elle ne me trouverait pas à la maison. Ma disparition l'exaspérait, et elle n'aurait pas de repos jusqu'à mon arrivée.

Je ne connaissais donc pas assez bien Marguerite si j'avais pu douter encore de ses sentiments. Ce n'était pas la première fois que mon hypersensibilité, à laquelle s'étaient ajoutés les complexes de culpabilité, m'emportait pour me faire aboutir à des conclusions absurdes. Pendant que je montais la garde comme un écolier amoureux, elle se faufilait pour me rejoindre et avoir de mes nouvelles. Quant à l'invitation de Paul, elle était vraiment bienvenue, et j'attendis avec impatience son messager. Lorsqu'il frappa à la porte, j'étais déjà prêt, dans une tenue irréprochable. Il s'excusa d'être venu si tôt, mais c'était le seul moyen pour me rejoindre, dit-il. Il m'avait cherché deux fois la veille, mais je n'étais pas à la maison. Monsieur Paul ainsi que Mademoiselle Marguerite me priaient de me rendre tout de suite chez eux. Il s'agissait d'une surprise très agréable. Sans tarder, je me rendis au palais et, prenant l'entrée de service, je montai l'escalier en un clin d'œil, trois marches à la fois. Grand fut mon étonnement lorsque je passai devant le bureau du ministre. Avant que je ne puisse le saluer, il se dépêcha de faire claquer la porte comme s'il ne m'avait pas remarqué. L'affront qu'il me faisait était évident. D'ailleurs, il s'était montré assez brutal et énervé contre moi pendant l'absence de Marguerite. Il me fut impossible de m'expliquer cette attitude, car je n'avais rien à me reprocher surtout que, dans le passé, le ministre m'avait toujours montré de la sympathie.

Je trouvai le reste de la famille, Paul excepté, dans la salle à manger de tous les jours, en train de prendre le petit déjeuner. Ils m'invitèrent à prendre place à table. André sauva la situation par son enthousiasme bouillant qui contrastait avec la tristesse de Marguerite. Les roses de ses joues avaient disparu et aucun sourire n'éclairait ses yeux habituellement si pleins de vie. C'étaient des yeux qui avaient longuement pleuré. Je la regardai à la dérobée, et nous n'échangeâmes que quelques paroles banales.

En descendant dans le parc, André me confia que Marguerite avait eu une vive dispute avec son père et que, à la sortie de cette rencontre, elle ne pouvait plus retenir ses larmes.

Finalement, Paul descendit au jardin. Il avait fait la grasse matinée et se préparait à rejoindre son régiment de cavalerie pour participer à une compétition équestre.

— Viens avec nous! Tu verras quelque chose du tonnerre, me dit-il en guise de salut.

Je pensais qu'il n'avait même pas remarqué mon absence des jours précédents, lorsqu'il ajouta:

— Nous t'avons cru mort, et toi... tu faisais la bombe ailleurs.

Il me donna un coup de poing «amical» dans le flanc droit, car le vilain ne pouvait s'exprimer que par des jeux de mains, et ce geste me rappela l'embuscade et la torture à laquelle il m'avait soumis. Je dominai à peine un rictus, puis je me mis à sourire du fond de mon cœur en pensant à ma vengeance.

Nous montâmes dans la grande limousine, André et moi en avant, à côté du chauffeur qui était aussi l'espion de Paul. Marguerite et son cousin prirent place en arrière. Tout le monde se taisait, et l'atmosphère était morne. Avant d'arriver à destination, Marguerite m'adressa quelques mots, par politesse:

— Nous sommes très contents de t'avoir avec nous...

— Vous êtes bien aimable. Quant à moi, j'en suis très heureux et je vous remercie du plaisir que vous me faites.

❏

Le régiment de Paul était cantonné dans la banlieue de Bucarest. Lorsque nous fûmes arrivés dans la grande cour, Paul se retrouva dans son propre élément. En raison de sa fortune, de son ascendance ainsi que de ses études à Saint-Cyr, il était traité avec beaucoup de déférence, même par les officiers supérieurs. Le colonel-commandant vint à notre rencontre et baisa très cérémonieusement la main de Marguerite. Ignoré de tous, je restai à l'écart en compagnie d'André, mal à l'aise d'être en tenue civile parmi ces uniformes luisants.

Finalement, Paul, de loin, nous fit signe de le suivre. Il allait à l'écurie de son escadron. Les chevaux, en harnachement de parade et alignés parfaitement sur deux rangs, étaient prêts pour le grand spectacle qui devait commencer sous peu.

Le cousin de Marguerite, avec nous à sa suite, s'arrêta devant un cheval, un pur sang arabe impatient de prendre la route. Il mâchait nerveusement le mors et trottait dans la stalle. L'ordonnance de Paul, une jeune recrue, avait de la peine à maîtriser l'animal de la main gauche, qui tenait la bride, et à saluer en même temps son officier en portant la droite à la tempe tout en restant au garde-à-vous. Paul fut emporté par une crise de colère et, devant nous, il couvrit d'injures le pauvre soldat qui tremblait comme une feuille.

Après une très minutieuse inspection, l'officier trouva que le cheval n'avait pas été bien étrillé et, pour prouver qu'il avait raison, il frotta de sa main gantée, à rebrousse-poil, la croupe du coursier. Lorsqu'il retira la main, nous vîmes tous au bout de ses doigts quelques traces provenant plutôt de la transpiration de l'animal qui était trempé à cause de son agitation.

— Espèce d'idiot, hurla-t-il à l'ordonnance en essuyant les doigts du gant sur le nez du malheureux, tu sais ce que je t'avais promis, hein?

Sans attendre la réponse, Paul lui administra une paire de gifles. La casquette du jeune sauta au-dessus de la tête du cheval. Le pauvre, se conformant au règlement, continua à garder son immobilité de statue, et le vaillant officier et diplômé de Saint-Cyr le frappa de nouveau.

Nous laissâmes le soldat dans la même position de garde-à-vous, le regard fixé sur un point hypothétique, tout droit devant lui. Ses joues étaient rouges, et il avait envie de pleurer.

J'aurais voulu revenir sur mes pas et l'embrasser sur les deux joues au nom de l'humanité offensée. C'est ma propre lâcheté qui me retint.

À la sortie, Paul laissa tomber une question. Elle ne faisait qu'augmenter une très sérieuse préoccupation qui me tourmentait de plus en plus.

— Et toi, tu n'as pas encore fait ton service militaire, hein?

— Non, j'en suis dispensé jusqu'à la fin de mes études.

— Tu n'as pas encore fini tes études?

— J'ai encore une année en lettres.

— Oh! J'avais oublié que tu es aussi savant que Marguerite! Et après?

— Le doctorat, intervint Marguerite.

— Et après? Plus tu remets, plus ce sera dur pour toi.

— J'irai de toute façon à l'école militaire pour devenir officier de réserve.

— Si nous t'admettons...

Et comme s'il avait pensé pour lui-même, il ajouta sur un ton philosophique:

— Si tu avais gardé les béquilles au lieu de les donner aux lions, tu n'aurais pas eu ces complications.

Dans mon for intérieur je fus complètement d'accord, et j'eus en même temps la preuve qu'il n'avait *rien* oublié.

❑

Pendant le spectacle, j'admirai les extraordinaires artistes de l'équitation. Leurs performances audacieuses éveillèrent l'enthousiasme de l'assistance.

La course aux obstacles, consistant en toutes sortes de combinés, imposés pour mettre à l'épreuve la dextérité du cheval et du cavalier, nous fournit des moments de suspense. Paul se produisit sur la piste parmi les derniers concurrents, monté sur son pur sang muni d'œillères. Imbu de lui-même, le cousin de Marguerite franchit avec audace les grands obstacles et récolta des applaudissements soutenus. Lorsque son cheval se dirigea vers le mur de briques au-delà duquel s'étendait un lac artificiel qui devait être survolé du même bond, tous les spectateurs retinrent leur souffle. Le cheval toucha la barre surmontant le mur et, en un clin d'œil, plongea avec son cavalier. Tout le monde fut pris de panique. Marguerite était au premier rang de la tribune. Elle poussa un long cri et se précipita vers le lieu de l'accident.

Sa réaction me choqua, mais j'interprétai son affolement comme une manifestation naturelle d'une âme noble et sensible. Personnellement, j'éprouvai une grande déception en apprenant que le lieutenant, en dehors d'un bon trempage, de quelques contusions et d'une foulure au genou, s'était bien tiré de sa chute spectaculaire. Malheureusement, son cheval eut une patte fracturée, et on dut l'achever.

Je ratai une belle occasion de contempler monsieur Paul appuyé sur une paire de béquilles, mais je gardai cet espoir pour une future compétition.

❏

La nuit d'après, j'eus un cauchemar. À la place de l'ordonnance qui tenait la bride du cheval tout en faisant des efforts pour ne pas bouger ses bottes au garde-à-vous, c'était *moi*; et lorsque monsieur le lieutenant Paul m'administra les gifles, Marguerite éclata de rire et, prenant ensuite le bras de son cousin, elle lui chuchota avec tendresse:

— Viens, mon chéri, viens, mon brave!

XXVIII

À cause de l'accident, Paul dut garder la chambre pendant une semaine, gâté par tout le monde et soigné par sa cousine.

Profitant de l'occasion, un jour de cette semaine, Marguerite m'envoya quelques mots par l'intermédiaire d'André pour me dire de la rencontrer le soir même dans une allée latérale du parc, en arrière de la serre.

Nous nous retrouvions enfin, mais pour quelques minutes seulement. Protégés par la nuit et assis sur un banc caché dans la verdure, nous nous embrassâmes éperdus de joie, bien que le visage de Marguerite fût couvert de larmes. Elle me parla de la vie infernale qu'elle menait, de son grand chagrin d'être séparée de moi, des grossièretés de son cousin ainsi que des pressions qu'il faisait sur elle pour fixer la date du mariage. Dans le but d'intimider davantage son père, Paul avait demandé à ses avocats d'envoyer une mise en demeure pour le paiement d'une nouvelle créance exigible et des notifications pour l'exécution immobilière. Le ministre n'était pas loin de perdre la raison et implorait sa fille de se soumettre aux conditions de Paul. Mais il ne fallait pas capituler.

— Il ne faut pas renoncer à notre lutte pour gagner du temps, dit Marguerite. Je te conseille de faire une visite de «courtoisie» au goujat botté. Je ne sais pas ce que ça peut donner, mais, au moins, tu ne perdras pas le contact avec notre maison.

Je voulus justement exposer à Marguerite mon plan pour l'arracher des griffes du tyran, mais nous dûmes nous séparer brusquement car nous entendîmes à proximité des bruits de pas et des voix. Il ne me resta que le temps de la serrer fortement dans mes bras et de disparaître comme un voleur.

❑

Au cours de la brève visite rendue au grand héros, je fus froidement accueilli. Le fanfaron ne pouvait me pardonner d'avoir assisté à son échec. Il fut plus insolent encore, ne se gênant pas pour me dire qu'il était «fatigué et embêté» et qu'il aimerait mieux que je lui «fiche la paix».

Paul n'avait donc rien oublié! Je ne devais plus revenir ou tenter de lui parler. C'était normal, surtout que les événements se précipitaient. Cette dernière visite fut le stimulant suprême pour mettre mon plan en application. Même s'il avait été poli, ma décision de lui enlever «sa femme» à la sortie de l'église et de déjouer le chantage serait restée inflexible. Pour mieux rire, je réservais ma moquerie pour la fin.

❑

Un événement inattendu me ramena pour quelques jours aux préoccupations littéraires d'autrefois et me donna aussi la possibilité de revoir Marguerite.

Notre professeur Charles Drouhet, titulaire de la chaire d'histoire de la littérature française, un érudit renommé, né en Roumanie de parents français, docteur ès-lettres de l'Université de Paris et auteur de nombreux ouvrages de littérature comparée, rentrant de vacances, invita chez lui une poignée de ses meilleurs étudiants avec des anciens qui s'étaient déjà distingués comme écrivains, journalistes ou critiques littéraires. Le but de sa réunion était de créer une sorte de cénacle qui constituerait le noyau d'une future fondation culturelle. Il avait proposé comme thème «Le roman dans la littérature universelle», et cha-que participant devait manifester ses préférences et illustrer son point de vue. Le professeur me demanda à l'avance et en particulier de m'occuper du roman français. Je revis quelques pages de Zola, Flaubert, Balzac et Stendhal qui m'avaient toujours attiré, et je passai une nuit entière à préparer mon exposé et mes arguments.

À la réunion, j'eus le bonheur de rencontrer Marguerite et de me placer à côté d'elle autour de la table. À ma gauche, j'avais Lydia. Ce n'était pas l'endroit propice pour discuter de ce qui était le plus important pour nous, surtout que «l'ennemie» était à l'écoute et que même pendant le goûter exquis qu'on nous servit, nous engageâmes aussitôt le débat proposé par notre illustre amphitryon.

Le professeur intervint à la fin de la discussion pour nous déclarer que, malgré son origine, sa préparation littéraire de base ainsi que sa spécialité à la chaire dont il était le titulaire à la Faculté des lettres, il ne pouvait pas donner la primauté au roman français qui, hélas! ne souffrait pas la moindre comparaison avec le roman russe. Il ne reconnaissait à la France qu'un genre littéraire dépassant la littérature des autres pays par la subtilité du raisonnement et l'élégance de l'expression. C'étaient les écrits des «moralistes», c'est-à-dire des auteurs de maximes et pensées, comme Montaigne, Pascal, La Bruyère, La Rochefoucauld, Vauvenargues qui, dans des formules claires, concises et brillantes, ont condensé leurs réflexions sur les mœurs, la nature et la condition humaine. Quant au roman, si l'on compare Dostoïevski, Tolstoï, Gogol et Tourguéniev à Balzac, Flaubert, Zola et Stendhal, on ne trouve que dans la nature un spectacle pouvant nous évoquer la distance immense qui sépare le roman russe du roman français, soutenait le professeur.

— D'un côté, on contemple la Jungfrau des Alpes suisses avec sa cime scintillante de neiges éternelles et aveuglante dans la lumière du soleil, ses rochers pointus enfoncés dans les nuages bleuâtres, ses pentes rapides, ses ravins abrupts et ses gouffres béants. Voilà le roman russe! Si l'on détourne maintenant le regard de ce spectacle fascinant et que l'on pense au roman français, on a l'impression de se trouver dans un parc dessiné de main d'homme avec des allées parallèles, des parterres de fleurs, ronds, rectangulaires, uniformes, des bosquets et des arbres pareils, plantés en rangs d'oignons et à distances égales, des bassins circulaires ornés de dauphins et de divinités mythologiques en pierre ou en bronze, animés par des jets d'eau. Bref, à la lumière de ce contraste de paysage, le roman français nous rappelle ces vers tendres et indulgents de Verlaine:

> Imaginez un jardin de Le Nôtre
> Correct, ridicule et charmant.

Après nous avoir lu quelques passages extraits de Tolstoï, de Gogol, de Tourguéniev et de Dostoïevski à l'appui de sa thèse, le professeur conclut:

— *Crime et Châtiment* est le roman psychologique le plus puissant de tous les temps. Le génie de son auteur a pénétré dans les profondeurs obscures et bouleversantes d'une conscience prise dans l'éternel et l'irréconciliable conflit qui agite une âme possédée également par le dieu du Bien et l'esprit du Mal. Libéré de ce complexe, Raskolnikov tombe à genoux devant Sonia. C'est un geste muet et spontané, produit par une résurrection qui marque le commencement d'une vie nouvelle, éclairée seulement par l'amour. La sublime beauté de cet épisode n'a jamais été dépassée par aucun autre romancier que je connaisse.

❑

On me donna ensuite la parole pour défendre le prestige du roman français et prouver sa supériorité universelle. Une mission impossible et un rôle ingrat, contraire à ma propre conviction. Dans mon for intérieur, j'étais aussi d'avis que la France n'est pas la patrie du roman, et que les Russes sont insurpassables dans ce domaine. Pourtant, comme avocat, je devais considérer toute cause plaidable, et j'essayai donc de me débrouiller le plus décemment possible.

Sans contester le charme troublant et mystérieux du roman russe ainsi que sa place dans la littérature universelle, j'affirmai que les écrivains français n'avaient pas toujours suivi les allées uniformes dessinées par Le Nôtre. Ils avaient réussi parfois à monter par des sentiers escarpés jusqu'aux sommets où volent les aigles altiers du roman russe.

— À mon humble avis, on trouve dans les romans de Zola, de Flaubert, de Balzac et de Stendhal, des pages aussi mouvementées que l'épisode cité de *Crime et Châtiment*, déclarai-je. Je fus profondément troublé par le drame qui déchire le cœur de Raskolnikov, mais je ne peux penser sans frissonner à la désolation de Thérèse Raquin qui, torturée par le remords d'avoir été la complice de Laurent, son amant, à l'assassinat de son mari, Camille, se traîna sur les genoux devant la mère de la victime pour lui demander pardon. La vieille dame Raquin était paralysée mais lucide; et à cause de l'imprudence du couple criminel, elle avait appris de leur propre bouche la vraie cause de la mort de son fils. Zola fait là une hallucinante analyse des ravages produits dans la conscience tourmentée des deux misérables. Les remords de plus en plus poignants du couple criminel, manifestés par une peur angoissante, se tressent avec la souffrance muette et la haine sourde qui bouillonnent dans le corps rigide de Mme Raquin. Le martyre de cette malheureuse créature qui découvre à sa dernière heure que tout est mensonge et que tout est crime, son sadisme d'être témoin de la déchéance des assassins et sa volonté de s'accrocher à la vie jusqu'au moment où, réunie avec son fils, elle pourra lui dire qu'il a été vengé, lui donnent la grandeur d'une héroïne de tragédie antique.

En passant à Flaubert, j'évoquai le supplice du Lybien Mathô dans *Salammbô*. La finale de ce roman, dont le point culminant est la mort foudroyante de Salammbô, égale en intensité les chefs-d'œuvre des écrivains russes; et je ne pus m'empêcher de la relire, même si elle est très connue.

J'eus la probité d'exprimer quelques réserves sur le génie de Stendhal vis-à-vis des coryphées de la prose russe, mais Julien Sorel n'a jamais cessé d'enflammer l'imagination d'un adolescent pauvre et ambitieux, car il n'est pas seulement le symbole d'une époque, mais aussi l'image éternelle d'une âme tourmentée cherchant sa véritable identité.

— Stendhal est inégalable, dis-je, dans la palpitante description de la scène du jardin où il montre la détermination effrénée du timide et maladroit Julien de surmonter le bas niveau de sa condition sociale et d'imposer à tout prix sa volonté. Un soir, se trouvant assis sur un banc en compagnie de Mme de Rênal et de l'amie de celle-ci, le jeune homme touche par hasard, en gesticulant, la main de Mme de Rênal qui retire vite le bras. Cette réaction vexa l'amour-propre de l'humble précepteur. Il pensa qu'il «était de son *devoir* d'obtenir qu'on ne retirât pas cette main quand il la touchait», et il se proposa de réaliser sa décision téméraire le soir suivant, exactement lorsque l'horloge du château sonnerait dix heures. En cas d'échec, il était résolu de monter chez lui se brûler la cervelle. Le moment arrivé, après être passé par une angoisse mortelle, il réussit à serrer avec une force convulsive la main qui se retira d'abord et qui lui céda finalement. L'âme de Julien fut inondée de bonheur.

❏

M'appuyant sur cette scène du roman *Le Rouge et le Noir* de Stendhal, je conclus:
— Je pense qu'avec ce dernier exemple, non moins connu que les autres, je suis arrivé à prouver que le roman français a produit des pages aussi magistrales que le roman russe, et qu'aucun critique littéraire ne peut lui en contester le caractère dramatique et le sublime ainsi que sa valeur universelle. Son souffle puissant secoue les bosquets et balaie les feuilles mortes d'un jardin «à la française»; et, prenant son essor, il frôle les pics couverts de neiges éternelles de la Jungfrau. Et il ne faut pas oublier que je ne me suis arrêté ni à Balzac ni aux autres chefs-d'œuvre du roman français!

❏

Je fus vivement applaudi. Au même instant, en portant la main à la poche, je rencontrai celle de Marguerite qui me glissa un bout de papier et me siffla à l'oreille: «Lis-le vite!» Je dépliai furtivement le billet dont le contenu disait: «Évite Paul. Il m'attend à la sortie. Tu es en grand danger.»

Je m'efforçai de rester impassible afin de ne pas me trahir. Comme je l'ai déjà dit, Lydia était à ma gauche. Elle demanda la parole et promit d'être «très brève».

Sans contester mes goûts, elle ne pouvait cependant se rallier au point de vue que je venais d'exposer. Elle aurait plutôt préféré que je fasse appel à mes connaissances en littérature roumaine et que je parle de *La Forêt des pendus*, le chef-d'œuvre de Livio Rébréano, traduit dans presque toutes les langues au monde; ou de *La Vie à la campagne* de Duilio Zamfiresco, une vaste fresque décrivant la déchéance des grands propriétaires agricoles, la vraie noblesse héréditaire du pays. Ceux-ci, victimes des changements politiques qui ont bouleversé toute l'Europe, criblés de dettes, doivent non seulement abandonner leurs terres entre les griffes d'une nouvelle classe formée d'arrivistes grossiers et sans scrupules, mais consentir aussi au mariage de leurs filles avec des créanciers cyniques pour éviter d'être jetés dans la rue ou de finir leurs jours dans un asile de vieillards.

Je me mordis les lèvres. J'avais commenté ces romans lors de ma visite chez Lydia, pendant l'absence de Marguerite en France. Notre maligne camarade profita de l'occasion pour me piquer au vif en reproduisant mes propres mots, et remua en même temps le couteau dans la plaie de Marguerite avec l'allusion au déclin des grands propriétaires terriens et les mariages de raison auxquels ils doivent se soumettre pour ne pas sombrer dans la misère.

— En vantant seulement les romanciers français, reprocha-t-elle, Lucien s'est arrêté aux passages les moins représentatifs pour faire uniquement des rapprochements entre la fameuse génuflexion du héros de Dostoïevski et les figures similaires de ballet faites par Julien Sorel lorsqu'il pénètre en pleine nuit dans la chambre de Mme de Rênal, par Mathô lorsqu'il se plie dans sa tente pour serrer la taille de Salammbô et, probablement, pour briser la chaîne attachée aux chevilles qui entravait les mouvements de la princesse; ou par l'hystérique Thérèse qui se jette assez souvent aux pieds de sa malheureuse belle-mère.

Sans cesser de lancer des pointes d'ironie à mon endroit, Lydia fut d'accord cependant que l'épisode décrivant les préliminaires palpitants qui menèrent Julien à l'aboutissement de son ambition écervelée, ainsi que la description du «jeu de mains», sont des pages magistrales du roman français. Le ton vibrant sur lequel j'avais évoqué, d'après elle, la scène, avait eu une force magnétique irrésistible. Comme preuve, confessa-t-elle, durant toute ma description, elle avait gardé ostensiblement les mains sur la table, car mon élan aurait pu entraîner aussi des gesticulations de ma part; et elle présuma que son admirable amie et camarade assise à ma droite, avait pris les mêmes précautions.

Tandis que l'assistance s'esclaffait, Marguerite s'empourpra, et moi, je blêmis en ayant la preuve que «la dame aux œillets» avait remarqué que Marguerite m'avait glissé subrepticement un papier.

— Mais Stendhal, continua Lydia, n'a pas été le seul à décrire l'entente clandestine de deux amants par des serrements furtifs et audacieux des mains. On trouve aussi dans *Thérèse Raquin* un autre dialogue tactile, plus répugnant encore. C'est dans la scène du fiacre qui ramène les deux criminels à Paris, en compagnie du commissaire Michaud et de son fils... Mais tout jeu de mains de complices amoureux qui veulent défier la morale de notre société finit toujours mal: Julien devait perdre sa tête non seulement au sens figuré, mais aussi pour de bon; Mme de Rênal sera foudroyée trois jours après, et Thérèse et Laurent trouveront le salut dans la coupe de cyanure. *Voilà des avertissements à tous ceux qui conspirent, persuadés de la réussite de leurs plans!* Pour en revenir à notre débat, je suis désolée de ne pas approuver notre érudit camarade, et je soutiens aussi que le roman français est loin d'avoir atteint les hauteurs vertigineuses auxquelles sont parvenus les prosateurs russes.

Tout le monde applaudit l'intervention ironique et intelligente de Lydia qui avait éclipsé l'effet de mes paroles, et je fus stupéfait lorsqu'elle murmura à mon oreille les vers avertisseurs de Desportes avec la même résonance menaçante que la première fois:

Nous verrons, volage bergère,
Qui premier s'en repentira.

Marguerite sortit si vite, qu'il me fut impossible de lui dire
un seul mot. Le professeur Drouhet me demanda de rester encore quelques instants avec lui. Quand tout le monde fut parti,
il me proposa de penser sérieusement à une carrière universitaire, et me promit tout son concours à cet effet. Dans dix ans,
je pourrais prendre sa place, m'assura-t-il, à condition que je
continue mes travaux et que j'obtienne au moins un doctorat.
Je le remerciai, très ému, de son intérêt, mais je lui déclarai que
je voulais me consacrer à la profession d'avocat, et que des raisons très pressantes ne me permettaient pas d'attendre si longtemps. Il sourit amèrement et ajouta que sa proposition restait
toujours valable.

XXIX

J'attendais toujours le mot de Marguerite.

Un mois était déjà passé quand je reçus un beau matin un faire-part pour «honorer» de ma «présence la soirée de gala donnée par Monsieur le lieutenant Paul-Émile N... et Mademoiselle Jeanne-Louise-Marguerite S..., à la résidence de Son Excellence Théodor S..., le..., etc., à partir de 20 heures».

L'invitation était signée par Marguerite dont je connaissais très bien la signature et, évidemment, par Paul. En bas de la carte: *Tenue de soirée de rigueur.*

Enfin, voilà de bonnes nouvelles! Marguerite avait donc réussi, encore une fois, à apaiser la colère de la brute. Je me proposai de profiter de l'occasion pour expliquer à Marguerite mon plan d'action afin de déjouer le chantage de son cousin.

Soucieux que ma tenue fût impeccable, je choisis le tailleur du ministre et, à l'essayage, il me fut possible d'avoir quelques détails sur les autres invités. J'étais le seul roturier invité à côtoyer cette société de haute volée et la perspective ne m'était pas du tout agréable. L'essentiel était que j'allais revoir Marguerite et que je pourrais m'entendre avec elle pour en finir avec cette séparation insupportable.

À ma grande satisfaction, mon apparition fut saluée avec enthousiasme par un groupe de demoiselles qui étaient aussi mes très gracieuses camarades de faculté. Elles me présentèrent à leurs parents ainsi qu'à leurs amis, et je fus trés flatté de leur courtoisie et de leurs aimables appréciations. Ces gens disaient qu'ils me connaissaient déjà de vue ou qu'ils avaient entendu des «choses extraordinaires» à mon sujet, et qu'ils étaient très heureux d'avoir eu finalement le plaisir de me rencontrer. Dans une telle atmosphère, je fus complètement à mon aise, volubile, souriant et courtois. La haute société ne me faisait plus peur.

Tout brillait dans la somptueuse salle du palais. La lumière éblouissante du superbe lustre vénitien passait par de géant pendeloques de cristal et se reflétait dans les ornements dorés, les cadres massifs des tableaux, les fresques baroques du plafond et dans les miroirs grandioses surmontant les deux cheminées de marbre rose veiné de noir, placées symétriquement aux extrémités du hall. Dans ces miroirs qui donnaient une ampleur illimitée au faste nous entourant, on pouvait voir, multipliés à perte de vue, les couples enlacés dans leur danse gracieuse, les uniformes scintillants des officiers, les parures merveilleuses de leurs ravissantes partenaires, l'orchestre formé d'artistes doués, chacun dans une tenue impeccable, les plateaux d'argent remplis de coupes de champagne, l'armée des laquais en livrée, l'or, la soie moirée des murs, les appliques de bronze flamboyant, la splendeur et la gaieté unanime et débordante, nuancée d'élégance et de raffinement.

En faisant le tour de la grande salle avec l'intention de présenter mes hommages à Marguerite et à Paul, en train de saluer les invités et de s'entretenir avec eux, je remarquai la générale qui trônait sur une causeuse tapissée de velours couleur pêche. Sa coiffure argentée était retenue par un diadème parsemé de diamants qui brillaient comme des étoiles. Sa présence hautaine et fière, son âge avancé — elle portait avec éclat, souplesse et vigueur ses quatre-vingts ans —, son ascendance aristocratique, ses relations sociales et ses liens d'amitié dans le grand monde lui assuraient une considération particulière. Au courant de toutes les intrigues et des cancans de la cour royale où elle avait aussi ses entrées, la vénérable grande dame racontait justement un incident qui s'était produit dans les dernières années du règne du vieux Carol I.

Le général Cantacouzène, un joyeux luron descendant d'une des plus nobles familles du pays, était à l'époque officier dans la garde du palais avec le grade de lieutenant. Il était aimé de tout le monde et le compagnon favori de la petite famille du prince héritier, le futur roi Ferdinand. Pour faire plaisir aux enfants, le gai lieutenant se prêtait à toutes sortes d'amusements qui lui passaient par la tête. Un jour, il se mit à quatre pattes et, ayant sur son dos le prince Carol, futur roi, la princesse Elisabeth, future reine de Grèce, et la princesse Marioara, future reine de Yougoslavie, il les promena dans les salles du palais, au plus grand amusement des jeunes altesses. Comme il ne pouvait regarder qu'en bas ou à une faible hauteur devant lui, il se heurta soudainement à une paire de bottes élégantes, laquées noir. Il leva la tête pour voir qui lui barrait le chemin. À sa grande stupéfaction, il se trouvait devant l'austère roi Carol I qui était très jaloux de son prestige, de la discipline à la prussienne reçue au château de Sigmaringen, en Allemagne, et si distant, même avec ses ministres, qu'il ne les invitait jamais à s'asseoir pendant les heures d'audience, ne serrait la main à personne ou ne donnait que son index plié si le protocole l'exigeait. Personne n'avait pu se vanter de l'avoir jamais vu sourire. Le pauvre lieutenant, médusé par le regard furieux de son roi et oubliant qu'il était nu-tête, leva la main droite, tout en maintenant l'équilibre sur la gauche et les genoux, et la fixa raide à sa tempe pour porter le salut militaire. Ce fut le comble. Blême de colère, le roi pivota sur ses talons et sortit du grand salon en claquant la porte. Peu après, le lieutenant était appelé au rapport par le Maréchal du Palais:

— Lieutenant, est-ce ainsi que vous avez appris le salut militaire? Avez-vous oublié que vous étiez devant Sa Majesté le Roi, pour saluer comme si Sa Majesté était votre copain? Et votre garde-à-vous, votre tenue, votre discipline, qu'en faites-vous?

— Monsieur le Maréchal, répondit-il avec des trémolos dans la voix, je savais très bien quelle devait être ma tenue, mais si je m'étais dressé sur les pieds pour observer le garde-à-vous et saluer Sa Majesté selon le règlement, *j'aurais dû renverser la dynastie.*

Il fut gracié car, d'après ce qu'on dit, le roi même accepta de bon cœur cette excuse qui lui sembla logique.

L'anecdote amusa tout le monde.

Je me frayai un chemin pour me mettre en première ligne et, dès que la générale me remarqua, je m'inclinai profondément. La vénérable dame réagit avec froideur par un froncement passager des paupières et commença une conversation très animée avec un vieux dignitaire, ignorant ma présence. Il ne me resta plus qu'à me retirer discrètement et à avaler cet affront.

Quand je pense que Marguerite m'assurait que sa tante était tombée amoureuse de moi dès le premier instant où elle m'avait rencontré!

❏

Je cherchais de vue Marguerite et son cousin pour les saluer et leur expliquer que je n'avais pas voulu les importuner plus tôt lorsqu'ils étaient en train de recevoir d'autres invités. Tout à coup, je me trouvai devant Lydia. Cette fois, elle était plus belle que les beautés du Titien, et je pouvais dire qu'elle était vraiment ravissante dans sa robe de soie noire, garnie d'une dentelle discrète. Comme seul bijou, elle portait un médaillon en or qui donnait plus d'éclat à son grand décolleté. Ses cheveux noirs et luisants, coiffés sans artifices, ses yeux, son sourire discret et charmant m'éblouirent, Se rendant compte de l'effet produit, elle se rapprocha doucement et me demanda presque en murmurant:

— Cela te plaît?

— Ça surpasse un chef-d'œuvre de Phidias.

— C'est-à-dire?

— Non seulement de l'or et de l'ivoire, mais de l'ébène aussi...

Elle applaudit joyeusement, flattée de mon compliment.

— C'est plus que gentil, surtout quand cela vient de toi... Mais c'est trop tard, mon volage berger. Enfin, ce n'est pas tout à fait trop tard pour faire au moins une brève trêve si la paix n'est plus possible entre nous.

En s'excusant pour un instant, Lydia fit quelques pas vers une table ronde où se trouvait un plateau avec des rafraîchissements et revint avec deux coupes de champagne. Elle m'en offrit une et nous trinquâmes allégrement. Un domestique stylé nous présenta le plateau pour déposer nos coupes et nous en

offrit deux autres remplies à ras bord. J'étais trop entraîné et je
ne voulais pas contrarier ma partenaire qui était si aimable et
qui demandait par son sourire si doux de ne pas refuser.

— *Viva'l vino et viv'amore! L'uno et l'altro ci consola!* s'exclama Lydia en choquant joyeusement les coupes. Tu es si sage
et si docile ce soir... que j'ai presque pitié de toi, gentil berger.
Si je ne te corromps pas trop, puis-je t'offrir aussi une cigarette?
ajouta-t-elle en ouvrant un magnifique porte-cigarettes qu'elle
avait sorti de son sac à main.

— Oh! ça non! merci, je ne fume pas.

— Moi non plus, mais pour ce soir, nous pouvons faire
une exception. À vrai dire, c'est un mélange spécial à faible
teneur en tabac, et mentholé, très recherché surtout par les sportifs à l'Occident. C'est un cadeau d'un ami...

Occident... cadeau d'un ami... et ce porte-cigarettes en or
massif! J'eus un tressaillement secret. Je pouvais jurer que c'était
le même porte-cigarettes que Paul avait sur lui au restaurant, le
jour de notre «réconciliation»! Soudain, je me rappelai que je
n'avais pas encore présenté mes hommages à mes hôtes et que
je ne les avais pas remerciés de leur aimable invitation. Lydia
avait déjà allumé une cigarette et, se plaçant tout près de moi,
m'envoya une bouffée en pleine figure. Un parfum légèrement
sucré et subtil chatouilla mes narines et, à travers le voile vapo-
reux de fumée, le sourire énigmatique de Lydia me troubla
davantage.

— Je ne te demande pas de m'excuser. C'était une manière de fumer ensemble le calumet de la... trêve, car celui de
la paix n'est plus possible. Et tant que les hostilités sont suspen-
dues, je te demanderais une dernière grâce: de danser avec toi.
Après ça, tu seras... libre. Et elle me fit une révérence.

Je n'avais plus de volonté et je me laissai entraîner dans
le rythme tourbillonnant et parfois berçant de la valse. Lydia
était une partenaire merveilleuse; une danseuse impeccable, sou-
ple et légère comme une plume. Sous les feux aveuglants des
cristaux et de leurs reflets, nous avions la sensation de flotter
au-dessus du parquet et de nous soulever parmi des étoiles qui
passaient à côté de nous à une vitesse ahurissante. Grisé par le
champagne, envoûté par l'étrange parfum de la cigarette et emporté par le rythme endiablé de l'orchestre, j'avais perdu tout

souvenir de ce monde. Je ne voyais que des cercles de lumière tournant de plus en plus vite autour de nous. Ma partenaire me serrait fortement dans ses bras et se laissait enlever dans le tourbillon de la voie lactée. La musique continuait avec plus d'entrain, et nous n'avions pas remarqué que nous étions restés seuls sur le parquet. Tous les invités s'étaient réunis autour de la piste pour nous regarder. Lorsque l'orchestre joua les derniers accords — pour ménager plutôt les exécutants que pour épargner nos forces, j'en suis certain —, nous fûmes accueillis par une salve d'applaudissements. Nous étions les héros de la soirée.

— Est-ce que je ne t'ai pas déçu encore une fois? chuchota ma partenaire en m'emmenant dans un coin retiré, derrière une colonne de marbre.

— Tu ne m'as jamais déçu, Lydia.

— Ne dis pas ça! Tu m'as cruellement blessée. Une femme peut tout pardonner, sauf le refus d'un homme. Et pourtant, j'ai pitié de toi, mais c'est trop tard...

C'est à ce moment que Marguerite fit son apparition. Son visage était pâle, ses yeux rouges et cernés. Sans aucun ménagement, elle ordonna à Lydia sur un ton irrité de nous laisser seuls un instant. Celle-ci répondit par un sourire moqueur, haussa les épaules et s'en alla calmement.

— Qu'est-ce que tu cherches ici? me demanda-t-elle avec la même brusquerie.

J'eus l'air de tomber du ciel.

— Pourquoi es-tu venu? grommela-t-elle entre les dents et devenant plus farouche encore.

Le nuage dans lequel je flottais se dissipa soudainement.

— Pour... honorer votre aimable invitation et pour être reçu par toi comme si j'avais été un intrus et un clochard.

— Notre invitation? Quelle invitation?

— Celle que vous m'avez envoyée et que j'ai laissée à l'entrée.

— Va-t'en d'ici, et vite!

— C'est toi, Marguerite, qui me mets à la porte!

Elle me regarda d'un air hagard et s'enfuit sans dire un mot.

Je voulus me retirer tout de suite, mais je tombai encore une fois dans le cercle de mes camarades et admiratrices.

Chacune mimait la révérence de Lydia et me demandait «la faveur» d'inscrire mon nom dans son carnet de bal. Un vieux diplomate, rosette de la Légion d'honneur à la boutonnière, me sauva à temps. Il me prit par le bras et me confia qu'il avait été lui-même un danseur trés agile à la fleur de son âge, mais que maintenant, à cause de son cœur, les médecins lui avaient défendu tout excès. Nous nous arrêtâmes au bar et il m'invita à prendre un verre avec lui; et puis, un autre. J'avalais d'un trait sans me rendre compte de ce que je faisais tandis que le distingué compagnon me racontait une histoire qui devait être très amusante à en juger par ses éclats de rire; et lorsqu'il la termina, il en commença une autre. Je n'arrivais pas à me réveiller du coup que je venais de recevoir. Chassé comme un galeux par Marguerite! Mes oreilles bourdonnaient encore de son ordre haineux: «Va-t'en, et vite!» Il fallait donc que je m'en aille avant qu'elle n'ordonne à ses laquais de me saisir au collet et de me jeter dehors du haut de l'escalier. Voilà justement qu'un domestique s'approcha de moi et, demandant pardon au vieux diplomate, me pria très respectueusement mais avec fermeté de le suivre. Devant mon hésitation, car j'étais encore ébahi, il ajouta que la princesse C.., la générale, voulait me parler et qu'il avait reçu l'ordre de m'accompagner vers elle sans tarder.

La froide aristocrate ignora encore une fois mon salut respectueux et me fit signe du bout de l'éventail de m'asseoir sur la causeuse, à côté d'elle. Devant ma réticence, elle répéta son geste avec plus d'énergie en me foudroyant du regard. C'était un ordre.

Personne n'osa nous déranger.

— Fi! Vous sentez la boisson, me dit-elle après un bref et lourd silence. J'ai le sens de l'odorat très développé, mais je peux quand même supporter votre présence. Ne bougez pas! Vous connaissez le vers de La Fontaine: *Ce n'est pas tout de boire, il faut sortir d'ici?* Marguerite vient de me dire que vous êtes en grand danger et a demandé mon concours pour vous sauver. Pour faciliter votre départ sans éveiller aucun soupçon, elle a emmené Paul au jardin. Oh non! ne partez pas seul! Soyez calme! Pour garder les apparences et vous protéger en même temps de vos admiratrices qui pourraient vous retenir, je vais vous accompagner jusqu'à la terrasse donnant sur le jardin. Évitons la porte principale et faisons semblant de nous promener un peu. Vous pouvez faire le chevalier et m'offrir votre bras, dit-elle, lorsque nous fûmes debout. C'est très bien! Feignez de m'écouter, souriez, éclatez même de rire, et marchons avec nonchalance. Parrr-fait! À la prochaine occasion, nous allons ouvrir le bal ensemble.

Mon sourire ne fut pas artificiel. Nous parcourûmes la grande salle, et tout le monde se tint respectueusement à l'écart pour nous ouvrir le passage. Sur la vaste terrasse, elle m'accompagna jusqu'à la première marche de marbre et s'arrêta. Nous étions protégés par la nuit.

— Comme vous voyez, dit-elle en baissant la voix, en me retirant avec vous sur la terrasse, je me suis compromise.

Malgré mon bouleversement, j'éclatai de rire et je m'inclinai devant elle en signe de grand respect et de reconnaissance.

— Mais je ne m'en fais pas! Au lieu de rentrer seule et vite, je prends le risque de m'absenter encore et je ferai un tour chez les joueurs de cartes.

J'étais déjà engagé à descendre au jardin quand, du même air badin, touchant mon bras du bout de son éventail, la générale chuchota à mon oreille «une très sérieuse confidence»:

— Jeune homme, je vous aime bien. Si j'avais eu *deux ans de moins*, je vous aurais permis de m'enlever et de vous enfuir avec moi. Encore une fois: soyez prudent! Ils sont sortis par là aussi et, probablement, ils se trouvent encore dans le parc. Tâchez de les éviter!

❑

La fraîcheur de la nuit et le parfum du parc me réveillèrent complètement. J'eus le sentiment d'avoir été délivré d'un sortilège et, retrouvant la lucidité de mon raisonnement, j'essayai de m'expliquer l'étrange aventure que je venais de vivre. Je commençai par me reprocher ma conclusion hâtive que Mar-

guerite m'avait mis à la porte. Son air affolé et son étonnement
de me voir à la soirée, prouvaient que ce n'était pas elle qui
m'avait invité et qu'elle ne s'attendait pas à me rencontrer là.
Alors *qui m'avait envoyé l'invitation et dans quel but?* Évidemment, pour m'attirer dans un piège. Se rendant compte que
j'étais en danger, Marguerite me demanda de m'en aller immédiatement et, constatant que je ne me dépêchais pas, elle eut
recours à la générale. Enfin, pour faciliter mon départ, elle sortit avec Paul au jardin. Et quel était le danger que je courais?
Je me proposai d'aller le lendemain chez la générale pour lui
témoigner ma reconnaissance et lui demander plus de détails.
Sa charmante intervention, son tact et son sang-froid avaient
déjoué les machinations de ceux qui voulaient m'attirer dans un
guet-apens. Pourquoi parlais-je de «ceux» et pas seulement de
«celui», c'est-à-dire, de l'infâme Paul? Marguerite m'avait déjà
prévenu à la soirée chez le professeur Drouhet que j'étais en
grand danger et qu'il me fallait éviter Paul. C'est donc lui qui
m'avait leurré, mais il devait avoir un complice, sans parler de
ses acolytes. Tiens! il n'était pas impossible que Lydia fût dans
le coup! Elle avait été trop polie et m'avait accaparé dès le début. Je n'avais guère prêté attention lorsqu'elle me disait qu'entre nous seule une brève trêve était possible, qu'elle avait pitié
de moi, mais que c'était trop tard. C'est elle qui m'avait répété qu'une femme peut tout pardonner à un homme, excepté
son refus quand elle s'offre à lui, et qui était revenue avec le
même refrain de Desportes. Avait-elle agi de concert avec Paul?
C'était fort probable! Et cette insistance pour que je trinque avec
elle, cette fumée étrange de cigarette *sortie du porte-cigarette de
Paul*, qui m'avait envoûté et donné la sensation de vagabonder
parmi les étoiles? Tant pis! Me voici rejeté dans le sentier qui
m'était propre, et libre de combattre mes «nobles» avec les armes
d'autrefois. Demain, j'irais chez Lydia et je lui arracherais la
vérité, même si je devais lui tordre le cou. Quant à Paul, le criminel numéro un qui m'avait tendu le piège pour prendre sa
revanche cinq ans après, les jeux étaient faits. Plus de flatterie
servile et de courbettes! C'est moi qui le tutoierai avec mépris
et l'obligerai à employer le pluriel de politesse quand je lui per-
mettrai de me parler. L'enlèvement de sa fiancée et l'échec de
son chantage ne seraient qu'une faible vengeance. Il méritait

une leçon *sur place* et plus cuisante encore que la première. Je
lui écraserai la bouche qui m'avait si cruellement vexé, je le
piétinerai sans pitié, je lui ferai payer cher sa nouvelle tentative
criminelle aussi et même les gifles sadiques qu'il avait données
à son ordonnance. Et je ne serai plus généreux lorsque, tombé
à mes genoux, il me suppliera de lui faire grâce! Cette riposte
foudroyante sera vraiment à mon honneur au lieu de m'enfuir
comme un lâche, couvert par deux femmes, la générale et Marguerite!

❑

J'étais tout prêt, brûlant d'impatience d'affronter mon
adversaire, mais je n'avais pas moins d'ardeur pour m'excuser
auprès de Marguerite d'avoir mis encore une fois en doute ses
sentiments. Pauvre Marguerite, toujours si pure et si bassement
soupçonnée! Mais où étaient-ils? Je parcourus le parc dans
toutes les directions sous les lueurs pâles des étoiles et de la
nouvelle lune filtrées par les feuilles des arbres. Je poursuivis
vite mes recherches partout, et le fait de n'avoir trouvé personne,
même dans le kiosque entouré de jasmins et d'oléandres, m'intrigua à l'extrême. Seraient-ils rentrés par une autre porte? C'était
possible. Ma rage d'avoir manqué cette occasion n'avait pas de
limites. Sans plus me faire des illusions de les rencontrer, je choisis comme chemin de sortie l'allée latérale où, quelques semaines auparavant, j'avais parlé à Marguerite. Ce fut plutôt par
instinct que je pressentis soudainement une étrange présence
dans les ténèbres, à cet endroit couvert de châtaigniers touffus
et entouré de bosquets. Je me collai à un arbre, retenant ma
respiration pour ne pas me trahir; et, comme une bête de la
forêt, je dilatai les narines pour humer la proie ou l'ennemi.
    Je trouvai Marguerite et Paul exactement sur le même banc
où nous nous étions assis la dernière fois, elle et moi. Une faible lumière pénétrant de la rue par la grille du parc et à travers

le feuillage, me permettait à peine de voir leur ombre. Mais il me suffit d'entendre leur voix:

— Comment as-tu pu douter de moi?

— Douter de toi quand je sais très bien que tu faisais la noce chez lui, dans sa hutte!

— Tu continues à m'insulter, même maintenant, quand tu sais aussi bien que moi que *tu es le premier homme à qui j'aie appartenu et à qui j'appartiens*.

— Ça ne veut rien dire. Alors pourquoi hésites-tu à annoncer la date de notre mariage? Qu'attends-tu? d'être d'abord enceinte?

Je ne pus en croire mes oreilles. Je sentis l'envie de sauter sur eux comme un tigre assoiffé de sang et de les déchiqueter vite et sans pitié. Pour me retenir, je me frottai cruellement le revers de la main contre l'écorce de l'arbre, et la douleur brûlante que je ressentis me permit de me dominer.

— Paul chéri, nous nous sommes déjà tous mis d'accord pour l'année prochaine. Laisse-moi finir les...

— Non! Les choses ont changé depuis. Qui t'empêche de continuer tes études tout en étant mariée? Donc, j'ai raison lorsque je hurle que tu refuses toujours à cause de lui. Même maintenant... Tu crois que je peux oublier si facilement ta ridicule lettre d'amour? Tu couches avec moi et tu lui proposes de t'enfuir avec lui. Dis-moi si ce n'est pas comique ça!

Encore une fois, je voulus me précipiter sur eux. Si je m'étais baigné dans leur sang, je n'aurais pas assouvi ma haine. Je ressentais l'envie de les étrangler tous les deux à la fois et leur briser le cou dans les tenailles de mes mains. Je serrai les poings à les meurtrir, grinçai des dents à les broyer, en ayant l'étrange sensation d'écraser leurs gorges entre mes doigts. Plus tard, en pensant à ces moments les plus terribles de ma vie, je compris pourquoi Othello avait préféré l'étouffement au stylet en voulant punir sa femme.

— Combien de fois dois-je te répéter la même explication?

— Ouais! Je connais par cœur ta chanson à dormir debout. C'est lui qui est amoureux de toi, et ça t'indignait au commencement. Tu le gardais à distance et tu l'avais menacé de le mettre à la porte s'il t'adressait même un mot. N'est-ce pas?

— Oui, et c'est le temps de ne plus en douter.

— Et quand tu as vu qu'à cause de ton indifférence il perdait de plus en plus la raison, qu'il négligeait l'école et qu'il glissait sur la pente du vice, tu l'as sorti de la boue.

— Il était très malade, et ce genre de vie le détruisait; et je ne voulais charger ni ta conscience ni la mienne. J'avais pitié de lui...

— Naturellement, pour ne pas avoir de remords, tu devais le coucher dans ton lit. Par pitié... afin que la philanthropie soit totale.

— Tu sais très bien que c'est une calomnie.

— Je ne sais rien, mais je me tords de rire quand je pense à tes explications: pour le stimuler et le mettre sur le bon chemin, tu as joué la comédie et tu lui as laissé l'impression d'être follement amoureuse de lui.

— Oui, je n'avais pas le choix et je ne le regrette pas car, grâce à ce subterfuge ou cette comédie comme tu l'appelles, il a obéi docilement à toutes mes directives, et tu as vu le résultat. Toi-même, tu m'avais exhortée à l'encourager. Mais de là à me déclarer prête à le suivre nu-pieds à l'autre bout du monde...

— Que tu es drôle! Ce n'est pas toi-même qui lui avais écrit ces mots? Je vais faire encadrer cette lettre pour rafraîchir de temps en temps ta mémoire.

— Je devais jouer avec les mots, lui mentir autant que possible pour son propre bien. C'est pour cela que je t'avais demandé un dernier sursis d'un an. Il faut que je le prépare, qu'il mûrisse davantage, qu'il se rende compte par lui-même que je ne peux être que ta femme et qu'il n'appartient pas à notre monde. Je te jure que je n'aime que toi, mais si nous annonçons ce soir la date de notre mariage, on peut le trouver pendu demain.

— C'est exactement ce que je veux: faire d'une pierre deux coups. Et j'ai encore une autre surprise pour lui... Ce n'est pas pour rien que je lui ai envoyé le faire-part. Rentrons fêter nos fiançailles et anticiper ses funérailles. Ha, ha!

❑

Et c'est ainsi que, foudroyé au tronc de l'arbre, j'écoutai la vérité — l'incroyable vérité — de la propre bouche de la scélérate. Ils partirent, mais je restai toujours là, comme cloué au tronc. J'ouvris la bouche pour avaler de l'air et voulus crier, mais il me fut impossible de le faire. Je me mis alors à courir et à aboyer comme un chien. Pour pouvoir hurler plus fort, j'arrachai le col et les boutons de ma chemise. Il fallait que je m'éloigne le plus vite possible de cet endroit damné; et lorsque je pus articuler quelques mots, l'imprécation de Valentin bourdonna dans mes oreilles. Je commençai à crier: «Sois maudite, Marguerite! Sois maudite, maudite, maudite!» La haine et le désespoir avaient déchiré ma gorge, mais je continuais à hurler la même malédiction caverneuse que l'écho multipliait par des vrombissements qui semblaient venir d'un autre monde, directement de l'enfer. Je ne m'arrêtais de temps en temps que pour brandir le poing dans la direction du palais et pour hurler: «Sois maudite!»

En rentrant comme un tourbillon, j'oubliai de fermer la porte de ma misérable maison et m'écroulai sur une chaise, murmurant sans arrêt et machinalement la même imprécation jusqu'à ce que je m'assoupisse, engourdi par la torpeur et la fatigue.

XXX

Tout était clair pour moi maintenant, mais je pouvais dire comme Lydia: c'était trop tard. J'avais été trompé tout le temps et je n'étais qu'un pantin actionné par les fils de cette... garce hypocrite qui avait été pour moi l'image idéale de la pureté morale et qui m'évoquait la candeur de Vénus naissant de l'écume de mer. J'avais eu parfois des raisons de douter, mais je revenais peu après à mes fausses illusions, et, dans mon aveuglement, je ne me pardonnais pas d'avoir osé la soupçonner, car elle avait le don d'endormir ma vigilance pour me laisser croire que notre «amour» — dont elle se moquait — était unique au monde et éternel. Il est vrai que, sans la comédie diabolique à laquelle elle s'était prêtée, je n'aurais pas connu la gloriole de remporter le prix d'excellence, les succès comme étudiant de deux facultés, ni obtenu le titre d'avocat. Mon travail acharné, mes émotions, mes nuits blanches, mes efforts surhumains n'avaient qu'un but: celui d'assurer *notre* bonheur. Si elle savait qu'au bout de cette lutte, j'aurais été abandonné, *seul* à recueillir les fruits de mon triomphe, elle n'aurait pas dû me mentir et me donner de fausses illusions. Il aurait mieux valu qu'elle me laissât glisser sur la pente de la perdition pour que je trouve l'apaisement final dans mon anéantissement, au lieu de jouer avec mon âme et de me rendre si malheureux.

Nourri de maximes et de conseils qui abondaient dans les livres que j'apprenais par cœur, j'avais été séduit par leur sagesse et leur style brillant sans jamais concevoir que ces avertissements s'adressaient aussi à moi. Il en va ainsi dans la vie: nous pensons que tout homme est mortel, sauf nous. L'exemple de Razvan et de Julien Sorel, la mise en garde de Lydia ainsi que l'expérience amère de Boccace m'avaient impressionné, mais je me considérais à l'abri de tout danger parce que je me croyais heureux. Et mon réveil tardif fut terrible.

Depuis quand cette *sainte nitouche* que j'avais respectée et qui ne voulait pas «être traitée comme les autres», était-elle l'amante de Paul? Pourquoi me tourmenter davantage et essayer de reconstituer les faits? L'essentiel est qu'elle m'avait menti et qu'elle avait fait de moi un cobaye pour s'amuser. La magicienne s'était inspirée de la légende de Pygmalion mais, au lieu de tomber amoureuse de son œuvre, comme le célèbre sculpteur de l'Antiquité, elle avait insufflé de l'amour à la forme ciselée. Elle avait fait semblant de partager les sentiments du marbre animé, mais en réalité elle restait froide et indifférente afin d'étudier les ravages provoqués dans le cœur de sa créature.

Je n'avais jamais eu d'amis avec qui partager mes tourments et, de toute façon, je me serais conduit d'après mon cœur et non d'après leurs conseils. La preuve est que je ne fis jamais attention aux avertissements de Lydia. Comme je le disais, j'aurais dû me conduire au moins d'après les exemples trouvés dans mes livres, car chaque auteur raconte une expérience vécue, et l'histoire se répète toujours.

Malgré la haine que j'éprouvai contre ces livres qui avaient falsifié ma vie, leur poison s'était répandu dans mon sang et il me fut impossible d'arracher leur souvenir de mon cerveau, même dans la crise de désespoir dans laquelle je sombrais. Une expérience pareille à la mienne m'aurait peut-être apporté un certain soulagement, et voilà que maintenant, alors que j'étais déchiré par ce terrible chagrin, je pouvais réellement comprendre la souffrance de Jean le Tavernier, le personnage d'une ballade des poésies d'Octavian Goga.

Je trouvai en Jean un copain, un frère qui était passé aussi par les affres de la trahison, et je commençai à psalmodier les vers racontant sa détresse.

Verrouillé dans ma cabane sordide et pourrie, je pleurai jour et nuit comme le malheureux Jean, le tavernier du village, et, pendant ce temps, je ne touchai pas à un seul morceau de pain, ne buvant que mes propres larmes. Je ne sais pas combien de temps je restai ainsi, pareil à une bête blessée à mort qui languit dans sa tanière. Subitement, je me levai, poussé par un impérieux désir de détruire tout ce que je voyais autour de moi. Je déchiquetai le matelas et éparpillai les pailles partout. Je m'acharnai ensuite contre les livres en arrachant leurs pages, en les déchirant même avec les dents et les ongles. À bout de force, le râle sibilant de la mort dans la gorge, je mis le feu aux quatre coins de la chambre et n'en sortis qu'au dernier moment, suffoqué par la fumée épaisse qui se répandait avec les flammes. Il faisait noir, et les rues étaient complètement désertes. Sans tourner la tête ni me soucier de rencontrer quelqu'un, je marchai à pas mesuré en direction de la grille du jardin où j'avais gaspillé ma jeunesse. Je m'arrêtai un instant et, brandissant le poing, lançai une dernière malédiction, répétant à haute voix les mêmes imprécations que Boccace avait proférées contre Baia, ce port napolitain enchanteur, témoin et décor de son bonheur passé:

> Baia, que ton nom et ton site périssent!
> Que tes plages se transforment en forêts sauvages!
> Que de tes sources ne jaillisse que du venin!
> Que personne ne se baigne plus dans tes eaux!
> Que toutes tes joies soient changées en sanglots!
> Que ton golfe maudit soit évité par les marins!
> Que le nuage et le serein déversent sur toi
> DE LA FUMÉE, DU SOUFRE ET DU FEU!

D'un œil hagard, abruti et aveugle à tout ce qui m'entourait, je laissai mes pas me conduire comme si j'étais un navire sans gouvernail, à la merci du vent et de l'onde. Je parcourus les rues noires et étroites de la grande banlieue et continuai mon chemin à travers champs, sans m'arrêter une seconde.

Quel était mon but et qu'est-ce que je voulais encore?

> Ô Père,
> Je n'implore que la haine et la malédiction!
> Je veux sentir comment mon dernier soupir s'étouffe
>   dans ton souffle
> Et me noyer sans trace dans l'éternel néant.

balbutiai-je, en extase, répétant les vers qui faisaient irruption du fond de mon être et traduisaient mon dégoût atroce de moi-même.

Je ne ressentais plus le besoin de me venger, de tuer ni même de blasphémer les autres, et je ne voulais plus penser, rencontrer ou entendre la voix ou prononcer le nom de celle qui pour moi était morte et enterrée sous les débris de ma propre vie. Il n'y avait qu'un coupable: moi-même, et je méritais de recevoir le châtiment le plus humiliant pour avoir perdu si long-temps la raison et falsifié mon existence, m'être nourri de chi-mères. Si j'avais vécu au Moyen Âge, je me serais enrôlé dans la secte des flagellants, je me serais traîné dans la boue, j'au-rais couvert mon corps de haillons, je me serais fouetté devant tout le monde et aurais confessé à haute voix et à genoux, à tous vents, ma stupidité et ma folie d'avoir eu une confiance si aveugle en Dalila.

Je fuyais le monde et je cherchais à échapper à moi-même. Le seul compagnon que j'aurais voulu avoir aurait été le mal-heureux Jean, le tavernier du village. Il aurait été le seul à me comprendre.

Pauvre Jean, les dernières larmes qui me restaient encore, je les versai pour toi!

❏

Le lendemain, lorsque je m'éveillai, le soleil était haut dans le ciel et cuisant.

Comme si j'avais été en retard, je laissai vite en arrière la pierre qui m'avait servi d'oreiller et, par association d'idées, en m'adressant au soleil, je récitai à haute voix *La prière du Dace* d'Eminesco:

> Damné soit qui aura pitié de moi.
> Béni soit qui me persécute!
> Qu'on écoute chaque bouche qui s'ouvre pour se moquer
> de moi.

Qu'il soit renforcé, le bras de celui qui voudra me tuer;
Et que soit proclamé roi celui qui arrachera la pierre
Sur laquelle je voudrais reposer ma tête.
Que je passe la vie, chassé par tout le monde,
Jusqu'à ce que je sente mon œil tari de larmes.
Que chaque être humain devienne mon ennemi,
Que la torture et la douleur pétrifient mes sens.
Quand la haine la plus cruelle me paraîtra amour,
Alors, peut-être, oublierais-je la souffrance et pourrais-je
     mourir...
Et mort — inconnu et barbare —
Qu'on jette mon cadavre dans la rue.
Et toi, mon Père, mets une couronne riche
Sur la tête de celui qui ameutera les chiens pour déchirer
     mon cœur;
Et donne la vie éternelle
À celui qui jettera des pierres à ma charogne.

SECONDE PARTIE

Le chemin de l'injustice

Commençons par tuer tous les gens de loi.

SHAKESPEARE,
Henri VI, 2e partie

I

Parti sans savoir où me conduiraient mes pas, je ne cherchais qu'à fuir l'être artificiel que j'étais devenu et qui avait forgé mon malheur. Je me proposai d'effacer le tatouage et le fard accumulés pendant toutes ces années pour revenir à ce que j'aurais dû toujours être: un homme médiocre, simple et naturel, sans aucune ambition ni rêves au-delà de ses possibilités terrestres. Finis ma carrière intellectuelle, ma profession d'avocat et mes projets insensés! Il ne me restait qu'à vivre au jour le jour, coucher à la belle étoile ou dans des granges, sur la paille et souvent à même la terre; et, pour gagner un morceau de pain ou une place pour la nuit, je faisais toutes sortes de travaux: j'aidais les paysans à ramasser la récolte, je transportais sur mes épaules des sacs lourds remplis de blé ou de farine et acceptais toute besogne sans me plaindre, sans mendier ni tricher.

Surpris par des gendarmes sur la paille d'une écurie où j'avais fait mon lit pour la nuit, je fus emmené au poste et soumis à une minutieuse perquisition corporelle. N'ayant pas de papiers d'identité, je fus roué de coups pour devoir déclarer qui j'étais en réalité, le nom de mes amis, ce que j'avais volé et de quoi je vivais. Comme je ne disais que la vérité, sans parler de mes études ou du malheur qui m'avait forcé de fuir la capitale, je fus arrêté pour vagabondage et refoulé sous escorte, de poste en poste, jusqu'à Bucarest où on me retint pour contrôler ma situation militaire, car on croyait que j'étais un déserteur. En attendant, je fus astreint à des corvées d'homme de peine, de balayeur et de vidangeur dans les latrines et les salles désolantes du centre où étaient amenés, comme du bétail, tous les déclassés tombés dans les mailles de la police.

Finalement, ma véritable identité fut établie. Tout était en

ordre, mais, afin de pouvoir bénéficier d'un sursis d'incorporation, je fus requis de produire un certificat de poursuite d'études
supérieures. Devant mon refus, je fus envoyé directement au
centre de recrutement où, après un examen médical sommaire,
on me donna un papier d'incorporation dans la cavalerie. Le
secrétaire de la commission, un sergent qui s'était montré assez
amical, me prit dans un coin du couloir pour me dire à l'oreille
que j'étais sur la liste de la province, mais que si j'étais «prêt à
verser une contribution pour les vétérans de guerre, naturellement sans la prétention d'avoir un reçu», il pourrait me transférer à un régiment faisant partie de la garnison de Bucarest.

— De Bucarest!

— Oui, ici, au régiment de garde de Sa Majesté la reine
mère.

J'éprouvai une sensation terrible, comme si j'avais été amputé des jambes. Le régiment de cavalerie no 4, «La reine
Marie», était l'unité d'élite à laquelle appartenait Paul, le tyran
qui distribuait des gifles et l'ennemi mortel qui m'avait réduit au
vagabondage.

— Et si je ne te donne pas même un sou pour tes vétérans?

— Tu restes sur la liste de la province et tu seras envoyé
à cinq cents kilomètres d'ici, en Moldavie.

— Et si je te dénonce pour ta tentative d'extorsion?

— Oh, alors tu iras un peu plus près, à environ trois cents
kilomètres seulement, à Constantza, répondit le chenapan, sans
perdre son calme cynique. Il s'agit d'un régiment disciplinaire
de la région de Dobroudja, et là-bas, ils te feront oublier même
le nom de ton père et de ta mère.

— Tu n'oseras pas, dis-je, pour l'irriter, dans l'espoir qu'il
mettrait sa menace à exécution. Tu ne peux m'envoyer à Constantza! Tu ne veux que m'extorquer de l'argent mais je ne me
laisserai pas rouler.

— Je ne peux t'envoyer à Constantza? Es-tu prêt à parier
un paquet de cigarettes?

— Mais si, répondis-je, afin de le mettre au défi.

— Attends un moment!

Il entra dans le bureau voisin, discuta quelques instants
avec le sous-officier d'administration dont il était l'instrument, et

revint avec un papier. Il me demanda d'abord les cigarettes. J'en avais un paquet sur moi, cadeau du chef des gardiens pour la manière consciencieuse dont je m'étais acquitté de mes travaux comme homme de peine, mais je ne lâchai prise qu'après avoir vérifié minutieusement le contenu du document et m'être assuré que le timbre imprimé sur le papier était visible.

Comme je n'avais pas de domicile déclaré, je fus envoyé sous escorte au régiment n° 9 à Constantza, au bord de la mer Noire.

Avant de quitter la salle, bousculé par mon gardien qui disait que nous étions en retard et que nous manquerions le train, l'envoyé de mon dieu farouche cracha avec dépit et, en se grattant la tête, me dit, après m'avoir gratifié d'un juron très pittoresque:

— Tu dois être fou ou bête!

❑

Fou? À cent pour cent; mais pas terriblement bête si je réussissais à m'éloigner de l'endroit où mes souvenirs pouvaient être rafraîchis et mes blessures rouvertes. Affectation à une unité crainte pour sa discipline draconienne? Tant pis! La mortification de mon esprit viendra plus vite.

Mon gardien n'était pas trop bavard, mais il avait d'autres qualités: il était bourru, égoïste et violent. Bref, une canaille et demie. Il confisqua à son profit, et sans aucune explication, ma maigre ration: un bout de fromage de brebis rance et la moitié d'un pain bis; et il se mit en colère lorsque je lui dis que je n'avais pas de cigarettes et que je ne fumais pas.

La nuit, couverte de nuages, était humide et triste comme mon cœur. Dans un sinistre wagon de troisième classe, entassés comme du bétail, les gens dormaient pêle-mêle sur le plancher, sur les banquettes, à genoux ou accroupis, selon la place dont ils disposaient, et même debout, appuyés contre leurs bagages. La fumée de tabac était si épaisse qu'on aurait pu la trancher au couteau. Même le contrôleur du train avait du mal à se frayer un chemin parmi les gens qui gisaient par terre, à composter les billets à la lueur mourante venant du plafond et à l'aide d'une lanterne sourde accrochée à sa poitrine.

Se proclamant au service de «Sa Majesté», la brute qui m'avait en charge expropria une banquette entière et, après avoir attaché ma jambe à son bras avec une corde, s'endormit sans tarder.

Debout et serré contre la fenêtre, je regardais dans le noir, sans penser à rien, complètement abruti. Soudainement, je fus réveillé de mon apathie par un amical coup de coude dans le flanc. C'était un voyageur qui me faisait signe, pour attirer mon attention, sur le bout de corde qui traînait par terre et à laquelle j'avais été attaché, tandis que le caporal ronflait comme une contrebasse désaccordée.

— C'est le moment! File! me chuchota le voyageur.

Je secouai la tête en signe de refus, et l'inconnu, après avoir porté son index à la tête, siffla à mon oreille que j'étais bête; et il ne s'occupa plus de moi.

Quand on pense que seulement huit semaines auparavant, je passais encore pour une personne intelligente dans le milieu où je vivais! Et voilà que maintenant tout le monde était unanime à me considérer *bête*. Les gendarmes, le sergent du cercle de recrutement, le caporal qui m'emmenait au régiment, mon compagnon anonyme de voyage comme les autres personnages du monde militaire que je rencontrai par la suite, furent plus perspicaces et plus francs pour vite m'étiqueter, selon un critère instinctif mais infaillible, sans avoir la moindre idée de quelle stupidité j'avais été capable pendant tant d'années, gobant les mensonges d'une créature froide et perfide qui se moquait de moi et qui vivait en concubinage avec un homme qu'elle prétendait haïr.

❑

L'escroc du cercle de recrutement avait menti lorsque, pour essayer de m'épouvanter davantage, il m'avait assuré que le régiment de cavalerie n° 9 était une unité disciplinaire de Constantza. En réalité, un autre régiment, d'infanterie celui-là, qui aurait perdu son drapeau sur le champ de bataille, avait été relégué dans le sud de la Dobroudja — plateau marécageux et insalubre, près de la frontière bulgare — et était craint pour son régime d'une sévérité excessive. J'aurais bien voulu être envoyé là-bas. Pourtant, je n'avais pas trop de regrets, car «mon» régiment n° 9 n'était pas un pensionnat de demoiselles mais plutôt une maison de correction.

Livré en bon ordre, je passai par toutes les phases prescrites pour les recrues: visite à l'infirmerie des hommes — car il y en avait aussi une autre, pour les chevaux —, bain suivi de rasage *général*, consignation des effets civils — dans mon cas, des haillons —, inventaire des effets militaires, de la carabine et du sabre reçus, etc.

Quelques heures après, je nageais dans un uniforme vert, fait d'un tissu de crin, rude au toucher comme un cilice. Pour marquer l'arme à laquelle j'appartenais, des bottes raides arrivant jusqu'aux genoux, des éperons qui cliquetaient et entravaient mes chevilles au moindre mouvement, et un sabre trop long. Malgré mes efforts pour le garder à mon flanc, près du ceinturon, il traînait par terre avec le bruit d'une boîte de conserve attachée à la queue d'un chien vagabond. Dépaysé et maladroit, je pouvais donner le même spectacle que l'albatros de Baudelaire qui, pris dans son vol majestueux et forcé à marcher sur le pont d'un navire, amuse les matelots.

Le civil l'emportait sur le militaire, et je me comportais dans mon accoutrement comme si j'avais été encore dans mes habits d'autrefois. Lorsque je passais à côté d'un supérieur — et tous étaient mes supérieurs —, je saluais comme du temps où je portais un chapeau. Je tirais ma casquette, qui me paraissait si ridicule et incommode, et je me rappelais toujours trop tard que je devais me mettre au garde-à-vous devant un officier ou un gradé. Enfin, il m'avait été moins difficile, bien que mes efforts aient duré assez longtemps, de faire la différence entre *e, é, è, ê* et *ai* en français que de dire «Ordonnez?» au lieu de «Pardon?» si je ne comprenais pas un mot ou une question qu'on m'adressait.

Je portais pourtant à l'épaule un mince galon distinctif qui m'assurait un régime «privilégié». Ce galon signifiait que j'avais accompli des études supérieures et que, par conséquent, mon service militaire durait seulement un an, et non deux comme pour les autres. Je bénéficiais du droit aux vêtements neufs, de la permission de manger et de dormir en ville après quelques semaines d'instruction militaire, ce qui m'était inutile parce que je n'avais pas le sou; et, parmi d'autres avantages, celui de ne pas être battu.

Un Paul aurait donc pu me couvrir des pires injures, me faire incarcérer la nuit ou m'astreindre à des exercices physiques exténuants pour me punir ou satisfaire son sadisme, mais il n'aurait pas eu le droit de me frapper. Il aurait trouvé d'autres moyens, plus humiliants encore, pour piétiner ma dignité; mais comme Paul n'était pas là, j'étais indifférent au traitement auquel j'aurais pu être soumis.

J'arrachai de l'épaule mon galon distinctif mais, selon le règlement, le fait de ne pas l'exhiber était rigoureusement puni. En plus, je devais être envoyé à Targoviste pour me présenter à l'examen d'admission à l'école d'officiers de cavalerie. En cas de réussite, j'aurais été retenu là-bas jusqu'à la fin de mon service militaire et versé ensuite dans la réserve de l'armée avec le grade de sous-lieutenant.

Je mendiai la grâce de rester sur place et promis à mon capitaine commandant d'escadron de devenir un soldat modèle. Je prétendis que j'aimais bien mon unité, mes officiers et mes camarades. Il ne me permit même pas de continuer:

— Le départ est pour la nuit, hurla-t-il, et c'est tout!

Rien n'a ordinairement l'air plus faux que le vrai. Même un coucher de soleil nous paraît parfois une lithographie maladroite. Je ne raconte pas de fiction, mais la réalité dépasse la fiction. C'est presque incroyable, ce cercle de coïncidences: enfui de Bucarest pour ne plus rencontrer celle qui m'avait trahi ainsi que son amant, je fus ramené de force à la même place. Désigné à un régiment de cavalerie — la même arme dont faisait partie *l'autre* —, j'avais réussi à me faire envoyer loin de la capitale pour éviter d'être versé au régiment de Paul. Voilà que, de Constantza, on me força d'aller à l'école de cavalerie par où était passé aussi mon ennemi, et où je pouvais courir le danger de le rencontrer, car les anciens élèves revenaient à Targoviste en visite, en mission ou aux agapes. La réalité est que le monde est trop petit, et les directions contraires que nous pouvons prendre nous ramènent parfois au point de départ comme des boumerangs entre les mains du destin.

Sur le frontispice du bâtiment de l'école de cavalerie de Targoviste, une inscription en grosses lettres reproduisait une des plus profondes «pensées» qu'un de nos rois ait pu pondre: «L'homme à cheval est cavalier et chevalier en même temps.» Ce jeu de mots idiot me fit penser, glacé d'horreur, à l'odieux Paul qui avait passé aussi, quelques années auparavant, par la même porte, et pour qui une autre devise, comportant un autre jeu de mots, plus intelligent, de Cervantes, aurait été plus approprié: *Que el andar a caballo a unos hace CABALLEROS; a otros, CABALLERIZOS.* Hélas! traduit, il perd son charme: selon la façon de monter à cheval, on est cavalier ou garçon d'écurie. Dans le cas de mon ancien rival, *le caractère de la personne* faisait cette différence.

Après l'examen médical, je fus envoyé dans une salle où je rencontrai les autres candidats. L'épreuve écrite me rappela mon examen pour sauter la septième année de lycée. Les questions posées étaient d'une naïveté digne de la première année de l'école élémentaire. Je n'aurais pas dû en être surpris, pensai-je, car les sujets proposés correspondaient au niveau intellectuel de Paul. Pour me moquer de la commission d'examen et, naturellement, pour être plus facilement refusé, je m'évertuais à donner les réponses les plus ineptes, mais je sous-estimais mes examinateurs tout comme les conséquences de mes moqueries.

Convoqué devant la commission qui avait vérifié mon épreuve écrite, je fus admonesté par le président, un colonel aigre dont le visage me faisait penser à un bucrane, ce motif ornemental d'architecture constitué par une tête de bœuf décharnée.

— D'après la loi, le fait de donner intentionnellement une réponse erronée dans le but d'être refusé à un examen constitue un délit relevant du tribunal militaire et passible d'une peine d'emprisonnement d'au moins six mois. Tu n'es pas le premier à essayer de te dérober à l'honneur de devenir officier de Sa Majesté, car les gens préfèrent retourner au régiment où, comme on le sait, ceux qui ont des moyens s'arrangent mieux. Nous avons donné des sujets très simples, et ton empressement à faire l'idiot t'a trahi, ce qui veut dire que, de toute façon, tu n'es pas trop intelligent. La commission, sans perdre le temps de te soumettre à l'examen oral, te déclare à l'unanimité *admis*. Il ne te reste qu'à te réhabiliter et, pour un certain temps, tu feras l'objet d'une surveillance spéciale jusqu'à ce que tu t'adaptes à la discipline militaire et à l'éthique de cette illustre école. Maintenant, élève-officier, *dispooo-sez!*

Je m'inclinai très respectueusement devant la commission, retenant que j'avais été admis parce que, «de toute façon», je n'étais pas «trop intelligent», mais mon geste entraîna la colère du colonel:

— Seuls les laquais saluent ainsi. Un futur officier prend congé de ses supérieurs en se mettant au garde-à-vous, *sabots collés. Sa-bots col-lés* répéta-t-il, en hurlant si fort que je m'attendais à le voir foudroyé par une attaque d'apoplexie, mais j'en manquai le plaisir.

— Excusez-moi!

— Idiot, on dit: *À vos ordres, mon colonel.*

— À vos ordres, mon colonel.

— Dispooo-sez!

Je pris la position raide du garde-à-vous et, avant de sortir, m'inclinai encore une fois, instinctivement, conséquence de la «mauvaise habitude» acquise dans la vie civile. Je tournai les talons, ou plutôt les «sabots». Quelques instants après, je reçus dans le dos le tampon que le colonel venait d'appliquer sur une feuille.

❑

Mes études militaires commençaient très mal. *Les militaires valent mieux que les avocats*, disait Napoléon Bonaparte, et tous les officiers de l'école militaire étaient du même avis, mais l'empereur avait fait appel à des juristes pour la rédaction du code civil qui porte son nom, et non à ses maréchaux. Ce détail... insignifiant était ignoré de mes supérieurs, mais j'ai l'objectivité de reconnaître que la persécution dont je fus victime venait de mon refus de m'adapter à la discipline militaire et non du diplôme d'avocat que je possédais et qui ne me servait à rien.

II

Les futurs officiers devaient passer de dures épreuves avant d'être considérés dignes d'entrer dans l'élite de l'armée. Notre programme était très sévère et chaque minute chronométrée. Le moindre retard à l'appel, un bouton manquant, une botte qui ne brillait pas au goût de l'officier, une ceinture imparfaitement ajustée, un cheval étrillé et brossé minutieusement mais trouvé sale à l'inspection du commandant qui cherchait la petite bête, une dérobade aux obstacles ou une volte trop serrée ou trop élargie constituaient des «crimes» punis avec un sadisme inassouvissable.

La peine consistait en général en une «incarcération» dans une boîte-armoire ayant les dimensions d'un cercueil et où l'on introduisait le coupable, en position verticale. Les parois étaient si étroites que le malheureux ne pouvait même pas bouger les mains, qui restaient collées à ses flancs, bien serrées au corps. Un orifice pratiqué dans le bois, à la hauteur de la bouche, permettait la pénétration de l'air vicié provenant de la grande pièce, toujours fermée et sans fenêtre — la prison de l'école — où se trouvait la collection des cercueils alignés comme les momies dans un musée égyptien. La «sardinerie» fonctionnait seulement la nuit. Le lendemain, le «criminel» devait répondre à l'appel et participer au programme quotidien, pour être soumis, en compagnie de ses camarades, à un essorage en règle sous la pression d'un instructeur plein de vitalité, surtout que ce dernier avait bien dormi la nuit. Si la peine n'était pas encore complètement purgée, le coupable retournait au cercueil pour y passer la nuit suivante.

Cette punition médiévale était implacable. Conscient du plaisir qu'aurait éprouvé mon commandant en me faisant «emboîter» pour au moins une nuit, je fis de mon mieux afin de ne pas le satisfaire. Pour se venger, il persécuta tous les élèves appartenant au même peloton que moi. Sous prétexte de n'avoir pas soulevé la jambe au-dessus de la hauteur de la ceinture pour défiler au pas de l'oie, de ne pas avoir battu le pavé plus énergiquement jusqu'à secouer le bâtiment de l'école, de ne pas avoir été plus alertes aux ordres, de ne pas être montés à cheval et ne pas en être descendus exactement à chaque coup de sifflet, c'était la fin du monde. Pour être «réveillés» à la fin de la journée, au lieu de rentrer nous laver et nous réunir ensuite dans la grande salle à manger avant de nous retirer au dortoir, nous étions consignés dans un champ avoisinant pour un supplément d'instruction disciplinaire. Et c'est alors que nous étions soumis à «la vraie discipline»! *Garde-à-vous!* et, immédiatement après, au rythme d'une mitraillette: *À plat ventre! Debout! Couchés! Debout! À gauche! À droite! À terre! Debout! Tournez les talons! À plat ventre! Debout! À droite! Volte-face! Courez! Stop! À terre! Garde-à-vous!...* Les commandements se succédaient si vite que, pour les exécuter, on aurait dû être *en même temps* couchés à terre et debout, à gauche et à droite, courir et rester au garde-à-vous.

Naturellement, nos mouvements ne suivaient pas les ordres en cadence, et tout était exécuté en pagaille car nous ne savions plus où donner de la tête. Sous la pluie ou sous le soleil, le divertissement restait le même. Nous courions et nous nous précipitions dans la boue ou dans la poussière, mouillés par notre transpiration ou trempés jusqu'aux os par la pluie ou l'eau boueuse des flaques, comme des cochons. Si un camarade était frappé par une insolation, il était envoyé à l'infirmerie en compagnie de celui qui était le plus près de lui. Le malheur de l'élève qui s'évanouissait faisait le bonheur de son voisin de front. Quand l'officier commençait à avoir faim ou mal à la gorge, il nous commandait de nous aligner et nous demandait de lui répondre en chœur si nous serions plus disciplinés à l'avenir. Après la salve de «oui», il s'arrêtait devant moi, contemplant pendant quelques instants la crasse dont j'étais couvert, se mordait les lèvres pour masquer un sourire de satisfaction et, finalement, il nous ordonnait de rompre les rangs. Nous avions un répit d'un quart d'heure seulement pour nous laver, nettoyer nos vêtements et cirer nos bottes.

Si je me soumettais à toutes ces folies, ce n'était pas par crainte de la punition, mais par ambition. Dans chaque officier, je voyais un Paul et je ne voulais pas lui donner la satisfaction de me voir fléchir devant ces absurdités. C'était comme autrefois... et je me demandais comment finirait ce jeu mesquin. À ce moment-là, ce n'était qu'un concours d'endurance, placé comme je l'étais entre l'enclume et le marteau; et, dans ma détermination à endurer n'importe quelle persécution, je pensai à la moralité de la fable: il vaut mieux souffrir le mal que de le faire.

La colère du capitaine était à peine cachée quand il me voyait arriver le premier au rassemblement, en tenue impeccable, accompagné de mon cheval bien sellé et harnaché cinq minutes seulement après l'alerte sonnée, vers deux heures du matin. Une fois, après une telle manœuvre, nous fûmes renvoyés immédiatement au dortoir pour reprendre notre sommeil interrompu. Mort de fatigue — et pour cause! —, je commis une très grave infraction en me glissant sous le plaid complètement vêtu. Une heure après, une autre alerte. Je saute directement dans mes bottes et, en un clin d'œil, je fais mon lit, je cours à l'écurie et je me présente au rassemblement. Mes camarades sont lents à arriver. Entre temps, les «sabots collés», et tenant mon cheval en bride, je reste figé dans un garde-à-vous, regardant tout droit et faisant semblant de ne pas remarquer l'officier qui se promenait nerveusement dans l'attente du peloton. Et le miracle se produisit. Au lieu d'être fou de rage pour lui avoir échappé de nouveau, il se rapprocha de moi et, d'un geste amical, en tapotant ma poitrine bombée de la petite pomme de sa cravache, il me dit: «Pas mal élève, pas mal...!»

❏

Le lendemain, je fus appelé au rapport du colonel qui m'avait admis, malgré moi, à l'école. Après avoir examiné avec satisfaction ma tenue impeccable, il m'ordonna de prendre la position de repos avec une douceur dans la voix à laquelle je ne me serais jamais attendu. Il me demanda si j'étais heureux d'être un élève de leur prestigieuse école de cavalerie. Naturellement, ma réponse fut enthousiaste. Le colonel m'exhorta à continuer mon travail et à observer toujours la discipline surtout que, dans peu de temps, nous devions avoir l'inspection du général de division qui allait venir accompagné d'une poignée d'officiers d'élite sortis de la même institution à laquelle j'avais l'honneur d'appartenir. Comme le hasard voulait que je fusse avocat, j'avais été choisi pour tenir un bref discours de clôture dont le texte devait être soumis à l'avance au commandant.

Voilà ce que j'avais redouté! C'était plus que probable que Paul vînt aussi. D'autre part, il s'agissait d'une question de prestige personnel. Tant que le colonel, le capitaine et ses officiers subalternes m'avaient persécuté, je faisais l'impossible pour les défier et ne pas fléchir les genoux devant eux; et ma résistance avait poussé leur rage à son paroxysme. Maintenant, ils étaient très contents en pensant qu'ils avaient été plus forts que moi, qu'ils m'avaient dompté et qu'ils pouvaient donc me manier comme bon leur semblait. À cette pensée, j'eus envie de me frapper la tête contre les murs. Non, l'histoire ne devait plus se répéter! La paix avec «les Pauls» et la soumission à leur autorité étaient inconcevables, et si je voulais jouir d'un certain respect à mes propres yeux, je devais les défier et combattre, comme à l'époque du chemin interdit, au lieu de me plier à leurs aberrations et me laisser récompenser par des tapes amicales, comme si j'avais été un cheval auquel on donne un morceau de sucre et une caresse sur l'encolure quand il a sauté un obstacle avec succès. Et, encore une fois, être discipliné et «élève modèle» m'exposait au danger de me mettre au garde-à-vous devant Paul et lui donner la satisfaction suprême. Pour m'y dérober, il ne me restait qu'à faire le fou ou l'idiot. J'essayai les deux, pour laisser mes supérieurs diagnostiquer mes extravagances.

À la première occasion, je m'arrangeai pour être pris en défaut. Je fus très généreusement excusé, car «une fois n'est pas coutume». D'autres actes d'indulgence suivirent jusqu'à ce que fût touchée la limite de la tolérance. Je passai la nuit enfermé dans le cercueil comme une momie. Le matin, au programme, j'avais un bloc de marbre dans chaque botte. Je pris exprès mon temps, après trois tentatives infructueuses, pour sauter du cheval et pour y remonter au grand galop; et lorsque l'instructeur m'ordonna de redescendre, comme les autres, à son coup de sifflet, je fis la sourde oreille.

— Deux nuits d'incarcération.

Mon deuxième stage dans le cercueil vertical me fit penser à un roman très original de Jack London: *Vagabond parmi les étoiles*. Le héros, un professeur qui purgeait sa peine en prison, faisait volontairement des actes d'insoumission pour être puni cruellement. Il était serré dans une sorte de corset qui le pressait si fort qu'il perdait conscience. Plongé dans un sommeil léthargique, il revivait dans les moindres détails chacune des vies antérieures qu'il avait vécues. Je me proposai de devenir de plus en plus insubordonné pour avoir l'occasion de passer presque toutes les nuits dans mon cercueil-corset dans l'espoir de résoudre le mystère de mon existence avant mon réveil sur un lit de l'hôpital. Je m'arrachai quatre boutons du veston pour l'inspection du commandant de l'école.

— Quatre nuits!

Si j'avais su, j'aurais arraché tous les six, me dis-je.

Malheureusement, je devenais presque insensible à ce genre de punition et, au lieu de m'évanouir et errer parmi les étoiles, je dormais debout et je me réveillais très déçu le matin. Quoi faire? Redevenir élève modèle ou continuer mes séjours de nuit dans la boîte? La seconde solution me semblait plus facile surtout que le planton en garde de la prison, compatissant, couchait le cercueil par terre dès que tout danger d'être surpris par l'officier de ronde était écarté.

Je décidai de commencer à jouer la comédie, persuadé que, en mettant plus d'accent à mes actes de folie et d'irresponsabilité, je serais plus vite éliminé de l'école. Mes délits constants d'insubordination avaient déjà préparé le terrain.

Le matin, le ventre du cheval est toujours gonflé. Nous devions bien boucler les courroies pour fixer la selle, mais une demi-heure après avoir quitté la cour de l'école, nous faisions une «halte d'ajustement» pour vérifier s'il n'y avait pas de cailloux sous les sabots, autour des fers, et surtout pour resserrer davantage les attaches.

Avant de me présenter à l'appel du matin, je bouclais superficiellement les courroies qui serraient la selle. Quand le front était formé et que le sergent de jour donnait le rapport devant la ligne impeccable des élèves qui, présentant le sabre droit comme une cierge, se maintenaient immobiles sur leur cheval tenu en bride de la main gauche, je glissais soudainement avec la selle sous le ventre du cheval, comme si on avait graissé le faux quartier et la sangle; et on me trouvait toujours attendant docilement, étendu par terre.

Comme la chute se répétait chaque jour, le commandant ordonna à un gradé d'assister près de moi à l'opération du bouclage des attaches de la selle; mais le commandant avait omis de me faire surveiller pendant la halte d'ajustement quand, au lieu de serrer davantage les sangles, je leur laissais plus de jeu encore, en baissant de deux à trois crans. Conséquence: quand on partait au galop, on me perdait derrière, et l'escadron entier devait revenir sur ses pas pour me ramasser. Une fois, je ne fus pas loin de me casser le cou mais, comme on dit, c'était «le risque du cavalier», et la manière dont je fus malmené entre les sabots du cheval donna plus de crédibilité à ma mise en scène.

Une autre fois, je changeai mon cheval contre un autre, une jument de même couleur et de même taille. Lorsque je tombai sous son ventre, je poussai des cris désespérés:

— Au voleur! Au voleur! On a volé mon cheval!

Très intrigué, le commandant s'approcha et, après avoir jeté un coup d'œil, m'assura que c'était bien mon cheval de chaque jour.

Je m'entêtai tout en répétant:

— Non! Non! Non! C'est pas mon *vrai* cheval. J'ai mes propres signes d'identification.

— Lesquels?

— Je suis gêné de vous le dire, mon capitaine.

— Parle! C'est un ordre!

— Eh bien, dis-je, regardant encore une fois avec insistance sous le bas ventre de l'animal, mon cheval avait ici quelque chose de rond que celui-là n'a pas.

Ma réponse fit époque, et tout le monde conclut que j'étais faible d'esprit.

À une autre occasion encore, pendant les exercices aux obstacles, je tirai de toute ma force la bride du cheval vers la gauche pour lui faire contourner la barre.

Le capitaine claquait son fouet de manège et hurlait comme un forcené:

— Pas par là! Par ici, par ici!

Tout en continuant de tirer la bride pour faire passer le cheval à côté du poteau qui soutenait l'obstacle, je tapai de l'index la tête de l'animal et l'admonestai à haute voix:

— Félix, tu n'entends pas ce que te dit monsieur le capitaine? Es-tu sourd? Ne va pas par là!

Malheureusement, malgré mes mystifications, la situation restait la même. J'étais encore là, et le jour fatal n'était pas loin. L'idée qui m'obsédait, le danger de me trouver face à face avec Paul, me rendait réellement fou.

La veille de l'inspection du général, le colonel commandant en chef de l'école vint à l'écurie de l'escadron pour s'assurer en personne que tout était en ordre. Les chevaux étaient parfaitement alignés, tenus en bride par leurs cavaliers en uniforme de parade, au garde-à-vous. En passant d'une stalle à l'autre, le colonel découvrit que la selle de mon cheval était placée à l'envers. La partie plate, le trousseouin, était sur l'encolure tandis que le pommeau, l'arcade extérieure de l'arçon, qui doit épouser l'extrémité de l'encolure, était face à la croupe.

Le colonel piqua une crise de rage lorsqu'il constata surtout mon calme et ma mine innocente montrant que j'ignorais complètement ce qui se passait. Il m'ordonna de mettre tout de suite la selle comme il fallait. Je continuais à le regarder, en lui demandant des yeux ce qu'il voulait que je fisse. Énervé comme il l'était, il me traîna, furieux, par la manche du veston, et me promena devant tous les chevaux pour me montrer comment les autres avaient sellé leurs montures. Mais moi, j'étais encore loin de comprendre, prétendant que mon cheval était harnaché de la même façon. Quand nous étions au bout de l'allée, il me hurla de regarder la file parfaite que faisaient les autres pommeaux tandis que ma selle, mise en direction contraire, gâchait cette harmonie. Il me poussa brutalement jusqu'à la stalle où se trouvait mon cheval et cria à me déchirer le tympan:

— Compare maintenant ta selle aux autres! Tu as le devant en arrière et l'arrière en avant, et c'est pour ça que tu n'es pas en ligne avec tes camarades.

— Ah! Vous voulez que le pommeau de ma selle ainsi que le troussequin soient à la même ligne que celle de mes voisins?

— Oui, espèce d'imbécile! Et vite!

— Voilà, mon colonel, *vite*.

Très sérieux et sans me départir de mon calme, je tournai mon cheval sur place en le plaçant avec la croupe vers l'allée de l'écurie et la tête face à la mangeoire.

— Voilà, maintenant ma selle est dans la même direction que celle des autres, ainsi que vous me l'avez ordonné, dis-je plein de fierté.

❑

Le jour même, je fus renvoyé à mon régiment à Constantza pour finir là-bas mon année de service militaire. Dans le rapport, on indiquait que j'étais inapte à faire l'école militaire, faible d'esprit et paresseux. On suggérait de me soumettre à un régime spécial de discipline et de réadaptation.

C'est ainsi que je ne dormis plus dans un lit que Paul avait pu occuper pendant son stage à l'école de cavalerie, et je ne fus plus tourmenté à l'idée de le rencontrer un jour là-bas.

❑

C'est vers la fin du mois de janvier que je fus «livré» encore une fois au régiment n° 9 à Constantza.

L'hiver battait son plein, il faisait très froid et je ne rencontrai partout que désolation et pauvreté. La ville, avec ses vieilles maisons délabrées, à toitures composées de tuiles rondes, semblait gelée sous le ciel violet et triste, assaillie par l'immensité de l'eau, le Pont-Euxin du monde antique, la mystérieuse et farouche mer *Noire* dont le nom lui vient des anciens marins grecs qui la craignaient à cause des innombrables bateaux naufragés et des milliers de vies humaines englouties par ses vagues.

Là, à Tomes, en l'an 8 après le Christ, fut exilé Ovide, le gracieux et brillant auteur des *Métamorphoses* et de *l'Art d'aimer*, et c'est là qu'il finit sa vie en suppliant en vain, par ses *Tristes* et ses *Pontiques*, l'empereur romain et sa cour d'annuler son exil et de lui permettre de retourner à Rome.

C'est là, parmi les Scythes barbares, que le poète de la haute société romaine avait décrit les rigueurs de l'hiver qui sévit dans cette région. Il faisait si froid que, dans la barbe des rustres habitants, s'accumulaient des glaçons qui produisaient un tintement étrange de clochettes lorsque ces hommes parlaient ou faisaient un mouvement de tête. Même le vin gelait dans les pots. Pour le consommer, les gens brisaient le récipient, cassaient la glace et, *au lieu de boire du vin, ils le mangeaient en morceaux.*

Muni de mes papiers de recommandation ainsi que de mon état de service, je fus promu — malgré mes études universitaires et le galon distinctif «T.T.R.» — à la dignité d'homme de peine à l'écurie, en charge des déchets chevalins. Mon titre: *écureur.* Mes instruments: une sorte de boîte carrée, ouverte d'un côté pour le ramassage des ordures, et une palette pour faciliter la besogne; mais je me débarrassai vite de cet outil quand je réalisai que la main vide était plus efficace parce qu'elle pouvait parfaitement dégager, sans les briser, les œufs chauds laissés dans la paille par le noble quadrupède.

Il suffisait qu'on appelle: «Écureur, le crottin!» pour que je coure, muni de mon panier, et que je nettoie la place. Parfois, j'avais même la chance d'avoir la marchandise livrée directement dans la boîte, chose qui m'économisait la sale opération de ramassage. Par moments, j'étais appelé à plusieurs endroits à la fois, et mon manque de promptitude m'attirait les insultes et les menaces des soldats en train d'étriller les chevaux. À

Targoviste, j'avais été persécuté par les grands; à Constantza, par des petits, ce qui me faisait penser à Voltaire, tout en lui demandant pardon de le citer dans de telles circonstances: «Les hommes sont comme des animaux; les gros mangent les petits, et les petits les piquent.»

Énervé de ne pas me voir apparaître devant la stalle à l'instant même où il m'appelait, un vil — et pas un *petit* — caporal prit l'habitude de me faire courir pour rien et de s'amuser ensuite, à mes dépens, en changeant mon titre d'«écureur» en «TE-TE-RISTE», abréviation qui s'appliquait aux diplômés des écoles supérieures jouissant d'un régime spécial. Les autres l'imitèrent de bon cœur car le fait de voir un intellectuel réduit à un tel métier sale leur donnait un ascendant sur moi et leur offrait l'occasion de se moquer de mes études qui, quand même, diminuaient la durée de mon stage, tandis qu'eux, ils étaient condamnés à une année de plus de service.

— *Té-té-riste, le crottin! Té-té-riste, le crottin!* était le cri joyeux de tout le monde, et ils étaient si amusés et heureux de m'insulter ainsi, qu'ils n'en avaient jamais assez.

Je me prêtais insouciant à leurs injures et moqueries, conséquent comme je l'étais à ma prière adressée à Zamolxe, le dieu des fiers Daces, de me faire accabler de la haine et de la méchanceté de mes semblables, et d'être traité comme le dernier des derniers pour arriver à la mortification totale de mon être.

Je croyais, enfin, que tout brin de dignité était mort en moi quand, un jour, le vil caporal m'appela:

— *L'avocat, le crottin!*

D'un coup, je vécus les persécutions que j'avais connues du temps de Marcel le Renard quand je ne pouvais marcher sans béquilles et que j'étais la risée de mes camarades. Et je ne pouvais laisser traîner dans la boue le titre d'avocat pour lequel j'avais payé si cher. Le persiflage du caporal me fit penser aussi aux sévices de Paul et surtout à notre première rencontre quand il m'avait appelé «mendiant» et «ordure».

Je réagis comme un automate. Me trouvant à l'autre bout de l'écurie, car leur jeu voulait qu'on me laissât m'éloigner pour me faire parcourir ensuite rapidement le chemin le plus long possible, je courus muni de la pleine et lourde cargaison de la boîte que je n'avais pas encore eu le temps de vider. Le caporal voyait très bien que je m'efforçais d'arriver au plus vite, et pourtant, il hurla encore deux fois:

— Avocat, le crottin! Avocat, le crottin!

J'étais à bout de souffle et, arrivé devant lui, je constatai qu'il s'était agi d'un faux appel pour qu'il se moquât de moi davantage. Je m'arrêtai près de la croupe du cheval et suivis les convulsions du corps du caporal, secoué par le fou rire que lui procurait son mauvais tour. Sans hésiter un seul instant, j'avançai jusqu'à lui, entre la barre qui séparait son cheval et la stalle voisine, et je vidai sur lui toute la récolte ramassée dans la boîte. Pour parvenir à une entière satisfaction, j'enduisis très consciencieusement son crâne rasé, ainsi que son visage, de quelques œufs frais et chauds qui restaient encore collés au fond du récipient. Et je m'attardai surtout sur sa bouche. Le plus drôle, c'est que le sale blagueur, qui était un gradé, et donc mon supérieur, se laissa faire, docile comme un agneau, sans essayer un geste de défense. On aurait dit que la «savonnade» lui faisait plaisir.

La canaille est lâche — je pense aux autres qui s'étaient amusés aussi à mes dépens — et elle passa vite du côté du vainqueur, tandis que le caporal masqué pour le mardi gras fut l'objet de l'hilarité générale.

Grâce à ma vengeance, je reconquis mon titre d'«écureur» et commençai à jouir d'une telle considération, qu'un soldat, me réclamant auprès de son cheval, m'appela une fois:

— Monsieur l'écureur... s'il vous plaît...

Quand j'arrivai à la stalle, il tremblait de peur à l'idée que j'aurais pu prendre sa manière de s'exprimer pour une ironie. Il m'expliqua en balbutiant qu'il avait fait lui-même quelques années de lycée, qu'il était employé de bureau dans la vie civile et que le mot «monsieur» lui avait échappé mais que, de toute façon, il avait voulu me montrer son respect.

Je venais de sourire pour la première fois depuis la fameuse soirée qui avait changé tout le cours de ma vie. Mais cette constatation me ramena immédiatement à mon malheur.

❑

L'incident avec le caporal eut une autre suite favorable; je me fis un ami à vie, Jacques, et quel ami!

Jacques, béni soit son souvenir car ses peccadilles et ses folies, petites ou grandes, ont été largement compensées par la bonté naturelle et magnifique de son cœur généreux! C'est grâce à lui que je regagnai le respect de ma dignité humaine et c'est lui qui m'insuffla l'amour à outrance de la liberté. La même liberté pour laquelle, plus tard, il sacrifia, comme Caton d'Utique, sa vie.

Jacques était originaire de Bucarest et appartenait à une famille de gens aisés et très honorables. Récalcitrant et frondeur, il avait donné beaucoup de fil à retordre à ses parents qui avaient tout essayé, tant à l'école qu'à la maison, pour le ramener sur un chemin qu'il s'entêtait toujours à éviter. Éliminé de toutes les écoles secondaires du pays, il avait été envoyé à l'étranger, à Rome et à Paris, pour continuer ses études, mais il en était revenu plus indépendant encore après avoir laissé derrière lui des cœurs brisés, des dettes de bistros ou des notes d'hôtel impayées. Il avait donné son argent à ceux qui avaient demandé son secours.

L'approche de l'âge du service militaire avait été le dernier espoir de sa famille car, selon l'expérience des autres, la vie disciplinée de caserne change l'adolescent et le transforme en un vrai homme capable de prendre ses responsabilités.

Dans le cas de Jacques, il y eut encore une fois une exception à la règle. Le col du veston militaire le serrait un peu trop fort. Naïf comme Candide venant de vider son verre à la santé du roi des Bulgares, Jacques croyait aussi que c'est une aptitude innée chez l'homme de faire ce que bon lui semble et d'aller n'importe où, selon sa propre volonté, comme l'oiseau dans l'air et le poisson dans l'eau.

Découvrant que l'armée n'est qu'une forme d'esclavage qui ne devait plus exister dans une société moderne, il fit toujours de son mieux pour assurer son indépendance, sans se soucier du prix qu'il devait payer. Il est vrai que, sans l'argent de son père, il aurait depuis longtemps pourri dans une prison militaire. C'est ainsi que, au lieu de passer par la cour martiale, il avait été finalement transféré «disciplinairement» à Constantza où il lui restait encore à accomplir huit mois pour finir son long stage de deux ans.

Là, il réussit vite à tourner la situation à son avantage. Le «majeur» en charge de l'administration de l'escadron, étant largement récompensé par la famille de Jacques, l'employa comme fourrier et le garda auprès de lui. Pendant la nuit, la pièce où il travaillait lui servait aussi de chambre à coucher. Il lui était interdit cependant de quitter la caserne car, à sa première sortie en ville, il avait été ramené sous escorte. Bon vivant, généreux et sincère, il était aimé et respecté de tout le monde, soldats et officiers, et sa nature, éprise de justice, lui avait acquis beaucoup d'amis.

Présent par hasard à l'écurie pendant l'incident avec le caporal, il fut le premier à m'en féliciter et, une semaine après, grâce à ses interventions auprès du capitaine de l'escadron, je fus exempté de la sale corvée d'écureur et versé au peloton d'instruction. Jacques me prit sous sa protection et ne se sépara plus de moi jusqu'à son départ, pour ne pas dire «jusqu'à sa désertion». Étant sans le sou, je dépendais seulement, avant de le rencontrer, du régime ordinaire de la troupe: le même «café», qui n'avait du café que la couleur noire car son goût évoquait l'eau de vaisselle; un quart de pain bis et rassis, trois fois par jour; à midi, une gamelle remplie de l'éternelle «tchiorba», une sorte de potage aux fèves; le soir, même menu liquide. Une fois par semaine, une soupe bien assaisonnée, riche même, dans laquelle les veinards pouvaient trouver un petit morceau de viande cartilagineuse.

Jacques m'interdit de continuer ce régime «bon pour les cochons» et m'emmena à la cantine où il dépensait ce qui me semblait alors «une fortune». Devant ses insistances, il me fut impossible de me dérober et de ne pas lui tenir toujours compagnie à table. Pour mon propre moral, je lui donnai ma parole que je considérais comme un *prêt* seulement tout ce qu'il gaspillait pour moi, mais il refusait même de m'écouter. Je fus de bonne foi et je puis dire que je n'ai jamais manqué à une promesse. Pourtant, dans le cas de Jacques, le destin a voulu que je ne pusse m'acquitter envers lui que par ce modeste et émouvant hommage rendu à sa mémoire.

Malgré sa vie désordonnée, Jacques avait beaucoup lu, vu et médité. Sans être anarchiste, il haïssait les dictateurs et les tyrans de tous les temps. «Pour un être vivant, la liberté est aussi essentielle que l'air que l'on respire, et on ne peut subsister trop longtemps si on est privé de l'une ou de l'autre», disait-il. Et il me donnait comme exemple ce que Livingstone avait observé: de robustes jeunes hommes noirs destinés à l'esclavage en Amérique mouraient peu de jours après leur capture. Il me parla aussi du «quetzal» qui figure sur le drapeau du Guatemala. Cet oiseau est le symbole de la liberté absolue car il meurt dès qu'il est capturé. Mon ami me récita une fois un court et charmant poème d'un jeune poète roumain qui l'avait composé à un moment de révolte. Ce serait une trahison de traduire ces vers qui constituent un vrai joyau et qui se terminent par: *Donc, vive, vive la liberté de me servir de mon fusil!* Jacques ignorait lui-même qu'un jour cette liberté irait plus loin encore et que, au lieu de se servir de son fusil, il l'abandonnerait pour se rendre passible de la peine de mort.

Je racontai à mon ami mes souvenirs de l'école militaire ainsi que mes efforts pour m'opposer aux absurdités de mes supérieurs. Jacques fut plus qu'enthousiasmé. Le récit de mes exploits l'intéressa si vivement qu'il me promit de les imiter à la première occasion. Et cette occasion se présenta un jour.

Pour un mot jugé irrespectueux par le colonel commandant du régiment, Jacques fut renvoyé du bureau de l'escadron et obligé de se soumettre au dur programme quotidien d'instruction tout comme au régime qu'il comportait: le réveil à l'aube au son du clairon, la douche froide même quand le mercure descendait au-dessous de zéro, le «café», l'inspection, l'appel et le rapport matinal, l'entraînement militaire épuisant et ennuyeux, la «tchiorba» aux fèves, midi et soir, le manège, les voltiges, les cavalcades, les punitions, l'alarme sonnée en pleine nuit, etc.

Tant qu'il fut à côté de moi, il supporta toutes ces misères sans se plaindre mais, après ma chute aux obstacles et mon séjour à l'infirmerie, il devint de plus en plus impatient et nerveux. Il me rendait visite chaque jour, dès qu'il le pouvait, et n'oubliait jamais de me faire de petites surprises afin que rien ne me manquât. Un jour, je reçus par l'intermédiaire du timide camarade, l'employé de bureau dans la vie civile, un colis accompagné d'une enveloppe qui contenait une somme d'argent avec un petit mot: «Adieu, cher ami. Je n'en peux plus. Vive la liberté de se servir de son fusil!» Signé: *Jacques*. Il avait ajouté en post-scriptum l'adresse de ses parents à Bucarest.

C'est son propre père qui me raconta plus tard les détails et la suite de cette désertion.

Il était de faction et montait la garde à la porte principale du régiment. Il faisait noir, et le fait de rester debout sans bouger pendant des heures entières le rendait fou. Soudainement, il entendit des pas dans la rue. De sa voix de stentor, il lança dans la nuit:

— Qui va là?

Aucune réponse, mais le bruit des pas devenait encore plus fort.

— Qui va là? Réponds, sinon je fais feu! Halte-là!

Une voix féminine, d'un timbre enroué, se fit entendre:

— Jacques, c'est toi? Est-ce possible?

— Marie-Claire, c'est toi?

— Oui, mon chou.

— Que fais-tu à Constantza?

Ils devaient crier pour se comprendre car ils étaient assez éloignés l'un de l'autre et ne se voyaient pas.

— Qu'est-ce que je peux faire? Tu ne sais pas? Je travaille pour l'Hôtel de ville.

— Pour l'Hôtel de ville! Quelle sorte de travail?

— Tu ne sais pas, mon chéri? Je fais le trottoir.

— Marie-Claire!

— Oui, mon petit.

— As-tu de l'argent?

— À gogo, mon poulet.

— Alors, attends-moi quelques minutes!

C'est le temps dont il eut besoin pour courir au dortoir, entasser dans une boîte tout ce qu'il possédait, griffonner le billet pour moi et glisser l'argent dans l'enveloppe. Il prit aussi quelques secondes pour réveiller le commis de bureau et lui donner des instructions; et il s'enfuit immédiatement après en abandonnant, en souvenir, sa carabine dans la guérite.

Quelques semaines plus tard, il rentra chez ses parents à
Bucarest dans un état lamentable, sale, en haillons, exténué et
fiévreux.

Ses parents étaient au désespoir.

— Ils t'ont cherché trois fois. C'est le désastre! Désertion
et abandon d'arme en service commandé, crime puni de la
peine de mort, vu que le régiment se trouve dans un territoire
en état de siège. Qu'allons-nous devenir? Tu devais au moins
penser à ta mère! Comme as-tu pu faire une telle folie?

— Parce que je suis fou, comme mon ami, l'avocat...

— Qu'est-ce que tu veux dire?

— Que je suis *fou*, et donc *irresponsable* de mes actes.

Et il expliqua vite comment moi-même, je m'étais tiré en
jouant sur le même thème.

Sans perdre un instant, le père écrivit au général en chef
de la garnison de Bucarest que son fils Jacques, ayant piqué
une crise de folie, avait abandonné le poste pendant son service au régiment de cavalerie n° 9 à Constantza, pour errer ensuite de place en place, sans aucun but. Guidé plutôt par
l'instinct, il était arrivé à la maison dans un état épouvantable.
Son dérèglement mental empirait. Profitant d'un moment où il
était seul, il avait essayé de se pendre mais il avait été sauvé
de justesse.

Considérant la position sociale du père et son engagement
à tenir son fils à la disposition des autorités, et se basant aussi
sur le certificat délivré *ad hoc* par un de nos plus illustres psychiatres, le général ordonna au procureur en chef de la cour martiale de déléguer une commission médicale pour visiter le malade
au domicile de ses parents et faire rapport.

La commission, composée d'un médecin ayant grade de
colonel et de deux autres officiers dont l'un était aussi médecin
à l'hôpital des malades mentaux, et d'un sous-officier d'administration qui faisait office de greffier, se présenta à la somptueuse résidence de la famille de Jacques.

— Où est le jeune homme? demanda le colonel.

— Enfermé dans cette chambre, répondit la mère, le souffle entrecoupé par l'émotion.

— Vous le laissez *seul* quand vous savez qu'il a déjà essayé de s'enlever la vie? C'est un peu bizarre...! commenta le colonel.

— Il a fait aujourd'hui une crise terrible, intervint le père. Notre médecin lui a administré un sédatif et, selon ses recommandations, nous lui avons préparé une tisane de tilleul. Il est seul dans sa chambre mais nous le surveillons par le trou de la serrure.

Le colonel ouvrit la porte de la chambre du grand malade.

— Bonjour, mon garçon. Comment ça va?

Jacques, en pyjama et debout, était en train de boire l'infusion qui était, en réalité, du café pur. Il ignora le salut de l'officier.

— Bonjour, mon garçon, répéta le colonel, en mettant plus de miel dans la voix.

Mais Jacques donnait toujours l'impression de n'avoir rien entendu. Il regarda enfin, un à un, ses visiteurs et demanda soudainement:

— Où sont les pastèques?

— Mon garçon...

— *Les pastèques! Les pas-tèques!* Où sont les pastèques?

Les membres de la commission se tiennent coi.

— Vous voulez dire que vous n'avez pas apporté les pastèques? hurla Jacques d'une voix à faire trembler la terre. Sortez, sortez, bande de voleurs, sortez! continua-t-il, de plus en plus furieux, projetant en direction des intrus la tasse à demi remplie, la soucoupe et, ensuite, ses pantoufles. Où est le fusil? Ha, ha, ha! Où est le fusil pour m'en servir à volonté?

La commission se retira en débandade. Le sous-officier se sauva en premier, et le dernier membre de la commission qui sortit en bousculant le colonel, poussa vite la porte et la ferma à clef.

Tout s'était déroulé parfaitement quand, soudain, ne pouvant plus se maîtriser, la mère de Jacques éclata d'un rire convulsif, heureusement accompagné de larmes. Elle pressa le mouchoir contre son visage pour cacher son rire hystérique entrecoupé de hoquets. Les médecins prodiguèrent tout leur art pour tranquilliser la mère et prévenir ainsi un deuxième cas de folie dans la même famille.

Finalement, le colonel, d'accord avec ses collègues, se trouva dans la très délicate situation de communiquer aux parents éprouvés que, bien que le cas de leur fils fût très sérieux, sa maladie n'était pas incurable; et que, pour le faire soigner, il fallait mettre «le garçon» dans une maison de santé.

❑

Pour ne pas trop m'écarter du récit de ma vie, je parlerai peut-être à une autre occasion des aventures extraordinaires de Jacques parmi les vrais fous, leurs médecins, ainsi que de sa fin glorieuse.

Pour le moment, j'arrive à la double conclusion que la folie, même simulée, est une maladie contagieuse, et que, d'après La Rochefoucauld, *il arrive quelquefois des accidents dans la vie d'où il faut être un peu fou pour se bien tirer.*

III

À l'arrivée du printemps, j'eus ma première permission de sortir en ville.

Je vivais à Constantza depuis quelques mois, et pourtant, je n'avais pas encore vu la mer. Sous la lumière claire de la journée, la ville me semblait assez belle. Sur une place publique, vis-à-vis d'un restaurant où on commençait à disposer tables et chaises sur le trottoir, je trouvai la statue d'Ovide. La tristesse qui se dégage de son visage méditatif déchira mon cœur. Je devais arriver ici pour être réellement bouleversé par les vers désespérés du poète, que j'avais lus auparavant à la hâte. Ovide n'était plus pour moi un auteur latin, comme les autres dont j'avais pris connaissance à l'école, *mais un être humain qui avait souffert cruellement.* Arraché en pleine nuit de sa maison de Rome, il fut exilé pour toujours à Tomis, loin de sa patrie, de sa femme et de ses amis qu'il ne reverra jamais. L'ancien Prince de la poésie latine mena une existence si horrible dans ces lieux, chez les rustres Sarmates et Gètes, «les derniers peuples du monde habité», qu'il était torturé à la seule idée qu'après la mort corporelle, son âme errerait éternellement parmi les mânes des habitants «de ce pays affreux et barbare». Il implora donc sa femme d'obtenir la permission que ses cendres soient transportées et inhumées à Rome; et, dans ce but, il prépara son épitaphe:

Ci-gît Ovide dit Nasso,
Le chantre des amours tendres. Son talent causa sa ruine.
Ô toi passant, si jamais tu as aimé, arrête-toi un instant
Et dis: Que les restes d'Ovide reposent en paix!

Même ce souhait pieux ne fut pas exaucé. On ignore où les cendres d'Ovide ont été enterrées, mais son esprit est partout.

Je m'approchai et caressai le socle de la statue, comme si ce geste eût pu alléger les souffrances du passé, et je murmurai pieusement: «Que le repos de ton âme soit doux!»

❑

Arrivé au bord de la mer, je fus ébloui du spectacle le plus troublant que la nature m'ait jamais offert. Du haut d'une colline, je suivais les aller et retour des vagues, leur dentelle écumeuse, leur calme immobile suivi de leur déchaînement subit et impétueux. À perte de vue, rien que de l'eau dont la surface changeait de visage et de couleur à tout moment. On aurait dit que la terre finissait à l'endroit où je me trouvais et que, à l'horizon, même le ciel coulait dans l'océan. Le soleil touchant l'occident couronnait son apothéose avec une palette interminable de nuances pourprées. Je me sentis transporté dans un monde de miracles et de beautés sublimes.

La brise était légère et caressante. Suivant le trajet d'un bateau qui glissait paisiblement, je perçus la silhouette élégante du casino incendié dans les flammes du coucher du soleil. Non loin de moi, un jardin étrange soulignait les rochers noirs du littoral. Au centre de ce parc solitaire, je découvris soudainement le visage de l'ami de mes rêves et de mes souffrances: Eminescu. Plein de mélancolie, il regardait l'étendue illimitée de la mer et écoutait sa symphonie.

Sa dépouille mortelle repose dans un cimetière sélect de Bucarest, car il ne fut gâté qu'après sa mort, et son testament poétique fut symboliquement respecté par ceux qui érigèrent son buste ici:

Il me reste un seul désir:
Qu'on me laisse mourir

Dans le calme du soir
Au bord de la mer.

Que mon sommeil soit léger
Et la forêt près de moi;
Que j'aie un ciel serein
Sur la surface étendue de l'eau.

Avec la même impulsion pieuse qui m'avait fait toucher la pierre, en passant près de la statue d'Ovide, je me rapprochai du socle et collai ma joue au marbre froid.

Vénus, l'étoile du berger que nous appelons «Luceafer», du latin «Lucifer», «faiseur de lumière», traçait un long fil d'argent sur l'étendue estompée des eaux.

Descends, descends, doux Luceafer,
En glissant sur un rayon de lumière,
Pénètre dans ma demeure et mon esprit
Et éclaire ma vie!...

Cette évocation me fit frissonner et je quittai en toute hâte l'endroit.

Sur le chemin du retour, je n'arrivais pas à chasser le souvenir fascinant du Prince de l'étoile et de la candide fille de l'empereur. Je faisais des gestes comme si j'avais voulu éloigner un essaim d'insectes qui m'envahissaient de partout, mais les vers du poème d'Eminescu martelaient mes tempes et je ne pouvais les chasser. Je revis alors cette princesse belle, qui me rappelait Marguerite, contemplant chaque nuit le «Luceafer», la troublante étoile du berger. Elle finit par se persuader que l'étoile était en réalité un prince charmant et en tomba éperdument amoureuse. À son tour, le Prince de l'étoile, en regardant chaque nuit la fille à la fenêtre du château, s'éprit d'elle. La belle princesse le supplia de venir chez elle et, finalement, le Prince glissa sur un rayon de lumière et pénétra doucement dans sa chambre.

Son image est très étrange;
L'ombre de son visage transparent
Est blanche comme la cire.

Un beau mort aux yeux vivants
Qui brillent fortement.

Il veut l'emmener chez lui, dans les cieux ou au fond de
l'océan, dans des palais de corail, et faire d'elle la reine de toutes
les créatures des eaux, mais la princesse refuse de le suivre car
leur destin est différent. Ils appartiennent à d'autres mondes: elle
est mortelle tandis que lui est immortel.

Ton œil me glace...
Et pourtant tu es si beau
Comme seulement dans les rêves
Les démons peuvent se montrer.
Mais je ne prendrai jamais
Le chemin par où tu es descendu.
Et si tu veux réellement que je t'aime,
Descends sur la terre et sois mortel comme moi!

Le prince, pour montrer la force de son amour, est prêt à
faire le sacrifice total et se propose de demander au Roi de
l'Univers de lui retirer l'immortalité et lui permettre de vivre sur
la terre.
La description du voyage sidéral du Prince de l'étoile est
ahurissante. Il parcourt, en quelques instants seulement, des chemins qui auraient demandé des milliers d'années de vol:

En bas, un ciel entier parsemé d'étoiles,
En haut, un autre ciel d'étoiles;
Et, dans sa course haletante, paraît
Un éclair, ininterrompu, errant parmi les astres.
Là-bas, où il arrive, il n'y a ni frontière
Ni possibilité de comprendre ce qu'on voit.
Et le temps fait de vains efforts
De naître des abîmes...
....
....

Reprends, bon Dieu, ma couronne d'immortalité
Et le feu de mes regards!
Et rends-moi, en échange,
Une heure d'amour seulement!

Mais le Père de l'Univers est intransigeant dans son refus:

Demande-moi n'importe quoi,
Mais pas la mort, car c'est impossible.

Le prince insiste et supplie le Sage des Sages de le délier de sa mission éternelle et de le rendre heureux.

Heureux s'il est mortel? La première faculté que perd un amoureux, c'est la raison.

Pour qui veux-tu mourir?
Tourne ton regard
Vers cette terre éphémère
Et vois ce qui t'attend!

Et que voit-il? *Sous les tilleuls du jardins du palais, la princesse est enlacée dans les bras d'un jeune homme.* Ils s'aiment avec l'innocence et le mystère que le sentiment de l'amour éveille dans leur cœur jeune et les rend si heureux.

Le prince de l'étoile a tout compris et, dédaigneux, reprend sa place dans le firmament. Aucun remords de la part de la princesse! Au contraire, quand elle revoit le scintillement de l'étoile, elle ose lui demander, avec la même candeur du passé, une dernière faveur:

Descends, descends, doux Luceafer,
En glissant sur un rayon de lumière!
Pénètre dans la forêt et dans ma pensée
Et éclaire mon bonheur!

Les feux de l'étoile palpitent comme par le passé, mais le prince refuse de répondre à cette prière et, de sa hauteur, envoie vers la terre le défi de l'immortel:

Qu'est-ce que cela te fait, être d'argile,
Si c'est moi ou un autre?
Vous, en vivant dans votre cercle étroit,
Vous êtes à la merci du hasard
Tandis que moi, dans mon monde,
JE RESTE IMMORTEL ET FROID.

❏

Je venais de revivre ma propre tragédie, mais il me fut
possible, pour la première fois, de me pencher sur la réalité avec
objectivité. La fille que j'avais considérée si pure et si fidèle
n'était qu'une créature perfide et menteuse. Ce sont mes sentiments et mon imagination qui l'avaient ennoblie et divinisée, et
je ne devais donc pas regretter de l'avoir perdue. C'était faux
aussi de penser que nous venions de deux mondes différents à
cause de nos origines sociales. C'est plutôt elle qui ne faisait pas
partie de la classe des gens honnêtes, sincères et loyaux à laquelle je pouvais avoir la prétention d'appartenir. Elle n'était
qu'un faible être mortel qui, servant seulement une cause de la
nature dont les lois ignorent la morale, avait choisi ce que ses
intérêts et ses penchants charnels lui avaient dicté. Quand elle
ne veut plus du prince de l'étoile, parce qu'il appartient à une
autre classe, elle est dénuée de tout scrupule et se jette dans les
bras du page de son père. Entre Marguerite et moi a donc existé le même abîme moral et physique qui séparait le prince
immortel de la princesse terrestre; une distance plus longue que
celle d'une planète à une autre. Au lieu d'essayer de me détruire
et de m'infliger les souffrances les plus cruelles pour oublier mon
chagrin, j'aurais dû me soulever au-dessus de ma faiblesse, rester
impassible au coup reçu et réagir froidement, comme un immortel, car mes sentiments tenaient plutôt du domaine divin, tandis
que la trahison est le propre de ce qui est vulgaire et passager
sur cette terre.

Grâce à l'évocation du poème d'Eminescu et à sa vraie interprétation, je venais de constater que Marguerite n'avait été
qu'un insignifiant être d'argile et qu'il ne me restait qu'à la considérer loin de moi et très bas, dans le cercle où seulement le
hasard conduit les mortels.

❏

Je payai ma dette à Sa Majesté et finis ainsi mon année de service militaire avec le grade de sergent.

Prêt à rentrer à Bucarest, je me retrouvai plein de confiance en moi et complètement guéri.

Après avoir connu l'*Enfer* de ma jeunesse et être passé par le *Purgatoire* de Targoviste et de Constantza, au moment où je me préparais à monter au... *Paradis*, je me considérai, comme Dante, «digne de regarder les étoiles».

IV

Le chemin du retour fut très réconfortant.
En passant sur le glorieux pont du Danube, je tins à saluer en militaire les deux fantassins géants en pierre qui montent éternellement la garde à l'entrée de l'imposante structure métallique.

L'automne était si épris de la beauté de mon pays qu'il avait presque oublié de céder sa place à l'hiver misérable, et, en ouvrant sa boîte remplie d'un babel de couleurs, il avait transformé la nature en un paradis qui aurait pu éveiller même la jalousie et l'admiration des habitants du jardin d'Éden. Dans la lumière douce du soleil, la brune paraissait une pluie fine de poudre d'or qui descendait doucement sur une forêt de merveilles. En bas, dans les vastes lacs formés entre les deux bras du fleuve, les roseaux empourprés et en haillons jaunis frémissaient dans un rythme berceur sous la baguette invisible d'un vent léger et caressant. La feuille qui venait de tomber de la branche d'un arbre et qui vola vers la terre comme un papillon épuisé de fatigue me fit réciter, malgré moi,

> Un rayon de soleil se posa sur une feuille
> Mais le fardeau était trop lourd et la feuille s'écroula...

et je me torturai ensuite pour me souvenir du nom du poète roumain qui en était l'auteur. Je ne me pardonnai pas d'avoir brûlé mes livres et surtout *L'Anthologie de l'automne* qui contenait des trésors inestimables.

Je me proposai de chercher ce livre, depuis longtemps épuisé, chez les bouquinistes, et même au risque d'errer affamé dans les rues de Bucarest, j'étais prêt à vider mes poches du dernier

centime si j'avais la chance de trouver le précieux volume. Je
me demandais déjà ce que je ferais en cas d'échec ou si, une
fois le livre trouvé, son prix dépassait mes maigres moyens. Pour
ne pas gâcher le plaisir que j'éprouvais devant la fête triomphale
de la nature, je me consolai vite en pensant que je pourrai aussi
bien copier le livre à la bibliothèque de l'Académie roumaine
ou me mettre à préparer moi-même un recueil complet contenant le trésor de toutes les poésies roumaines consacrées aux
beautés de l'automne. Je lirai encore une fois tous les poètes,
et mon anthologie sera donc à jour et sans aucune omission.
J'y inclurai, par exemple, le fameux *Pantoum* de Cincinat Pava-
lescu, chef-d'œuvre intraduisible, ainsi que les *Rhapsodies d'automne* de Toparceano, et surtout la *Ballade d'un petit grillon* du
même auteur.

   Il me suffit de penser au pauvre grillon pour m'apitoyer sur
son chagrin:

> Devant l'avance menaçante de l'automne déchaîné
> Un petit grillon est sorti
> De sa minuscule maison d'argile.
> Il était noir, taché d'encre,
> Et ses ailes étaient saupoudrées de brume.
> Cri, cri, cri,
> Automne gris,
> Je ne savais pas
> Que tu viendrais avant Noël;
> Autrement, j'aurais pu
> Ramasser quelques grains
> Pour ne pas être obligé
> De demander un prêt
> À ma voisine, la fourmi,
> Car elle ne m'en donne jamais.
> Et puis, elle dit à tout le monde
> Que j'ai frappé à sa porte pour mendier.
> Mais maintenant (soupira-t-il
> levant sa petite patte) tout est fini.
> Cri, cri, cri,
> Automne gris,
> Oh, que je suis si petit et si malheureux!

❏

Lorsque je descendis sur le quai de la gare centrale de
Bucarest, j'eus un sentiment contraire au pessimisme du misérable grillon. Je ne me sentais pas du tout petit et malheureux,
mais grand et heureux. Content de ne pas être tombé à genoux
devant la méchanceté et la bêtise humaine; et sans me préoccuper de la rigueur de l'hiver qui n'était pas loin, je pouvais me
flatter en pensant que l'automne, paré de ce qu'il a pu inventer de plus beau, avait déroulé pour moi son somptueux tapis
de feuilles d'or et d'airain pour me souhaiter la bienvenue.

V

Je rentrai à Bucarest pauvre comme Job, mais je ne voulais pas m'en faire pour le lendemain. Sans abri et dans les vêtements que j'avais portés avant l'arrivée au régiment, j'aurais pu être pris pour un clochard.

Heureusement, dans le quartier de la gare se trouvait la maison des parents de mon ami Jacques, et je ne pouvais oublier combien ce dernier avait insisté pour que je passe chez eux dès que je serai rentré à Bucarest.

Chaque fois que je pensais à Jacques, j'avais un serrement de cœur, et j'étais très impatient de savoir ce qu'il était devenu. J'ignorais encore la comédie avec les pastèques et j'avais donc toutes les raisons d'être inquiet.

La bonne qui ouvrit la porte, voyant à qui elle avait affaire et pensant que j'étais un mendiant, me répondit d'un ton acariâtre que «monsieur et madame étaient à table» et me conseilla de téléphoner le lendemain.

— Dites à monsieur, s'il vous plaît, que je viens de rentrer de Constantza, du régiment, et que je suis le camarade de Jacques!

Elle n'eut pas le temps de bouger pour transmettre ma «carte de visite». Un monsieur alerte et jovial se précipita vers moi. Il me contempla un moment et, ouvrant largement les bras, me fit signe de me jeter à sa poitrine, et m'embrassa avec tendresse comme si j'avais été son propre fils. Il me donna l'impression qu'il me connaissait depuis toujours et, en se passant de toute explication ou formalité, m'appela par mon nom.

— Jacques m'a tout raconté. Il vous aime bien et je suis très fier qu'il ait un ami comme vous. Qu'est-ce que je dis? qu'il vous aime? Il vous adore, et je suis persuadé que vos sentiments pour lui sont pareils.

— Que devient-il?

— Il va *bien, très bien.* C'est grâce à vous qu'il est sauvé.

— Il est donc libre?

— Pas encore.

— Il est donc en prison!

— Oh, non! Retiens ton souffle, mon garçon! Il est dans une maison de santé et mène une vie de pacha.

Il rit avec une telle satisfaction qu'il me fut facile de comprendre que les choses s'étaient très bien arrangées.

À table, il me raconta l'histoire des pastèques, inspirée à Jacques par mes propres efforts pour être renvoyé de l'école militaire.

— Je ne sais pas comment nous nous serions débrouillés s'il ne vous avait pas rencontré. Vous lui avez sauvé la vie, conclut-il, secouant lentement la tête.

Nous restâmes très tard dans la nuit. Le père de Jacques était un très charmant causeur, et c'est ainsi que j'appris de qui le fils avait acquis ce don. J'aurais aimé que le temps de nous séparer n'arrivât pas trop vite.

— Assez pour ce soir, mon garçon! Tu dois être fatigué après un stage si long dans l'armée et une dizaine d'heures de secousses dans le train. Ta chambre est en haut. La chambre de Jacques. Sans façon, et ne gâche pas notre plaisir!

Et c'est ainsi qu'il mit fin à notre agréable entretien.

— Ici, à côté, c'est la salle de bains. Tout est préparé: ton linge, ton pyjama, tes vêtements pour demain. Oh, que tu nous fatigues! Tu dois faire ton entrée au Palais de justice et te présenter comme il faut, ajouta le père. Nous en parlerons demain. Prends ton temps et repose-toi bien, car tu le mérites! Bonne nuit, mon garçon.

À peine sorti, il entrouvrit la porte pour me dire:

— Jacques sera vraiment *fou* de joie quand il le saura.

Je pris un bain chaud pour la première fois après presque un an et demi passé dans la boue, dans la poussière et dans l'écurie; et je me reposai dans un lit digne d'un roi. Mon sommeil fut plus léger et plus doux que celui du plus fortuné des empereurs qui aient jamais régné sur cette terre.

❏

Le père de Jacques fut aussi un vrai père pour moi. C'est lui qui pensa à tout ce qu'il me fallait pour faire les premiers pas dans la profession; et, toujours grâce à lui, je commençai mon stage auprès d'un maître qui m'encouragea et m'honora de toute sa confiance.

Malheureusement, quelques mois après, mon généreux bienfaiteur fut frappé d'une grave maladie à laquelle il succomba. Je remplaçai aux funérailles Jacques, toujours retenu à l'asile. Sa propre douleur n'aurait pas pu dépasser la mienne. Je ressentais le besoin d'aller de temps en temps me recueillir sur sa tombe. La dernière fois que je fleuris son lieu de repos, ce fut au début du mois où je m'enfuis du pays. J'ignorais, quand je sortis du cimetière, que je n'y reviendrais plus. À cause de mon départ, j'ai le sentiment d'avoir perdu le père de Jacques pour la deuxième fois, mais son émouvant souvenir et ma profonde reconnaissance sont demeurés inaltérés dans mon cœur.

❏

J'appris par hasard que Marguerite s'était mariée peu après la fameuse soirée de ma disparition, et qu'elle était l'heureuse mère d'une fille. La fastueuse cérémonie avait été célébrée — on dirait comme un défi pour moi! — à l'église «La princesse Balasa» qui se trouve vis-à-vis du Palais de justice de Bucarest.

La cynique traîtresse, présumant que j'étais mort, n'avait plus voulu perdre son temps et respecter au moins un... «deuil» de quelques mois!

Malgré ma résolution de rester «immortel et froid», je me mordis les lèvres jusqu'au sang et fus jaloux de son bonheur.

VI

Je n'entrai pas dans la profession par «la porte principale», pour utiliser le mot de mon rival, quand je lui avais dit que je serais le secrétaire du bâtonnier. Je fus obligé de prendre l'escalier de service et de lutter durement pour monter chaque marche.

Mes premiers procès consistaient en une brève «plaidoirie» stéréotypée pour laquelle je n'aurais pas eu besoin de frotter mes coudes tant d'années sur les bancs des amphithéâtres universitaires. Je «défendais», par délégation reçue de mon maître, des gens accusés de délits mineurs, comme ceux prévus par la loi établissant l'heure de fermeture des magasins et le repos dominical ou la loi sanitaire punissant les laitiers malhonnêtes qui étiraient leur produit en ajoutant de l'eau — pure, je suppose! — au lait.

Devant un procès-verbal rédigé par un inspecteur du ministère, et qui ne pouvait être combattu que par une inscription en faux, la «plaidoirie» était courte, pleurnichante et *mensongère* («Monsieur le président, soyez indulgent! C'est la première contravention de mon client»), car, très souvent, un pêcheur pareil était un récidiviste irrémédiable.

Après le jugement qui imposait une amende ridicule — le minimum prévu par la loi —, suivait un appel au Tribunal. À la date fixée, l'inculpé, sur mon conseil, ne se présentait pas. On logeait une opposition afin de remettre l'appel à l'état initial. Le Tribunal rejetait cet appel. Il s'ensuivait un recours en cassation. Toute cette comédie pour gagner du temps dans l'attente de la fête nationale du 10 mai, quand ces délits dont les procès étaient encore sur le rôle des instances judiciaires étaient pardonnés. La procédure pénale était gratuite, venant d'office, et, grâce à la bienveillance du régime, l'amnistie royale donnait de plus en plus de chance à la population pauvre de nourrir les enfants avec de l'eau dans laquelle le pourcentage de lait ajouté dépendait de la générosité ou de la gourmandise du laitier.

Ma clientèle était nombreuse, et j'acquis vite la réputation d'être «l'avocat des laitiers», un titre aussi humiliant que le sobriquet «l'avocat» lancé à l'école par Marcel le Renard ou «monsieur l'écureur» à Constantza.

Avec le temps, le Service sanitaire devint de plus en plus actif. On institua un casier pour ce genre de contraventions, et l'amnistie royale omit d'inclure dans la liste annuelle les délits contre la santé publique. Quant à moi, j'en avais assez de ces procès ainsi que de la complicité à laquelle je me prêtais pour m'assurer une poignée de monnaies, mes «honoraires».

❑

Une délégation de l'assitance judiciaire du barreau pour défendre, devant la Cour d'assises, un vieillard indigent qui avait tué son gendre à coups de hache m'envoya soudainement dans «les cas» dont rêve chaque jeune avocat.

Je m'adaptai vite aux mœurs et à l'atmosphère du Palais de justice et je suivis de près les grands — véritablement grands — maîtres du barreau. Parfois, en cas d'accusés conjoints, je me trouvais à côté de ces illustres avocats ou je les avais comme adversaires quand ils représentaient la partie civile.

Le procureur général était un maître dans l'art de la parole, et ses réquisitoires, infailliblement documentés, étaient basés sur une logique tranchante et irréfutable.

Un jeune homme, pour prouver à sa jolie amie que son amour n'avait pas de limites, tua ses propres parents qui avaient refusé de lui donner de l'argent. La mère, étranglée par les mains nues de celui à qui elle avait donné le jour; le père, la tête broyée à coups de marteau. Le monstre dépeça les corps et jeta les morceaux dans un tonneau qu'il remplit de chaux. Après avoir tout raflé dans la maison — les modestes économies d'un humble fonctionnaire —, il partit en voyage avec sa maîtresse. Appréhendé en province avec sa complice, il se trouva dans le box des accusés, à l'aise, défiant, impertinent, et, pour la plupart du temps, cynique et souriant. Aucun moyen d'obtenir de lui une tenue décente ou lui faire saisir le sacrilège et les crimes abominables qu'il avait commis! Par contraste, sa complice avait couvert son visage de ses mains et pleurait tout le temps, parfois trop fort. C'était ma cliente.

Le procureur général exposa les faits avec un tel réalisme qu'on avait l'impression que l'ombre des deux innocents massacrés planait dans la salle. Pourtant, l'exécrable parricide souriait et semblait très amusé jusqu'à ce que l'accusateur public finît sur ces mots:

«Quand tu seras amené et ramené chaque jour aux salines jusqu'à la fin de ta vie scélérate, que les chaînes qui attachent tes chevilles et qui traînent par terre te disent, à chaque pas et sans cesse: *mère, père; mère, père; mère, père!*

«Quand tu serreras le manche de ton pic pour couper le sel, aie l'impression que tu serres le cou de ta mère et que tu broies le crâne de ton père!

«Quand tu goûteras à ta misérable nourriture, pense que tu plonges la cuillère dans la chair de tes parents, dissoute par la chaux!

«Quand, épuisé après une longue journée de labeur, tu voudras reposer tes os pourris, quand tu bougeras sur ton lit de damné, que chaque planche te dise: *mère, père; mère, père; mère, père!*

«Je te blasphème, monstre odieux!»

À ces mots qui tombèrent comme la foudre et avec le fracas du tonnerre, l'accusé, écoutant avec un visage de plus en plus crispé, s'effondra sur le plancher, et on eut du mal à le ranimer même après avoir versé sur lui des seaux d'eau froide.

Voilà un réquisitoire qui est plus terrible que la guillotine!

Il faut souligner qu'un réquisitoire pareil n'est possible que sous un régime pénal où la présomption d'innocence, propre au système judiciaire anglo-saxon, est inopérante.

La personne renvoyée devant la cour d'assises est reconnue coupable avant d'être jugée, et c'est à l'accusé qu'il incombe de faire la preuve de son innocence. Retenons aussi que les procès devant nos instances judiciaires, et surtout à la cour d'assises, lieu de prédilection des tournois d'éloquence, se déroulaient exactement comme en France, laquelle nous a toujours servi de modèle.

❏

À la reprise de la séance, le procureur général se déchaîna avec le même acharnement contre la complice du parricide. Ce magistrat était si respecté pour sa sagesse et son objectivité qu'aucun de ses réquisitoires n'avait été encore contredit par un verdict des jurés.

«Messieurs les jurés, ne vous laissez apitoyer ou séduire ni par le sexe ni par les larmes de cette personne! Nous avons assez abusé de cette absolution et de cette politesse vis-à-vis de ce qu'on appelle 'le sexe faible'. Menés par ce préjugé favorable, nous avons parfois sacrifié des gens de génie pour sauver des criminelles. Quand le bateau coule, il faut sauver d'abord les femmes. Violette Nozière, la fameuse empoisonneuse, doit être évacuée tandis que Pasteur qui lui cède sa place sur l'embarcation de sauvetage reste pour périr avec l'épave. Ne croyez pas à ses larmes non plus! Un proverbe espagnol dit: 'Femme, tu n'as qu'à pleurer et tu triompheras!' C'est cette femme, cette 'innocente', cette ingénue pleurnicheuse qui a eu la force diabolique d'instiguer un crime si inouï. Au nom de l'amour, qui ne demandait aucun sacrifice de sa part, elle a voulu tout avoir: l'amant, les cadavres des parents, leur argent, des robes, le plaisir de faire bombance, TOUT, TOUT. Cette vipère qui mord à l'improviste et se retire vite dans sa cachette, cette seiche qui tire ses profits et, pour se protéger, projette ensuite un liquide foncé derrière elle — les larmes qu'elle verse devant vous pour échapper aux conséquences —, voilà la sainte nitouche qui nie tout et ignore tout après avoir tout exigé et obtenu de son amant, et qui se traîne maintenant à vos pieds pour mendier grâce et absolution. Sans son insistance criminelle, le scélérat n'aurait pas osé aller si loin. Macbeth, bien que condamné par le destin, ne serait pas devenu un criminel monstrueux s'il n'avait pas été poussé par sa diabolique épouse.

«Je considère, en pleine et sereine conscience, du haut de la place que j'occupe pour la défense de la société, que cette femme est plus coupable encore que l'auteur matériel des crimes les plus horribles que nous ayons jamais connus.

«Je vous demande, messieurs les jurés, un verdict net, positif et sans hésitation, de culpabilité».

❏

Ma mission était très délicate, et je pus remarquer des sourires ironiques lorsque je me levai. À vrai dire, je n'aurais pas dû me présenter dans un cas pareil, mais, quand on n'a pas le procès qu'on aime, on doit aimer le procès qu'on a.

Pour capter la bienveillance générale, et par propre conviction aussi, je m'unis dès le premier instant à toutes les appréciations du procureur général au sujet des femmes, et j'ajoutai, à mon tour, quelques maximes célèbres stigmatisant le sexe dit «faible» mais qui, en réalité, régit nos faiblesses. Et pourtant, je me demandai s'il suffisait d'être femme et de se trouver à côté d'un parricide dans le box des accusés, pour être envoyée au bagne. Du fait que le procureur général a eu recours à des citations misogynes, il avait déjà montré un parti pris *contre toutes les femmes et les condamnait d'avance*; et, en ne se maintenant pas cette fois seulement dans le cadre du dossier, nous avons un indice très sérieux de la faiblesse de ses arguments ainsi que de l'inexistence de toute accusation qui puisse se tenir.

Préparé jusqu'au dents, je renversai un à un les arguments du juge d'instruction. Mes mots étaient simples, logiques et bien pesés; et, vers la fin, en insistant sur les preuves évidentes ainsi que sur les déductions qui s'imposaient, je secouai les jurés, la Cour, le public et même les vitres de l'imposante salle.

La réponse des jurés, en ce qui concerne la femme, fut «non», et celle-ci fut immédiatement remise en liberté.

Le lendemain, j'étais célèbre parce que le procès avait été suivi par le pays tout entier. Le procureur général tint à me féliciter chaleureusement. Ma photo paraissait dans tous les journaux, et les chroniqueurs judiciaires parlaient d'une «nouvelle étoile» qui venait «de se lever sur le ciel de notre justice».

Certaines journalistes ont parfois la parole trop facile pour réchauffer l'imagination du public.

❑

La «fille» me confessa plus tard qu'elle avait été bel et bien au courant des intentions de son amant et qu'elle avait eu connaissance du massacre avant de partir en voyage avec lui, mais elle ne s'attendait pas que «l'idiot» fasse tant de ravage pour un butin si maigre.

Vive les principes... éternels de la justice humaine!

VII

J'étais lancé sur une pente dangereuse. Pendant un certain temps, il n'y avait pas un seul crime passionnel où mon nom ne fût mentionné parmi les défenseurs, tandis que les journaux faisaient une large publicité à ce genre de procès. Toutes proportions gardées, les actes de violence étaient moins fréquents à l'époque dont je parle, et un meurtre était un événement qui bouleversait et passionnait le public surtout quand les protagonistes appartenaient à la haute société.

Avant de consentir à m'occuper d'un procès, j'examinais scrupuleusement les diverses circonstances des faits incriminés, les antécédents de l'accusé et de la victime ainsi que le mobile réel du crime. Je ne me présentais jamais pour la partie civile, car il aurait été plus facile d'obtenir une condamnation qu'un acquittement, et les feux de la rampe ne sont jamais braqués sur l'avocat de la famille de la victime qui demande une somme d'argent à titre de dédommagement. Les crimes crapuleux ne m'intéressaient pas, et si l'accusé m'était antipathique, je refusais nettement le procès ou, dans le même but de me dérober, j'exigeais des honoraires exorbitants que le client n'aurait jamais pu payer. Je pouvais suivre la même ligne de conduite en toute circonstance car mes revenus étaient fabuleux et ma clientèle sélecte m'achetait à prix d'or. J'avais un bureau très vaste et luxueux, et j'étais entouré d'une armée entière de secrétaires et de stagiaires. Avant de me fixer sur les arguments et les preuves requises par la thèse à défendre, j'examinais au microscope, point par point, les éléments de l'accusation, les moindres fissures dans les pièces à conviction, les arguments possibles et même les répliques imaginables de l'adversaire — le procureur général ou la partie civile — à ma plaidoirie qui devait être monolithique. D'après ma conception, qui n'était pas à mon honneur, un avocat doit être un acteur impeccable qui *vit* son rôle et s'identifie à l'accusé, car s'il ne se persuade pas que son client est innocent, même s'il s'agit d'une canaille et d'un tueur cynique, il n'aura pas l'élan nécessaire pour démontrer la justesse de la cause qu'il défend et laver le cerveau des jurés.

En fait de remords, je n'en avais aucun quand il s'agissait de mener à bon port la cause pour laquelle je me vendais si cher. Qu'est-ce que cela me faisait si le criminel innocenté grâce à mes astuces et à mes arguments diaboliques pouvait récidiver et constituer un nouveau danger pour la société? Ce qui m'intéressait surtout, c'était de satisfaire ma soif d'argent et de gloire pour compenser toutes les humiliations que j'avais connues dans ma jeunesse.

Un de mes secrétaires, pour me flatter — du moins le croyait-il —, me dit en badinant: «Maître, avant même d'acheter le revolver, ils se procurent votre carte de visite et s'assurent que vous serez en ville pour la rentrée judiciaire.»

Évidemment, c'était faux ou presque, mais, une fois la bataille engagée, je jetais dans la balance le poids de mes arguments, mon prestige et toute mon ambition pour sortir de la salle félicité par les confrères, admiré par le public et comblé d'éloges par les journaux.

En fait, devant les jurés qui jugent avec le cœur, le souvenir de la victime est complètement effacé. Ce qui doit impressionner, c'est l'homme qui reste ahuri et résigné devant eux, cet accusé si paisible et si pitoyable qui a compromis sa carrière, sa vie et sa liberté dans un moment d'égarement, conduit par la fatalité.

Quand on s'acharne à falsifier les faits réels et à les substituer à une version nouvelle qui a le cachet de la crédibilité, quand on a le don d'électriser et d'hypnotiser les jurés déjà gagnés à la cause, persuadés comme ils l'étaient que celui qui leur parlait avait la mission messianique de faire triompher la vérité et d'arracher une victime des griffes de l'erreur judiciaire, le succès est toujours assuré. J'étais très conscient qu'un seul échec entraînerait mon écroulement total, mais je défiais avec courage tout danger en me lançant sans émotion et plein d'élan sur la corde raide, comme un funambule qui se moque de l'abîme dans lequel le plongerait un seul faux pas.

❑

Je pense parfois à cette superbe dame, douce et ensorcelante, au regard si innocent qui pouvait tout pardonner à ses amants sauf l'inconstance, et qu'un journaliste à l'affût du sensationnel appelait «La Religieuse», faisant allusion à *la mante* qui, malgré son attitude dévote, évoquant une personne recueillie dans la prière, dévore souvent le mâle après l'accouplement.

Son jeune et ardent ami lui avait annoncé qu'il était obligé de la quitter parce que ses parents le forçaient à se marier à une riche héritière qui venait de finir ses études supérieures. La suave amante se plia à cette décision de séparation définitive mais demanda comme compensation une dernière nuit d'amour, faveur qui lui fut accordée. À l'aube, tandis que le jeune ingrat fermait les yeux pour quelques instants et promettait de garder à jamais le souvenir de cette nuit palpitante, la douce «Religieuse», après avoir pressé une dernière fois ses lèvres sur la bouche de son amoureux, sortit le revolver caché sous son oreiller et le déchargea dans la tempe de celui qui voulait l'abandonner pour une autre.

Mort affreuse? Oh non! La plus enviable des morts, quand on s'en va en plein bonheur, et sans s'en rendre compte, dans l'autre monde. Qu'il m'eût été délicieux si Marguerite, pendant sa visite inattendue chez moi à son retour de Paris, m'avait percé le cœur d'une balle après avoir pleuré contre ma poitrine et déclaré son amour! Décidément, Marguerite n'aurait pas été capable d'un geste si violent et si charitable en même temps; mais elle fut mille fois plus cruelle qu'une «religieuse» en me laissant en vie pour m'entretenir dans une illusion, quand elle savait si bien qu'elle aimait son cousin et qu'elle me quitterait un jour. Si la nature ne nous assure pas une vie tranquille, qu'elle nous gratifie au moins d'une mort heureuse!

En pensant à la trahison odieuse de Marguerite, l'ange qui me faisait des déclarations si enflammées et qui était en même temps la maîtresse de Paul, j'eus plus de sympathie pour Marguerite de Bourgogne qui recevait ses amants dans la Tour de Nesle et, après une nuit d'amour, les jetait dans la Seine; ou pour Lucrèce Borgia qui tuait ses heureux partenaires avec un poison violent et foudroyant. Pour la même raison, je n'eus aucune répugnance à prendre la défense de la «Religieuse», malgré les preuves accablantes et les propres aveux de la candide criminelle; surtout que je reçus des honoraires princiers.

Partant du principe que «les absents ont tort», j'accablai la victime de toutes les calomnies que mon imagination pût inventer, pour parer, par contraste, ma cliente des vertus les plus élogieuses. Je forgeai donc, à l'usage des jurés, un tableau mensonger dont les détails les plus minutieux furent basés sur des fragments de lettres truqués ainsi que sur des témoignages catégoriques de quelques amis de l'accusée, très bien instruits avant leur apparition devant la Cour et bien récompensés pour leurs efforts. Un de mes confrères, criminaliste aussi, demandait le double des honoraires quand il devait prendre la défense avec ses propres témoins, si le client n'en avait pas.

Je parlai du cynisme de la victime qui avait bénéficié à longueur d'années non seulement des charmes de sa sincère et trop crédule amie, mais de son argent aussi. C'était elle qui lui avait payé ses études à l'université et qui lui fournissait l'argent de poche. Vicieux, ingrat et sans scrupules, le jeune amant menait une vie de débauche dans les boîtes de nuit, entretenait des maîtresses et perdait une fortune aux jeux de cartes. Quand ma cliente découvrit le vrai visage de l'homme qui lui faisait miroiter le rêve d'une vie heureuse et qui l'avait empêchée de se marier à un ami d'enfance, alors que celui-ci lui avait offert une existence honorable et tranquille, elle eut la dignité de rompre tout lien avec celui qui figurait comme «victime» dans le dossier; mais l'ancien ami ne pouvait pas se consoler de perdre une source de revenus qui lui assurait une vie de fainéantise. N'ayant pas réussi à renouer ses relations antérieures, il passa aux menaces et, ensuite, à des actes de violence. Un soir, en rentrant chez elle, ma cliente fut attaquée dans un couloir de l'immeuble par son ancien ami qui la roua de coups, déchira sa robe et s'enfuit en lui arrachant le sac à main quand un voisin, alerté par le bruit, courut à la rescousse. Elle ne porta pas plainte par discrétion et horreur du scandale. Le voisin témoigna devant la Cour et décrivit en détail ce qu'il «avait vu». C'est lui aussi qui conseilla à «cette dame si noble et si paisible» de se procurer un permis de port d'armes pour alerter les gens et même se défendre en cas de nouvelle agression. Elle prit cette précaution et s'acheta un revolver car la brute ne lâchait pas. Une autre amie, qui témoigna aussi, se trouvait un jour en visite chez ma cliente. Seule un instant, elle répondit au téléphone et identifia très bien la voix de la «victime» qui, croyant parler à l'accusée, la menaça de venir l'étrangler si elle ne consentait pas à lui avancer l'argent dont il avait immédiatement besoin pour payer ses dettes. Je fis même entendre de faux «créanciers» de la «victime» qui avaient été remboursés par ma cliente.

Mon scénario fut le suivant: dans la nuit du drame, la victime pénétra par un subterfuge dans l'appartement de l'accusée. Il avait consommé une quantité assez importante d'alcool — fait confirmé par le rapport du médecin-légiste — et il abusa de son ancienne amie. Il exigea ensuite d'elle de l'argent sous la menace de mort. Elle cria au secours, mais l'homme lui appliqua l'oreiller sur le visage. Presque suffoquée, en se débattant, l'accusée réussit à toucher l'arme cachée sous le traversin. Il faisait noir et sa tête était complètement couverte. Elle appuya sur la gâchette avec l'intention d'alerter les voisins. Le destin voulut qu'elle frappât à mort l'agresseur.

Je profitai aussi de la maladresse du représentant de la partie civile. Mon adversaire soutenait vivement que l'accusée était une dépravée, tandis que la victime avait été une personne de haute moralité et fiancée à une demoiselle très honorable, fille unique d'une famille aisée.

— Si c'est comme vous le dites, fut ma remarque, que cherchait cette personne de «haute moralité», à trois heures du matin, et en état d'ébriété, dans l'alcôve d'une «dépravée»? Quant à ses fiançailles, le sort a protégé, par ce drame, l'avenir d'une très honorable demoiselle dont le nom ne doit pas être compromis dans ce procès et qui, naturellement, est aussi une *riche* héritière...

Je ternis ainsi l'image d'un jeune homme brillant et, en effet, «de haute moralité», et je maculai son souvenir en inventant, sans hésiter, des mensonges grossiers, des incidents qui n'avaient pas eu lieu et, finalement, une scène factice pour effacer le vrai drame et faire innocenter une Messaline hypocrite et dangereuse. Je me prêtai à cette comédie sinistre et sacrilège en jonglant avec les mots pour convaincre les bonshommes qui m'écoutaient éblouis et émus, pendant que l'accusée restait tout le temps immobile, la tête penchée, triste et pudique, sans lever les yeux. Au moment où je donnai les derniers détails pathétiques sur «l'accident», ma cliente leva soudainement les bras au ciel, comme une «religieuse»; puis, se couvrant aussitôt le visage, murmura en sanglots, comme si elle se confessait à un prêtre:

— Mon Dieu, pardonne-moi! Tu as été mon seul témoin et Tu sais bien que je ne suis pas capable d'enlever une vie humaine!

Cette collaboration inattendue donna plus de reflet et de crédibilité à ma défense. Et c'est ainsi que le verdict des jurés remit à la société un autre monstre qui aurait pourri en prison pour le reste de sa vie s'il n'était pas tombé sur un jeune avocat ambitieux, de mauvaise foi et dominé par la passion du lucre.

❏

Le lendemain du procès, ma cliente me rendit visite au bureau. Elle portait un tailleur impeccable et, pour tout ornement, une riche broche en or, une rose avec des feuilles serties de diamants. Elle mit sur mon bureau la broche ainsi qu'une enveloppe contenant une liasse de gros billets de banque, bien que mes honoraires eussent été intégralement acquittés à l'avance. Elle me pria d'accepter ce «modeste supplément si bien mérité». Quant à la broche, elle insista pour que je la garde en souvenir. Dans un accès d'élégance que j'ignorais constamment dans des circonstances pareilles, je refusai avec des remerciements le joyau, et, de mes propres mains, je le brochai au revers de la veste de ma cliente.

Souriante et flattée, elle me demanda si j'étais disponible pour fêter ensemble la victoire, soit dans un local de nuit, soit... chez elle. Saisissant un frisson de ma part, elle eut le toupet et la maladresse vulgaire de me dire qu'elle serait prête, pour ma tranquillité, de se soumettre gracieusement à une perquisition corporelle, «avant et après».

Je refusai carrément et, prétextant que j'étais très occupé, je la conduisis, sans cérémonie, jusqu'à la porte.

❏

Deux ans après, ma cliente récidiva. Elle tua son nouvel amant avec la même arme dont elle s'était servie la première fois.

Le même journaliste avide de nouvelles sensationnelles, et qui avait lancé le sobriquet «la Religieuse» — maintenant sur toutes les lèvres —, m'attaqua directement dans son papier immonde. Il publia en première page la photo agrandie du cadavre de la victime avec la légende: «Tué par 'la Religieuse' ou son avocat?» Bien que, au fond de mon cœur, je lui eusse donné raison, j'envoyai immédiatement une notification au directeur du journal en exigeant de retirer le commentaire calomnieux et de me présenter des excuses. Je ne pouvais être considéré comme un criminel — outrage révoltant qui touchait aussi le distingué corps professionnel auquel j'appartenais — pour avoir défendu une personne, surtout que son innocence avait été reconnue par la Cour d'assises. Ma lettre de mise en demeure fut intégralement publiée le lendemain, avec ma photo, au même endroit où j'avais été diffamé. Le malin journaliste, après avoir exprimé le regret d'avoir créé un malentendu, me présentait des excuses pour les inconvénients qu'il aurait pu me causer, malgré son intention de ne pas nuire à ma réputation ou à mon honneur. Il me lançait pourtant un défi: «Si l'héroïne du nouveau

drame est vraiment une personne irréprochable et si le destin
— chose très étrange — s'est acharnée à nouveau contre elle,
le maître doit être conséquent avec ses premières convictions et
assumer encore une fois la défense de la candide créature qui
nous fait toujours penser aux habitudes dévotes de la mante.»

Je me trouvai dans un dilemme angoissant. Si j'acceptais
de m'occuper de ce cas, l'échec serait inévitable. En dehors de
perdre un procès et de ternir ma réputation, je risquais aussi de
me voir retirer toute confiance. Si je m'abstenais, je n'en serais
pas moins blâmé, vu que, à la fin de ma plaidoirie au premier
procès, je m'étais porté garant de la bonne conduite de ma
cliente, en assurant le jury qu'elle ne serait jamais une menace
pour la société.

Un chroniqueur judiciaire de ce quotidien de grand tirage
émit une opinion qui aurait pu me sortir de l'embarras: «Que
Me N... fasse une exception cette fois; qu'il se présente pour la
partie civile et demande, à côté du procureur général, en dehors
des dommages et intérêts de un leu, un franc, à titre symbolique, une condamnation exemplaire: le maximum prévu par la
loi. Il aura droit à tout notre respect et admiration en déclarant
au jury: 'Quand je fus persuadé de son innocence, je la défen-
dis avec toute l'ardeur que ma conscience me dictait pour prévenir une erreur judiciaire. Maintenant, déçu dans mes
espérances, je vois que cette personne n'est qu'une criminelle
d'habitude, et c'est la même conscience qui exige de moi que
je vous demande un verdict de culpabilité.»

Il m'était inconcevable de saisir la perche qu'on me ten-
dait.

Mon dilemme atteignit au paroxysme après que mon ancienne cliente m'eut écrit de sa prison une courte lettre: «Je suis
vraiment innocente et si vous ne me croyez pas, personne ne
me croira. Votre refus de me défendre sera pour tout le monde
la plus grave présomption que je suis coupable. Essayez au
moins de m'écouter avant de prendre une décision finale!»

Ce qui était plus grave encore, c'est que cette lettre parut
aussi dans le journal à sensation dont je parle. Il s'agissait d'une
fuite dans laquelle n'avait pas été étranger un certain gardien
de prison.

Comment réagir devant toutes ces pressions morales?

Je me décidai à voir «la Religieuse». À mon étonnement, je ne saisis plus dans son regard ou dans son attitude la moindre trace d'hypocrisie. J'avais devant moi une femme vieillie avant l'âge, résignée et désabusée.

Sa faute impardonnable avait été de tomber encore une fois amoureuse, cette fois, d'un authentique escroc qui avait exploité sa confiance et ses sentiments et qui, après lui avoir volé tout son argent sous prétexte de l'investir dans une affaire qui aurait rapporté des gains mirobolants, n'avait plus voulu d'elle. Décidément, elle n'avait pas de chance en amour! En essayant par tous les moyens de regagner son amant, elle avait échoué: celui-ci ne ressentait aucune pitié pour la femme qu'il avait réduite à la misère. Selon les règles du jeu, qui court après l'amour perd la course, car, dans cette compétition, est vainqueur celui seul qui résiste et repousse et non celui qui frappe à la porte, pleure et se traîne à genoux. Le chevalier d'industrie menait la grande vie et avait découvert entre temps une autre naïve qui, en dehors de ses grâces flétries, lui avait confié toute sa fortune pour la faire «fructifier». Mon ancienne cliente avait écrit à son intransigeant ex-amant une *dernière* lettre par laquelle elle demandait de lui accorder la possibilité d'une explication finale. En cas de refus, elle était prête à se suicider pour ne plus être une entrave à personne. N'ayant pas reçu de réponse, elle se rendit, quelques jours après, au domicile de son ancien ami et réussit à pénétrer chez lui. L'homme se montra cynique, inflexible et arrogant. Dégoûtée et humiliée, elle voulut exécuter sa funeste décision et sortit le revolver, braquant le canon sur sa propre poitrine. Horrifiée, la victime se précipita vers elle et réussit à faire dévier le coup, mais, avant de pouvoir lui arracher l'arme en lui tordant brutalement le poignet, un deuxième coup partit, et l'homme tomba à terre mortellement atteint. Affolée, elle courut dans la rue, cria au secours et fut conduite au commissariat de police.

— Si vous doutez, maître, de ce que je viens de vous raconter, personne au monde ne me croira. À vrai dire, tout m'est indifférent maintenant, et, de toute façon, je devais payer pour le crime que j'avais commis jadis. Voilà que l'occasion s'en présente. C'est tout!

Malgré ma décision de me montrer dur et inflexible, de

même que d'ignorer tout sentiment humain dans la poursuite de mon but détestable — la gloire et l'argent —, je fus très troublé par la confession de cette femme qui m'avait laissé l'impression d'être sincère. C'était la première fois depuis que je plaidais à la Cour d'assises que le désir de faire triompher la vérité l'emporta sur mon orgueil de vaincre à tout prix. Plus étrange encore, je savais très bien que je ne toucherais pas d'honoraires pour mes efforts. Je ne me reconnaissais plus!

Avant de prendre une décision définitive, je passai voir le juge d'instruction et lui demandai si on avait trouvé parmi les papiers de la victime une lettre envoyée par ma cliente trois jours avant le drame. En apprenant la version de la prévenue, le juge consentit à se déplacer avec moi, le procureur et un greffier, à la maison de la victime. On leva le scellé apposé à la porte, et on trouva effectivement sur le bureau, parmi d'autres lettres, l'enveloppe que nous cherchions. Le juge l'ouvrit, et je vis que le texte était bien celui dont m'avait parlé son auteur. «Je te ferai le plaisir de mourir à tes pieds pour que tu m'aies toujours sur ta conscience», lisait-on en post-scriptum. Le document fut versé au dossier avec un procès-verbal décrivant les conditions dans lesquelles la justice avait pris connaissance de la lettre. L'enveloppe avec la date officielle du bureau de poste y fut annexée aussi.

Après la rédaction de l'ordonnance définitive et de l'envoi du dossier à la Cour d'assises, il me fut permis d'étudier le rapport médico-légal. Ma conviction fut absolue: il s'agissait d'un accident fatal et non d'un crime.

L'annonce de ma décision de prendre la défense de l'accusée se répandit avec la rapidité de la foudre. Une édition spéciale d'un quotidien diffusa la nouvelle dans toutes les rues de Bucarest, et des paris commencèrent à s'engager sur l'issue du procès. L'écrasante majorité était contre moi, et les enjeux misant sur mon échec atteignaient des sommes énormes. Mon prestige ne m'intéressait plus dans cette affaire, et le désir ardent de sauver une innocente me réhabilita à mes propres yeux.

Malheureusement, la décision finale ne dépendait pas de moi et les circonstances particulières du drame ainsi que les antécédents de ma cliente rendaient ma tâche plus difficile encore.

❑

Le jour du procès, un détachement spécial de policiers maintenait l'ordre et repoussait la foule qui insistait pour assister aux débats. Comme la grande salle de la Cour d'assises ne pouvait contenir tout le monde, on distribua, sur l'ordre du président, des billets d'entrée numérotés. Une table spéciale était réservée à la presse.

Je fus très déçu en apprenant que le procureur général permanent de la Cour était en congé et que, à sa place, on avait délégué un autre magistrat. J'aurais préféré que l'occupant habituel du fauteuil du ministère public fût présent, car j'aimais son impartialité, sa sagacité et son habitude d'étudier chaque dossier avec minutie.

Bien que rarement, il arrivait aussi parfois que lui-même demandât aux jurés de revenir avec un verdict négatif quand l'ensemble des preuves et des présomptions étaient en faveur de l'accusé. Le magistrat substitut, fraîchement transféré de province, me parut superficiel, ambitieux jusqu'à la bêtise et trop bruyant. À sa voix de coq, qui suppléait à son ignorance crasse, s'ajoutait une pose théâtrale et une manie d'ergoter qui auraient pu intimider le jury.

Après la lecture de l'acte d'accusation et l'interrogatoire de l'accusée, on procéda à l'audition de trois témoins qui, en l'occurrence, étaient seulement des experts: le médecin légiste qui avait procédé à l'autopsie, le médecin de la prison où était détenue ma cliente, et un expert en balistique et armes à feu. Le premier témoin, muni d'un dessin reproduisant en grandeur nature le corps d'un homme qui avait la taille de la victime, marqua d'une craie rouge l'endroit par où était entré le projectile meurtrier et sa trajectoire jusqu'au cœur du malheureux. La mort, instantanée, avait été provoquée par une seule balle. Le médecin de la prison déclara que le poignet de la main droite de l'accusée était bleu-noir et enflé à l'incarcération de cette dernière. Présumant que c'était une fracture, il procéda immédiatement à un examen radiologique qui montra qu'il s'agissait d'une *entorse*, c'est-à-dire d'une «lésion douloureuse provenant d'une distension violente avec arrachement des ligaments», pour laquelle la patiente fut soignée à l'infirmerie et porta un bandage élastique durant presque un mois. Répondant à mes questions, le médecin précisa que la blessure remontait à trois jours avant l'arrivée de l'accusée à la prison. J'attirai l'attention du jury sur une mention du commissaire qui avait pris la première déclaration, environ une heure après le drame. Elle disait: «La prévenue est dans l'impossibilité matérielle de signer à cause d'une douleur aiguë au poignet droit.» Le procureur général demanda d'où pouvait provenir une telle lésion, et le médecin expliqua au président de la Cour que, d'après les marques, quelqu'un avait tordu violemment le poignet de l'accusée.

Voulant obtenir plus de précisions de la part du médecin légiste pour savoir si les marques n'auraient pas pu provenir d'un acte de la victime, décrite comme une personne ayant une grande force musculaire, je fus interrompu rudement par le procureur général: «Il n'y a aucun doute que la victime, essayant de se défendre, avait tordu la main qui braquait le revolver sur elle.»

Je priai le président de faire consigner dans les minutes de l'audience la conclusion du procureur général.

L'expert en armes à feu précisa qu'il manquait *deux* projectiles du revolver dont s'était servi l'accusée, mais que seulement une balle, *tirée à bout portant* avait été délogée du cœur de la victime. À ma demande de nous fournir des explications sur l'absence de l'autre projectile, le savant procureur général intervint de nouveau:

— Comment le témoin peut-il savoir où est l'autre balle quand il affirme catégoriquement qu'on n'en a trouvé qu'une? La première, sans doute, a pu être tirée ailleurs par l'accusée pour vérifier l'arme *avant* d'aller chez la victime. C'est l'accusée donc qui est en mesure de nous donner ce détail. De toute manière, cet exercice préalable montre que le crime avait en effet été prémédité.

La supposition fut acceptée comme étant très probable par l'expert et fut retenue comme élément aggravant tant par le public que par les jurés qui secouaient la tête en signe approbatif.

Je sollicitai de la Cour une brève suspension de l'audience et la permission de m'entretenir avec ma cliente durant cet intervalle. Ma demande fut acceptée.

Il ne me resta qu'à demander à la Cour de procéder, en présence du jury, à une reconstitution sur les lieux où s'était produit ce que je persistais à appeler «un regrettable et terrible accident». Ma requête était d'autant plus justifiée que le juge d'instruction avait considéré inutile une telle formalité, «étant donné que les faits avaient été très bien établis».

Le procureur général s'y opposa farouchement, mais la Cour, après une longue délibération, acquiesça à ma demande.

Heureusement, la maison où avait habité la victime était assez spacieuse pour recevoir le président de la Cour, les deux magistrats assesseurs, le procureur général, les douze jurés, le greffier, deux journalistes, l'accusée, deux gardiennes, l'avocat de la famille de la victime et moi.

Je priai le président de me permettre de «jouer» le rôle de la victime. On donna à l'accusée un revolver qui, bien entendu, n'était pas chargé, et on lui demanda de répéter la scène qui s'était déroulée à partir du moment où elle était entrée dans le vaste bureau de la victime.

Très émue, l'accusée expliqua à la Cour qu'elle avait imploré son ancien amant de revenir à de meilleurs sentiments, mais que celui-ci s'était énervé et lui avait ordonné de s'en aller et de ne plus l'embêter.

— Alors, il ne me reste plus qu'à mettre fin à mes jours.

— En voilà une bonne idée! Et si tu fais ça, n'oublie pas de laisser une lettre dans laquelle tu confesses que tu t'es suicidée parce que je ne voulais plus de toi! Mes actions monteront en flèche à la bourse de l'amour, avait-il répondu en ricanant.

L'accusée sortit machinalement le revolver de son sac à main et pointa le canon vers sa propre poitrine.

Oubliant qu'il s'agissait d'une scène factice, je me précipitai, électrisé, vers elle, et lui tordis la main une fraction de seconde à peine avant que «le coup» ne partît. On entendit le déclic. J'essayai de lui arracher l'arme en me servant de mes deux mains. Ma cliente tomba sur un genou tandis que je lui tordais le poignet. Inutile de dire que notre «lutte» se déroulait au ralenti pour ne pas blesser l'accusée et, en même temps, pour permettre aux autres d'analyser nos mouvements. Lorsque le canon toucha le flanc droit de mon thorax, à la hauteur de la dernière côte, le «deuxième coup» se fit entendre. Je m'écroulai aussitôt, comme foudroyé.

«Ressuscité» quelques instants après, je lus l'émotion sur tous les visages. La reconstitution du drame était véridique.

— Voilà, messieurs les jurés, dis-je, comment se sont déroulés les faits! L'accusée est tombée sur un genou pour une autre raison que celle supposée par le témoin technicien en balistique. Quand on tire à bout portant, on ne se met pas dans une certaine position pour mieux viser, on ne choisit pas le flanc de celui qui est devant nous et qu'on veut abattre, et on ne perce pas le corps en biais et de bas en haut au lieu de diriger l'arme tout droit.

— Vous avez très bien joué vos rôles, intervint le procureur général, et je me demande combien de fois vous avez fait la répétition de ce spectacle.

— Monsieur le procureur général, si j'avais fait sur votre compte une remarque aussi vexante, vous auriez eu toutes les raisons de m'accuser d'outrage à magistrat. Permettez-moi de me considérer sur le même niveau moral et sachez que vous m'avez profondément vexé.

— Si vous voulez que je me rétracte, donnez-nous plus de détails sur le premier coup de feu, lequel me fait penser à une idée farfelue de votre cliente pour s'en tirer indemne de cette nouvelle aventure. De votre point de vue, je vous comprends très bien. Vous êtes obligé de la croire et de la défendre même contre l'évidence. On a prouvé qu'une seule balle avait été tirée dans cette pièce. Où est la trace du... premier projectile? *Voilà le nœud de cette affaire.*

Il avait parfaitement raison. Une sueur froide couvrit mon front et je restai hébété. Soudain, je me mis de nouveau à la place de la victime, exactement à l'endroit indiqué par l'accusée, et je répétai au ralenti la première phase, c'est-à-dire l'effort de l'homme pour dévier l'arme et empêcher le suicide. Je tordis doucement le poignet de ma cliente au maximum et constatai que le canon du revolver dépassait le niveau de son épaule droite. Le projectile aurait donc été tiré en arrière, en diagonale, vers le haut. Comme dans une transe, en suivant une trajectoire imaginaire, je me précipitai vers la fenêtre et regardai le bord où la riche draperie de velours touchait le plafond. J'ouvris largement les tentures. Monté sur une table, j'identifiai l'endroit où la balle était enfoncée à moitié.

L'épaisseur et les plis du tissu qui portait un trou presque invisible, avaient probablement amorti un peu le coup.

La preuve était faite! Hasard? Miracle? Je ne le saurai jamais.

❑

À la dernière audience, le procureur général essaya d'exploiter ma découverte en faveur de la thèse de l'accusation, oubliant sa déclaration que «le nœud de l'affaire» était de prouver qu'un premier coup avait été tiré dans la même pièce et sans toucher la victime.

— L'entorse au poignet et la découverte de la première balle, qui avait été égarée, prouvent que la victime avait essayé de se défendre.

Elle a réussi à faire dévier le premier coup mais a eu moins de chance pour parer le deuxième. D'ailleurs, il ne faut pas aller trop loin. L'accusée est une experte dans l'art de tuer ses amants. Si vous, messieurs les jurés, vous ne rendez pas un verdict de culpabilité, vous serez moralement responsables du troisième crime que l'accusée commettra en sachant que la justice est si tolérante et si aveugle. *Qui a bu, boira.*

Je m'élevai avec toute mon énergie contre l'affirmation du procureur général que ma cliente était une récidiviste et que, par conséquent, dans la solution du procès en cours, il fallait tenir compte des «antécédents de l'accusée», pour citer exactement les paroles du représentant du ministère public. On peut évoquer les antécédents d'une personne inculpée s'il existe seulement un casier judiciaire, mais on n'a pas le droit de considérer comme «criminelle» une personne qui avait été jugée, acquittée et lavée de toute accusation.

J'allai encore plus loin: supposons que je défendais une *vraie* criminelle, une personne qui avait été condamnée dix fois; cela voulait-il dire que cette personne devrait être considérée comme coupable toujours et dans n'importe quel procès futur, même si les preuves montraient qu'elle était complètement innocente?

Dans l'exposition des faits, j'attirai l'attention du jury sur la lettre par laquelle l'accusée avertissait son ancien ami qu'elle était prête à se suicider devant lui. On l'avait soupçonnée de mentir quand elle soutenait qu'une première balle avait été déviée à cause de l'intervention rapide de la victime. Maintenant, le procureur général arrivait avec la version que l'homme, après avoir réussi à faire dévier le premier coup, lutta corps à corps avec celle qui voulait le descendre, et qu'il fut abattu par la deuxième balle.

— C'est à vous, messieurs les jurés, d'élucider cette hypothèse par un raisonnement très simple: si l'accusée avait eu l'intention de tuer, *elle aurait tiré tout droit, la cible se trouvant devant elle*. La victime n'aurait pas eu le temps de faire dévier le projectile. Et si le canon avait été dirigé vers l'homme et non vers la poitrine de la femme désespérée, la première balle aurait suffi pour abattre la victime et n'aurait pas été déviée en arrière. Une autre conclusion logique est inconcevable.

❑

La délibération du jury dura longtemps, et l'attente du verdict devint exaspérante. D'après mon expérience, un tel ajournement n'était pas un signe encourageant. Habituellement, les résultats des procès m'étaient communiqués par mes secrétaires, mais cette fois, personne ne m'appela. Las d'attendre et inquiet, je descendis dans la rue et pris l'autobus dont un arrêt se trouvait près de l'immeuble de mon bureau. Je continuai jusqu'au terminus, à la lisière des grands parcs qui s'étendent à l'est de Bucarest. Comme je n'avais pas le courage de rentrer, je me promenai tout le temps et revins au bureau vers minuit. Il n'y avait personne et aucun message. Très bizarre! Soudain, je saisis un bruit venant de dehors et qui augmentait seconde après seconde pour se transformer en vacarme. J'ouvris largement la fenêtre. Sur chaque trottoir avançaient en courant des garçons chargés de paquets de journaux et qui criaient à tue-tête: «Édition spéciale. Verdict du jury dans le procès de la Religieuse... Verdict... la Religieuse... Édition spéciale.»

Je manquai de courage pour acheter un exemplaire. J'avais d'ailleurs bien compris: c'était le désastre, surtout que la cause que j'avais plaidée était juste. J'aurais été moins indigné si ma cliente avait été condamnée à son premier procès. C'est pour cette raison qu'on ne m'avait pas appelé! Je fermai maladroitement la fenêtre quand j'entendis le téléphone. J'hésitai avant de décrocher. Incroyable! Le verdict était négatif et la Cour venait de prononcer l'acquittement.

Je reçus la nouvelle dans un état de prostration.

❑

Le sentiment d'avoir contribué au triomphe de la justice sans user d'artifices ni recourir à de faux témoins ou à des subtilités déloyales me donna une satisfaction indicible. À mon grand honneur, j'avais pris aussi la défense d'une innocente sans m'attendre à aucune compensation matérielle. C'était la première fois que le succès à la barre ne me laissait plus le goût de cendre que je ressentais auparavant, et je me proposai de ne plus me départir de cette ligne morale que j'aurais dû suivre dès le début.

Avant de quitter définitivement la capitale pour une destination inconnue, ma cliente m'envoya une lettre émouvante, accompagnée d'un cadeau symbolique qu'elle me pria d'accepter. C'était une minuscule statuette de jade. J'appris plus tard que c'était le seul objet de valeur qui lui restait encore, un talisman dont elle ne s'était jamais séparée. Son geste me toucha profondément. À mon tour, je m'attachai avec ferveur à ce Bouddha — porte-bonheur et porte-malheur — qui m'accompagna partout depuis lors et qui, en ce moment même, me jette de ses yeux énigmatiques des étincelles mystérieuses et troublantes. Qui pourrait me dire quel message il me transmet?

VIII

Loin de moi l'intention de résumer toutes les causes que j'ai plaidées devant la Cour d'assises ou de faire parade de mon «génie» ou de mon «infaillibilité» dans les procès les plus difficiles que j'ai soutenus! Si ces récits n'avaient pas eu de liens directs avec les événements qui provoquèrent la ruine de ma vie, je n'aurais pas donné tous ces détails.

Après les dernières expériences, j'arrivai à un point où je commençai à douter du rôle social de ma profession ainsi que de son utilité. La justice humaine n'est ni éternelle ni unanime et ne possède pas une balance sensible qui pèse avec précision chaque élément infinitésimal et le plus intime pour montrer invariablement le poids de la vérité et celui de l'erreur. Si, en médecine, on dit qu'il y a autant de maladies que de malades, on peut arriver aussi à la conclusion qu'il y a autant de justices que de jugements, car chaque personne a ses mobiles et ses propres justifications, et le cerveau des magistrats les plus sages n'est pas toujours capable de comprendre, sanctionner ou excuser un être humain.

Nous ne pouvons même pas savoir qui est sain d'esprit et qui est fou, ne sachant pas où finit la sagesse et où commence la folie. L'exemple parfait qui démontre l'ignorance dans laquelle nous vivons me fut donné par un jeune homme accusé d'avoir étranglé son amie.

— Pourquoi l'avez-vous tuée? demanda le président de la Cour.

— Je ne l'ai pas tuée; je l'ai endormie en lui passant la corde autour du cou.

— Qui vous a dit qu'en l'étranglant vous l'endormiriez?

— Ma propre pensée, monsieur le président, *car tout ce que nous pouvons penser est possible.*

— Donc, d'après vous, si nous pensions que nous pouvons marcher sur la lune, nous pourrions y marcher un jour?

— *Oui,* monsieur le président. *Si la nature nous a donné la possibilité de penser à une telle action, on pourra un jour marcher sur la lune!*

Un examen psychiatrique conclut que le jeune homme n'était pas responsable de ses actes, et il fut confié pour le reste de sa vie à une institution où on enfermait les malades mentaux. Malgré l'horreur de son crime et la conviction audacieuse qu'il exprimait, il m'avait laissé l'impression d'un esprit pondéré, doté d'une intelligence surhumaine. Quand je fus mis au courant des circonstances réelles de son cas, qui n'avaient pas été examinées durant son procès, je doutai fort de son insanité, et je me demandai si le président de la Cour et la commission médicale, ignorant les dimensions de la théorie selon laquelle tout ce que nous pouvons penser est réalisable, même si elle paraît absurde, avaient eu le discernement requis pour le comprendre et l'enfermer à vie entre les murs d'un asile d'aliénés.

Je pensais parfois à lui, mais il ressuscita pleinement dans ma mémoire plus tard, après ma fuite, quand je me trouvais loin de mon pays natal. Les satellites gravitaient déjà autour de la terre, et les savants spécialistes des vols interplanétaires envisageaient l'envoi dans la lune d'une équipe d'astronautes. Les travaux étaient avancés et on nous promettait le succès de cette opération en moins de quinze ans.

L'homme pourra donc marcher sur la lune, parce que «tout ce que nous pouvons penser est possible», exactement comme le soutenait celui qui avait été ridiculisé par le président de la Cour et considéré comme un fou par les psychiatres!

❑

En doutant fort que l'homme soit toujours capable de comprendre et de juger son prochain, et constatant que la justice est versatile, inconséquente et susceptible d'être déroutée par un mot, par un geste ou par une circonstance aléatoire, j'arrivai à une conclusion déprimante. Las de continuer une vie de manège qui ne me donnait plus la moindre satisfaction morale, je décidai d'abandonner la pratique du droit pénal et, éventuellement, la profession d'avocat. Mais le diable nous pousse à prendre des résolutions pour se moquer de nous seulement; il nous empêche ensuite de respecter nos vœux les plus généreux.

❑

Un jour, un membre très renommé de la Chambre des députés se mit en rapport avec moi pour me proposer de m'inscrire dans le même parti politique auquel il appartenait. Il m'assura que je serais candidat aux élections législatives suivantes et que j'aurais donc toutes les chances de devenir le plus jeune député de la Chambre et, qui sait? le plus jeune membre du cabinet.

Sur le coup, je trouvai la proposition excellente et arrivant à point. Cela me donnait l'occasion de quitter ma profession et m'offrait aussi une compensation extraordinaire pour les misères et les déceptions que j'avais connues dans le passé à cause de mon humble origine. Peu après, je me rendis compte que l'offre mirobolante n'était qu'un appât pour me faire consentir à prendre la défense d'un médecin respectable, de très noble ascendance, qui avait tué sa femme ainsi que l'amant de celle-ci.

L'affaire m'était très bien connue et, en la jugeant *indéfendable*, j'avais refusé le procès dès le tout début, surtout que je détestais tant les crimes perpétrés que leur auteur. J'avais connu l'assassin du temps où j'habitais dans la maison de la famille de Marguerite, et l'individu m'avait laissé un souvenir *exécrable* à cause de son impertinence et de sa morgue ridicule, sans parler de son intellect borné. Il me tutoyait avec un dédain narquois et, sans se donner la peine de retenir mon nom, il m'appelait «garçon» dans les rares moments où il m'adressait la parole. Une fois, en étant sous l'impression qu'il avait fini de parler, j'osai dire un mot. Indigné, il me sermonna devant tout le monde: «Hé! garçon, tu n'es vraiment pas sortable!» Et maintenant, il me faisait la cour et m'envoyait des émissaires pour le sortir du pétrin, comme si j'étais un magicien capable de faire toutes sortes de miracles. Deux fois déjà, sa sœur m'avait empoisonné de ses larmes en essayant de m'acheter à un prix qui valait cinq fois mon poids en or. Ma réponse avait été un NON catégorique et... définitif.

Le très respectable député qui m'avait offert la lune dans l'espoir de me gagner était en réalité un autre émissaire. À la fin de sa visite, en faisant semblant d'ignorer mon refus antérieur, il me parla du malheur qui avait frappé son meilleur ami, le docteur N., et me pria de le sauver.

Pour mettre un point final à notre discussion, je lui confessai que je n'envisageais pas du tout une carrière politique et que je préférais continuer l'exercice de ma profession. Quant à la défense du docteur, je n'étais pas prêt à l'accepter pour rien au monde, surtout qu'il s'agissait d'une cause répugnante et que je courais le risque de me compromettre.

— Au contraire, vous êtes le seul qui puisse gagner ce procès. Ce n'est pas moi seulement qui le dit. Une de vos anciennes camarades de faculté, une personne qui a un vrai culte pour vos talents, aurait voulu m'accompagner pour demander votre concours, mais elle n'a pas osé vous importuner.

— Qui est-ce?

— Mademoiselle Lydia T...

Je restai comme pétrifié.

— Le docteur est apparenté à sa famille, ajouta mon interlocuteur.

— Monsieur, je garde les meilleurs souvenirs de mon ancienne camarade, mais n'oubliez pas que j'ai aussi mes limites humaines. Mademoiselle Lydia sait très bien que j'ai été incapable de changer mon propre destin et de faire des miracles pour moi-même, malgré l'injustice dont j'ai été la victime à une certaine époque de ma vie. Je ne puis ni ressusciter les deux cadavres criblés de balles ni annuler l'aveu spontané du docteur selon lequel il avait tué pour laver dans le sang ce qu'il appelait son «honneur».

— Maître, vous avez des ressources inépuisables, et votre récente apparition dans le procès de l'artiste assassinée au cyanure vous a consacré, plus que jamais, comme un avocat de la plus haute tenue morale.

— Si c'est ainsi, voilà une raison supplémentaire pour ne pas me mêler de cette affaire immonde.

— Je vous prie de ne pas dire encore votre dernier mot et, si vous me permettez, je reviendrai vous voir demain ou après-demain.

— D'accord, mais pour le moment j'insiste pour que vous retiriez l'enveloppe que vous avez oubliée sur mon bureau.

— Bien, dit-il, et si je réussis à vous convaincre, je mets mes deux mains au feu que vous réussirez à convaincre également le jury.

❏

Ce ne sont pas les femmes qui font des serments pour les rompre le lendemain. Les hommes ont aussi de telles habitudes. Déterminé à ne pas m'occuper du procès, je commençai, «par simple curiosité ainsi que par esprit de conscience professionnelle», à me demander quel serait le risque à courir si je consentais à être l'avocat du docteur. La cause était d'une simplicité aussi stupide que l'auteur du double meurtre. L'adultère n'est pas une excuse légale, et je n'avais aucune marge de manœuvre, même si «n'importe quelle cause est défendable». Pourtant l'appât était irrésistible. Je ne pensai pas à l'argent, mais à l'occasion extraordinaire qui se présentait. Un noble de l'entourage de Lydia, de l'infâme Marguerite, de Paul et de l'ancien ministre de la Justice était à mes pieds et mendiait mon secours. Comment auraient-ils interprété mon refus? Comme un signe de faiblesse et une preuve que je n'étais pas le demi-dieu dont le nom était prononcé avec admiration par tout le monde. Tout d'un coup je me souviens du temps où le chemin du parc, bloqué par une géante palissade fortifiée, était devenu inabordable. Pour ne pas être considéré comme un lâche et pour ne pas donner à mes ennemis la satisfaction de me voir capituler, j'avais défié le danger et je finis par trouver un moyen de franchir les obstacles.

Je fus donc tenté de risquer encore une fois mon prestige, et d'accepter ce nouveau combat insensé. Si je perds, je tomberai avec dignité après avoir donné tout ce qu'il y a de mieux en moi; et si je triomphe, ma satisfaction dépassera les ambitions les plus effrénés que j'ai jamais eues. Vogue la galère!

Lorsque l'illustre député me téléphona, je répétai d'abord mon appréhension d'échouer, mais je me réservai la réponse définitive pour la fin de la semaine, une fois que j'aurais eu une entrevue avec le docteur N. au pénitencier.

— Je vous ai dit, maître, et je le répète: si j'arrive à vous convaincre, il n'y aura pas de doute que vous convaincrez aussi le jury. À propos, Lydia sera très heureuse que vous soyez l'avocat de son oncle et elle aimerait venir vous exprimer sa reconnaissance.

Ces derniers mots eurent pour effet de m'irriter, et je répondis sur un ton presque brutal:

— Monsieur, excusez-moi, mais je ne vous ai pas encore dit que j'acceptais ce procès. Si je me décide à dire oui, ma condition est que personne, sauf vous, éventuellement, ne se dérange pour me parler. Je crois que je me suis exprimé assez clairement!

Quelques jours après, j'appris que le persévérant député était l'ami intime de Lydia. Ce détail qui expliquait tout me fit sourire.

❏

Le médecin grassouillet gardait encore la vivacité habituelle des gestes et des paroles d'autrefois au lieu d'observer, au moins pour les circonstances, une mine d'enterrement et de résignation. Il se déclara très heureux que je fusse son avocat et m'ordonna de le remettre *vite* en liberté. À ma surprise, il se souvenait très bien de moi et prétendit qu'il avait été certain, dès qu'il m'avait rencontré chez Marguerite, que je serais «quelqu'un» un jour.

J'interrompis sa tirade en lui précisant que je ne savais pas encore si je prenais sa défense. L'affaire était très grave et je n'avais aucun argument en sa faveur. Au contraire, tout était contre lui. Quant à sa mise en liberté provisoire, elle était impensable et, de toute façon, elle ne dépendait pas de moi.

— Alors pourquoi es-tu avocat?

— Docteur, lui dis-je sèchement, je dois vous confesser mon idiosyncrasie: je n'aime pas être tutoyé. Si vous l'avez remarqué, je ne vous tutoie pas.

— Bon... d'accord, si ça vous fait plaisir. Quand vous étiez étudiant, vous étiez très honoré lorsque je m'adressais à toi en employant la deuxième personne du singulier... Oh! excusez-moi, maître, rectifia-t-il en cachant à peine son ironie. C'est mieux comme ça? Enfin, je veux savoir pourquoi mon acquittement serait plus difficile que celui des autres. Combien de gens qui avaient joué avec le revolver n'ont-ils pas été remis en liberté grâce à *vos* talents? Même la fameuse «Religieuse»...

— Parce que ceux dont vous parlez étaient innocents, et parce que j'ai toujours refusé des causes comme celle qui vous a amené ici.

— Ah! c'est pour ça que vous avez refusé de me défendre d'emblée?! Alors, selon vous, quelles sont mes perspectives, dit-il, devenant subitement sérieux et livide.

— Vous êtes une personne intelligente et vous pouvez vous en rendre compte vous-même. La science médicale a aussi ses limites et, dans certaines circonstances, ni le chirurgien ni l'avocat ne peuvent faire l'impossible. Essayons pourtant de voir si je peux vous être utile.

— Je vous écoute.

— Il ne s'agit pas seulement de m'écouter mais aussi de me répondre en toute franchise.

— Je vous promets de ne rien vous cacher.

— Première question: votre acte a-t-il été spontané ou pré-médité?

— Eh bien, parce que tu... pardon! *vous* voulez savoir la vérité, mon acte a été *pré-mé-di-té*.

— Et vous avez déclaré la même chose au juge d'instruction?

— Vous me croyez si bête? Il ne m'a même pas posé cette question. Je lui ai dit que, en rentrant chez moi à une heure de la journée où ma femme savait très bien que j'étais, comme d'habitude, dans la salle d'opération de l'hôpital, j'ai surpris les amants dans la chambre à coucher et, fou de rage, j'ai tiré sur eux jusqu'à la dernière balle. C'est tout!

— Aviez-vous le revolver sur vous?

— Bien sûr! Je vous ai déjà dit que je suis rentré avec l'intention de me venger! Je savais que ma femme me trompait avec ce salaud. Averti par mon fidèle valet de chambre, j'ai couru à la maison pour les surprendre. Et, heureusement, j'ai eu de la chance.

— Donc, aucun regret?

— Vous m'avez invité à vous dire la vérité, n'est-ce pas?

— Vous a-t-on demandé au cours de l'instruction si vous aviez le revolver sur vous au moment où vous avez pénétré dans la chambre à coucher?

— Jamais.

— Où le gardiez-vous habituellement?

— Dans le tiroir de ma table de nuit.

— Dans quel but?

— Pour me défendre contre les voleurs. C'était une arme automatique. J'en avais obtenu le permis après une tentative de vol avec effraction l'été dernier, quand ma femme se trouvait à la campagne. C'est ce que j'ai expliqué aussi au juge d'instruction.

— Pouvez-vous prouver que le revolver était toujours là, même au moment où vous êtes entré dans la chambre?

— Comment puis-je prouver ça quand le revolver était dans ma poche? Ah! je comprends ce que vous voulez dire! Que le revolver était dans le tiroir quand je suis rentré à la maison. Bien sûr, dit-il, en clignant de l'œil. Mon homme dont je vous ai parlé connaissait très bien ce détail... si important.

— Et il ne dira pas que c'est lui qui vous a annoncé que votre femme était avec l'autre?

— Il m'est fidèle comme un Albanais et ne dira que ce que je veux. Et nous pouvons compter sur lui! Il est plus malin qu'une meute d'avocats. Oh, pardon!... Enfin... Pour masquer les apparences, dès que j'ai reçu le coup de téléphone, j'ai demandé à mon assistant de visiter sans moi les patients hospitalisés en lui expliquant que c'était l'anniversaire de notre mariage, et, comme je m'étais souvenu subitement de cette date, je devais courir à la maison pour m'excuser auprès de ma femme et lui faire mes vœux. Mon adjoint m'a accompagné jusqu'au rez-de-chaussée et m'a prié d'attendre quelques instants. Il est entré chez le fleuriste de l'hôpital d'où il est sorti avec un magnifique bouquet de roses. Bien que destiné à marquer un heureux anniversaire, je l'ai apporté à la maison pour m'en servir comme gerbe de funérailles.

— Docteur, vous êtes d'une sincérité qui m'étonne!

Il se montra très flatté de ce qu'il avait pris pour un compliment. Son sourire victorieux me fit penser à une boutade que j'avais lue quelque part: «On rencontre des hommes si vaniteux qu'ils arrivent à être fiers de ceux qui les ont faits cocus». Je ne pense pas que l'égocentrisme de mon client lui eût permis d'aller si loin. Une question essentielle s'imposait:

— Comment était votre... rival? Je veux dire au point de vue physique.

— Deux fois ma taille, moitié mon âge, costaud, rouquin et impertinent. C'est pour ça que j'avais pris mes précautions.

— Alors, il ne vous reste qu'à déclarer, lorsque vous serez devant la Cour, que vous êtes revenu à la maison pour la raison déjà donnée; que vous avez surpris votre femme avec son ami; que l'amant s'est précipité sur vous, qu'il vous a mis la main à la gorge et qu'il vous a poussé dans l'intention de vous jeter dehors; qu'en reculant, vous avez touché la table de nuit et que, machinalement, vous avez pris le revolver, car le petit tiroir était entrouvert. Sans plus vous rendre compte de ce que vous faisiez et presque aveuglé par le coup de poing reçu en pleine figure, vous avez appuyé sur la gâchette, la main crispée. Quelques instants après, ouvrant largement les yeux, vous avez réalisé le malheur qui était arrivé. Étouffé et ahuri, vous avez demandé à la personne qui s'était ruée dans la pièce — probablement votre valet attiré par le bruit — d'appeler la police.

— Bravo! Bravo! s'écria le docteur. Bravo, et mes félicitations! Vous êtes un *vrai* maître et le seul à accomplir le rêve de tout tueur: *le crime parfait*. Si j'avais su, je vous aurai consulté au préalable. Maintenant, je m'explique aussi vos succès à la barre. Je double la mise. Qu'est-ce que je dis! Je la triple! Vous aurez trois fois le chiffre des honoraires proposés. J'en parlerai à ma sœur demain quand elle viendra me voir, et je lui donnerai aussi des instructions précises pour préparer mon homme. J'en prends la responsabilité!

Je me retirai sur ces paroles, faisant semblant de ne pas avoir remarqué la main que l'assassin cynique m'avait tendue.

❏

Le jour du procès, il y eut, devant la porte de la Cour d'assises, la même bousculade qu'on voyait à l'occasion de chaque affaire sensationnelle faisant la manchette des journaux. C'était un vacarme assourdissant. La foule protestait contre l'abus des policiers qui auraient donné la préférence au grand monde au détriment des simples citoyens. En effet, la crème de l'aristocratie occupait plus de la moitié de l'immense salle d'audience, mais il y avait aussi le public habituel toujours passionné par ce genre de spectacles.

Suivant mes conseils, l'accusé gardait une attitude sobre pour donner l'impression d'être accablé par le malheur qui avait détruit sa vie et sa carrière. Il répondit parfaitement à l'interrogatoire et déclara qu'il ne pouvait lui-même se rendre compte comment il avait pu décharger le revolver sans s'apercevoir qu'il criblait de balles sa femme et l'homme qui était avec elle. Il jouait son rôle de victime si parfaitement qu'il commanda même quelques larmes discrètes qui furent pourtant remarquées par les jurés et le public, et créèrent une sorte de compassion générale.

Le procureur général et les avocats représentant les parties civiles déclarèrent qu'ils n'avaient aucun témoin à charge et qu'ils étaient prêts à déposer des conclusions basées uniquement sur les pièces du dossier. Quant à moi, je demandai à la Cour d'écouter trois témoins qui pourraient mieux reconstituer le portrait moral de l'accusé et, en même temps, contredire certains faits retenus par l'ordonnance définitive du juge d'instruction.

Le premier témoin fut l'éminent député qui avait été si insistant pour me convaincre d'assumer la défense de l'accusé. Avec son talent d'orateur impeccable, il donna des références élogieuses sur «l'illustre chirurgien» qu'il décrivit comme une personnalité digne de respect, doté d'un caractère doux, généreux et rempli de pitié, toujours prêt à se sacrifier pour ses semblables et surtout pour les pauvres. Un vrai Samaritain. Il était dévoué corps et âme à sa profession et incapable de commettre le moindre acte de violence. Le témoin ajouta, en conclusion, que, bien que l'accusé ait reconnu — d'après les journaux — avoir tiré sur sa femme et sur l'ami de celle-ci, il avait encore du mal à croire que son ami ait été capable de commettre un acte si grave avec lucidité et qu'il en ait eu conscience.

— Est-ce que le témoin est aussi psychiatre? demanda le procureur général avec un sourire narquois.

— Non, je suis un simple être humain qui, devant la tragédie à laquelle nous assistons, se rend compte qu'aucun de nous n'est à l'abri du malheur ou maître de son destin. Si une personne douée de tant de qualités morales et intellectuelles a pu perdre un instant le contrôle de sa raison, quelle serait notre réaction sous un coup inattendu? Voilà ce qui me tourmente sans avoir besoin d'être un spécialiste qui s'y connaisse dans le fonctionnement et les accidents de notre cerveau.

Le deuxième témoin fut le médecin de l'hôpital, l'assistant de mon client. Il confirma le portrait moral de son supérieur: un vrai savant et un chirurgien infaillible qui avait sauvé d'innombrables vies humaines condamnées par la science médicale. Après avoir fini, ce jour-là, une opération très délicate qui avait duré plus de quatre heures, l'accusé, jetant un coup d'œil sur le calendrier, s'était rendu compte tout à coup qu'il indiquait l'anniversaire de son mariage. C'est le témoin qui avait insisté pour que le chirurgien rentrât immédiatement chez lui et qu'il prît le splendide bouquet de fleurs pour l'offrir à sa femme.

— Si je n'avais pas insisté, le drame aurait été évité, conclut tristement le témoin, comme s'il s'était parlé à lui-même.

Vint enfin le troisième témoin, le fidèle serviteur du médecin. Il confirma que le revolver restait en permanence dans le tiroir de la table de nuit de son maître. Le jour du drame, c'est le témoin qui avait ouvert la porte au médecin chargé d'un superbe bouquet de fleurs. «Madame», comme d'habitude, faisait la grasse matinée, et personne ne savait qu'elle avait un «invité» dans sa chambre. Le docteur était essoufflé, mais il gardait son sourire radieux. Impatient de faire une surprise à sa femme, il pénétra dans la chambre à coucher, en haut, sans frapper à la porte. Le domestique était encore au bas de l'escalier lorsqu'il entendit des cris et distingua la voix d'une personne à l'accent étranger très prononcé qui hurlait: «Dehors, cocu, idiot! Dehors, sinon tu sortiras d'ici en lambeaux!» Immédiatement après, on entendit un bruit de meubles renversés et de bagarre, suivi après un instant de silence du crépitement d'une arme à feu. Le témoin accourut vite en sautant trois marches à la fois. Il fut épouvanté par le spectacle qui se présentait à ses yeux. «Madame» gisait sur le tapis. Un peu plus loin, un homme, baignant dans son sang, bougeait encore aux pieds du docteur qui, resté immobile et effaré près de la table de nuit, tenait le revolver à la main. Sa chemise était déchirée et la cravate tordue. Son visage crispé portait les traces d'une égratignure et des marques rougeâtres. Secoué par le domestique, il laissa tomber l'arme, ouvrit les yeux et regarda autour de lui d'un œil hagard. Se rendant compte de ce qui s'était passé, il couvrit son visage en s'exclamant: «C'est monstrueux! c'est incroyable!» et tomba dans les bras de son valet. Il lui demanda d'appeler vite la police ainsi que son adjoint à l'hôpital afin qu'ils viennent au secours des victimes. Mais c'était trop tard! Quand la police arriva, le docteur balbutia d'une voix déchirante: «J'ai tué ma femme sans m'en rendre compte. Je suis un criminel. Emmenez-moi!» et il tendit les mains pour qu'on lui passe les menottes. L'inspecteur, impressionné, lui dit doucement que ce n'était pas la peine. Avant de sortir, le médecin s'agenouilla devant le corps de sa femme, lui caressa le visage, remit en place quelques mèches tombantes et, après avoir déposé un baiser sur sa bouche, lui demanda humblement pardon:

«Dieu sait bien que je n'ai pas voulu te faire du mal!» Étouffé par ses larmes, humble et courbé, il s'en alla avec les policiers.

C'était le témoin le plus extraordinaire que j'aie connu dans toute ma carrière. Un homme calme, simple et naturel qui, sans trahir les ressources de sa vive intelligence, avait imaginé et dépeint un tableau d'un réalisme bouleversant. Décidément, il valait «une meute d'avocats» et il aurait pu même confondre l'inspecteur de police si ce dernier lui avait été confronté.

Contredisant les accusations exposées dans l'ordonnance définitive du juge d'instruction, basées seulement sur l'aveu de l'accusé, *je réussis à prouver que les deux meurtres n'avaient pas été prémédités.*

Dans son réquisitoire pondéré, *le procureur général fut en principe d'accord que le docteur n'était pas revenu à la maison avec l'intention de tuer*; mais sa réaction, violente et impardonnable, manifestée au moment où il avait pénétré dans la chambre à coucher, ne le rendait pas moins coupable. Certainement, il est très pénible pour un homme de surprendre sa femme en flagrante infidélité, de se voir bafoué et brusqué dans sa propre maison par l'amant qui l'avait déshonoré, mais personne n'a le droit de se faire justice, surtout quand il s'agit d'un intellectuel de la taille de l'accusé. Insulté par son rival, il s'est précipité vers le tiroir où il gardait le revolver, a sorti l'arme meurtrière et l'a déchargée directement et sans aucune hésitation, avec l'intention de *tuer* et de *se venger*, sans prendre au moins, dans la haine bestiale qui le poussait, la précaution d'épargner la vie de sa femme, *la seule victime qu'il regrettait d'après les dires du dernier témoin.*

— En conclusion, soutenait le ministère public, les qualités professionnelles de l'accusé ainsi que sa position sociale sont un facteur aggravant. Un intellectuel parfait, un gentleman dans toute l'acception du mot, ne réagit pas comme l'homme des cavernes quand il défend son honneur. Je me trouve donc dans la triste situation de demander un verdict de culpabilité, et sans aucune circonstance atténuante, contre cet homme qui avait fait honneur à notre société et qui ne mérite plus notre respect.

❑

L'audience fut suspendue jusqu'à trois heures de l'après-midi.

Le bâtonnier, qui se trouvait aussi dans la salle et qui m'honorait de son amitié, me dit à la sortie:

— Vous croyez que vous allez obtenir des circonstances atténuantes?

— Ça veut dire vingt-cinq ans de prison...

— C'est préférable aux travaux forcés à perpétuité. Votre tâche est peu enviable. Je vous souhaite bonne chance! Mais c'est très difficile, murmura-t-il, en hochant lentement la tête.

Évidemment, il s'agissait d'un procès perdu d'avance. Si j'avais démontré, en escamotant la vérité, que mon client n'était pas rentré à la maison avec l'intention de tuer, comment pouvais-je excuser les crimes qu'il avait commis lorsqu'il s'était trouvé face à face avec ses victimes? Le poids du réquisitoire était écrasant et m'avait mis au pied du mur. En me demandant pourquoi j'avais accepté cette mission impossible, je pensai de nouveau au chemin interdit.

❑

À la reprise des débats, l'avocat qui représentait la partie civile répéta les arguments du procureur général pour arriver à la même conclusion, c'est-à-dire que la tuerie était d'autant plus inexcusable que l'auteur appartenait à un corps d'élite ayant comme but de sauver la vie de nos semblables et non de l'ôter. Mon adversaire termina en demandant une condamnation exemplaire, le maximum prévu par la loi, ainsi que des dommages et intérêts qui s'élevaient à des chiffres astronomiques.

Que me restait-il à faire dans ces conditions ingrates, sinon revenir à l'ancienne tactique dégoûtante du passé: jouer au théâtre, jongler avec les mots, abuser de mon prestige et m'efforcer de laver le cerveau des jurés?

— La défense a la parole, dit le président, en me désignant d'un aimable signe de tête.

Je m'élevai d'abord contre les insinuations de l'avocat représentant la partie civile. Au lieu de se maintenir dans les limites de son rôle et des éléments du dossier, il avait anticipé sur ma plaidoirie et prévenu les jurés contre mes «procédés dangereux» pour arracher constamment des verdicts d'acquittement en me servant de «raisonnements spécieux» qui «camouflent la vérité».

— D'après mon illustre adversaire, qui sera d'ailleurs invité à s'expliquer plus amplement devant le conseil de discipline du barreau, ce procès doit marquer «la fin de la légende créée autour de mes succès ininterrompus à la barre». Les gens qui jugent trop superficiellement pensent donc que j'aurais le don ensorcelant d'interpréter les faits les plus exécrables et de les présenter sous l'aspect le plus pur possible, d'influencer par des raisonnements «dangereux» la bonne foi et le jugement honnête des jurés, et de favoriser ainsi le retour dans la société de criminels qui devraient expier en prison, jusqu'à la fin de leurs jours, les actes abominables dont ils sont accusés. Il s'agit d'une basse calomnie. Je ne plaide devant la Cour d'assises que dans quatre ou cinq procès par session. Je ne nie pas que beaucoup d'autres accusés s'adressent d'abord à moi. Sans la moindre intention d'insinuer que sont coupables tous ceux dont je refuse de prendre la défense, je n'accepte que les affaires où je suis absolument convaincu de l'innocence totale de mes clients possibles. Avant d'être jugés par la Cour d'assises, ils sont jugés par moi, et en toute sévérité; et si j'arrive à des conclusions défavorables, je suis intransigeant dans mon refus.

Je dois vous confesser que j'ai eu beaucoup de scrupules au début en me demandant si je devais accepter ou non la défense du docteur N. accusé d'un double meurtre et envoyé à son procès. Pourtant, après avoir bien étudié le dossier et écouté la confession complète du docteur, je suis arrivé à la conclusion que ce serait un acte de trahison à la justice et aux principes éthiques qui guident notre noble profession si je m'abstenais de me présenter devant vous aujourd'hui. Je suis conscient que le cas de mon client est très délicat et je me rends compte aussi des risques que je cours en essayant de vous convaincre de son innocence, mais je me passe de tout orgueil quand il s'agit d'une tâche aussi noble que celle de rétablir la vérité. Je mets sur le plateau de la balance de la déesse de la Justice mon prestige, mon honnêteté et ma carrière; et, dans l'autre plateau, le sort de cet homme que je crois sincère comme je crois à la lumière du jour. Que personne ne se soucie si la «légende» attachée à mon nom se dissipe aujourd'hui! Faites votre devoir et veillez seulement à la défense de notre société afin que «la justice triomphe même au risque de l'anéantissement du monde», comme nous l'enseignaient nos ancêtres! Ne vous laissez pas entraîner, messieurs les jurés, ni par le ton ailé de ma voix qui s'inspire de la conviction qui m'anime, ni par mes raisonnements susceptibles d'influencer votre bon jugement ou d'embrouiller votre conscience! N'oubliez pas un seul instant que c'est un avocat de la défense qui vous parle et soyez libres de mettre en doute ses arguments; mais, avant de prendre une décision finale, que chacun de vous essaie de se mettre à la place de l'homme que vous jugez! Le réquisitoire de monsieur le procureur général m'a laissé perplexe, et j'ai le courage de vous dire, en connaissant si bien tous les détails de ce drame, que, si j'avais occupé le fauteuil du ministère public, je ne serais pas arrivé à d'autres conclusions que celles que je me propose de vous adresser.

Les jurés m'écoutaient en gardant un silence religieux, et leurs yeux, concentrés sur moi, lançaient des étincelles.

J'évoquai en quelques mots la carrière et la personnalité de l'homme envoyé par le destin sur le banc des accusés. Un fait était définitivement établi: l'absence de toute intention criminelle au moment où le médecin entra dans la chambre à coucher pour présenter à sa femme les vœux les plus tendres à l'occasion de leur anniversaire de mariage. À sa grande horreur, il fit soudainement une découverte terrible et refusa d'en croire ses yeux. Dans une pareille circonstance, une personne de la taille morale de l'accusé, se trouvant si cruellement blessée dans sa dignité et revenue de sa stupeur, se serait retirée pleine de

dégoût et aurait mis fin ainsi à un mariage qui l'avait désho-
norée. Et l'accusé aurait réagi ainsi s'il n'avait pas été assailli
subitement.

— Ce n'est pas en vain, messieurs les jurés, que je vous
ai priés de vous mettre quelques instants à la place de l'accusé
et de revivre dans la même ambiance et le même état d'esprit
que lui la secousse traumatisante qui l'ébranla pendant ce passage brutal du bonheur suprême à la dernière limite de la déception et de l'ignominie. Oubliez les insultes cuisantes dont lui-
même ne se souvient pas, mais revoyez cette scène: le bouquet
de fleurs que l'amant lui arrache des mains pour le frapper au
visage, l'assaut de l'homme à carrure d'athlète qui se précipite
ensuite sur l'infortuné, l'empoigne par le cou, lui envoie à la
figure un coup de poing qui l'étourdit, et le pousse violemment
vers la porte. Pensez aussi à l'instant où le docteur est pressé
contre la table de nuit. Le hasard voulut que le tiroir fût entrouvert. Reconstituez dans votre mémoire le geste instinctif d'un
homme abasourdi qui empoigne machinalement l'arme et tire
sans se rendre compte de ce qu'il fait! Lorsqu'il ouvre les yeux,
secoué par son domestique, il saisit enfin ce qui s'est passé, il
demande, horrifié, qu'on alerte la police et qu'un médecin
vienne vite secourir les victimes.

J'admire la distinction idéaliste de monsieur le procureur
général et je voudrais bien que l'impératif catégorique kantien
opère automatiquement dans chaque individu afin que l'esprit
refuse spontanément, *dans n'importe quelle circonstance*, de
commettre un acte infamant. Malheureusement, nous ne sommes que des êtres humains, soumis à des réactions instinctives
dictées par la nature. Dans l'amalgame de bête et d'ange subsis-
tant en nous, la bête est plus rapide à se manifester sous le
coup soudain de la fatalité tandis que la raison est anéantie. À
un tel moment, il n'y a pas de différence entre l'homme de la
rue et l'intellectuel sage et pondéré que nous entourons de notre
respect. La distinction de monsieur le procureur général est valable seulement *après* le désastre. Un homme chez qui prédominent des impulsions primaires se déclare content d'avoir lavé
son «honneur» dans le sang. Il ne regrette jamais son acte, même
si on l'envoie à la potence, tandis qu'une personne sensible et
consciente de sa responsabilité dans la société réagit autrement.

Condamné ou non, l'accusé qui est devant vous traînera toujours dans son âme le souvenir terrible de cette tragédie où l'a poussé le destin. Il a perdu sa femme, son bonheur, sa tranquillité d'esprit, son prestige et son nom.

Conscient qu'il ne pourra plus continuer l'exercice de sa noble profession, je ne veux pas vous leurrer, messieurs les jurés, et vous dire que c'est dans l'intérêt de la société que le docteur doit être remis en liberté au lieu d'être enfermé à vie entre les murs d'une prison. C'est à vous de décider du sort de l'homme qui, il y a deux mois seulement, était illustre et heureux et qui, maintenant, rumine dans le box des accusés sa honte, ses regrets et le malheur qui l'accable. Je me fie à votre sagesse et j'accepterai avec respect votre verdict car j'ai le sentiment d'avoir soulagé mon cœur en criant l'innocence du docteur N. Il ne me restera qu'à prier toujours pour la paix de son âme.

De longs moments de silence suivirent jusqu'à percevoir un frémissement passionné dans la salle et sur les bancs des jurés. Très poli, le président de la Cour m'adressa des remerciements discrets et se préparait à donner la parole, en dernier, à l'accusé avant de clôturer les débats quand, à la surprise générale, le représentant du ministère public se leva pour faire quelques précisions «essentielles à la reconstitution des faits incriminés». «La défense a le droit de réplique, garanti par la procédure pénale», ajouta-t-il.

Le procédé, quoique légal, était exceptionnel, et l'appréhension que j'eus d'une menace très sérieuse s'avéra juste. À vrai dire, j'avais plaidé sans conviction, conscient dans mon for intérieur que je défendais une canaille dont la culpabilité était évidente. Il était donc juste que le procès fût perdu et que l'on me fustigeât en public pour mon déluge de paroles sonores et creuses, incapables de laver le souvenir des deux meurtres.

— Monsieur le président, honorable Cour, messieurs les jurés, je voudrais vous éviter toute figure de rhétorique; mais, pendant que j'écoutais la plaidoirie ardente, faisant moi-même un effort pour ne pas être captivé par les artifices subtils de la défense, je pensais à Ésope qui démontra à son maître Xanthus que la langue est ce qu'il y a de meilleur ou de pire au monde, selon les circonstances.

Il est très difficile de ne pas être enivré par une mélodie

ensorcelante. Le héros grec, selon la légende d'Homère, pour échapper à l'enchantement des sirènes, se fit attacher au mât du vaisseau et remplit de cire les oreilles de ses compagnons. Nous venons d'écouter de la musique sortie du violon magique d'un Paganini de la parole, et j'insiste pour que nous nous réveillions de cette griserie qui altère nos possibilités d'émettre un jugement clair.

L'honorable représentant de l'accusé déclare qu'il ne cherche dans ce procès, comme il l'a fait dans toutes les causes qu'il a si brillamment défendues, que le rétablissement de la vérité et le triomphe de la justice, même au prix de l'écroulement du monde entier. C'est sublime si cette intention est sincère ou si le maître n'est pas lui-même pris par une autosuggestion qui influence son jugement et lui fait énoncer de bonne foi des intentions idéalistes dans une cause si odieuse.

Le maître met en balance toute son autorité et toute son ambition pour donner plus de force à son argumentation, mais nous mettons sur l'autre plateau le plein poids du prestige d'une société entière, le respect sacro-saint de la vérité, la grande responsabilité que nous avons d'enrayer le crime, ainsi que notre souci de ne pas devenir les complices d'un *assassin* qui, *dé-li-bé-ré-ment*, A MASSACRÉ deux êtres humains.

Je soutiens avec insistance que l'homme qui est assis sur le banc des accusés — si on peut encore l'appeler «un homme» — a tué *froidement*, sans aucun scrupule et avec l'intention *lucide* d'assassiner, même si cette idée lui est venue soudainement! *Qui est-ce qui me fait me maintenir dans cette conviction inébranlable? Nul autre que l'avocat de la défense* quand il présente *sa* version de la scène du massacre.

On vous a dit que, pendant l'échauffourée, l'homme qui avait attrapé le docteur par le collet et qui le poussait avec l'intention de le mettre à la porte, lui avait fait heurter la table de nuit. On vous a expliqué ensuite que l'accusé, *remarquant le revolver dans le tiroir entrouvert* du petit meuble, *l'avait sorti machinalement* et, comme s'il avait été en transe, avait déchargé l'arme sans regarder et sans se rendre compte de ce qu'il faisait.

C'est une question de bon sens que je vous pose, messieurs les jurés. Quand on pousse avec force quelqu'un contre un meuble qui n'est pas de grandes dimensions et dont le tiroir est entrouvert, *on pousse en même temps le tiroir, et on le ferme automatiquement.*

Est-il possible qu'en pressant avec force et avec une masse compacte — le corps d'une personne de la taille de l'accusé — contre un tiroir entrouvert, *on l'ouvre au lieu de le fermer?*

Voilà, maître, un... petit détail qui vous a échappé et qui montre qu'il y a encore beaucoup de choses sur la terre et dans le ciel que votre philosophie ignore!

Essayons donc de reconstituer la *vraie* scène!

Faisant un effort suprême pour se dégager de l'étreinte — et la chemise déchirée dont parlait le témoin serait un indice —, l'accusé s'est précipité vers la table de nuit où il savait que se trouvait le revolver, il a ouvert le tiroir, a sorti l'arme et, au lieu de menacer son adversaire et de le prévenir de se tenir à l'écart, *il a tiré froidement, comme un gangster sans scrupules et sans conscience.*

Ces mots tombèrent comme la foudre et électrocutèrent tout le monde. La haute stature du procureur général prit des proportions gigantesques, et les ampoules des appliques fixées au mur devant lequel se dressait son fauteuil projetèrent l'ombre noire et fantastiquement agrandie de sa robe garnie d'hermine. On aurait dit que l'archange de la mort et de la vengeance divine était descendu dans la salle et remuait ses ailes sinistres sur la tête des jurés. Je saisis une sorte de frisson dans leur rang.

— Pour minimiser les faits et vous écarter de la gravité des crimes qui doivent être punis par *notre justice,* poursuivit le procureur général, l'avocat de la défense vous a suggéré que l'accusé serait torturé à jamais par des remords, et qu'une telle souffrance morale n'est que l'apanage de l'homme intellectuellement supérieur, tandis que l'homme ordinaire est insensible et n'éprouve pas de regrets. Caïn, le premier tueur dont parle la Bible, le fratricide damné, loin d'être un intellectuel, n'était qu'un rustre sanguinaire, vêtu de peaux de bêtes. Pourtant, les tiraillements de sa conscience l'ont pourchassé partout et jusqu'au dernier jour de sa vie. Au contraire, nous avons vu ici un parricide, intellectuel irréprochable, qui s'amusait quand on parlait des cadavres de ses parents qu'il avait dépecés et couverts de chaux pour faire disparaître leur trace. Que dire aussi de l'autre intellectuel, de l'illuminé qui avait lancé la théorie que tout ce que nous pouvons penser est réalisable? Quand on lui a demandé de dire quelle était sa réaction devant le cadavre de la fille qu'il avait étranglée, il a répondu calmement: «Elle ressemblait à une vache égorgée».

La conscience dérive du fond moral inné de l'individu et n'a aucun rapport avec la formation intellectuelle d'une personne.

Considérant la détermination précise de l'accusé de sortir le revolver du tiroir *pour punir* une insulte et *pour abattre* sa femme et son rival, nous ne devons pas nous préoccuper des remords que le docteur N. pourrait ressentir, *car il n'a pas de conscience*. En pensant au cynisme de son acte, je me souviens d'une séance expérimentale qui nous a été présentée au séminaire de criminologie à l'Université de Rome. Trois étudiants ont été hypnotisés. On a donné un couteau en carton à chacun en leur expliquant qu'ils avaient devant eux un adversaire qui les attaquait et qui devait être tué. Malgré l'insistance énergique de l'hypnotiseur, deux sujets ont refusé d'exécuter l'ordre et ont jeté à terre l'arme «meurtrière», tandis que le troisième frappait sans cesse dans le vide pour percer «l'adversaire».

Voilà l'illustration éloquente de l'impératif catégorique dont se moquait l'avocat de la défense! Si l'accusé avait été muni au fond de son être de cet instinct qui défend de commettre un meurtre — et dans le cas présent, il s'agit d'un double assassinat — même sous la pression exercée sur lui par un hypnotiseur, il ne serait pas arrivé sur le banc de l'infâmie. Il n'a pas eu la moindre hésitation car le commandement moral de ne pas recourir au crime est absent de son âme. *Je ne vois donc pas de différence entre la conscience du docteur N. et celle de Sparafucile, le tueur à gages.*

En conclusion, faisant semblant d'oublier la bévue de l'avocat de l'accusé au sujet du tiroir qui *s'ouvre* lorsqu'on le pousse, *j'invite le jeune maître à nous déclarer en toute sincérité si lui-même serait capable, dans n'importe quelle circonstance, de penser à la violence extrême pour se venger ou pour défendre son honneur.* Je me fie à son intégrité morale pour nous donner une réponse claire; et il n'est pas impossible que ses explications puissent vous déterminer, messieurs les jurés, à revenir avec un verdict mitigé qui, tout en déclarant l'accusé coupable des deux meurtres, recommande qu'on lui accorde des circonstances atténuantes. Merci.

❑

Tout mon château de cartes fut balayé d'un revers de la main, et l'effet de ma plaidoirie se dissipa après ce coup imprévu.

Je dois reconnaître que, dans son intervention inusitée, le procureur général avait déployé des chefs-d'œuvre d'habileté. Il venait avec un argument très logique, auquel j'avais déjà pensé, pour démontrer que le docteur avait ouvert lui-même le tiroir afin de sortir le revolver avec l'intention de tuer sans le moindre avertissement. Il comptait déjà sur un verdict de culpabilité, et, pour «soulager» les jurés de leur tâche, il leur laissait la possibilité d'accorder des circonstances atténuantes. Ça voulait dire que, au lieu d'être condamné aux travaux forcés à vie, mon client pouvait s'en sortir avec une peine de... vingt-cinq ans seulement. Pour annihiler la considération dont je jouissais, et pour imposer ses conclusions, le procureur général m'avait raillé en pleine séance. Sous prétexte de me flatter, il m'avait dépeint comme étant un «sorcier» qui veut couvrir astucieusement, avec des arguments fourbes, un double meurtre. Comme défi suprême, il m'avait invité à déclarer honnêtement comment j'aurais réagi moi-même à la place de l'accusé ou dans une situation similaire. En disant que je n'aurais pas agi comme mon client, j'aurais reconnu sa culpabilité, tandis que ma déclaration de solidarité avec lui aurait montré que j'étais un assassin virtuel.

On a toujours la perception d'un succès ou d'un échec par le fluide qui émane de la foule, cette hydre aux centaines de têtes et avide de sensationnel qui remplit une salle.

Je me fis à nouveau des reproches pour avoir accepté de lutter contre l'évidence accablante quand il aurait été plus simple de dire NON jusqu'à la fin et de me tenir à l'écart de cette affaire immonde qui devait sonner le glas de ma carrière.

Trois fois, le président de la Cour m'avait invité à prendre la parole. Ahuri, je me levai seulement après que mon adjoint m'eut secoué fortement le bras pour me faire remarquer qu'on me parlait.

Visiblement gêné et compatissant, le président de la Cour me demanda si je n'étais pas trop fatigué et me proposa que je réponde après une suspension d'audience d'une heure car, de toute façon, tout le monde avait besoin d'une détente.

Je répondis vivement que j'étais prêt à parler, mais la Cour avait déjà annoncé la suspension.

❑

Tandis que les gens quittaient leurs places pour aller prendre des rafraîchissements et que de petits groupes se formaient pour commenter les propos du procureur général ainsi que les perspectives du procès, je restai cloué à ma chaise, les coudes appuyés sur la table et le visage plongé dans le creux des mains. Au lieu de préparer un plan d'action et de me concentrer sur les points auxquels je devais répondre, je me laissai entraîner par un pessimisme angoissant. J'avais honte en pensant à ma défaite imminente, et je n'osais même pas tourner la tête. Lydia devait être dans la salle, car je l'avais aperçue avant l'ouverture de la séance. Mon destin me poursuivait. Dans quelques heures, la belle princesse, l'ingrate à qui je pensais après chaque succès retentissant, saurait les détails humiliants de ma chute vertigineuse.

Je considérai avilissante même cette générosité de la Cour de m'accorder un répit, en procédant comme un matador qui attend quelques instants devant le taureau essoufflé et baignant dans le sang avant de lui porter le coup de grâce; le bref silence qui précède la mise à mort et qui excite au paroxysme l'hystérie du public.

Un de mes adversaires, représentant de la partie civile, passant à côté de moi, me tapa sur l'épaule avec une familiarité qui me fit éprouver l'envie de le gifler. Il se sentit même obligé de me glisser à l'oreille: *Sic transit gloria mundi.* Je ne bougeai pas, faisant semblant d'avoir ignoré son impertinence.

Je pensais à Samson aveugle, amené au festin des Philistins et obligé de danser devant eux pour les égayer. «Bon Dieu, je t'implore, souviens-toi de moi!» cria-t-il dans son désespoir. «Donne-moi, mon Dieu, pour la dernière fois, la force de me venger d'un seul coup de ces Philistins, et que je meure en même temps qu'eux!»

Oh! si j'avais pu aussi pousser et démolir les colonnes de marbre qui soutiennent le lourd plafond de la grande salle de la Cour, pour être enseveli sous les décombres avec tout ce monde que je détestais et qui se réjouissait de ma défaite!

Il ne me restait qu'à tomber avec dignité tel le loup d'Alfred de Vigny qui m'avait servi de modèle autrefois.

❑

À la reprise de la séance, je fus étonné moi-même de me trouver si calme et si résolu. *Gémir, souffrir, pleurer, est également lâche...* me rappelait une voix intérieure, comme jadis...

Il était exactement neuf heures du soir.

— Je tiens à vous signaler, monsieur le président, que, au cours de sa réplique, monsieur le procureur général est venu avec un élément nouveau qui nécessite une vérification matérielle, bien que la phase des preuves ait été dépassée. L'honorable représentant de la société vous a démontré avec une logique infaillible qu'une personne qui est poussée de force contre un meuble *ferme et tient fermé un tiroir qui, par hasard, était entrouvert.* Je suis complètement d'accord avec cet axiome ou, vous préférez, avec cette vérité de La Palice.

— En ce qui me concerne, *oui*, m'interrompit le procureur général, mais cette vérité qui saute aux yeux vous a échappé et vous vous êtes laissé entraîner dans la mer comme les imprudents moutons de Panurge.

— Je pense que monsieur le procureur général va un peu vite en croyant que j'ai plongé naïvement dans la mer comme une brebis galeuse. Le jour où je me suis rendu sur le lieu du drame avec monsieur le juge d'instruction afin de préparer la défense, je me souviens très bien d'avoir vu le tiroir de la table de nuit ouvert à plus d'un quart.

— Mais bien sûr, dit fortement amusé le procureur général, c'est une autre vérité de La Palice. Pour sortir l'arme du tiroir de la table de nuit, l'accusé l'avait ouvert; et, dans son empressement de tuer, il ne l'a plus refermé. C'est un oubli qu'on peut excuser à cet homme si rangé

Tout le monde s'esclaffa.

— Monsieur le procureur général, moi je n'ose vous servir ni vous appliquer l'image des moutons de Panurge ni vous comparer à Dindenault, même si votre nouvelle interruption m'y obligeait, mais j'assure la Cour, et je peux proposer de le répéter sous serment que, en poussant par inadvertance ledit tiroir, il me fut impossible de le fermer *car il était bloqué.* C'est pour cette raison que je demande à l'honorable Cour de dépêcher un procureur de service à la maison du docteur pour faire un constat sur l'état du fameux tiroir. Comme la pièce où s'est déroulée la tragédie est encore scellée, j'assume que le tiroir doit se trouver toujours dans la même position: *ouvert à plus d'un quart et bloqué.*

Comme le procureur général jouait avec moi au chat et à la souris, il ne s'opposa pas à ma demande:

— Il faut reconnaître que la preuve semble pertinente, et je suis d'accord qu'un magistrat se rende tout de suite à la maison de l'accusé pour faire un rapport urgent. Entre temps, le maître pourra poursuivre ses conclusions.

La Cour acquiesça et délégua un conseiller et un greffier pour le constat. La séance fut levée dans l'attente du résultat.

Elle reprit une heure et demie plus tard. Le président donna lecture du procès-verbal contenant le rapport du magistrat délégué: le tiroir de la table de nuit du docteur avait été trouvé *ouvert* et, à cause d'un obstacle non identitié, *il ne se fermait pas.* Le domestique interrogé sur place n'en était pas au courant et ne savait pas dans quelle position était le tiroir la veille du drame.

La lecture du constat influença l'humeur de la salle, car la foule est comme une femme capricieuse dont les sentiments varient à la légère. Elle était de nouveau de mon côté.

Le procureur général, un peu gêné, accepta la preuve et demanda qu'on éliminât la présomption du journal des débats. Pour le reste, il maintenait ses convictions fermes que l'accusé avait sorti l'arme dans le but de tuer et non de se défendre, et qu'il avait tiré sans le moindre avertissement.

❏

Il me serait plus qu'agréable de dire, entre parenthèses, qu'une intuition géniale m'avait inspiré de demander à la Cour cette vérification au sujet du tiroir. En réalité, et à mon déshonneur, il ne s'agissait que d'une supercherie que j'avais préparée à temps pour prévenir toute contradiction dans ma plaidoirie.

Au cours de ma visite au pénitencier, c'est *moi* qui avais suggéré au docteur comment il devait expliquer «le drame», pour ne pas l'appeler son double meurtre froidement prémédité. Il ne devait pas dire qu'il avait déjà sur lui le revolver lorsqu'il avait pénétré dans la chambre à coucher, mais qu'il avait remarqué l'arme au moment où il était brutalement poussé contre la table de nuit au tiroir entrouvert. Cette mise en scène contredisait «une vérité de La Palice», car même si le tiroir avait été ouvert avant, il devait se refermer automatiquement sous la pression du corps du docteur. Comment donner un aspect véridique à l'explication du tiroir resté ouvert tout le temps, avant et après «le drame» et en dépit de l'observation très logique du procureur général? Voici venu le moment de faire une confession horrible: j'avais combiné ma complicité *morale*, en inventant cette fausse version, avec une participation *matérielle*. Ayant obtenu de l'aimable juge d'instruction la permission de visiter en sa compagnie le lieu du crime, je profitai d'un moment de distraction du magistrat qui, dans l'autre coin de la grande pièce, examinait avec intérêt une statuette de bronze, pour sortir complètement le tiroir que j'avais trouvé *fermé*. Avec une agilité de pickpocket accompli, je mis dans la cage du tiroir la boîte de havanes que j'avais apportée dans la poche de mon imperméable. En remettant le tiroir, il resta entrouvert et bloqué dans cette position. Une opération qui ne me prit que deux secondes. Je me rapprochai vite du magistrat pour le remercier de son amabilité, et nous sortîmes ensemble. Le greffier qui attendait dehors appliqua à nouveau le scellé sur la porte. Si ce tour d'adresse avait échoué, je n'aurais pas accepté d'assumer la défense du docteur N. Il ne m'avait donc pas suffi de donner un conseil maléfique à mon client; je fus littéralement son complice après les faits. Cette ignominie à laquelle je me prêtai ne devrait jamais m'être pardonnée. Je considère que tous les déboires que je connus durant ma vie entière ne sauront compenser la millième partie du crime que je confesse aujourd'hui.

❑

Cette tournure décisive en ma faveur me donna le courage d'être sans pitié pour le procureur général qui m'avait humilié devant tout le monde.

— Pour ne plus être accusé d'essayer de vous envoûter, messieurs les jurés, je mettrai à profit les remarques de monsieur le procureur général et je promets de surveiller même le timbre de ma voix, bien qu'elle soit loin d'être ensorcelante et sans aucune ressemblance avec le chant des sirènes. Si le représentant du ministère public a eu l'impression de saisir de telles intonations chez moi, il n'est pas impossible qu'une vraie sirène se soit glissée dans cette salle pour être généreuse non seulement avec l'avocat de l'accusé, mais avec l'honorable procureur général aussi. Elle m'a prêté sa voix pour mieux vous convaincre de la justesse de la cause que je défends, mais elle a offert à l'accusation, avec la même générosité, la moitié de son corps

— et la meilleure! — afin que le réquisitoire finisse en queue de poisson. Voilà, messieurs les jurés, que nous en arrivons enfin à la reconstitution exacte de ce qui s'était passé lors de l'échauffourée qui a eu une fin si tragique. Il ne nous reste qu'un point à éclaircir; un point essentiel, pour savoir si, entre le moment où le docteur, presque suffoqué sous la pression de l'agresseur qui l'avait pris à la gorge, et l'instant du déclenchement de l'arme — donc dans l'intervalle de quelques secondes seulement — le docteur a eu ou non *l'intention* de tuer.

Il y a eu devant les jurés un procès d'homicide qui a inspiré un délicieux monologue à notre grand Caragiale. Le nom de la pièce est: *Poisson d'avril.* Oh! excusez-moi, je pense que la sirène est encore parmi nous! L'action se passe dans le petit monde des fonctionnaires d'un ministère, qui décident de faire une farce, le premier avril, à leur timide et peureux camarade qu'ils avaient surnommé «le Poltron». L'amie d'un de ces joyeux lurons envoie un billet doux au «Poltron» pour l'inviter à un rendez-vous nocturne dans un lieu peu fréquenté d'un parc public. Le naïf mord à l'hameçon et, vêtu d'un complet neuf, chapeau melon, gants blancs et canne style dandy, se rend à l'heure à l'endroit indiqué. La belle ne se fait pas attendre et se jette dans les bras de son «amoureux». Soudain, le «mari trompé» fait son apparition tandis que les autres camarades, cachés derrière un bosquet, ont de la peine à étouffer leurs rires. Le «cocu» se précipite vers celui qui l'avait «déshonoré». «Le Poltron», blême de peur, lève la canne et, d'un coup sec, fracasse le crâne du «mari». La farce finit tragiquement: l'homme succombe à ses blessures, et «le Poltron» est envoyé à son procès. Il est finalement innocenté par les jurés dans cette salle même.

Voilà, messieurs les jurés, farce à part, ce qui s'est passé exactement dans la chambre à coucher au moment de la tragédie. Pris dans un moment de panique et de désarroi, et perdant tout contrôle, le docteur a touché au revolver et a tiré. S'il avait eu une canne dans la main, il est plus que probable qu'il aurait broyé le crâne de l'agresseur, dans un geste de légitime défense.

Dans des moments pareils de panique, de colère ou d'égarement, on oublie l'éthique ou sa formation intellectuelle car l'instinct de conservation l'emporte. Mais un acte instinctif de défense *exclut* la notion de préméditation. Quant à l'impératif catégorique, il est inexistant même dans les âmes des séraphins quand ils doivent faire face à une situation exceptionnelle. «Il n'est si homme de bien, qu'il mette à l'examen des lois toutes ses actions et pensées, qui ne soit pendable dix fois en sa vie», avait remarqué le sage Montaigne, car «certes, c'est un sujet merveilleusement vain, divers et ondoyant, que l'homme. Il est malaisé d'y fonder jugement constant et uniforme.»

Je n'ai rien à cacher et j'accepte le défi de monsieur le procureur général pour déclarer que *je pourrais comprendre, dans certains cas, un vrai assassinat commis sous l'empire d'une fureur soudaine et légitime.* Ce n'est pas le cas de mon client, comme vous l'avez vu. *Il ne s'agit pas de lui, mais de moi-même...*

Mes derniers mots furent couverts par des murmures et des exclamations de surprise, et le président déclara qu'il serait obligé de faire évacuer la salle si une telle perturbation se répétait.

— *C'est ma dernière apparition devant cette Cour*, et, pour répondre à l'invitation de monsieur le procureur général, je me permets, malgré l'heure avancée, de vous prendre quelques minutes encore. J'aurais préféré ne jamais faire, et surtout en public, la confession qui va suivre, mais je suis obligé de parler pour montrer que je n'ai rien à cacher et que la vérité m'est plus précieuse que le prestige personnel. J'ai toujours ignoré qui ont été mes parents. Trouvé dans la rue, handicapé, paralytique, j'étais la risée de mes camarades de classe surtout à cause de mes difficultés d'élocution. Faible, famélique et retardé tant physiquement qu'intellectuellement, j'aurais fini dans une maison de réadaptation de l'État, c'est-à-dire dans un dépotoir public, si je n'avais pas rencontré par hasard une jeune fille qui a changé tout le cours de ma vie. Malheureusement, il y avait entre elle et moi une distance plus longue que celle de la Terre à la Lune. Les tares et la misère noire à laquelle j'étais réduit n'étaient pas les seuls obstacles qui me séparaient de cette personne. La jeune fille dont je parle était de sang princier et, par un arrangement familial, fiancée à un illustre et richissime descendant de la noblesse de ce pays. Par le caprice du destin, j'ai vécu un vrai conte de fée dans lequel je n'ai été, pour me servir d'une image de Victor Hugo, qu'*un pauvre ver de terre amoureux d'une étoile.*

Dans ma folie, je me suis proposé de sortir de mon état pitoyable et de grimper vers elle. Il serait trop long de vous parler de mes efforts surhumains pour vaincre mes infirmités ou de vous mentionner de quelle force de volonté j'ai dû faire preuve pour forger, d'un amas d'os ankylosés et broyés, un corps plus ou moins normal, et de rattraper dans un temps assez bref, en quelques années, tous les retards de mon intellect. Et j'ai réussi si bien que, jusqu'à la fin, après un dur combat, j'ai triomphé de mon adversaire — son fiancé — qui m'avait cruellement malmené et humilié. À ma grande surprise, c'est la princesse qui est venue me chercher ensuite pour m'offrir son amitié et tout le concours matériel pour que je termine mes études et que je prenne le bon chemin que je devais suivre dans la vie. C'est elle qui m'a insufflé l'ambition de dépasser tous mes camarades de classe et de compléter avec succès mes études supérieures, et c'est elle aussi qui m'a inspiré le choix de cette carrière que j'ai juré d'honorer de toute mon âme pour être digne d'appartenir à la deuxième magistrature de notre pays. Mais je n'avais le droit d'aspirer qu'à l'amitié de cette fille. C'était la condition catégorique qu'elle m'avait imposée, car nous n'appartenions pas au même monde. Et j'aurais respecté sa décision, en sacrifiant l'amour à l'amitié, mais c'est elle-même qui, rentrée après une longue absence de Bucarest, m'a déclaré qu'elle ne pourrait jamais vivre sans moi. Il ne nous restait qu'à préparer un plan pour empêcher le mariage de raison imposé par la famille et qui menaçait notre bonheur. Après le retour de son fiancé qui étudiait à l'étranger, nous avons été brutalement séparés. Encouragé par la détermination de ma merveilleuse princesse de me suivre jusqu'à l'autre bout du monde, je n'étais pas loin de briser nos chaînes par un coup audacieux que j'avais préparé et qui aurait réussi, quand j'ai été attiré dans un guet-apens. J'ai été sauvé à la dernière minute grâce à l'ingénieuse intervention de mon amie. Dans mon chemin de retour à travers le grand parc du palais où habitaient ces nobles, j'ai surpris, assis sur un banc et abrités par la nuit et les châtaigniers, la princesse et son fiancé... détesté. Je me suis arrêté près d'eux, derrière un arbre. Frappé de stupeur, j'ai entendu les propos d'amour qu'ils s'échangeaient; et, ce qui est le plus terrible, j'ai appris que la jeune fille ingénue, ma pure et innocente amie qui était ce que j'avais de plus cher dans ce monde, vivait depuis long-temps en concubinage avec celui qui passait pour son «fiancé». C'est là aussi que j'ai entendu de la propre bouche de la per-fide qu'elle ne m'avait jamais aimé, mais qu'elle m'avait menti en permanence pour me donner de faux espoirs et me nourrir d'illusions, car, autrement, en sachant la vérité, je n'aurais plus suivi le chemin ambitieux qu'elle m'avait tracé. Ses vrais sen-timents pour moi? *Pitié, rien que de la pitié* pour l'épave hu-maine qu'elle avait tirée de la boue... Quand je me suis assuré que ce n'était pas un cauchemar, *j'ai senti l'envie de les étran-gler de mes propres mains. Je ne sais pas ce qui m'a retenu à la dernière seconde mais je vous assure que, si j'avais eu un revolver sur moi, je l'aurais déchargé jusqu'à la dernière balle.*

Il s'en est fallu de peu, ce soir-là, que je ne commette un double assassinat qui m'aurait compromis pour le reste de la vie. J'en suis épouvanté rien que d'y penser! Voilà le grand et noir inconnu qui dort en chacun de nous et qui se réveille et nous domine soudainement quand l'injustice avec laquelle nous confronte le destin aveugle notre raison!

J'ai couru ensuite, hurlant comme un forcené et déchirant mes vêtements. Après avoir mis le feu à la misérable maison qui m'abritait, je me suis enfui loin de la capitale, vagabondant comme un chien enragé ou un malheureux atteint d'amok. Je suis passé à travers des fils barbelés sans me soucier de leurs pointes et sans faire attention aux blessures qui lacéraient mon visage, mes mains et mon corps. Je marchais sur la voie ferrée dans l'espoir d'être happé par un train et transformé en une masse de chair. Pour regagner ma tranquillité relative, mais sans pouvoir trouver l'oubli, je suis passé par d'autres déboires. Finalement, j'ai pu me considérer guéri; mais, comme Macbeth qui a tué le sommeil par son crime, la princesse que j'avais divinisée a tué mon sourire pour toujours.

En vous priant de m'excuser pour cette digression inusitée, qui s'imposait pourtant après l'invitation de monsieur le procu-reur général d'ouvrir mon cœur et de vous parler de mes propres réactions dans un moment fatidique que j'aurais pu connaître

dans ma vie, il ne me reste qu'à revenir aux conclusions directement reliées au procès soumis à votre jugement.

Si j'avais tué la vipère qui a détruit ma vie, j'aurais été
enchaîné et condamné aux travaux forcés à perpétuité. Considérons un peu l'autre aspect et les conséquences qui pouvaient
survenir si j'avais été broyé sous les roues d'un train ou si je
m'étais pendu. *Aucune loi n'aurait tenu responsable celle qui
m'aurait fait perdre la vie.* La criminelle qui m'aurait tué ainsi
n'aurait pas été arrêtée et jugée, et personne n'aurait troublé
son bonheur. Peu après ma disparition, elle a célébré son mariage en grande pompe. Même situation dans le cas du docteur
que vous jugez. Si, après la découverte de la trahison, l'accusé
avait dirigé vers lui le canon du revolver, ni sa femme ni l'amant,
les deux coupables de sa mort, n'auraient été traduits devant
une Cour criminelle pour être jugés et punis. Au contraire, ils
auraient été libres de souiller sa mémoire comme ils avaient sali
son nom.

Alors, où est la vraie justice? Et où est le vrai coupable?

Nos lois sont incomplètes et loin d'être équitables. Il est
vrai que la sagesse du législateur a donné aux représentants du
peuple et non aux magistrats de carrière la compétence de juger
les infractions les plus graves prévues par le code pénal. Un
magistrat de carrière est obligé de peser les accusations selon
les preuves et d'appliquer dans chaque dossier la sanction pres-
crite par la loi. Il n'a pas le droit de pénétrer dans l'âme de
l'accusé, d'essayer de se mettre à la place du «coupable» et de
tenir compte de circonstances qui, bien que motivées par la justice immanente, sont sanctionnées froidement par le code criminel. Par contraste, le juré est un homme libre de toute contrainte hiérarchique et a le droit de juger avec son cœur, sans
être obligé de justifier son opinion.

En fait de justice, les anciens Grecs avaient *deux* déesses.
L'une s'appelait *Thémis,* celle dont vous rencontrez la statue
partout et même dans cette salle. Elle est représentée avec les
yeux bandés et une balance à la main pour peser les infractions
et les mettre en équilibre avec les sanctions prévues par la loi.
La justice de Thémis est donc une sorte de balance automatique, actionnée comme un robot. Il y avait aussi *Némésis,* la
déesse de la vengeance et de l'équité. Elle ne pesait pas les ac-

tions humaines mais les mesurait avec son compas. Implacable mais objective, cette déesse approuvait un acte de vengeance commis dans le but de rétablir la justice, et elle ne se conduisait pas d'après les lois écrites mais selon l'équité morale.

Si le docteur N. avait tiré avec l'intention délibérée de se venger, l'impassible Thémis l'aurait condamné sans pitié, car cette déesse est non seulement aveugle, mais sourde aussi aux arguments que la loi écrite a manqué de prévoir, tandis que la justicière Némésis l'aurait approuvé et absous. Raison de plus donc d'innocenter un homme qui, dans les circonstances fatales reconstituées devant vous, a cédé à une impulsion sous l'empire de l'instinct de conservation qui est plus fort que la raison.

Il serait présomptueux — et bassement vaniteux — de ma part, de désirer que ma dernière apparition dans cette salle soit couronnée d'un dernier succès sans que la vérité ne soit de mon côté, mais comme je me rends compte qu'*aucune* des causes que j'ai plaidées devant cette Cour n'a mérité plus de compréhension et de solidarité humaine que le drame du docteur N., je vous prie, messieurs les jurés, de revenir sans hésiter avec un verdict d'acquittement.

❑

Le président donna le dernier mot à l'accusé, mais celui-ci se trouva dans l'impossibilité de prononcer quoi que ce soit car, à peine levé, il s'effondra en sanglots.

❑

Je rentrai chez moi vers deux heures du matin et je fus informé par téléphone que les jurés, après une brève délibération, étaient retournés dans la salle avec un verdict *négatif*.

Le docteur N., criminel cynique, était réhabilité grâce à ma turpitude. J'en eus la nausée, surtout que la nouvelle fit la manchette des journaux du lendemain qui reproduisirent aussi, à ma honte, la photo agrandie de l'assassin faisant pendant à la mienne.

À vrai dire, n'avais-je pas été son complice?

IX

Pendant quelque temps, les gens qui voulaient me rencontrer se heurtaient à la même réponse: «Le maître est en province et sera absent plus de trois semaines.»

Ma secrétaire apportait chaque soir à mon domicile mon courrier devenu très volumineux. La plupart de mes correspondants me suppliaient de revenir sur ma décision; d'autres me demandaient de les assister dans des procès devant les tribunaux de droit commun. Deux lettres triviales, d'une ironie qui sentait le rance et qui, évidemment, émanaient de la même personne, me conseillaient de donner ma démission du Barreau et de me faire clown dans un cirque comme le fameux magistrat Pot de Pitigrilli dont le roman était en vogue à l'époque. Enfin, quelques demandes en mariage et, chose incroyable, une brève lettre dont l'écriture m'était très bien connue, signée... «Marguerite»:

«J'ai essayé désespérément de vous joindre au téléphone. Même si j'étais la plus criminelle des criminelles — et les apparences m'accusent! — j'aurais au moins droit à une explication. Je vous supplie de me donner la possibilité de vous parler! Je suis très malheureuse et mes larmes ne tarissent pas...»

D'un geste furieux je déchirai le papier et le jetai au panier.

— Non, elle ne m'aura plus! Elle veut me faire fléchir maintenant par ses larmes si elle ne peut plus me tromper avec son sourire... innocent? Et dans quel but? Le passé est mort et enterré. Et à quoi bon s'expliquer si sa trahison a été consommée?

J'étouffais d'indignation, et pourtant, j'aurais voulu la voir agenouillée devant moi, implorant à chaudes larmes mon pardon pour tout le malheur qu'elle m'avait causé. Je resterais rigide et muet comme un sphinx, *mais au moins je la reverrais.* Et j'aurais la force de tenir le coup et de ne pas m'attendrir sur ses maux feints.

J'ouvris largement la fenêtre pour me rafraîchir la tête et les poumons. L'étoile du berger brillait fortement dans le ciel parsemé de diamants, et je la regardai en lui demandant conseil. Dans les scintillements de ses rayons d'argent, je déchiffrai le message serein de l'immortel qui dédaigne les appâts d'un «être d'argile» souillé par les péchés terrestres.

Et c'est ainsi que j'eus la force de résister et d'ignorer l'appel de Marguerite.

❏

Quelques jours après, je reçus une lettre de félicitations très enthousiaste de... Lydia. Oh, ces revenants, ennemis de l'oubli! Elle aussi me priait de lui accorder «une brève audience».

Je lui téléphonai le lendemain. Lydia se déclara plus qu'heureuse d'avoir eu «enfin» la chance de me parler après avoir perdu tout espoir de me rejoindre. D'ailleurs, elle avait respecté mon désir de ne pas être importuné pendant le procès, et me demanda si on pouvait se revoir.

Nous nous donnâmes rendez-vous dans un café en face du palais royal. Mon ancienne camarade me remercia d'avoir défendu le cousin de son père. Elle avait très bien su que c'était un cas désespéré mais que j'étais le seul à pouvoir le sauver.

— Le plus drôle, c'est que ton client est furieux et ne te pardonne pas de lui avoir interdit de te tutoyer! Peu importe, tu as été magnifique. À propos, m'est-il permis de te parler à la deuxième personne?

— Tu plaisantes, j'espère?

— Non, je suis très sérieuse. Nous ne nous sommes pas vus depuis si longtemps et tant de changements sont survenus dans nos vies...

— D'un certain point de vue, toi et moi, nous sommes res-

tés les mêmes. Considère-moi toujours comme ton vieux camarade!

— Merci, Lucien. J'en suis très flattée. Ta confession publique m'a touchée profondément, surtout que je connaissais une
bonne partie de tes souffrances. Je t'avais toujours suivi, sans
me faire remarquer, dans d'autres procès, mais cette fois tu t'es
surpassé, et l'enthousiasme public a été délirant au moment de
la lecture du verdict. C'est dommage que tu aies pris la décision de ne plus plaider aux assises, mais maintenant tu auras
probablement plus de temps pour te lancer en politique. Mon
ami pense à toi de plus en plus sérieusement, et tu ne dois pas
hésiter.

Un jour, tu occuperas le fauteuil du ministre de la Justice,
là où, autrefois, était assis le père de Marguerite. Oh, le pauvre!
c'est une épave, depuis l'attaque cérébrale de l'année dernière
qui l'a laissé à moitié paralysé.

Mon silence et mon air indifférent ne la découragèrent pas.

— Je savais vaguement certaines choses sur ton adolescence mais j'avais ignoré, jusqu'au procès, la vie affreuse et les
tourments que tu as éprouvés depuis ta disparition. Personne
n'aurait pensé que tu réagirais ainsi, que tu l'avais tant aimée...

— Lydia, excuse-moi, il vaut mieux changer de sujet.

— D'accord, mais tu as été très cruel et affreusement injuste lorsque tu as parlé de Marguerite.

En entendant prononcer ce nom que j'aurais voulu arracher pour toujours de ma mémoire, je demandai, très irrité,
l'addition.

— Si tu as voulu me voir pour me parler de cette personne, il aurait été préférable que tu ne te déranges pas.

— Lucien, aimerais-tu que tes clients soient condamnés
sans que les juges te permettent de dire un mot? Toi-même, tu
étais indigné contre le procureur général — j'étais dans la salle
— en invoquant le principe que «tout homme est présumé innocent jusqu'à ce qu'il ait été déclaré coupable».

— Pour te dire la vérité, dans les cas flagrants, il vaudrait
mieux que les magistrats se prononcent sans écouter un avocat.
Les paroles ne font que tromper et falsifier les faits réels. Tu
viens d'avoir un exemple: le cas du criminel odieux, auteur de
deux meurtres prémédités et orgueil de ta famille, innocenté

grâce à des artifices qui me déshonorent. Maintenant qu'il est libre et qu'il pollue l'air que nous respirons, il n'a qu'un regret, celui de ne pas avoir eu la permission de me tutoyer!

— Mais il faut reconnaître qu'il y a criminel et criminel.

— Pour moi, ils sont tous pareils. Comme je le vois, tu es venue défendre ton... amie et tu m'accuses d'être «très cruel» et «très injuste». Je trouve drôle ton jugement. D'après toi, il ne me restait qu'à lui demander humblement pardon pour m'avoir détruit la vie...

— Lucien...

— ... et de proclamer sa grandeur d'âme et la sincérité des sentiments qu'elle nourrissait à mon égard; elle, la pudique, la rêveuse, l'innocente que j'avais vénérée et respectée «pour ne pas la traiter comme les autres» ...sans savoir qu'elle était l'amante lubrique d'un goujat botté et éperonné. Elle vivait déjà *nos* «rêves» dans les bras de l'autre. Comment la nature peut-elle laisser l'apparence d'un ange à une fille monstrueuse, si perverse et si pourrie?

— Lucien, il est de mon devoir de te dire que tu ne connais pas la vérité, et quand tu la connaîtras, tu ne parleras plus ainsi. C'est un vrai péché. Personne ne sait plus que moi ce que tu étais pour elle...

— Un pantin, un cobaye utilisé pour ses expériences d'alchimie qui ont transformé un paralytique en athlète, un bègue en orateur... «séduisant», un sauvage en homme du monde, sans se soucier de son âme. Un sourire, une caresse, un baiser que je croyais sincères, sans soupçonner qu'ils venaient d'une experte, des serments solennels et des déclarations frémissantes d'amour, et le tour était joué. Et tu viens maintenant me plaider son innocence...

— Encore une fois: si tu savais la vérité! Depuis ta disparition, personne n'est plus le même: ni toi, ni elle, ni son mari, ni moi non plus.

Et toi... non plus?

— Oui, parce que j'ai été prise au milieu de ce drame.

— Drame pour moi seulement; comédie pour les autres.

— Fais un effort pour écouter Marguerite, et tu ne parleras plus ainsi! Et si tu savais tout, des choses qu'ignore même

Marguerite aussi! C'est horrible! Elle te mendie humblement la grâce de te voir.

— Je l'ai déjà écoutée la nuit quand elle devait annoncer officiellement la date de son mariage après m'avoir mis à la porte. Veut-elle reprendre ses talents de magicienne et me convaincre que j'avais été sourd ou ivre, qu'elle n'est pas mariée à celui qu'elle prétendait tant détester, qu'elle est restée pure et... sincère? Le procès de Lucien et Marguerite est clos pour toujours. C'est un *res judicata* sur lequel on ne peut plus revenir.

— Non, le procès est toujours ouvert tant que vous êtes encore en vie et que tu refuses d'écouter une défense — ou une explication — d'une personne que tu accuses de crime.

— Je l'accuse seulement car je connais si bien la torture qu'elle a infligée à sa victime! N'oublie pas que nous sommes maintenant sous le régime de l'état de siège et que, d'après l'ordonnance du commandant militaire de la capitale, une personne surprise en train de piller après le couvre-feu peut être fusillée sur place. Dans des cas exceptionnels, quand les faits sautent aux yeux et sont *indiscutables*, on peut donc condamner sans autre forme de procès et exécuter le coupable.

Un petit peu calmé, je proposai à Lydia de la conduire chez elle.

— Chez moi! Je n'habite plus chez mes parents.

— Mais tu dois habiter quelque part.

— Pour quelques jours encore, à la chambre... du député; et après, je reviendrai probablement chez Marguerite. Il m'est impossible de me fixer. Pour moi, l'amour est tel que Chamfort le définissait: *l'échange de deux fantaisies et le contact de deux épidermes.*

Avant de nous séparer, Lydia s'excusa de l'incident et me promit de ne plus revenir sur le sujet à moins que je ne lui en parle moi-même.

— *Et qui sait s'il ne sera pas trop tard alors*, soupira-t-elle.

Elle fit signe à un taxi qui passait, et après m'avoir demandé la permission de me téléphoner de temps en temps, elle me tendit amicalement la main et monta dans la voiture.

❏

Deux jours après, je reçus l'ordre de me présenter au régiment.

La démence de la guerre se répandait en Europe comme une traînée de poudre et nous fûmes envoyés pour renforcer nos longues et intenables frontières.

Le chemin vers Constantza m'était maintenant familier, et le voyage fut très réconfortant. Je me retrouvai enfin tel que j'étais en réalité et que j'aurais dû toujours rester: simple, modeste, sincère et enthousiasmé par le spectacle que m'offrait la nature. Les champs labourés du Baragan, le grenier de la Roumanie, couraient devant la fenêtre de mon compartiment et le décor changeait à tout moment. J'aurais aimé que le train ralentît quand il traversa la république des oiseaux, paradis unique en Europe, situé entre les deux bras du fleuve. Comme à un signal insaisissable, une foule de canards sauvages aux nuances bleu-vert et marron s'élevèrent dans le ciel serein de la matinée fraîche et couvrirent le disque du soleil. Leur vol soudain provoqua la panique générale. Les lièvres sortaient de partout et disparaissaient aussitôt dans la profondeur des roseaux immenses, tandis que les grenouilles, propulsées par des ressorts, sautaient avec précision pour se cacher dans les flaques d'eau qui, quelques instants auparavant, ressemblaient à des miroirs éparpillés sur le sol comme les étoiles d'une nuit d'été. Seuls les hérons ne perdaient pas leur calme philosophique et leur sobriété, pataugeant à pas mesurés sur leurs fines échasses, ou se soulevant dans l'air pour flotter lentement à coups pondérés d'ailes, avec comme gouvernail leur «long bec emmanché d'un long cou», tels que je les avais connus autrefois dans une fable de La Fontaine.

Et le train avançait toujours en troublant dans son fracas de ferraille la sérénité de ce monde étrange et muet.

À Constantza, la symphonie de la mer semblait me souhaiter la bienvenue. J'avoue que, malgré les perspectives de vie dure qui m'attendaient, le mystère de l'empire des eaux m'attirait comme un aimant géant. L'explication de cet attrait, je l'eus plus tard, car j'ignorais encore que ce lieu faisait aussi partie de mon destin.

Dès mon arrivée à la caserne, je fus soumis à la discipline rigide et absurde d'autrefois que je ne pouvais plus supporter après la vie de liberté menée depuis. Je compris donc plus que jamais l'esprit d'indépendance et la révolte de Jacques. Son souvenir me fut plus présent en ces lieux qu'ailleurs, surtout lorsque je comparais mon confinement à l'étendue de la mer bercée continuellement par les vagues qui balayaient les plages pour repartir ensuite vers l'horizon, sans aucune contrainte. Je portai ainsi cette nostalgie de l'infini durant nos sorties équestres en peloton ou en simple patrouille au long du littoral ou à travers les plaines désertes qui semblaient aussi, comme l'étendue des eaux avoisinantes, sans limites.

À la suite d'un ordre du ministère de la Défense, on m'envoya dans un centre de l'armée où je suivis un cours rapide destiné aux sergents titulaires de diplômes d'études supérieures. Deux mois après, je retournai au régiment avec tresse et galon d'officier.

Mon régime changea complètement. J'avais une ordonnance qui s'occupait de moi et de mon cheval, je dormais en ville et je prenais mes repas à la popote des officiers. Ce dernier privilège ne m'enthousiasma guère car je devais écouter les discussions anodines et les fades plaisanteries trop souvent répétées des autres officiers supérieurs en grade, et j'étais ainsi obligé de me soumettre à un double supplice: prêter l'oreille encore et encore aux mêmes stupidités, et rire, par politesse, chaque fois. Je devais aussi faire des efforts pour supporter la surveillance muette du colonel, commandant en chef du régiment, à la mine toujours acariâtre et se bourrant constamment de bicarbonate de soude pour couper son excès d'acidité. Cette vie de «société» me rendit plus insociable encore, mais comme il m'était impossible de vivre caché pour pouvoir vivre heureux, je ne pouvais suivre le conseil de notre bon fabuliste.

Les nécessités ou les fantaisies stratégiques me venaient parfois en aide. C'est ainsi que je fus envoyé loin de Constantza, dans un territoire désolant de tristesse et de pauvreté, vers la frontière bulgare. Ce changement de décor, au lieu de me déprimer, avait l'avantage de me laisser seul avec mes pensées; et je le préférais à la compagnie de mes supérieurs et à la bonne vie qu'ils menaient. Vers le commencement de l'hiver, le régiment fut transféré pour prendre position dans le nord-est du pays.

Le village où campait notre troupe végétait dans la misère, entouré d'un paysage laid et déprimant. Des collines arides et mornes encadraient la région, et la neige détestait leurs crêtes chauves en se cachant entre les pierres des pentes insipides. Les gens étaient rudes et sales — car rien ne peut plus enlaidir que la pauvreté — et, pour se nourrir, ils ramassaient des corneilles gelées qu'ils trouvaient éparpillées partout. Au nord du delta du Danube, d'une beauté sauvage et fascinante, la situation était différente. Les vastes propriétés débordaient de richesse, et le bien-être général se reflétait sur chaque visage. Personne ne pensait au danger qui s'approchait vite, et tout le monde semblait heureux. C'est à cet endroit que je rencontrai une blonde d'une douceur qui dégela un peu mon cœur. Je ne sais si notre paisible roman pourrait être appelé «un grand amour», mais le souvenir de cette gentille fille, Marie, courant après le régiment le jour de notre départ, pèse toujours sur mon âme. Elle nous suivit jusqu'au bout de ses forces et, finalement, elle tomba à genoux et resta dans cette position, immobile comme une statue.

J'avais perdu sa trace, et deux ans après, quand nous revînmes au même lieu, la petite ville n'existait plus. La maison de la mignonne Marie ainsi que l'école où elle était institutrice avaient été rasées au sol.

À la tête d'une patrouille de reconnaissance, j'avais la mission de couvrir des espaces immenses, et nous parcourions des plaines qui donnaient l'impression d'être infinies. Parfois, à longueur de journée, nous ne rencontrions aucun être vivant, ni homme ni bête, et, malgré nos cartes et le matériel servant à nous guider, nous ne découvrions qu'au dernier moment le village placé sur notre itinéraire. Les localités, très éloignées les unes des autres et toutes enfoncées dans une vallée couverte tour à tour de vergers et de vignes, nous faisaient oublier la détresse du long chemin laissé derrière nous ainsi que le sentiment d'être les seuls survivants sur cette terre.

Parfois, selon les ordres, nous chevauchions vingt-quatre

heures à la file sans penser au soleil cuisant ou aux pluies torrentielles qui nous frappaient sans pitié. Chacun de nous était protégé par une toile de tente qui, ajustée autour du cou et tombant jusqu'aux genoux, nous donnait une allure de chevaliers de l'Apocalypse. Très rarement pouvions-nous nous permettre un arrêt de quelques minutes. Vers l'aube, en contemplant les petites tentes portées à dos de cheval, je devais faire attention de ne pas laisser en arrière des hommes qui, endormis, glissaient tout simplement de la selle et continuaient leur sommeil à même le sol.

L'arrivée à un village où nous pouvions passer la nuit, d'après l'horaire prescrit, constituait un vrai bonneur, tant pour l'homme que pour sa monture. Les pauvres chevaux enduraient des bosses et des éraflures sur le dos et autour du ventre, aux endroits pressés ou serrés par la selle et les courroies. Les hommes aussi souffraient de blessures brûlantes à l'extrémité inférieure de la colonne vertébrale, au coccyx, causées par le frottement de la selle.

Contre les éraflures humaines, nous avions une seule protection et remède: l'application d'un timbre-poste — lorsque le bandage adhésif nous manquait — pour protéger l'endroit sensible et lui donner la possibilité de guérir. Comme mes réserves de timbres s'étaient épuisées, je considérai comme un vrai miracle la découverte, dans mon portefeuille, de quelques douzaines de timbres de plaidoirie que j'avais emportés dans la hâte de mon départ de Bucarest.

Chaque avocat était obligé de coller un timbre de plaidoirie — représentant sa contribution au fond de pensions — dans le dossier où apparaissait son nom. La valeur du timbre dépendait du degré de juridiction: un minimum dans les causes plaidées devant le juge de paix, un peu plus pour les tribunaux, encore plus à la Cour d'appel, et enfin, un chiffre exorbitant devant la Haute Cour de justice et de cassation. Naturellement, l'échelle de ce tarif s'établissait proportionnellement aux honoraires touchés et augmentait selon l'importance et le degré des juridictions.

Au cours de notre patrouille à l'autre bout du monde, je rencontrai un officier transféré à notre régiment. Il s'agissait d'un capitaine de réserve fraîchement appelé, provenant de l'élite de la magistrature. J'avais un grand respect pour son intelligence et son intégrité. Nos rapports à Bucarest avaient été courtois et réservés, mais dans la zone militaire et à l'endroit situé au diable vauvert où nous nous retrouvâmes, la joie de nous revoir nous fit oublier le formalisme qui nous tenait à distance au Palais de justice. Malheureusement, il n'avait pas bonne mine et, très gêné, il me parla d'une très fâcheuse éraflure qui lui rendait la vie insupportable. Du fait de rester assis tout le temps dans son confortable fauteuil présidentiel de la Cour d'appel, il avait perdu depuis longtemps l'habitude de monter à cheval. Après une cavalcade de trois jours et deux nuits, interrompue de peu de repos, il lui était pénible même de marcher et il ne pouvait dormir qu'à plat ventre. Je lui servis dix grands timbres de plaidoirie requis dans les dossiers de la Cour suprême du pays, mais le pauvre revint quelques instants après pour m'en restituer cinq car il n'avait pas le courage de faire «un tel gaspillage». Il les garda sur mon insistance et, depuis, il devint mon meilleur ami jusqu'à ce que la guerre nous séparât. Je le revis deux ans après. Il avait échappé à l'obligation d'être envoyé dans la zone des combats et, mobilisé sur place, il avait repris son fauteuil à la Cour. Lorsque, devant lui, un jeune avocat stagiaire, délégué par le Barreau, signala un jour au greffier que mon timbre de plaidoirie manquait au dossier, le distingué magistrat fit innocemment la remarque suivante:

— Il s'agit certainement d'un oubli, car nous savons, d'après notre propre expérience, que le maître a l'habitude d'appliquer parfois plusieurs timbres, et de la plus haute valeur, même dans une cause en première instance et donc à un niveau inférieur de notre corps judiciaire.

Ma munificence en fait de timbres de plaidoiries pour les besoins de la cavalerie devait porter ses fruits plus tard. Si l'esclave Patrocle fut épargné dans l'arène par le lion dont il avait soigné la patte en lui retirant une épine, grâce à ma générosité et à mes timbres, je rachetais à l'avance et sans le savoir, ma propre vie, comme on le verra par la suite.

❑

L'hospitalité des gens de chez nous et de certains autres peuples de l'Europe de l'Est est inconnue et inconcevable pour ceux qui sont habitués aux mœurs égoïstes qui prédominent dans d'autres parties de la terre.

Une très charmante étudiante rencontrée à Paris pendant mon vagabondage à travers le monde, me parlant du roman *Les âmes mortes* de Gogol, s'indignait contre l'écrivain qui avait glissé «un grossier mensonge» dans son récit:

— Il est inconcevable, protestait-elle, d'arriver après minuit dans un village quelconque, de frapper à la porte ou à la fenêtre d'une maison plongée dans le noir, de réveiller son occupant et de lui demander le gîte pour la nuit. Celui-ci, au lieu de faire la sourde oreille, allume la lampe à pétrole, accueille le voyageur dans une chambre brillante de propreté qui est d'ailleurs toujours prête à recevoir des hôtes occasionnels, lui apporte de l'eau pour se laver, conduit son cheval à l'écurie et lui donne le meilleur foin. Puis il offre à l'inconnu à boire et à manger sans lui demander qui il est, d'où il vient et où il s'en va. Enfin, le lendemain matin, après lui avoir servi un très abondant repas, l'hôte lui fait ses adieux sans concevoir d'accepter la moindre rémunération pour avoir été dérangé. Au contraire, son sourire et son empressement montrent sa grande satisfaction d'avoir eu l'honneur de recevoir quelqu'un chez lui. Voilà un conte à dormir debout, conclut la belle demoiselle.

Pour lui prouver que Gogol avait dit la vérité, je lui racontai l'accueil que nous réservaient les gens chez qui nous avions l'occasion de passer la nuit.

À peine étions-nous installés dans nos chambres que le propriétaire revenait, une bouteille de vin dans une main et un verre dans l'autre. Il remplissait cérémonieusement le verre et, en nous souhaitant la bienvenue, il était le premier à le vider jusqu'à la dernière goutte, pour nous prouver, probablement, qu'il n'y avait pas de danger d'empoisonnement; et puis, il le passait à chacun qui devait, à son tour, saluer le maître de la maison et vider le contenu d'un trait. Le dîner était très abondant, délicieux et toujours arrosé du meilleur vin. Le lendemain, la même cérémonie et les mêmes égards dictés par les lois de l'hospitalité étaient de rigueur.

Une fois, me trouvant dans une très jolie petite localité, je fus invité par le médecin du village à me rendre chez lui. En réalité, il m'emmena chez un ami, le pharmacien, qui nous avait improvisé un vrai banquet. Je voulus téléphoner à Bucarest, mais comme la ligne était en dérangement, il ne me restait qu'à aller au bureau de poste. Le pharmacien insista que je finisse d'abord mon repas, car le gérant du bureau de poste aurait pu me retenir à sa table.

Les gens avaient une bonté d'âme incompatible avec le réalisme des temps que nous passions. Les filles étaient sincères et pures dans leur passion et s'offraient sans artifices ou réticences hypocrites. Cette ambiance d'honnêteté et de simplicité des mœurs me faisait comparer l'endroit à la légendaire Arcadie dont les fictions des poètes antiques avaient fait le séjour de l'innocence et du bonheur.

Ma décision était prise: dès que la situation serait revenue à la normale, j'emménagerai là-bas sans me faire l'illusion qu'un avocat serait nécessaire dans une telle société où il n'y avait pas de voleurs et de criminels et où les contrats étaient conclus par une franche poignée de main.

Deux ans après, quand je fus ramené en ambulance au même endroit, la fumée noire sortait encore des débris du petit immeuble où se trouvait autrefois la pharmacie. Un trou béant, provoqué par l'explosion d'un obus de gros calibre, marquait ce qui restait de la maison du médecin, mais j'appris qu'il n'avait pas été pris dans le bombardement. Deux semaines avant la bataille acharnée, il avait été exécuté avec neuf autres notables de la localité pour payer la mort de deux soldats allemands dont les cadavres avaient été trouvés à la lisière de la forêt voisine. Les femmes, violées et déportées, avaient parsemé de leurs frêles corps les chemins à travers les steppes de l'est. Les enfants avaient été tués ou ils avaient disparu sans laisser de trace.

Les poètes antiques ont inventé l'Arcadie; les gens de la localité dont je parle l'avaient créée. Mais les monstres ont détruit tout ce que les poètes ont pu concevoir et réaliser de plus beau, car l'absurde conflit entre le génie du Bien et celui du Mal, les deux énergies éternelles de la nature, a existé même avant la création du monde. Les anciens Perses, les Mèdes, avaient lié cette lutte aveugle au dieu suprême du Bien, Ohrmazd, et à Ahriman, le principe mauvais et destructeur. Leur antagonisme subsiste encore et durera à jamais, tant qu'il y aura le jour et la nuit, la vie et la mort, le bien et le mal, des bâtisseurs et des destructeurs; et si nous regardons autour de nous et même dans notre âme, nous pouvons identifier la lutte perpétuelle et sans merci que se font les deux dieux tout-puissants. L'humanité a reconnu finalement l'existence d'un seul Dieu: celui du Bien, à qui nous demandons protection contre le dieu du Mal sans nous rendre compte que le même bon Dieu n'a pas d'autorité sur le génie du Mal, et que souvent, Ahriman est plus puissant qu'Ohrmazd.

Qui sait si le chaos dont parle la Bible n'est pas le résultat d'un ancien monde heureux, ravagé par le dieu du Mal, et que le dieu du Bien se mit à rebâtir?

X

Les anciens Grecs aimaient assister aux spectacles angoissants des tragédies pour purifier leur âme et oublier les malheurs de la vie, en contemplant les coups impitoyables dont le destin afflige le genre humain. Ils appelaient cette purification «catharsis».

Ma «catharsis» fut l'hallucinant spectacle de la démence humaine offert par le haineux et implacable Ahriman; et on dirait qu'il me fallait ce purgatoire pour estomper les souvenirs douloureux de mon adolescence.

Comme je devais vider jusqu'au fond ma coupe remplie de venin, je connus enfin ce qu'on appelle «le baiser du feu», durant un infernal duel d'artillerie. Notre unité fut pilonnée près du mur d'un cimetière et décimée très consciencieusement par le tir mal réglé de nos alliés, les Allemands. Ce que l'artillerie russe épargna fut achevé par «les nôtres». Un éclat d'obus dans la cuisse et la médaille militaire de la bravoure sur la poitrine, je fus évacué, en ambulance, derrière le front. Je rentrai en héros, moi, alors que le soldat Calin, un cordonnier venant d'un lointain village de montagne, qui m'avait couvert de son propre corps et sauvé la vie en payant de la sienne, ne reçut que l'hommage des vers de terre. Personne ne retint son nom, sauf moi, mais il sera complètement oublié quand je ne serai plus.

Je me passe de donner des détails de la désolation, des ruines et de la détresse que je rencontrais sur mon chemin de retour. Ce spectacle stigmatise à jamais notre époque et fait reculer notre «civilisation» de quelques dizaines de siècles. Je comprends le primitif et le sauvage, et même le cannibale, car ils n'ont pas connu la morale chrétienne, l'art de l'imprimerie, les académies, les philosophes, les prix Nobel, les compositeurs

et les écrivains prestigieux du monde ancien, moderne et contemporain. Je voudrais être optimiste et croire au triomphe de
l'humanisme, mais il m'est impossible de le concevoir encore
après ce que je vis et je vécus durant cette guerre qui, malheureusement, ne fut pas la dernière.

Pour moi, le baptême du feu fut le vrai réveil à la réalité.
L'écriteau affiché au Palais de justice et annonçant: *La parole
a coupé plus de têtes que le sabre*, me faisait toujours rougir en
pensant à mes cyniques activités devant la Cour d'assises. Tous
mes efforts, dans le passé, avaient eu un but égoïste: la conquête
de la gloire et la soif d'argent. Je n'avais jamais souffert pour
quelqu'un d'autre et ce sont seulement mes propres déboires
qui m'avaient touché. Je n'aurais pas eu le courage de couvrir
de mon corps le corps de mon supérieur ou d'un ami, et de
mourir à sa place comme l'avait fait le simple cordonnier Calin.
Dans ma soumission aveugle, je n'eus pas le courage de Jacques
qui, au risque de la peine de mort, avait gagné la liberté, le
bien le plus précieux de l'homme. Je m'étais laissé mener,
comme une brebis, avec le reste du troupeau, pour être envoyé
à l'abattoir; et j'avais reçu l'ordre de tuer ou de me faire tuer
pour une cause qui n'était pas la mienne.

Après cette expérience, au moins je n'étais plus le même
et je pouvais donner un autre but à ma vie. Je pris la ferme
résolution d'abandonner toute vanité ou soif du lucre dans
l'exercice de ma profession, de ne plus parler afin que le monde
parle de moi, et de sauver et réhabiliter les victimes de l'erreur
judiciaire, au lieu de lutter pour innocenter les criminels.

Dans la vie, on peut se résigner à porter une bosse, à être
laid, pauvre, et même à souffrir d'une maladie incurable, mais
on ne peut jamais accepter d'être victime d'une injustice. Cette
révolte contre l'iniquité est innée, et elle se manifeste même chez
les enfants. Ils acceptent avec résignation ou sans rancune une
punition méritée, mais ils ne peuvent jamais se consoler d'avoir
été même réprimandés pour une faute qu'ils n'ont jamais commise.

❏

Après le changement de régime politique et l'instauration de la dictature, les Cours d'assises furent abolies. Tous les cas relevant de leur compétence furent envoyés à la Cour d'appel de chaque province pour être jugés par des magistrats de carrière seulement, et le Palais de justice ne fut plus la salle des spectacles recherchés par les amateurs de sensationnel. La guerre et l'état de siège renforcèrent aussi les attributions de la Cour martiale qui avait ses procédures rigides et expéditives, similaires à celles du Tribunal révolutionnaire. La défense était très difficile, le temps des plaidoiries strictement limité, et les chances de prouver l'innocence de l'accusé aléatoires. Même les avocats étaient exposés à des vexations, à des procès d'outrage et à ce risque inouï d'être mobilisés et envoyés dans des bataillons disciplinaires sur la première ligne de feu. C'est pour cette raison que mes collègues évitaient de se présenter devant cette instance dont le seul nom faisait frémir les gens.

Malgré le danger, je fis de plus en plus souvent mon apparition devant ces militaires sévères et intraitables; et, dans plusieurs cas, je réussis à obtenir une atténuation de peine et même à arracher des acquittements, de vrais miracles! Il est vrai que mes états de service étaient bien connus de la Cour. Je jouissais d'un prestige incontestable et, pour un certain temps, traité avec déférence, je bénéficiai de la sympathie de ces juges sinistres. Profitant de ces circonstances, je devins de plus en plus insistant et audacieux, mais je finis par m'attirer l'animosité du colonel-président. Par prudence, pour que cette antipathie n'eût pas de répercussions néfastes sur mes clients, je décidai de ne plus paraître devant cette grande brute qui envoyait les innocents à la mort «au nom de la loi et de la Patrie». Il me fut pourtant impossible de refuser mes services à une mère qui, me couvrant les mains de baisers et de larmes, me supplia de défendre son fils unique et son seul soutien, accusé de «désertion en présence de l'ennemi», crime passible de la peine de mort. En réalité, seul survivant d'une patrouille, il s'était égaré et n'avait pu rejoindre son régiment pendant un recul des troupes. Dès qu'il avait retrouvé son unité, il se présenta à son commandant de bataillon pour rapporter ce qui s'était passé, mais il fut envoyé directement à la Cour martiale.

Je ne m'étais pas présenté depuis trois mois devant la cour infernale et je me disais qu'après une si longue absence, le ressentiment du colonel ne se manifesterait plus, surtout que je me proposai d'être très réservé, sobre et concis. Je demandai respectueusement qu'on écoutât un seul témoin: le capitaine de l'escadron auquel avait appartenu l'accusé. L'officier se trouvait en permission à Bucarest et s'était déclaré prêt à venir confirmer, avec des dates précises, les explications de mon client ainsi que son innocence. Mais le colonel était très pressé et plus furieux que jamais. En me permettant de souligner l'importance d'une telle déposition, je fus interrompu par le président qui hurla:

— C'est curieux, maître, qu'un héros de guerre comme vous, qui a laissé son sang dans les tranchées, soit si impressionné par le sort d'une canaille.

Ma réplique: «Tant qu'il n'est pas condamné, il ne peut être considéré comme une canaille» provoqua le commentaire haineux du colonel: «Pas dans notre législation et pas dans un cas pareil, surtout quand le sang roumain arrose les steppes de la Russie!»

Le maudit colonel ne se borna pas à se venger de moi sur mon malheureux client. Il adressa une lettre au Barreau, demandant des sanctions disciplinaires contre ma tenue «antipatriotique» et «irrévérencieuse», et il envoya aussi un rapport confidentiel au ministère de la Défense nationale, m'accusant de manque de respect envers les juges militaires, d'entrave aux débats de la Cour et de «sympathie suspecte pour les criminels qui désertent en présence de l'ennemi», ce qui voulait dire que j'étais un «cryptocommuniste». Je pris connaissance de ce rapport par un confrère mobilisé à la section judiciaire du ministère.

La désertion en temps de guerre entraînait la peine de mort. Les offensives de l'armée russe perçaient de plus en plus le front, et nos troupes se retiraient en débandade. Par conséquent, le box des accusés était toujours plein à craquer. Afin d'éviter une tuerie en masse, le ministère avait décidé d'envoyer seulement un tiers devant le peloton d'exécution. Le reste devait être condamné à des peines de prison variant entre vingt-cinq ans de travaux forcés et les travaux forcés à vie, mais même ceux-ci, «les veinards», étaient encadrés ensuite dans des compagnies de discipline pour être exterminés sur la première ligne de feu. Pour gagner du temps et assouvir son sadisme, le colonel-président distribuait les peines «en bloc» à la fin de la séance, en se prêtant à un jeux qui rappelle «la roulette russe». Les accusés attendaient en ligne la décision de la Cour qui ne pouvait être que «mort», «vingt-cinq ans» ou «vie», c'est-à-dire les travaux forcés à perpétuité. Tout dépendait de la place où se trouvait chacun ainsi que du caprice du président. Le satanique colonel changeait toujours l'ordre des mots indiquant la condamnation. Il pouvait prononcer d'abord «vingt-cinq» en désignant le premier accusé, «vie» pour le deuxième et «mort» pour le troisième; et il continuait ensuite dans le même ordre en passant devant ses victimes: «vingt-cinq» — «vie» — «mort»; «vingt-cinq» — «vie» — «mort»... jusqu'à ce qu'il arrivât au dernier malheureux faisant partie du lot. Mais il pouvait commencer aussi par «vie» par «vingt-cinq ans» ou par «mort» et répéter les sentences dans le même ordre rigoureux.

Ce jour-là, mon client était le quatrième dans le rang des accusés. Avant d'ouvrir la bouche, le colonel m'adressa un sourire moqueur. Il avança lentement vers le premier accusé qui, comme les autres, était paralysé par la peur, et, sur un ton mielleux, il laissa tomber le mot «mort».

Je me couvris le visage dans un geste de désespoir. Au deuxième, il cracha: «vie». Le troisième, étant gratifié seulement de... vingt-cinq ans de travaux forcés, poussa un cri enthousiaste et remercia son «bienfaiteur» de sa «bonté»... car il avait pensé (!) à ses enfants. Il fut immédiatement récompensé par deux paires de gifles, l'illustre magistrat n'étant pas généreux seulement en paroles. Arrivé devant mon client, le monstre s'arrêta un moment de plus. Après m'avoir lancé une autre grimace, il remua lentement les lèvres afin que la torture fut plus longue, et il prononça le mot maudit. Mais il ne put le finir car mon pauvre garçon cracha avec haine au visage du monstre et le saisit au cou.

Il fut exécuté sur place par les gardes.

Quand je me rapprochai de lui — un autre geste imprudent — il reposait sur le plancher et me regardait sereinement. Il mourut comme un agneau qu'on venait d'immoler. Je peux ajouter aussi: comme un héros.

❏

Après la défaite, le sinistre colonel dut faire face, à son tour, à l'accusation de crimes de guerre. Conscient de ce qui l'attendait, il évita la justice en se jetant par la fenêtre du sixième étage du bâtiment où siégeait le Tribunal du peuple. De toute manière, il aurait été condamné à mort.

XI

Je bénéficiais encore d'un congé médical quand je reçus, quelques jours plus tard, l'ordre de me présenter à mon unité.

Cette invitation cachait en termes officiels une condamnation à mort. Mon fidèle ami mobilisé au ministère de la Défense eut le courage de m'en prévenir tout en s'exposant lui-même à un grand danger. Je savais très bien d'ailleurs que, pour avoir «indisposé» la Cour, je serais envoyé sur la première ligne de feu, dans un bataillon disciplinaire. Les dictateurs, surtout en temps de guerre, ne se contentent pas de commettre des actes arbitraires «au nom de la Patrie», mais peuvent aussi se débarrasser de leurs propres sujets, s'ils sont indésirables, en se servant des bons offices de l'ennemi qui fournit le peloton d'exécution. Quelques mois avant, on avait vidé toutes les prisons et les asiles d'aliénés pour former des unités spéciales qui devaient être décimées au front ou dans le désamorçage des bombes.

Un sergent m'avait confié une fois qu'il partait le soir même pour rejoindre une telle unité de sacrifice. Son crime: *désobéissance à un ordre confidentiel.* Il devait escorter jusqu'à un certain point un «déserteur» qui, en réalité, était considéré comme «un danger social» à cause de ses opinions politiques. Le sergent avait reçu la consigne d'ouvrir, chemin faisant, une enveloppe confiée au départ, une enveloppe spéciale, cachetée, portant la mention «ultra-secret». Le moment venu, il l'ouvrit et y trouva un message chiffré. Selon le code connu par lui, cela signifiait *Mort* ou, en langage plus clair: *Tue-le!*

Blême et tremblant d'horreur, il glissa la main pour sortir le revolver lorsque le «déserteur» se tourna vers lui et, d'un geste simple, lui offrit la moitié de la seule cigarette qu'il avait encore sur lui, tout ce qui lui restait.

— Pourquoi m'a-t-il offert ce bout de cigarette, mon lieutenant? se lamentait le sergent, en ajoutant: «J'aurais préféré qu'il m'attaque, qu'il se moque de moi ou qu'il essaie de s'enfuir... Non, dans ces conditions, je ne pouvais pour rien au monde tirer sur lui!

Après avoir livré le «déserteur» intact au poste de destination où il ne devait apporter qu'un papier, le sergent fut arrêté et tenu criminellement responsable de la perte de l'enveloppe, car telle avait été son excuse. Normalement, il aurait dû être traduit devant la Cour martiale, mais il eut le choix d'être envoyé au bataillon disciplinaire, et il avait signé, en attestant qu'il voulait se sacrifier pour la patrie.

La paix revenue, on traîna devant les tribunaux du peuple des milliers de criminels de guerre et tous se défendirent en invoquant «le service commandé et l'ordre du supérieur». On évoqua aussi le souvenir des martyrs de la guerre, mais aucun mot ne fut prononcé pour honorer ces gens anonymes qui passèrent comme des ombres dans la vie et moururent en silence, sans histoire, et sans que leur sacrifice fût connu, *parce qu'ils avaient désobéi*, pour des raisons humanitaires, *aux ordres du supérieur, tout en étant «en service commandé»*.

❑

Pourquoi nous envoient-ils nous faire tuer ou massacrer des êtres humains, des semblables que nous ne connaissons pas et qui ne nous ont jamais fait de mal? Et pourquoi devrait-on être puni si on refuse de se laisser abattre ou transformer en assassin?

Un ami, poète, racontait un incident du temps de la première guerre mondiale. Les lignes du front étaient restées inchangées pendant plus de huit mois au cours desquels on n'avait même pas tiré un seul coup de feu.

Les ennemis, d'un côté comme de l'autre, avaient gelé dans leurs trous pendant les jours interminables et les longues nuits de notre dur hiver; et, après le dégel, ils pataugeaient dans la boue et l'eau des tranchées.

Le temps lui-même, indigné de la stupidité humaine, couvrait la terre d'un ciel morose et pluvieux. Voilà enfin que le soleil faisait son apparition en perçant les nuages! De la tranchée allemande d'en face, un soldat barbu et maculé de boue souleva la tête et poussa, «stupide de joie», un cri enthousiaste. Sentant le besoin de partager son bonheur avec un autre être humain, il pointa du doigt le ciel en s'adressant au soldat de l'autre côté, au Roumain qui venait aussi de sortir sa tête crasseuse et famélique, pour regarder «dehors»:

— *Die Sonne, die Sonne, Kamerad!* (Le soleil, le soleil, camarade!)

Une semaine après, on donna le signal de l'attaque. Les deux anciens «voisins» furent les premiers à s'entre-tuer.

❑

Ces messieurs voulaient donc que je retourne là-bas pour continuer leur guerre et transformer le «héros» vivant et décoré que j'étais, en héros froid et inconnu. Ou, pour citer un auteur roumain de légendes historiques,

> Va à la bataille et meurs pour le pays
> Et ta tombe sera couronnée de fleurs!

Il est facile d'exhorter les gens: «*Allez*, enfants de la patrie!» tandis que les profiteurs et les vrais faiseurs de guerre restent derrière — loin derrière et dans un bon abri. Et il ne s'agissait même pas de ce qu'on appelle «une guerre juste»! Le dictateur, allié d'Hitler, nous avait ordonné soudainement de passer le Prut, rivière qui traçait la frontière de l'Est, pour nous jeter dans un carnage d'apocalypse. Non, ce n'était pas la cause pour laquelle je devais mourir!

Il n'était pas question seulement de ma propre peau que je ne voulais plus offrir en don. Plus qu'une auto-défense, c'était un grand principe moral que je voulais respecter pour être fidèle à ma résolution. Je fus donc déterminé à épuiser jusqu'à ma dernière parcelle d'énergie pour annuler l'ordre de mobilisation et, en cas d'échec, déserter car, de toute manière, le résultat était le même: la mort.

Mon loyal ami du ministère que je consultai, me donna un «tuyau»:

— Ton ancien client, le docteur N. est au pouvoir. Il est le médecin personnel de quelques ministres et c'est lui qui fait la loi à l'hôpital militaire dont il est le chef et où il sert la patrie, loin du front, dans un uniforme flambant neuf de général. Il n'a qu'un mot à dire pour te garder chez lui.

Des efforts désespérés pour rejoindre mon ancien client ne me permirent pas de lui parler au téléphone. Il était occupé en permanence; et lorsque, par un stratagème, je finis par tomber sur lui au bout du fil, en faisant croire à la standardiste que c'était de la part du ministre de l'Intérieur, il me promit de me rappeler, mais il ne tint pas sa parole. Je perdis ainsi un temps précieux et il ne me restait plus que trois jours avant la date du départ.

Avec une patience imposée par ma situation critique, j'attendis des heures entières à la porte principale de l'hôpital et je réussis ainsi à lui couper le chemin. Il tressaillit en me voyant et s'excusa en me disant qu'il était très en retard et n'avait même pas une seconde à m'accorder. Il me demanda cependant de téléphoner à sa secrétaire pour prendre rendez-vous et se dégagea avec habileté en sautant dans la voiture qui l'attendait. Il me sourit à travers la vitre et m'envoya un baiser du bout des doigts en signe de salut.

Je n'avais plus une minute à perdre! Le lendemain, dès l'aube, je m'installai dans son salon, en m'introduisant sous le faux prétexte que le général lui-même m'avait convoqué et m'avait demandé de l'attendre là-bas pour sortir avec lui.

— Si vous ne me croyez pas, allez le réveiller et dites-lui que je viens d'arriver!

Mon ancien client demeurait dans le même somptueux

hôtel particulier. Sa chambre à coucher était en haut, là où il avait massacré sa femme et son rival.

Lorsque monsieur le général me découvrit dans son salon, il appela son valet et lui dit qu'il pouvait se préparer à partir pour l'Ukraine où venait de se déclencher une nouvelle offensive soviétique.

— Et *toi*, qu'est-ce que tu veux de moi?

— Un service...

— Quoi?

— Je veux que vous me rendiez un grand service.

— Et pourquoi moi? Et quelle sorte de service?

— J'ai été blessé en Russie, et décoré après...

— Tu n'es pas le seul!

— Blessé ou décoré? demandai-je, exaspéré par cette impertinence et en regardant ostensiblement les rubans des multiples décorations qui tapissaient la poitrine de mon «héros».

— Dis-moi vite ce que tu veux car je n'ai pas de temps à perdre!

— Je suis malade, très malade, une ancienne maladie incurable dont je me suis abstenu de parler avant de faire le service militaire et de partir pour la guerre. Et maintenant...

— Et maintenant, tu t'es décidé à parler!... J'ai compris. Tu es mobilisé de nouveau.

— Oui.

— Et tu ne veux pas aller faire ton devoir *comme tout le monde.*

— Je ne peux plus...

— Oh, que tu exagères! Tu peux très bien, et tu le verras. Bref, *moi, je ne peux rien faire, et même si je le pouvais, je n'agirais pas contre ma conscience.*

— Non? et depuis quand?

— Sors d'ici! hurla-t-il, furieux, en me repoussant vers la porte.

— Docteur N., vous avez tout oublié!

— Pardon! À *vos ordres, mon général!* Ensuite, oublié quoi? Que j'ai failli être envoyé au bagne à cause de *ta* bêtise?

— Mais...

— Mais quoi, idiot? J'étais *innocent*, innocent et pur

comme le cristal. Je t'ai payé une fortune et, en plus, j'ai voulu t'encourager et te lancer. Ma chance, je la dois aux jurés.

Fallait-il lui dire au moins qu'il me devait encore de l'argent et que, en fait... d'innocence, il m'avait fait lui-même des aveux complets?

Il me mit tout simplement à la porte.

J'étais un témoin gênant de son passé, et, comme il n'avait pas besoin de se servir d'un revolver pour se débarrasser de moi, il profitait de l'occasion que lui offrait la guerre.

❑

Une chose était certaine: je n'irai pas! Je me voyais déjà avec des menottes, poussé par une sentinelle baïonnette au canon, jeté dans un cachot noir et humide où, pour tout lit, je n'aurais que le plancher de ciment; et traîné ensuite devant la Cour martiale où le colonel-président se serait arrangé pour que mon tour tombât sur le mot «mort». Je me promettais déjà de répéter le geste du brave garçon au regard doux dont les yeux me suivaient partout, et je me demandais pourtant si je ne serais pas assez lâche pour accepter la sentence tête baissée afin de jouir quelques heures encore de cette vie terrible de cachot. Je renonçai à faire un tel acte de bravade quand je sus par un confrère que, depuis «l'incident», le box des accusés avait été isolé par une clôture métallique s'élevant jusqu'au plafond. Quelle horreur de mourir à l'ombre et humilié dans sa dignité humaine!

Les préoccupations qui me tourmentaient, la brimade mortifiante reçue du criminel exécrable qui me devait la vie, sa liberté et même les décorations qu'il exhibait, tout comme l'impossibilité dans laquelle je m'étais trouvé pour lui administrer sur place une leçon cinglante, affectèrent directement ma santé, et je fus en proie à une atroce crise de foie, accompagnée, comme par le passé, de vomissements violents et de terribles maux de tête.

Cette souffrance me fit penser aux soucis que se faisait Marguerite à propos de mon mal incurable, et je me rappelai comment elle insistait pour que j'aille chez son médecin. Soudain, une idée jaillit comme un éclair dans ma tête: pourquoi ne pas aller voir son médecin tout de suite et lui demander secours?

Je courus comme un fou, traversant la ville d'un bout à l'autre. Je passai près du palais de l'ancien ministre de la Justice. Tout était plongé dans le noir à cause du camouflage anti-aérien, et je ne sentais pas l'envie de tourner la tête pour regarder.

Le médecin habitait dans le même quartier. Arrivé à sa porte, je pressai sur le bouton de la sonnerie jusqu'à ce que la bonne m'ouvrît.

Le vénérable docteur, blanc comme un patriarche, me reçut avec affection et m'invita à partager son dîner avec lui, chose qui me fut impossible de faire. Je m'assis toutefois à table et j'eus un grand sac de souvenirs à vider. À son tour, il me parla de temps en temps de Marguerite, faisant semblant de ne pas remarquer mon manque d'intérêt.

— Une brave fille... une vraie aristocrate!

Malgré ses l'interruptions, j'essayais de reprendre mes récits de guerre. Mais il revint à la charge:

— Je ne peux oublier son désespoir lorsque je lui parlais de ta maladie. Les larmes aux yeux...

— C'est au sujet de cette maladie que je suis venu vous voir. Et c'est très urgent...

— Je connais Marguerite depuis qu'elle est venue au monde. J'ai été le médecin de sa mère...

— Je viens d'être secoué par une crise atroce...

— C'est pour cette raison qu'elle exigeait que tu viennes me voir le plus souvent possible.

— Et j'ai senti dans mon sommeil comme si un brouillard...

— Et elle t'aimait, t'adorait; et elle souffrait énormément à cause de tes maux et de tes chagrins.

— Docteur!...

— Oui, et je mettrais ma main au feu qu'elle t'aime encore.

— Docteur, de grâce, arrêtez-vous!

— Non, il faut que tu saches la vérité.

— Le passé ne m'intéresse plus. J'ai été trahi, trompé dans ce qu'il y a de plus pur en moi. Je vous conjure, n'en parlons plus!

— Elle a été très malade...

— Une fausse-couche probablement...

— Ne sois pas méchant! La vie, ta profession et la guerre ne t'ont rien appris si tu peux être encore aussi cruel et indifférent.

— Vous parlez comme si c'était moi le traître, comme si c'était moi qui m'étais soudainement marié en oubliant mes promesses et en laissant tomber un grand amour.

— D'un certain point de vue, oui; car *toi*, tu t'es enfui comme un lâche sans avoir eu le courage de continuer la lutte. C'est toi qui l'as jetée dans les bras de la brute et c'est ta disparition qui a précipité le mariage.

— Rester et continuer la lutte! Et quel aurait été le prix de la victoire? Vous ignorez, docteur, qu'elle était déjà l'amante de son cousin, qu'elle se prêtait au rôle d'ingénue devant moi et que, en réalité, elle était souillée.

— Oui, tu viens de prononcer le mot juste. Elle a été souillée, mais à cause de toi. Avec le temps, tu la jugeras moins sévèrement; et, en sachant la vérité, tu auras honte de l'avoir haïe, *mais il sera trop tard alors*.

Je lui expliquai que ma propre vie était encerclée et qu'il n'y aurait pas de «plus tard» pour moi. Mis au courant de ce qui m'arrivait, il s'écria:

— Mais tu aurais dû être réformé depuis le premier instant. Quand on pense que tu es passé par de si rudes épreuves, par la vie de caserne, et après, par le front! J'ai tout ton dossier, même le dossier de l'hôpital. Ce sont des documents qui ne peuvent laisser personne indifférent. Je vais te faire hospitaliser dans quelques jours. Pour le moment, je te retiens dans ma clinique; et, procédant un peu comme un avocat qu'on respecte, dit-il d'un clin d'œil complice, je vais même forcer un peu les preuves. Demain matin, tu auras de l'alcool à volonté et un régime contre-indiqué pour ton foie, plus une piqûre qu'on utilise en pyrétothérapie, car tes spasmes et les vomissements glaireux auxquels assisteront mes savants collègues militaires ne suffisent pas s'ils ne sont pas accompagnés de fièvre. Et tu auras, pauvre garçon, plus de quarante degrés, mais il vaut mieux être un chien sur ses pattes qu'un empereur enterré.

J'attendis avec émotion la commission qui avait été invitée à la clinique pour juger de mon état et décider d'un sursis à la convocation urgente dans la zone des combats, et je fis des efforts sérieux pour avaler le contenu de la grande bouteille de whisky dont le docteur m'avait fait cadeau en me recommandant de la vider au plus vite, car à l'heure de la visite des officiers le spectacle de «mal de mer» devait battre son plein. Et la cause, être expliquée ensuite dans des termes savants.

En attendant la commission, qui était très en retard, je constatai avec horreur que ni la bouteille de poison ni la piqûre qui devaient mettre le feu à mon corps ne provoquaient les symptômes prévus. Au contraire, j'étais plus alerte et mieux portant que jamais. Si lucide que, pour occuper mon temps, je repris avec moi-même la discussion d'un thème de philosophie janséniste qui m'avait attiré autrefois. Je pensais, par association d'idées, à Pascal. Dans ses *Provinciales*, il avait attaqué avec vigueur le fameux casuiste Escobar Y Mendoza qui soutenait que la pureté d'intention justifie dans certains cas des actions habituellement blâmables par les lois et la morale. En déplaçant et en déformant le raisonnement et les arguments de cette polémique pour les appliquer à ma propre situation, j'arrivais à la conclusion que, d'après Pascal, je ne devais pas arracher un innocent à la potence en faisant appel à de faux témoignages, et que mon sage médecin ne devait pas violer le serment d'Hippocrate pour sauver ma vie par des moyens qui contreviennent à l'éthique professionnelle. Qu'elle me soit pardonnée, cette hérésie qui falsifie la vraie pensée de Pascal, même si je l'avais élaborée à un très étrange moment de lucidité, comme je le crois!

Et les heures passaient, tandis que mon apathie s'accentuait. Je m'endormis enfin comme un bébé. Je fus réveillé brusquement par l'entrée des militaires. Malgré le manque manifeste de symptômes, mon médecin réussit à obtenir le sursis, grâce au prestige dont il jouissait et aux explications ainsi qu'au bilan de santé qu'il avait présentés.

Peu après le départ de la commission médicale apparurent

d'un coup les symptômes qui n'étaient plus nécessaires. Un retard imprévu causé par l'alcool avait neutralisé temporairement les effets de la piqûre. Bien que le danger auquel j'avais été exposé n'existât plus, les deux ennemis combinèrent leurs forces maléfiques. Je fus secoué par un mal de tête à me faire éclater le crâne, tandis que les feux de l'enfer brûlaient mes entrailles et mes poumons.

Et pourtant, j'avais en même temps envie de pousser des cris d'enthousiasme. Sans ces souffrances, insupportables en d'autres circonstances, la victoire m'aurait paru trop facile. L'expérience de la vie m'avait habitué à payer cher chaque succès, mais je crois qu'on n'a jamais vu un malade si rudement malmené et qui a été plus heureux en même temps. Entre deux secousses, je pensai à Figaro qui, après avoir été bien giflé par la jalouse Suzanne, s'était exclamé: «Regarde, Suzon, l'homme le plus fortuné qui fût jamais battu par une femme!»

❑

Deux mois après, je me présentai devant la commission de réforme. Le dossier montrait que j'aurais dû être exempté, en effet, de tout service militaire dès le début. Le fait d'avoir refusé de me prévaloir de mes antécédents pathologiques, d'être parti pour le front et d'avoir été grièvement blessé, constituaient des éléments qui plaidaient fortement en ma faveur, mais ces références étaient annulées par le rapport du colonel-président de la Cour martiale qui me désignait comme un «ennemi de la Patrie». Je m'en tirai seulement grâce à l'aide de mon ancien camarade de régiment, le magistrat qui avait bénéficié directement, sur la partie la plus sensible de sa peau, de mes plus coûteux timbres de plaidoirie.

Mon ami inoubliable fit preuve d'une excellente mémoire. Il était le neveu du général-médecin qui présidait la très redoutable commission médicale. Mis au courant du danger auquel j'étais exposé, l'éminent magistrat déploya toute son énergie et usa de ses vastes relations pour sauver ma vie.

Mes souvenirs les plus émus pour sa grandeur d'âme!

Si, à cause de ma fuite, je ne pourrai jamais bénéficier de mes contributions importantes faites en timbres de plaidoirie à la caisse de retraite de Bucarest, j'en ai tiré déjà à l'avance le plus grand avantage qu'aucun régime de rentes ne peut garantir: la vie.

XII

Ayant été obligé d'interrompre toute activité à la barre jusqu'à la clarification de ma situation militaire, je repris avec passion mes anciennes lectures philosophiques et littéraires que j'avais abandonnées depuis des années. Je fus très déçu de ne plus éprouver, en relisant certains livres, l'enthousiasme d'antan, mais il ne me fut pas difficile d'en avoir l'explication.

Pendant mes études universitaires, j'avais suivi et accepté aveuglément les opinions de certains critiques littéraires consacrés ou de professeurs qui, à leur tour, les avaient acquises de leurs prédécesseurs, tout en les enrichissant parfois. Pour reprendre les remarques de Montaigne, nous sommes passés par l'école pour éliminer l'ignorance avec laquelle nous sommes venus au monde. Après avoir franchi ce seuil, à force d'élargir nos connaissances, comme nous le croyons, nous aboutissons, sans nous en rendre compte, à une ignorance plus dangereuse encore que celle de notre enfance et qui altère la vérité.

Pour me débarrasser de ces souvenirs et de ces idées élaborées parfois sans un jugement critique infaillible, et pour arracher leurs racines enfoncées profondément dans mon cerveau, je me proposai de suivre strictement la méthode cartésienne, de me défaire de toutes les opinions reçues et construire de nouveau, et dès le fondement, la vérité. Il fallait donc que je remonte à la source, directement et sans intermédiaire, et faire un travail de ver de terre. D'un petit fragment qui lui reste encore de son corps, il doit recommencer sa croissance pour arriver à la longeur initiale.

D'autres intellectuels de mon entourage partageaient cette nouvelle approche, et nous décidâmes de former un cénacle qui fut fréquenté assidûment par une poignée d'artistes, d'hommes de lettres et de philosophes. La guerre battait son plein, mais nous contredîmes le dicton que les muses se taisent quand les armes ont la parole.

Dès le début, il y eut un affrontement entre les «antiques» — c'est-à-dire les conservateurs épris de la littérature et de l'art traditionnels classiques — et les partisans des nouveaux courants — dits les «modernes» — révoltés contre l'atticisme des créateurs consacrés, et décidés à promouvoir une liberté audacieuse mais trop abstraite et, souvent, obscure pour les profanes.

Dans une inoubliable discussion contradictoire entre un grand admirateur de Shakespeare et un fervent partisan du théâtre de l'absurde et de l'art surréaliste, le dernier fit l'éloge du courage de Papini qui, étant passé par l'expérience futuriste, s'était moqué — dans ses incomparables *Éreintements*, dans *Le dictionnaire de l'homme sauvage* et dans d'autres œuvres — de presque tout ce que nous avions bêtement vénéré. Polémiste fougueux et caustique, Papini ne s'était pas gêné pour utiliser, même dans des productions à sujet dévot, les propos les plus choquants, et il n'avait pas hésité à ironiser même des «titans» comme Homère ou Shakespeare: «Quelle folie de la part de ces Grecs de massacrer tant de gens et de se faire tuer par milliers sous les murs de Troie, pour reprendre à la fin, une femme qui avait vieilli de vingt ans!*»; ou «Je ne comprends pas cette longue irrésolution de Hamlet pour venger la mort de son père. Quand il se décide, ouvre-toi, ciel! Il tue Polonius, fait périr Ophélie, tue Laertes, fait mourir sa propre mère, enlève la vie à son oncle assassin, et, finalement, pour ne pas dépeupler l'entier royaume de Danemark, se résout à mourir aussi.»

❑

---

* Dix ans pour les préparatifs de la guerre et dix ans de lutte devant les murs de Troie.

Les exemples tirés de Papini m'incitèrent à consacrer une soirée entière à l'œuvre du grand érudit, écrivain et critique littéraire italien. Mais à cause de lui, je ne fus pas loin de perdre ma tête.

En me libérant d'un tas de préjugés qui avaient obscurci ou déformé mon raisonnement, je me reprochai de n'avoir rien fait pour ceux qui pourrissaient dans les bagnes à cause de leurs opinions politiques. Je pris de plus en plus souvent la défense de ces «rêveurs», et ma situation se détériora dans mes rapports avec les autorités, car nous vivions sous un régime totalitaire. Même les innocentes réunions de notre modeste cénacle furent suspectées. Une nuit, la Sûreté ne se gêna pas pour me rendre visite et fouiller toute la maison. Les sbires ne trouvèrent aucun document compromettant, et comme livres, seulement de doctes traités de droit ainsi que d'arides collections de jurisprudence. Mes visiteurs ne savaient pas que j'avais évacué à la campagne, pour les protéger contre les bombardements aériens qui s'intensifiaient, le reste de ma bibliothèque, mes tableaux et mes bibelots. S'ils étaient venus trois jours avant, ils auraient trouvé, parmi d'autres objets compromettants, une réplique de la statue de la Liberté, de petite dimension mais de grande importance pour le symbole qu'elle représentait surtout que nous étions en guerre contre les U.S.A., une biographie de Winston Churchill et, crime impardonnable, *Le Capital* de Karl Marx. Il est vrai que je l'avais masqué d'un couvre-livre pris de *Mein Kampf*. Un double sacrilège et une précaution très imprudente inspirée du truc auquel avait recouru l'oncle d'un camarade de régiment. Le vieillard, mort en odeur de sainteté, n'avait laissé tomber des mains son livre de chevet qu'au moment du décès. Mon camarade avait cueilli cette relique avec l'intention de la garder comme un pieux souvenir. C'est par hasard qu'il avait découvert, longtemps après, qu'en fait de sainteté, seule la jaquette était respectable car le livre lui-même n'était qu'un audacieux recueil d'histoires licencieuses!

Que le père du matérialisme historique me pardonne d'avoir camouflé sa barbe respectable et touffue par une moustache à la Charlot! Je le regrette sincèrement.

Le lendemain de la descente, je fus conduit par un agent secret au siège central de la Sûreté de l'État. L'inspecteur chargé de l'enquête avait l'air menaçant. Il me demanda, furieux, de donner des détails sur les personnes qui se réunissaient chez moi sans avoir obtenu l'autorisation du ministère de l'Intérieur, et de répondre à l'accusation de diffamation à l'endroit du fascisme et du grand pays allié dirigé par le Duce, Benito Mussolini.

Je le regardai comme quelqu'un qui venait de tomber du ciel.

— Inutile de nier! hurla-t-il. Nous sommes au courant. Tu as dit que les Italiens, nos grands et héroïques alliés, descendent de l'oie.

Je sautai de ma chaise en protestant vivement de mon innocence.

— Oui, et tu as proféré cette calomnie qui va te coûter très cher, en citant un auteur communiste, un certain... (il cherchait le nom dans le dossier)... un certain journaliste..... nous ne connaissons qu'une partie de son nom: *Pafini*. Naturellement, il s'agit d'un pseudonyme... mais tu nous diras *tout* car, autrement... (il fit une grimace bestiale sans finir sa phrase, pour me laisser voir que l'enquête ne se bornait pas à un simple interrogatoire «verbal»).

J'étais encore ahuri tant par son impertinence que par ses accusations absurdes, mais le nom de «l'auteur communiste» ne m'était pas complètement étranger:

— Êtes-vous certain qu'il s'agit de *Pafini*? Je ne connais qu'un écrivain dont le nom ressemble à celui-là, mais il s'appelle *Giovanni Papini*.

— Pafini... Papini, ça n'a aucune importance. Qui est-il en réalité et où est l'article dans lequel il se moquait du Duce et de son peuple? Si tu ne dis pas tout ce que nous voulons savoir, tu ne sortiras pas d'ici sur tes propres jambes. N'a-t-il pas dit, et n'as-tu pas répété devant la bande de conspirateurs qui se réunissait chez toi, que le peuple italien descend des oies?

— Monsieur l'inspecteur, s'il s'agit de Giovanni Papini, il m'est très compliqué de vous donner des explications verbales. Je vous propose de faire des déclarations écrites.

— Si tu coopères avec nous, ta situation sera moins grave. Mets-toi à cette table et déclare tout ce que tu sais sur cet espion!

Si je devais «déclarer» *tout* ce que je savais sur cet auteur, il y avait de quoi écrire un livre en entier et non seulement remplir la feuille qu'on me donna pour confesser mon «crime».

Après avoir précisé que nos réunions occasionnelles n'avaient rien de subversif et donné la liste de tous les intellectuels qui y participaient — et que je proposais comme témoins surtout qu'aucun d'eux n'était considéré comme un ennemi de l'État — je fis un résumé de la vie et de l'œuvre de Giovanni Papini qui vivait encore à l'époque dont je parle, et je soulignai que le célèbre écrivain était un fervent catholique et un ami du régime politique instauré par *Il Duce*. Cela pouvait être confirmé par l'ambassadeur d'Italie à Bucarest. Je racontai ensuite dans quel contexte Papini avait lancé la boutade des oies: se demandant pourquoi les pays conquis et civilisés par les Romains s'étaient développés plus vite au point de vue intellectuel et avaient dépassé de loin la culture italienne, le caustique et spirituel Papini donnait l'explication suivante:

Parce que de Rome sont partis les aigles pour conquérir le monde, et ils ont laissé sur place les oies pour garder le Capitole. D'où, pour qui veut être malin ou de mauvaise foi, les autres peuples descendent des aigles, tandis que les Italiens des oies. J'indiquai aussi que ce trait d'esprit avait été lancé au cours d'une conférence donnée par l'auteur à un âge très jeune et longtemps avant l'arrivée au pouvoir du régime *fasciste* — à l'époque, le mot était loin d'avoir un sens péjoratif — «qui avait changé la situation matérielle et intellectuelle du peuple italien et l'avait rendu digne de participer ensuite à la sainte croisade contre le communisme».

Après avoir lu et montré ma déclaration à son supérieur, l'inspecteur l'annexa au dossier en me priant, d'une manière très révérencieuse cette fois, de répondre à toute autre convocation qu'on pourrait me signifier.

Anaxagoras faillit être pendu pour avoir affirmé que le soleil était un peu plus grand que le Péloponnèse!

L'affaire n'eut pas de suite, mais c'est ainsi que je découvris que parmi nous s'était infiltré un mouchard. À court de renseignements sérieux et compromettants à transmettre, il avait rapporté, en les déformant, les paroles de Papini pour insinuer que j'avais calomnié l'Italie fasciste.

Après cet incident, nous ne reprîmes plus nos réunions et

nous évitâmes tout rapport avec les membres de notre cénacle. C'est seulement après l'armistice qu'il nous fut possible de reprendre nos discussions passionnantes et inoffensives. Tous, sauf un, répondirent à mon invitation, et cette absence fut très suspecte. La coïncidence voulut que cette «illustre» personne ne fût que le «grand maître» qui, après ma fuite de Roumanie, déversa devant nos confrères tout le venin qu'il avait accumulé contre moi en essayant d'entacher mon honneur et d'enterrer mon passé.

❏

Le 23 août fut le grand jour. Nous passâmes du côté de nos alliés traditionnels, devenus nos «ennemis» dans cette guerre, et nous tournâmes les armes contre nos alliés d'hier, les Allemands, qui nous avaient jetés dans le monstrueux carnage de la Deuxième Guerre mondiale.

Hitler avait menacé de claquer les portes de l'Europe quand il partirait, et la manière brutale dont ses troupes se retirèrent de Bucarest ne fut qu'un prélude.

Jusqu'alors, nous avions été honorés de la visite des bombardiers américains qui venaient en plein jour laisser leurs tapis de bombes. L'aviation britannique choisissait seulement la nuit pour semer des mines dont l'explosion était dévastatrice, tandis que les avions soviétiques se limitaient à l'activité sur le front. Parfois, en signe de rappel, un de leurs appareils à long rayon d'action passait nous dire *bonsoir* et pondre quelques œufs dans les quartiers industriels.

En se retirant de la capitale, les Allemands furent les derniers à nous bombarder; et ils firent la besogne avec une haine implacable, transformant la ville, surtout le centre, en un amas de ruines.

Je descendis dans la rue en me frayant un chemin parmi les maisons écroulées ou incendiées pour me joindre aux gardes civiles luttant à la lisière de l'est de la capitale contre les Allemands qui s'efforçaient de reprendre la ville. Le lendemain, nous troquâmes nos fusils contre des pelles en nous dépêchant de dégager des décombres Calea Victoriei — l'Avenue de la Victoire — notre artère principale, afin de permettre aux troupes soviétiques de défiler et de continuer leur poursuite contre les Allemands qui se retiraient sur toute la ligne du front en opposant une résistance farouche.

Après de nombreux changements politiques et la proclamation de la République populaire, la période de «transition vers une société sans classes sociales» fut très dure et marquée par des erreurs et des abus. En plus, s'ajoutaient les ravages de la guerre, tandis que le fléau de deux années de sécheresse affama le pays qui avait été le grenier de l'Europe. La vie devint insupportable et le grand exode clandestin vers l'Occident commença et s'amplifia jusqu'à devenir une vraie épidémie.

Les tribunaux étaient surchargés de procès, surtout à cause des infractions à la loi draconienne punissant le sabotage économique, assez souvent amendée pour inclure de nouveaux délits et des sanctions plus dures encore, allant jusqu'à la peine de mort. Les «tribunaux du peuple», nouvellement institués, avaient comme mission de juger les criminels de guerre d'après une procédure très rigoureuse et sommaire. Les simples déclarations ou les preuves à charge existant dans les dossiers étaient irréfutables, et la défense n'avait aucune des marges de manœuvre dont elle disposait dans les causes pénales d'autrefois. On commença par les criminels de guerre les plus notoires, et comme les preuves étaient accablantes et incontestables, les tribunaux du peuple ne prononcèrent jamais un acquittement. Un an après, ces tribunaux furent abolis et les procès entrant dans leur compétence furent transférés à la Cour criminelle, formée de magistrats de carrière encadrés d'assesseurs populaires qui détenaient la majorité. La procédure de cette Cour resta inflexible et les peines imposées étaient maximales.

C'était au tour des anciens oppresseurs de rendre compte maintenant de leurs méfaits, mais les erreurs judiciaires n'étaient jamais exclues. Je refusai de plaider dans les procès de crimes de guerre. Pourtant, quand la conscience me dictait d'intervenir devant les instances pénales de droit commun qui étaient aussi encadrées d'assesseurs populaires, je fus toujours présent à la barre, sans peur et sans complexe, même dans des cas où d'autres confrères n'osaient pas s'exposer. Je puis me déclarer fier d'avoir accompli tout mon devoir en respectant l'éthique professionnelle et les normes éternelles de la justice pour faire triompher la vérité, malgré les conditions ingrates des temps exceptionnels que nous vivions.

Comme preuve que mes efforts généreux ne furent pas considérés comme des actes hostiles au régime, on me proposa la chaire de sciences sociales à la Faculté de droit. J'acceptai de tout cœur cet honneur. C'était une compensation pour tous les tourments subis au cours de ma vie, et je fus prêt à guider dans l'esprit de la tolérance et de la fraternité humaine la nouvelle génération d'étudiants qui s'entassaient dans l'amphithéâtre pour m'écouter avec cette même ferveur qui avait été la mienne pendant mes études supérieures. Malheureusement, cette carrière à laquelle je voulus dédier toutes mes forces et tout mon enthousiasme, ne fut que de trop courte durée, car je dus l'abandonner aussi en m'enfuyant.

XIII

On dit assez souvent — et c'était aussi le leitmotiv dont abusaient devant la cour les défenseurs des récidivistes — que les malheurs qui accablent les gens depuis leur tendre âge, les durcissent et les mènent à l'intolérance et à la révolte contre eux-mêmes et contre la société.

Je pense que seul celui qui a connu les affres de la maladie, de l'indigence et de l'injustice peut mieux comprendre les souffrances de ses semblables; et s'il a la chance de surmonter ces épreuves, il en sort meilleur.

En dépit des malheurs qui avaient marqué ma jeunesse, j'arrivai à un moment où je ne ressentais plus la moindre haine envers mes anciens ennemis, et comme, à l'occasion de ma miraculeuse exemption d'être envoyé dans un bataillon disciplinaire, j'avais promis à mon inoubliable médecin d'aller voir Marguerite, je me reprochais d'avoir laissé passer tant de temps sans tenir ma parole. Mes préoccupations professionnelles, les voyages en province et, ensuite, les bombardements aériens m'avaient fait remettre la réalisation de cette promesse. Je ne nie pas que, s'agissant d'une visite de «courtoisie», je n'étais pas trop impatient d'y aller, et chaque nouvel empêchement m'apportait toujours une excuse bienvenue pour remettre une rencontre qui m'était si pénible.

Un jour, je partis avec la détermination de la voir, mais je ne pris même pas la précaution de téléphoner au préalable. Franchement parlant, j'aurais préféré ne pas la trouver chez elle au moment de ma visite. De cette façon, j'aurais eu la preuve hypocrite d'y être allé et l'excuse lâche de ne pas l'avoir trouvée.

Chemin faisant, après avoir essayé en vain de chercher les mots que je lui dirais lorsque nous serions face à face, je déroulais dans ma pensée le film de mon adolescence, l'amour tendre que j'avais éprouvé pour cette aristocrate, mes études acharnées, mes espoirs dissipés ainsi que la trahison qui avait changé tout le cours de ma vie.

Arrivé devant la place où j'avais découvert jadis *leur* palais, je fus frappé de stupeur devant le spectacle épouvantable qui se présentait à mes yeux écarquillés. Le quartier avait été pilonné par les bombardements, et la fastueuse maison que j'avais tant admirée était horriblement dévastée. Un amas de ferrailles et de troncs d'arbres éparpillés parmi les trous creusés par les éclats de bombes recouvraient le parc. Les murs extérieurs et leurs ornements de marbre ciselé étaient sauvagement endommagés par les explosions, et noircis de fumée. Le grand escalier d'honneur, à l'entrée principale, avait presque disparu, et des deux fiers lions, il n'en restait qu'un, amputé de la patte qui reposait auparavant sur l'écu armorial, lui aussi brisé. Même le visage de ce dernier lion était à moitié mutilé comme celui du sphinx.

Oubliant la haine avec laquelle j'avais quitté cette place et les blasphèmes que j'avais proférés, je fus très indigné contre les barbares qui avaient commis ce sacrilège. J'avais le sentiment qu'ils avaient ravagé ma propre maison et profané le plus cher endroit que j'eusse connu sur cette terre.

Des planches grossières obstruant les cadres des fenêtres montraient que la maison était inhabitée. Et qui aurait pu demeurer dans cette ruine?

En essayant en vain de trouver quelqu'un pour me renseigner sur le sort des anciens propriétaires, je courus vers la maison du docteur. Là, un autre spectacle, plus terrifiant encore, me fit porter les poings aux tempes pour empêcher ma tête d'éclater. Du magnifique et somptueux rez-de-chaussée d'autrefois ne subsistait que le soubassement encombré par une montagne de débris.

Un vieux qui vivait dans la cave d'une maison en ruines du voisinage m'expliqua, très ému, que le docteur et toute sa famille avaient été ensevelis sous les murs écroulés durant un bombardement nocturne, et que leurs corps étaient toujours là. Quant au «petit palais», il n'en savait rien, car la maison était vide depuis plus d'un an. Oubliant à cet instant-là le drame du docteur et de sa famille, je pleurai de joie et j'eus envie d'embrasser le vieux. Je sortis de mes poches tout l'argent que j'avais sur moi et je forçai l'homme mis par la Providence sur mon chemin d'accepter ce don de reconnaissance.

— Oui, mon bon monsieur, une seule personne, une cuisinière, occupait encore une chambre dans toute la maison, mais elle est partie depuis un certain temps. Les gens du quartier disent que le palais et son jardin sont hantés et qu'ils entendent parfois des cris et des sanglots au milieu de la nuit. Moi, je n'ai rien entendu, mais mon cœur est déchiré quand je pense à cette noble dame, toujours triste malgré sa jeunesse et sa beauté, que j'apercevais sur le banc du parc et qui avait été si bonne pour moi.

Pourquoi avais-je le cœur gros? Je mentirais si je disais que c'était à cause de la fin tragique du docteur qui m'avait sauvé la vie et m'avait donné un dernier sage conseil pris par moi à la légère et suivi trop tard. Ingrat, sans me rendre compte, et surtout égoïste, malgré mon deuil, je le pleurai *après* et je le pleure toujours. À ce moment-là, je ne pensais qu'à Marguerite. Qui avait proféré des blasphèmes sorciers contre sa maison? Qui avait souhaité qu'elle fût *maudite*?

C'est moi, pareil à Giovanni Boccaccio qui, après la trahison de sa Fiammetta, demanda au ciel de verser de la fumée, du soufre et du feu, de semer la désolation sur les beautés de Naples et de transformer en désert les jardins et les plages qui avaient été le décor de son bonheur éphémère. Depuis mon départ de ce lieu, j'avais vu se matérialiser beaucoup de choses qui m'avaient paru irréalisables, et j'arrivai à la conclusion que ce que nous appelons «surnaturel» est possible. Je craignais que mes imprécations de haine eussent été écoutées quelque part et je pensais avec effroi aux paroles de «l'illuminé», l'accusé qui avait affirmé devant la Cour d'assises que «tout ce qu'on peut penser, même ce que nous considérons comme *absurde* et *impossible*, peut être réalisé un jour.»

Non, il n'était pas fou! Irresponsables ont été ceux qui l'avaient enterré vivant dans une maison de santé. Montaigne ne disait-il pas: «... la raison m'a instruit que de condamner ainsi résolument une chose pour fausse ou impossible, c'est se donner l'avantage d'avoir dans la tête les bornes et limites de la volonté de Dieu et de la puissance de notre mère nature; et qu'il n'y a point de plus notable folie au monde que de les ramener à la mesure de notre capacité et suffisance»?

Tout, tout est donc possible! Même les fantômes dont on parle dans le quartier. Qui sait si ce n'est pas l'esprit de Marguerite qui errait dans le palais désert et dans le noir du parc? Pourquoi lui avais-je souhaité un tel destin?

Des gouttes de sueur tombent de mon front et s'unissent aux larmes qui glissent sur mes joues. Je retourne sur mes pas et je m'approche des planches qui couvrent l'entrée principale. Les ombres de la nuit m'entourent. Je frappe avec les poings crispés dans le bois, et par une fente, je crie:

— Marguerite, c'est moi Lucien. Je suis revenu. Je t'aime toujours. C'est moi Lucien. Viens! Nous partirons ensemble.

Seul l'écho répète mes paroles.

Avant de me décoller de ce lieu, je chuchote en sanglots:

— Marguerite, pardonne-moi! Aie pitié de mon âme! Pardonne-moi!

XIV

Je tombai malade encore une fois et restai au lit presque une semaine, en proie à une fièvre qui me faisait claquer des dents et me donnait des cauchemars.

Revenu au Palais de justice, je me rendis compte que tout était fini pour moi. Il me restait une seule chose à savoir: qu'était devenue Marguerite? Les paroles de Lydia revenaient maintenant à la surface et ne me donnaient plus de repos. En effet, elle m'avait averti que je paierais un jour très cher mon refus de l'écouter. Et voilà que ce moment était arrivé! Dans mon obsession, je revoyais Lydia à la sortie du restaurant, s'excusant de son insistance et me promettant de ne plus parler de Marguerite à moins que je ne le lui demande moi-même *et pourvu qu'il ne soit pas trop tard*. Je pensais aussi que le docteur m'avait mis en garde avec exactement les mêmes paroles. Qu'est-ce qu'ils entendaient par ces mots? Tout à coup, je me rappelai que le médecin m'avait dit que Marguerite avait été «très malade». Je sursautai à l'idée qu'elle aurait pu être en grand danger, probablement atteinte d'une maladie incurable. Bon Dieu, pourquoi me réveillais-je si tard, et comment avais-je pu être si sourd et si aveugle? Était-elle au moins encore en vie?

Je me proposai de retrouver Lydia à n'importe quel prix et vite, mais toutes mes tentatives échouèrent. Je fis le tour des boîtes de nuit et des restaurants de luxe, me renseignai auprès de nos anciens camarades de faculté. Personne ne fut en mesure de me donner une réponse satisfaisante ou de me dire au moins si elle avait échappé aux bombardements ou bien encore si elle n'avait pas quitté le pays comme tant d'autres. D'après ce que je pus apprendre, elle avait été logée chez Marguerite pendant la guerre, mais, après l'évacuation de la population civile à la campagne et le début des attaques aériennes, on avait perdu leur trace. Quant à Paul, on savait seulement qu'il avait fait la campagne sur le front de l'Est. La famille n'avait plus de ses nouvelles et craignait qu'il fût tué ou fait prisonnier, même si son nom ne figurait encore sur aucune liste.

Encore une fois, le hasard me réservait une surprise. Quand j'avais abandonné tout espoir de retrouver mon ancienne compagne d'université, je rencontrai Lydia dans la grande salle des pas perdus du Palais de justice. Elle venait de rentrer à Bucarest avec... l'intention de me parler.

Sa beauté d'antan était un peu moins frappante. Une légère proéminence des prunelles ainsi que le vague contour d'un commencement de goitre trahissaient les symptômes de la maladie de Basedow.

Très émue, elle se jeta dans mes bras et pleura comme une fillette qui s'était égarée dans les bois.

Nous déjeunâmes ensemble. Chacun avait un tas de souvenirs à raconter, et malgré mon impatience de l'entendre parler de Marguerite, elle n'en prononça même pas le nom. Pour la rapprocher du sujet qui m'intéressait le plus, je lui dis que je l'avais cherchée partout, en demandant de ses nouvelles même à la famille de Paul.

— C'est de lui que je suis venue te parler. Paul est arrêté. Il est accusé de crimes de guerre.

Je restai immobile, sans laisser trahir mon étonnement. En dépit de ce qui s'était passé, je fus sincèrement touché de pitié.

— Et Marguerite?... (ce nom m'échappa et je tressaillis lorsque je me rendis compte de mon imprudence).

Lydia me regarda fixement dans les yeux tandis que j'épiais sur son visage sa réponse. Après un long silence qui augmenta ma torture, elle répliqua en retenant à peine un rictus:

— Elle est partie avec sa fille.

— Partie?

— Oui.

— Où?

— Elle doit se trouver encore en Italie. J'ai reçu récemment une lettre que j'ai laissée à la maison.

Je respirai profondément, soulagé d'un souci qui m'avait étouffé si longtemps.

— C'est à propos de Paul que je suis inquiète. D'après ce que me dit tout le monde, il sera condamné à mort, et tous ses biens seront confisqués.

— Ses biens confisqués? Est-ce que ça compte s'il risque de perdre la vie?

— Ça compte aussi, Lucien, ça compte énormément car être pauvre et sur le pavé, c'est pire que la mort. Je pense aussi à moi.

Je la dévisageai, très intrigué.

— Paul et moi, nous étions ensemble dernièrement, dit-elle, après avoir hésité et en dérobant son regard.

Pour éviter ce sujet pénible, je lui demandai de me parler de Marguerite ainsi que de tout ce qui m'était inconnu et que j'avais refusé de savoir.

— Lucien, tu sauras *tout*, et sans ménagement pour personne. Je te le promets! Je te raconterai ce qui s'était passé avant et après ta disparition. Ce sont des choses horribles. Oui, je te dirai *tout*, mais je veux que tu nous viennes en aide et que tu t'occupes du procès de Paul.

— Moi? Oh non! éclatai-je, plein d'indignation. Défendre Paul qui est deux fois détestable à mes yeux: comme *personne* et comme *criminel de guerre!*

— Toi aussi, tu le condamnes avant de le juger! D'ailleurs, tu ne fais que répéter un péché déjà commis lorsque nous nous sommes vus, quelques jours après ton dernier procès à la Cour d'assises. Tu avais déjà accusé et condamné Marguerite sans même l'avoir écoutée car, d'après toi, une personne surprise par les forces de l'ordre sur le lieu d'un pillage après le couvre-feu doit être *exécutée* immédiatement, sans procès et même sans sommation. Comme tu le vois, je n'ai rien oublié.

Je fus complètement ahuri. Elle avait touché un des points les plus sensibles de ma conscience. Depuis notre rencontre, mon propre jugement avait évolué, et je ne considérais plus comme valables les apparences les plus palpables ni les actes d'accusation basés sur des «preuves irréfutables qui parlent d'elles-mêmes». Seules les motivations sincères de l'accusé me disaient si une personne était réellement coupable ou non.

— Et tu maintiens encore, Lydia, que Marguerite était innocente?

— Certainement! Il suffit de te dire qu'elle a toujours haï Paul et qu'elle a été une martyre; mais je ne t'en dis pas davantage pour l'instant. Et pourtant, malgré cette répulsion et son droit légitime à la vengeance, elle t'aurait imploré de défendre le père de sa fille, si elle avait été ici. Je ne veux pas faire de pressions morales sur toi, mais tu n'as pas le droit de dire non.

— Tu dois savoir que même si je consentais, je ne pourrais rien faire pour lui. Son procès ne sera qu'une simple formalité. Il est condamné d'avance.

— Tu avais dit la même chose quand tu avais refusé, au début, le procès de mon oncle.

— Oui, mais ce ne sont plus les mêmes temps. Où se trouve... Paul?

— À Jilava.

Il suffisait de prononcer ce nom pour frissonner d'angoisse. C'est dans les cellules de ce sarcophage sinistre que s'étaient perpétrés des actes de cruauté inouïe; et maintenant, les patrons et les complices de l'ancien régime étaient confinés au même endroit, non seulement pour des raisons de sécurité, mais aussi dans le but de leur faire revivre, alors qu'ils attendaient leurs procès, le calvaire quotidien qu'ils avaient infligé à leurs victimes.

— Et que dit l'acte d'accusation?

— Pourquoi ne pas consulter le dossier? C'est Paul qui m'a envoyé une note pour aller te chercher et te supplier de le défendre.

Nous revînmes au Palais de justice.

Un dossier en dix gros volumes, comme un triple accordéon, ramassait les faits et les chefs d'accusation contre un groupe d'officiers supérieurs ainsi que d'anciens dignitaires. À leur liste, s'ajoutaient les noms de quelques sous-officiers et de simples soldats.

Les faits imputés étaient épouvantables. Après l'entrée des troupes allemandes et roumaines à Odessa, le maquis local avait fait sauter le bâtiment où se trouvait notre état-major. Comme mesure de représailles, une grande partie de la population civile restée encore en ville avait été pendue. Des fils de fer avaient été étendus au-dessus des rues, d'une maison à l'autre, et les victimes formaient à perte de vue des guirlandes macabres. Les actes de vengeance aveugle avaient continué dans toute la région; et, pour compléter le nombre des exécutions imposé par le haut commandement, de paisibles habitants, des vieillards, des femmes et des enfants avaient subi l'indigne et cruelle mort par pendaison, aux branches des arbres, et abandonnés aux vautours.

Le dossier de Paul n'était pas trop volumineux et comportait seulement deux chefs d'accusation: persécution pour opinions politiques contraires à celles du gouvernement fasciste, et participation effective à l'exécution de deux partisans. Des témoignages catégoriques montraient le vrai visage de Paul, tel que je l'avais moi-même connu: arrogant, brutal, absurde et impulsif. Des punitions corporelles pour une erreur insignifiante ou pour une omission quelconque. Les témoins parlaient aussi de son habitude d'imposer la discipline en distribuant copieusement des jurons, des coups de poing et de cravache. Enfin, en menaçant ses hommes de la Cour martiale, il les accusait d'être *lâches*, *saboteurs* et *communistes*, mots qui faisaient partie de son vocabulaire préféré.

Le second chef d'accusation était vraiment grave et, apparemment, insurmontable: l'exécution de deux partisans.

Au dossier se trouvaient deux témoignages, signés respectivement par un sergent et un caporal. Après une description déjà répétée du caractère de Paul, *major* à l'époque — c'est-à-dire officier supérieur ayant le grade de chef de bataillon —, les deux témoins à charge parlaient de l'exécution en plein jour et devant tout le régiment, de deux partisans accusés d'avoir participé à des actes de sabotage. L'opération de la pendaison était décrite avec un luxe de détails à faire dresser les cheveux. «Le major avait passé lui-même la corde autour du cou des victimes» disait le sergent témoin. Le caporal réaffirmait la même chose dans sa déclaration.

Je dus arrêter l'examen du dossier car il était trop tard et le greffe fermait. Toujours en compagnie de Lydia, nous sortîmes et montâmes lentement le trottoir de «calea Victoriei» pour nous diriger vers l'ancienne place du palais royal. Il n'y avait plus de trace de guerre, et tout avait été restauré dans un temps record. Au lieu de choisir un grand restaurant, Lydia proposa un petit local, au coin de la rue Aristide-Briand et à quelques pas de la Faculté des lettres. Je me retrouvai ainsi dans le décor d'autrefois; et, assis dans un coin isolé de la pièce, je me laissai envahir par les souvenirs.

Je pense que nous ne pouvons jamais apprécier le vrai bonheur. Il faut du temps, des échecs et même des rêves accomplis pour nous rendre compte que le verbe «être heureux» n'est valable que si on le conjugue au futur ou surtout au passé. Un de nos romanciers comparait le bonheur à l'écho. Nous courons après lui, persuadés qu'il n'est pas loin. Arrivés là où nous croyons le trouver, il n'y est plus, et sa voix qui nous appelait s'est éloignée. Nous continuons notre course haletante pleins d'espoir de l'attraper enfin, mais il s'éloigne chaque fois sans nous attendre, et nous fait toujours courir après lui.

Nature, nature,

s'écriait Leopardi,

Pourquoi trompes-tu tes enfants?
Pourquoi ne leur donnes-tu pas après
Ce que tu leur avais promis alors?

C'est à cet endroit que je bâtissais jadis mes rêves et me proposais de devenir un avocat réputé. J'ignorais alors les problèmes auxquels je devais faire face, comme j'ignorais aussi que le vrai bonheur consistait en réalité dans la pensée et dans mon désir, et non dans l'accomplissement de mes chimères. Nous sommes tous comme des enfants impatients d'avoir un jouet, et quand nous le possédons enfin, il nous ennuie vite et nous en désirons un autre.

— Aucun espoir, Lucien? demanda Lydia, en m'arrachant à ma rêverie.

— Malheureusement, tout est perdu d'avance, comme je te le disais. Il faut le reconnaître: c'est un cas horrible, et ses crimes sont impardonnables. *Non*, je ne peux *rien* faire.

— Mais il faut qu'il soit défendu, n'est-ce pas?

— Si, mais pas par moi. Je ne veux pas me présenter pour

un *vrai* criminel de guerre dont les atrocités sont évidentes. Je tiens à mon nom et j'ai une grande répugnance pour la bestialité. Je t'en prie, Lydia, ne me demande pas un sacrifice inutile! Je ne pourrai rien faire pour lui et je ne veux pas me compromettre. Qu'il demande à la Cour qu'elle lui désigne un avocat d'office. C'est son droit.

— Ce sont plutôt tes ressentiments qui t'empêchent d'accepter. Je t'avais dit que c'était lui qui m'avait demandé de te chercher et de te prier d'aller le voir. Il veut te parler et mendie ton secours. Ne te venge pas de lui à un moment pareil. C'est de sa propre bouche que tu pourras connaître aussi une partie de la vérité concernant Marguerite et toi. Je dis «une partie de la vérité» car lui-même ne la connaît pas en entier. C'est moi qui en sais plus que tous, mais je ne t'en parlerai qu'à la fin, *après son procès*, et sans égard au résultat. Tu comprendras alors pourquoi Marguerite s'était évanouie devant l'autel, pourquoi elle a déchiré son voile en pleine église, pourquoi la cérémonie a été terminée à la hâte et, pour éviter d'autres scènes pénibles, une cousine et moi avons encadré la mariée pour l'emmener chez elle en voiture, expliquant au monde qu'elle était malade. Même si tu dois le payer de ta carrière et de ton prestige, le prix ne sera pas trop élevé pour connaître la vérité.

— Cette scène à l'église aurait eu comme cause... l'état dans lequel elle se trouvait... les troubles de sa grossesse, dis-je, hésitant. Ma bouche était sèche et, ayant jeté par hasard un coup d'œil dans le miroir accroché au mur, je constatai que mon visage était noir comme la terre.

— Tu te trompes encore une fois et tu offenses son souvenir. Retiens alors que, durant ses mois de grossesse, elle grimpait la colline du château de Vlad, dans le parc, et, s'entêtant à rester tard là-bas, en dépit de sa faiblesse, elle m'expliquait sans cesse — je ne voulais pas la laisser seule pendant tout ce temps — que si tu étais encore en vie, tôt ou tard tu viendrais là. Je te répète, c'est Marguerite qui te supplie par ma voix d'aller voir Paul.

Il me fut impossible de persister dans mon attitude ou de la contredire. Les mots me manquaient. Je lui promis de demander le lendemain au Barreau de me désigner comme avocat d'office dans le procès de Paul. Au moins, pour lui donner la possibilité de me parler, selon son désir. Pour le reste, pour le procès, je haussai tristement les épaules, conscient que le résultat ne pourrait être que la mort physique de Paul en même temps que celle de ma carrière.

Il ne me restait plus qu'à me soumettre au destin qui m'avait toujours poursuivi.

XV

Les criminels de guerre n'avaient pas le droit de recevoir la visite de leurs avocats à la prison comme les détenus de droit commun. Il fallait demander au président de la Cour de convoquer l'accusé au greffe pour s'entretenir avec lui des points soulevés par l'examen de son dossier.

À la date fixée, on y amena Paul qui était accompagné de deux geôliers armés jusqu'aux dents, à figure patibulaire et dépourvus de tout sentiment humain. Ils le surveillaient de près afin que je ne lui glisse pas un mot à l'oreille ou que je ne laisse pas tomber sur ses genoux un bout de papier, de l'argent ou un morceau de pain.

J'eus du mal à identifier dans la loque humaine couverte de grossiers vêtements à rayures de forçat le fier officier d'antan. Il était chauve, maigre et courbé. Lorsqu'il ouvrit la bouche, je remarquai qu'il ne lui restait que deux dents de toute sa superbe denture qui m'avait effrayé à notre première rencontre dans le chemin interdit. Très heureux de me voir, et persuadé probablement que j'avais déjà accepté d'être son avocat, il gesticulait maladroitement sans réussir à dominer son émotion.

— Vous vous rappelez, maître, quand vous m'aviez souhaité de ne pas avoir besoin dans la vie d'un médecin et d'un avocat? Il faut du temps pour comprendre certaines choses. Et quand on y arrive, c'est trop tard...

En secouant doucement la tête, je lui répondis avec un vague sourire qui lui montrait ma compassion.

Nous parcourûmes ensemble le dossier, et il fit preuve d'une attitude franche en reconnaissant, un peu gêné, tous les actes impulsifs et les injures dont parlaient les témoins:

— Vous savez, maître, la discipline, le front...

— Combien de gens avez-vous envoyés à la Cour martiale sous l'accusation qu'ils étaient communistes?

— Je n'ai envoyé *personne*.

— Et les deux partisans pendus sur vos ordres et en votre présence? Paul, la main qui repose sur ce dossier a passé la corde autour du cou de deux êtres humains, sans jugement, sans preuve; rien que par simple bestialité.

Il me regarda les yeux grands ouverts et donna l'impression qu'il n'avait rien compris.

Je lui lus lentement la déposition du sergent; puis, avec la même patience, celle du caporal.

— Mais c'est faux, maître, c'est faux! Je le jure sur la tête de ma fille. C'est faux, croyez-moi! Qu'ils me tuent pour toutes les autres accusations mais pas pour ça! Je suis innocent, maître, je ne suis pas un assassin!

Il sauta de sa chaise et empoigna les revers de mon veston dans un geste de désespoir, en me suppliant de le croire.

Je ne peux dire que sa réaction me laissa indifférent, mais son geste ne pouvait changer en rien deux dépositions acquises au dossier.

— Dans quelles circonstances avez-vous capturé les deux partisans et d'où est venu l'ordre d'exécution?

— C'est la première fois que j'entends parler de ça! Mon régiment n'a jamais capturé de partisans et nous n'avons pris aucun prisonnier pendant toute la guerre.

— Mais les témoins faisaient partie de votre unité. Ils s'appellent...

Et je répétai les noms.

— Tiens, tiens, sursauta Paul, ce sont les deux déserteurs qui avaient voulu me tuer et qui ont été envoyés à la Cour martiale par le général commandant en chef de la capitale!

— Quand et comment?

— Il y a presque un an. Nous avions campé avec le régiment à Bolintin, à environ quinze kilomètres de Bucarest, dans le sud, en vue d'un regroupement car notre unité avait été décimée et dispersée sur le front. Le sergent R., versé d'un autre régiment qui n'existait plus que de nom, était un élément pourri et indiscipliné, un ivrogne invétéré et un mauvais exemple pour la troupe. Après l'avoir admonesté à plusieurs reprises, je lui administrai une sérieuse correction devant nos hommes.

— Vous l'avez appelé «communiste» et «saboteur» et l'avez menacé de la Cour martiale?

— Oui, ça c'est vrai.

— Saviez-vous qu'il était communiste?

— Non, car il ne l'était pas. J'ai voulu lui faire peur et le rendre raisonnable car tout le monde savait qu'on ne plaisantait pas à la Cour martiale. Soudainement, le bruit a couru que les Russes, après avoir déclenché une nouvelle grande offensive, avaient percé complètement notre front et se rapprochaient vite de la capitale; qu'ils étaient même arrivés à Ploesti, à quelque soixante kilomètres au nord de Bucarest. De concert avec un caporal et un simple soldat, le sergent R. a déserté le même soir, entraînant les deux hommes avec lui, pour passer à l'ennemi. Avant de s'enfuir, ils ont déchargé leurs armes automatiques sur la fenêtre de ma chambre mais il faisait noir et ils ignoraient que je n'étais pas encore rentré. Arrivés à l'aube à Bucarest, ils ont appris que le front était encore à plus de cinq cents kilomètres de nous et qu'il s'agissait donc d'une fausse rumeur. Ne sachant plus quelle direction prendre, ils ont finalement décidé d'aller chez le général commandant de la zone «pour porter plainte» contre moi. Ils avaient complètement perdu la tête! C'est eux-mêmes qui ont déclaré qu'ils m'avaient... tué parce que j'étais... «communiste et ennemi de notre roi». Ils ont été immédiatement arrêtés et envoyés, enchaînés, à la Cour martiale.

— Ont-ils été condamnés?

— Je ne sais pas. On ne m'a même pas demandé de faire un rapport. C'est à peine après le téléphone reçu à Bolintin — le général commandant m'a appelé immédiatement — que j'ai pu résoudre le mystère des vitres fracassées et du désordre de la chambre que j'occupais chez le maire du village.

— Paul, je vais tout vérifier et je vais réfléchir. Soyez persuadé que je ferai de mon mieux!

❑

Lydia venait chaque jour au Palais de justice et, à force de me voir si souvent avec elle, les confrères me taquinaient parfois.

Je m'attelai à l'étude du dossier de Paul et j'appris par cœur le nom de chaque témoin, le contenu et les dates de leurs dépositions. En plus, je trouvai encore sur le rôle, à la Cour martiale, le procès du sergent et de ses acolytes, le caporal et le soldat, mais on ne me permit pas de prendre connaissance du dossier parce que je n'avais pas de procuration de la part d'au moins un des accusés, et mon nom ne figurait dans aucun procès-verbal de séance. Comme à la Cour martiale les dispositions étaient encore très rigides, il me fut impossible d'obtenir une délégation d'office. Aucun des inculpés n'avait adressé une demande d'assistance au Barreau et ils avaient déjà choisi comme avocat un capitaine de gendarmerie, n'ayant le droit de plaider que devant les instances militaires. Celui-là refusa avec arrogance de me donner le moindre renseignement. Je devais donc me fier seulement aux explications de Paul et, si je ne pouvais les prouver, sa cause serait perdue tout comme sa vie.

J'obtins encore une fois que Paul fût présent au greffe de la Cour criminelle et, profitant d'un moment où ses gardiens tournèrent la tête, je lui glissai une tablette de chocolat.

— Si vous êtes réellement un homme de cœur, apportez-moi plutôt du poison! Je n'en peux plus! siffla-t-il tandis que les larmes luisaient dans ses yeux.

Il avait le moral très bas et donnait des signes de grande nervosité.

J'eus pitié de lui, et pour l'encourager, je lui confirmai que le procès des trois déserteurs n'avait pas été encore réglé à la Cour martiale, mais qu'il était là comme il me l'avait expliqué. Pour qu'il ne se fasse pas trop d'illusions, je ne lui cachai pas que la situation était toujours sérieuse. La menace subsistait car, avec ou sans le dossier de la Cour martiale, l'acte d'accusation de crimes de guerre se basait sur deux «preuves», c'est-à-dire sur les témoignages décrivant l'exécution des deux partisans ukrainiens, et, d'après la procédure exceptionnelle prévue par la loi, un témoin est un témoin, sans prendre en considération que ce témoin pouvait être lui-même un criminel. À moins que le dossier de la Cour martiale ne contienne des éléments qui contredisent totalement les déclarations du sergent et du caporal consignées dans le dossier de la Cour criminelle et que celle-ci consente à faire venir le dossier du tribunal militaire.

— Paul, je veux que vous ayez confiance en moi; et si je ne réussis pas à prouver votre innocence, promettez-moi de ne pas mettre en doute ma conscience professionnelle et de ne pas croire que je n'ai pas épuisé tout ce qui m'était humainement possible de faire, dans les circonstances présentes, pour vous sauver.

— Maître, n'oubliez pas que je suis un soldat et que, si je dois mourir, je serai un soldat jusqu'à la fin. Je vous ai dit que c'est moi qui avais demandé à Lydia de vous chercher et de vous prier de vous occuper de mon cas. Vous avez toute ma confiance et je sais que vous ferez pour moi plus que votre devoir.

— Merci, Paul.

— Maître...

— Oui, Paul.

— ...si je dois mourir, essayez de voir si vous pouvez faire quelque chose pour ma fille. Si ce n'est pour moi, faites-le au moins pour Marguerite. Elle n'a aimé qu'un homme: *vous*; et le malheur tombé sur ma tête n'est que la juste punition du ciel pour ma méchanceté que je regrette amèrement.

Jusqu'à ce moment-là, j'avais réagi comme le héros d'une pièce de Bernstein: le chirurgien découvre l'infidélité de sa femme mais il se porte au secours de l'amant dont la vie est en danger s'il n'est pas opéré immédiatement. Le serment d'Hippocrate était au-dessus de ses sentiments égoïstes. Pour moi aussi, l'amour de la vérité et son triomphe étaient plus forts que mes ressentiments éprouvés jadis pour mon ancien ennemi; mais en constatant la confiance totale que me montrait Paul et jusqu'où allait son repentir pour me dire que je fus le seul au monde à être aimé par Marguerite — sa femme —, je fus profondément bouleversé. Contrairement à ce que j'avais connu, il me donnait la preuve de son honnêteté, et il était animé des sentiments les plus humains.

Je fus toujours un sentimental, même quand je me proposais d'être brutal et méchant, mais je ne ressentis jamais pour personne autant de pitié que j'eus pour Paul, mon ennemi le plus acharné d'autrefois. Il n'était plus pour moi la victime d'une injustice que je voulais juguler, mais mon meilleur ami, un frère que j'aimais de tout mon cœur et qui était en grand danger.

❑

À la première séance, après l'appel des accusés, je soulevai un incident en demandant à la Cour de disjoindre le procès de Paul de la cause principale qui s'occupait des massacres d'Odessa. Le régiment auquel avait appartenu le major se trouvait sur un autre front et à des centaines de kilomètres loin du territoire où s'étaient produites les représailles dont devaient répondre les autres accusés. Même les faits imputés à mon client étaient de nature différente; et les preuves pertinentes que la défense pouvait invoquer, susceptibles de provoquer quelques ajournements, feraient traîner inutilement «le procès d'Odessa». D'ailleurs, la connexion des dossiers était probablement due à une erreur de greffe, étant donné qu'on avait émis une ordonnance définitive de mise en accusation séparée dans le cas du major.

L'incident soulevé, en dehors d'être fondé en droit, avait pour but d'éviter un débat et un jugement en bloc qui ne m'auraient pas donné la possibilité de combattre à mon aise, point par point, les principaux chefs d'accusation. Jugé en même temps que les autres, Paul aurait été envoyé automatiquement devant le peloton d'exécution.

L'accusateur public s'opposa farouchement à ma demande, en soutenant que les crimes imputés à Paul faisaient partie de la même méthode de représailles fascistes contre la population des territoires temporairement occupés. Il n'y avait donc rien d'anormal si l'assassin des deux partisans était jugé en même temps que les criminels responsables des atrocités d'Odessa.

Je répliquai que, selon cette théorie, on aurait dû faire un procès unique à tous ceux qui avaient participé aux crimes de guerre sur le front de l'Est et les juger ensemble.

— Le camarade accusateur public, expliquai-je, n'a fait aucune mention de l'existence de deux ordonnances d'accusation distinctes qui montrent donc que les deux procès doivent être jugés et réglés à part.

Après une délibération d'environ une heure pour un incident qui normalement aurait dû être accepté sur place, la Cour approuva ma demande. Le procès de Paul fut ajourné à une date très rapprochée.

Le jour venu, après la lecture de l'acte d'accusation et la formalité de l'interrogatoire de l'accusé, je demandai à la Cour de citer comme témoins le sergent et le caporal, en indiquant que, selon nos informations, les deux gradés étaient détenus à la prison militaire pour une cause très grave, inscrite au rôle de la Cour martiale. Pour les autres témoignages, j'étais prêt à prendre en discussion les déclarations déjà existantes au dossier. Le président voulut savoir pourquoi j'insistais seulement sur l'audition de ces deux témoins dont les dépositions se trouvaient aussi dans le dossier.

— Alors que, précisai-je, les dix autres témoins à charge n'ont pas dit un seul mot sur l'exécution des deux partisans — l'accusation la plus grave —, les deux derniers ont déclaré que le supplice avait eu lieu en plein jour et devant tout le régiment réuni. Chose plus étrange encore, ces déclarations ont été faites à peine trois jours avant la rédaction de l'acte d'accusation, tandis que les dix autres témoignages datent de presque huit mois.

— Et ça veut dire quoi? demanda avec une grimace haineuse l'accusateur public.

— Ça veut dire que l'histoire de l'exécution pourrait être une simple invention de dernière minute de la part de deux personnes qui, pour leur propre défense dans le procès de tentative de meurtre, se sont prêtées à une accusation si grave pour prouver que l'officier supérieur qu'ils avaient voulu abattre avant leur désertion n'était qu'un criminel de guerre et un ennemi du peuple.

J'expliquai en quelques mots l'histoire des deux déserteurs, telle que je la connaissais de Paul.

— Mais comment pouvaient-ils savoir que le «major» avait ici un procès et qu'il était accusé de crimes de guerre? intervint en ricanant l'accusateur public.

— Simplement par le fait que le procès du sergent et du caporal devant la Cour martiale a été ajourné cinq fois à cause de l'absence à l'appel du témoin principal, le major, c'est-à-dire de l'accusé qui se trouve devant vous. Dans ce dossier, à la page x, sont attachées quatre citations ainsi qu'une lettre du général commandant de la Cour martiale demandant qu'on envoie le major sous escorte à l'instance militaire afin qu'il soit entendu comme témoin. Sans sa présence, le procès devra subir d'autres ajournements. Il y a aussi la copie de la réponse du commissaire instructeur du tribunal populaire qui a mené l'enquête dans cette cause. Elle dit: «Étant donné qu'il s'agit d'un criminel de guerre en procédure d'instruction, et conformément aux ordres du ministère de la Justice, l'accusé ne peut être transféré de la prison où il est incarcéré.» Voilà, monsieur l'accusateur public, comment les deux témoins ont su que le major était instruit pour des crimes de guerre. Je présume que, mis au courant, le sergent et le caporal sont passés à l'offensive afin d'annihiler la déposition du principal témoin à charge dans leur propre procès. En même temps, pour se créer une justification et une gloriole de leur tentative d'assassinat, ils veulent essayer de démontrer qu'ils avaient voulu abattre «un ennemi de l'Union Soviétique et de la classe ouvrière» et «empêcher un criminel de guerre de commettre d'autres atrocités».

— Dans ce cas, dit l'accusateur public, je ne m'oppose pas à l'audition de ces deux témoins à condition qu'on cite aussi les dix autres en vue d'une confrontation pour savoir où est la vérité.

La Cour considéra que cette proposition était très logique et demanda qu'on écrivît au tribunal militaire pour faire venir les deux témoins, le sergent et le caporal.

Mais ce ne fut pas aussi simple. Après le deuxième ajournement du procès de Paul et l'intervention personnelle du président de l'instance, le général en chef de la Cour martiale répondit que «selon les ordres du ministère de la Défense nationale, les accusés ne peuvent être transférés de leur lieu de détention qu'après la fin de leur procès».

Comment sortir de ce cercle vicieux?

Je proposai qu'on fît venir au moins le dossier de la Cour martiale par l'intermédiaire du ministère de la Justice, étant donné que les procès pour crimes de guerre avaient priorité. Le premier président de la Cour criminelle donna suite à ma suggestion et, dans le rapport qu'il faisait en personne toutes les deux semaines au ministre de la Justice, il le pria d'obtenir le concours de son collègue de la Défense nationale.

La démarche réussit et le procès fut débloqué.

Quand le dossier de la Cour martiale fut versé au procès de Paul, pour la durée des débats, les eaux troubles s'éclaircirent un peu. Le sergent R., principal témoin à charge, celui qui donnait tous les détails sur la pendaison des deux partisans, avait été transféré à l'unité de l'accusé *seulement après la retraite de la zone des combats et le cantonnement à Bolintin en vue de la réorganisation du régiment.* Quant au caporal, non moins bavard dans ses descriptions réalistes, il était, à la date de sa désertion de Bolintin, dans ses huit premiers mois de service militaire, et il n'avait jamais été envoyé au front.

Les autres témoins à charge renforcèrent notre preuve. Personne n'avait entendu parler d'une telle pendaison, personne ne l'avait vue. Quant aux deux gradés, ni l'un ni l'autre n'avaient été avec le régiment dans la zone des combats.

— Le major était une vraie brute, déclara un témoin qui gardait intacte sa rancune contre Paul, mais il n'aurait jamais été capable de tuer quelqu'un.

— Il était dur mais juste, dit un autre témoin.

— Il m'a persécuté parce que j'étais *communiste*, dit un troisième.

— Le témoin était-il réellement communiste à la date de ladite persécution? demandai-je par l'intermédiaire du président.

— Oui.

— Avait-il fait connaître à quelqu'un, à l'époque, ses sentiments communistes?

— Non.

— Pourquoi?

— Parce que j'avais peur. J'aurais pu être envoyé enchaîné à la Cour martiale. Et ça voulait dire la mort.

— Un vrai communiste ne doit jamais avoir peur, commenta l'accusateur public; et les assesseurs populaires, eux-mêmes membres du Parti, l'approuvèrent d'un signe de tête.

— Si le major avait su que le témoin était communiste, l'aurait-il envoyé à la Cour martiale?

— Oui, répondit sans hésiter le témoin.

— Donc, ça veut dire que le major ne savait pas que le témoin était communiste.

— Non, il ne le savait pas.

— Alors, comment le témoin peut-il prétendre avoir été persécuté pour ses opinions marxistes?

— Parce qu'une fois, le major m'a donné deux coups de cravache et m'a dit: «Bandit, lâche, *communiste*, je vais te faire pendre si les gens du village viennent encore une fois se plaindre que tu voles leur volaille!»

Les autres témoignages furent dans le même genre.

Le réquisitoire de l'accusateur public fut bref; et comme on n'avait jamais vu dans ces procès «un représentant du peuple» demander l'acquittement d'une personne accusée de crimes de guerre, il laissa à l'appréciation de la Cour le chef d'accusation ayant trait à la pendaison des deux partisans ukrainiens «car il semble que les preuves au dossier ne soient pas trop concluantes», expliqua-t-il. Mais pour l'accusation de persécution de patriotes à cause de leurs opinions politiques, la preuve demeurait, selon lui, et il exigea la condamnation de l'accusé qui «en plus d'avoir été une grande brute, s'était révélé un haineux ennemi du peuple».

En parlant pour l'accusé, j'insistai sur le fait que je me trouvais devant la Cour pour accomplir, d'office, un mandat d'ordre public et que mon seul souci était de faire ressortir la vérité d'après les preuves et en suivant ma conscience intime.

Évitant tout geste, ton ou mot qui puissent être trouvés subjectifs, je me bornai à un examen succinct des pièces de l'accusation. Les témoignages du sergent et du caporal, pleins de contradictions, s'étaient révélés faux. Il suffisait de retenir que, dans la déclaration faite devant le général commandant de la zone militaire de Bucarest, au moment de leur arrestation, ils disaient qu'ils *avaient tué* le major «parce qu'il *était communiste* et ennemi de sa majesté le roi». Comme les temps avaient changé depuis, dans les dépositions signées devant le commissaire instructeur pour les crimes de guerre, les deux aventuriers soutenaient qu'ils avaient voulu «punir» le major parce qu'il «*per-*

sécutait les communistes et qu'il avait participé à la pendaison de deux patriotes russes».

— Ces deux spécimens ne sont pas les seuls héros qui font leur apparition après la bataille, rappelai-je. Nous avons eu l'occasion d'identifier de tels individus même parmi les témoins que la Cour vient d'interroger. L'accusation concernant l'exécution fantaisiste doit donc être considérée comme inexistante. D'ailleurs, monsieur l'accusateur public en est arrivé à la même conclusion.

Restait l'accusation de «persécution de patriotes à cause de leurs convictions marxistes».

Malheureusement, la brutalité et le dédain de la dignité humaine étaient monnaie courante dans l'armée sous l'ancien régime quand le service militaire ne se résumait qu'à un vrai esclavage moderne. Être brutal et excessif, sévère et sans merci pour la personne inférieure en grade, donner des coups de cravache ou des gifles aux humbles soldats pour imposer la discipline, sont des actes répréhensibles qui, pourtant, ne tombent pas sous le coup de la loi punissant les crimes de guerre, même si ces faits déshonorent l'officier et ternissent son nom et son uniforme.

— *L'accusé n'a envoyé personne à la mort et n'a denoncé personne non plus pour ses opinions politiques*, affirmai-je. Ce fait a été prouvé même par les témoins à charge. Une jurisprudence d'avant-guerre, de la Cour de cassation et de justice, le tribunal suprême du pays, avait statué, sous le régime bourgeois, que le fait d'appeler quelqu'un «tzigane», «sale juif», «communiste», etc. n'était pas *une calomnie*, c'est-à-dire une imputation mensongère qui, si elle était vraie, pouvait exposer une personne à un blâme public ou à des sanctions pénales, mais une simple *injure*, une expression outrageante qui ne renferme l'imputation d'aucun fait, un délit bénin qui tombe sous la compétence modeste du juge de paix ou du tribunal ordinaire.

Je déposai sur la table de la Cour le Bulletin de la Cour de cassation avec le résumé de cette décision, pour continuer ensuite:

— Alors, n'y a-t-il pas de sanctions dans notre législation contre l'officier, l'instituteur ou le patron qui insultent ou commettent des voies de fait sur l'inférieur en grade, sur l'élève ou l'apprenti? Mais si! Le code pénal s'occupe aussi de ce genre d'infractions. Et le texte en est très bien connu de chaque homme de loi.

Comme il s'agissait d'une infraction mineure non prévue par la loi punissant les crimes de guerre, je proposai à la Cour *de ne pas acquitter l'accusé*, mais de se désister de son cas en le transférant au tribunal ordinaire, ayant la compétence de juger les délits de droit commun.

Je terminai en félicitant le camarade accusateur public pour l'impartialité dont il avait toujours fait preuve et qui était manifeste aussi dans le cas qu'on jugeait. Je remerciai également la Cour de l'attention et de la patience avec lesquelles elle avait suivi les explications de la défense.

Après une brève consultation entre le président, les deux conseillers de carrière et les cinq assesseurs populaires, la Cour décida d'envoyer au Barreau une lettre de remerciements «pour la tenue de l'avocat délégué d'office qui a fait une défense objective, digne d'un véritable auxiliaire de la justice populaire.»

Retenant ce qui me semblait être un vague sourire, le président ajouta: «Cette démarche de courtoisie n'influencera en rien la décision que prendra la Cour dans cette affaire».

La Cour se retira ensuite pour délibérer. Deux heures plus tard, le greffier m'annonça que la prononciation de l'arrêt avait été ajournée à la semaine suivante.

❑

Au restaurant, Lydia fut d'un enthousiasme indescriptible, se perdant en éloges à mon égard. Quant à moi, réservé et pensif, je considérai sa joie comme un peu prématurée car les surprises n'étaient jamais exclues dans ce genre de procès. Lydia ne comprenait pas pourquoi j'avais demandé à la Cour de ne pas acquitter Paul et de se désister en faveur du tribunal ordinaire. Il y aurait donc un autre procès et là, la condamnation était certaine.

— D'accord! dis-je, en souriant. Je ne veux pas que mon ancien ennemi s'en tire trop facilement. Il mérite une sanction pour son arrogance et son abus d'autorité. Voilà ma petite satisfaction!

— Je ne te crois pas, répondit Lydia avec vivacité. Tu devais avoir d'autres raisons.

— Bravo, Lydia. Tu commences à me connaître un petit peu. Préoccupé comme je suis de sauver Paul, mes raisons étaient d'une autre nature. Depuis l'institution de la Cour criminelle pour punir les criminels de guerre, on n'a pas connu un seul cas d'acquittement. Ces procès sont attentivement suivis par le ministre de la Justice ainsi que par le Parti. Ce serait un blâme pour le commissaire-instructeur qui a préparé et ouvert le procès de Paul; et la Cour, expression de la justice populaire, sortirait compromise pour avoir maintenu sur son rôle une affaire dans laquelle l'accusé, détenu depuis tant de mois dans des conditions draconiennes, est proclamé innocent. Il ne faut pas oublier non plus que Paul, appartenant à l'aristocratie, est tenu implicitement et par définition pour «un ennemi du peuple». Quel magistrat risquerait sa place en acquittant d'emblée une telle personne, surtout qu'en fait de crimes de guerre, un accusé envoyé devant la Cour est un condamné virtuel? N'oublie pas que nous vivons à une époque exceptionnelle! Je ne pouvais embarrasser la Cour ou montrer la moindre sympathie pour l'accusé, surtout en ma qualité de délégué du Barreau qui est aussi politisé. Je fournis donc à la Cour l'occasion de se désister sans prononcer un acquittement. Si nous avons la chance de voir se réaliser ma stratégie, et si Paul est envoyé devant un tribunal ordinaire, on peut réellement le considérer comme sauvé pour les raisons suivantes: d'abord, il sera transféré, immédiatement après la décision de la Cour, à une prison de droit commun et il sortira donc de l'enfer de Jilava. Puis, pour le délit d'abus de pouvoir, le maximum prévu par la loi est de six mois. Comme Paul est resté plus de six mois en prison dans l'attente de son procès, ce temps sera déduit automatiquement de la peine, et tu pourras ainsi vite rejoindre ton ami. Enfin, en fait de délits de droit commun, la peine complémentaire de confiscation des biens que tu craignais tant, n'existe pas. À ce propos, tu dois malheureusement abandonner tout espoir, car les grandes

propriétés rurales ont été expropriées sans aucune compensation, et distribuées à ceux qui ne possédaient rien; et les maisons urbaines appartiennent maintenant à l'État. Bref, voilà
pourquoi je n'ai pas demandé l'acquittement de Paul.

   — Tu as très bien procédé, conclut Lydia un peu morose,
mais tu pouvais t'abstenir de me lancer ta petite ironie finale.

XVI

La Cour ajournait constamment la décision dont dépendait la liberté ou la mort de Paul. Notre inquiétude était explicable car ces nombreux renvois montraient que les assesseurs populaires, détenant la majorité, étaient en désaccord avec les conseillers, magistrats de carrière, qui avaient siégé dans le même procès.

À chaque date prévue pour la prononciation de l'arrêt, Lydia guettait à la porte de la salle d'audience, tandis que moi, j'allais la rejoindre dès que je disposais de quelques minutes. Et quand je finissais les autres procès que j'avais à mon agenda, je restais tout le temps avec elle.

Nous dînions ensemble à un restaurant situé non loin du palais de justice. Lorsque je lui demandai quelle était sa situation financière et si elle n'avait pas de problèmes d'ordre matériel, Lydia me raconta qu'avant les bombardements, elle s'était retirée à sa «cabane», une petite villa héritée de ses parents, au cœur de la montagne. Dans le passé et jusqu'à la date de son arrestation, Paul lui donnait ou lui envoyait de l'argent. En menant une vie très équilibrée, elle avait réussi à économiser une petite fortune, mais la dévaluation du *leu* ne lui laissait pas grand-chose, et les fréquents déplacements à Bucarest, le séjour à l'hôtel ainsi que d'autres dépenses s'étaient chargés de ses derniers sous. Comme j'avais déjà soupçonné ses embarras pécuniaires, nous décidâmes qu'elle resterait à Bucarest jusqu'à la date de la prononciation de l'arrêt. Je lui avançai une certaine somme pour cela. Visiblement gênée, elle me supplia de croire qu'elle n'acceptait cet argent qu'à titre de prêt.

De plus en plus souvent elle montait chez moi et se rendait très utile en s'occupant du ménage ou de la mise à jour de mes dossiers. Je protestais sincèrement car je ne m'attendais à aucune compensation et je ne voulais pas qu'elle se fatiguât pour moi. Son aide m'était pourtant très précieuse, et comme ma secrétaire venait de se marier et de partir en voyage de noces, Lydia s'occupa très sérieusement de tous les travaux du bureau, secondée par deux stagiaires. Fatalement, cette situation nous rapprocha davantage, et celle que j'avais désignée sous le nom de «la dame aux œillets» en la repoussant autrefois, commença à partager ma vie.

L'atmosphère de mon appartement vaste et paisible où j'avais l'habitude de m'enfermer et de me replier sur moi-même avait complètement changé depuis que j'y retrouvais chaque soir une compagne gaie, intelligente et cultivée, qui était aussi un vrai cordon bleu et l'ordre personnifié, qualités fort appréciées par un célibataire endurci. Lydia pénétrait de plus en plus dans ma vie, et chaque fois que la Cour ajournait la prononciation de l'arrêt, j'éprouvais un certain soulagement malgré mon vif désir de sauver la vie de Paul. Je n'aimais pas Lydia. C'était plutôt l'égoïsme de l'homme condamné à la solitude et qui ne pouvait s'isoler complètement de ses semblables; et aussi le besoin d'avoir près de moi une personne qui ranimait le passé et m'évoquait l'ambiance du temps le plus heureux de ma vie. Je savais pourtant très bien que ce contentement devait prendre fin si Paul était mis en liberté; et l'idée de me séparer de Lydia me donnait déjà le cafard.

Finalement, la Cour se prononça. Elle se désistait en faveur du tribunal ordinaire. J'avais les larmes aux yeux et Lydia tomba dans mes bras, débordante de joie. Notre satisfaction était spontanée et aucun de nous ne pensa à un tel moment aux conséquences de cette décision qui devait nous séparer.

Sans perdre un seul instant, j'obtins du président un ordre adressé au commandant de la prison Jilava pour transférer immédiatement Paul au pénitencier Vacaresti, dans la banlieue de la capitale. Pour gagner du temps, je fis conduire en taxi le messager spécial de la Cour, et, à notre retour, je le récompensai généreusement. Le lendemain, nous perdîmes toute la matinée devant la porte de la prison Vacaresti dans l'attente de la voiture cellulaire de Jilava. Même situation le jour suivant, et personne ne pouvait me donner la moindre explication pour ce retard. Revenu chez le président de la Cour, je fus discrètement conseillé d'aller voir le procureur général de la République qui avait demandé entretemps le dossier de Paul. Ce haut magistrat investi de l'autorité suprême était inabordable et tout le monde le craignait. Il consentit à me recevoir tout de suite mais ne me cacha pas sa déception de voir «un avocat du peuple faisant du zèle en faveur d'un criminel de guerre».

Je me permis de lui rappeler qu'il ne s'agissait plus d'un «criminel de guerre» mais d'un détenu de droit commun, accusé d'un délit banal pour lequel il avait déjà purgé le maximum de la peine prévue par la loi; et que je ne faisais pas autre chose que de mener à bout une mission dont m'avait chargé le Barreau.

— De toute façon, il s'agit d'un ennemi de la classe ouvrière, conclut-il sèchement; et, après avoir griffonné quelques mots sur un bout de papier, il se leva, signifiant que je pouvais me retirer.

J'eus envie de me taper la tête contre les murs pour me punir de mon imprudence qui pouvait être fatale à Paul et très compromettante pour moi.

Inutile de dire dans quelle fièvre s'écoula le reste de la journée après cette démarche impulsive. Harcelé de soucis, je rentrai chez moi dans un état pitoyable. Pendant que je racontais à Lydia comment je m'étais fourré dans le pétrin, le téléphone sonna. C'était «mon homme», le greffier de la prison Vacaresti. Il m'annonça que Paul venait d'être transféré de Jilava par ordre exprès du procureur général de la République. Je poussai un grand soupir de soulagement, et il me fut enfin possible de jouir de quelques bonnes heures de sommeil.

Le matin suivant, j'obtins pour Lydia la permission de visiter Paul. Elle lui apporta des vivres, du linge et de l'argent. Je l'aurais accompagné si je n'avais pas été obligé de plaider dans un procès très important qui ne pouvait être ajourné. À son retour, Lydia ne paraissait pas trop enthousiasmée. Elle était plutôt réservée et pensive quand je lui parlai de la possibilité d'obtenir pour Paul la mise en liberté conditionnelle jusqu'au jugement de son procès au tribunal. Comme si elle n'avait pas entendu ce que je venais de dire, elle m'interrompit en me demandant si Paul serait réintégré dans l'armée. Je lui répondis carrément que non.

— Touchera-t-il au moins une pension?

— Rien.

— Et de quoi vivra-t-il?

— Il devra travailler.

— Il n'a aucun métier.

— Il lui reste encore ses deux bras.

— Mais il n'a ni la force ni l'habitude...

Oubliant un instant que Paul n'était plus mon ennemi, je rétorquai brutalement:

— La nécessité de se nourrir se chargera de lui montrer comment gagner son pain quotidien. Quant à la force physique, il fut un temps où j'étais plus faible que lui; et il n'a aucune lésion au foie.

— Au fond, dit Lydia froidement, qu'est-ce que cela me fait, même s'il doit mendier de porte en porte?

— Tu ne veux plus retourner chez lui?

— À quoi bon? Nous nous sommes disputés aujourd'hui. Mon choix est fait: j'aimerais rester avec toi.

— Non, Lydia, lui répondis-je, après un court silence. Je ne peux te garder. Je pense aussi à Paul. Il serait déloyal de ma part...

— Vraiment? Lui n'a pas eu les mêmes scrupules envers toi.

— C'était une chose différente. N'oublie pas aussi que l'ombre de Marguerite restera toujours présente entre toi et moi; surtout qu'elle a été une victime selon toi, son médecin et même d'après Paul. Avant d'enterrer complètement le passé, il me reste à connaître la vérité que j'avais refusé d'écouter. Tu disais que Marguerite était innocente. Il m'est difficile de lui trouver des excuses même maintenant, et j'ai laissé exprès à plus tard tes explications en attendant d'abord la fin du procès de Paul. Ce moment est arrivé. Je t'écoute.

— Lucien, je ne sais comment commencer. C'est moi qui aurais préféré qu'on ne discute plus de Marguerite. Il fallait au moins que je te prépare d'abord. «Le dossier est clos. Un *res judicata*; chose jugée, chose démontrée», disais-tu à notre rencontre après le procès du docteur N.; et je t'avais répondu qu'il serait toujours ouvert tant que vous seriez encore en vie.

— Je m'en souviens très bien. Parle donc!

— Malheureusement, maintenant c'est trop tard.

— C'est-à-dire?

— Marguerite est morte.

— Qu'est-ce que tu dis?

D'un bond, je me précipitai vers elle et, tandis que mes mains posées sur ses épaules la secouaient fortement, je regardai épouvanté dans le fond de ses yeux.

— Oui, soupira-t-elle, le visage baigné de larmes, Marguerite est morte, et nous devons l'avoir tous sur la conscience. Je parle surtout de Paul et de moi.

— Oh! non. Tu m'avais dit, il y a quelque temps, qu'elle était encore en Italie et que tu venais justement d'avoir de ses nouvelles. Tu parlais d'une lettre...

— Oui, Lucien, parce que je n'avais pas le courage de te dire ce qui lui était arrivé. Je savais comment un tel coup t'affecterait et j'ai dû mentir aussi pour obtenir que tu consentes à défendre Paul. Lui-même ignore ce qu'est devenue sa femme.

Il me fut impossible de suivre ses paroles, et je restai abasourdi dans le fauteuil où je m'étais écroulé. La tête me semblait déserte comme les ruines du petit palais et je n'entendais que le flot du sang battant le tambour dans mes tempes.

❑

Le lendemain matin, Lydia était prête à partir.

Je m'empressai de lui dire qu'elle ne devait pas prendre si vite cette décision, surtout que Paul n'était pas encore libéré. Comme elle persistait dans sa résolution, je la priai d'accepter au moins l'aide promise pour subvenir à ses besoins après notre séparation. Très gênée, elle m'assura de nouveau qu'elle considérait cet argent comme un prêt et qu'elle me rembourserait à son retour à Bucarest dès qu'elle trouverait du travail dans un bureau.

— Il m'est très dur, ajouta-t-elle, de te laisser dans cet état de découragement après les tristes nouvelles que j'ai été obligée de te donner. Tôt ou tard, tu aurais appris la fin de Marguerite. Je n'ai pas fermé l'œil de la nuit, comme toi d'ailleurs, car je te retrouve à la place où tu t'es effondré hier soir, et je me suis torturée en me demandant s'il fallait te dire tout ce que je savais ou te laisser dans cet état et accablé de remords. Finalement, je me suis rendu compte qu'il valait mieux que tu connaisses, même dans les circonstances présentes, toute la vérité, c'est-à-dire la *vraie* vérité et pas la version mensongère que j'avais eu la mission de te servir. En effet, tu as eu raison de refuser de m'écouter, et je ne pense pas commettre un grand péché en te disant que c'était Marguerite qui m'avait suppliée de te voir après ta fracassante plaidoirie au procès du docteur N. Mon rôle était de te convaincre de son innocence et te laisser croire qu'elle ne t'avait jamais menti ou trahi. Nous avions préparé une petite histoire, assez ingénieuse, pour te donner une version truquée des événements qui avaient précédé ta disparition. Elle devait se faire passer pour une martyre, victime d'un chantage, et te faire croire qu'elle s'était sacrifiée pour sauver ta vie. Pourquoi avait-elle senti le besoin de se réhabiliter et de se réconcilier avec toi? La réponse est tout à fait simple. Le mariage avec Paul allait très bien au commencement, mais leur bonheur n'a pas duré trop longtemps. Après la naissance — prématurée, évidemment — de Florence, l'incompatibilité de leur caractère est devenue de plus en plus évidente. Paul était pris par ses obligations militaires et préférait à sa femme la compagnie de ses camarades bons vivants. Borné et violent, il ne manquait aucune occasion de se moquer, dans son langage soldatesque, des préoccupations intellectuelles et des études de Marguerite. Il ne se gênait pas non plus pour l'insulter et l'humilier, même en présence de leurs domestiques. Après l'envoi de son régiment en Bessarabie, Paul ne revenait que très rarement à Bucarest, et chaque fois il se montrait de plus en plus grossier. Par cette attitude, il n'a fait qu'élargir le fossé qui le séparait de sa femme. Le dégoût de Marguerite a atteint le comble lorsqu'elle a appris que Paul ne perdait pas la moindre occa-

sion de la tromper avec n'importe qui. Ils ne se parlaient plus
et n'attendaient que le moment propice pour demander le divorce. Je suis devenue l'unique amie et confidente de Marguerite. Elle m'a raconté avec beaucoup de chagrin comment vous
passiez le temps ensemble quand Paul était à Saint-Cyr en
France. Je ne nie pas qu'elle avait pitié de toi, et qu'elle se faisait des soucis en pensant à ton avenir. Elle n'aimait que Paul,
mais ne pouvait pas te quitter brusquement. Tu aurais pu perdre la raison. Aussi s'était-elle proposée d'attendre la fin de tes
études et ton entrée au Barreau pour avoir une explication avec
toi et te convaincre que des intérêts de famille lui imposaient
de se marier avec son cousin. Elle continua donc à te laisser
croire que vous luttiez pour atteindre un but commun et que
vous étiez unis par les mêmes sentiments. Pour ne pas perdre
Paul — son vrai et grand amour — elle s'est donnée à lui avec
la promesse de légaliser plus tard leur union.

— Depuis quand était-elle son amante? demandai-je,
crispé de haine.

— Oh, est-ce que cela compte? Depuis son premier voyage
en France. Mais elle a eu des remords après; et, à son retour,
elle s'est sentie obligée de te dire qu'elle t'aimait éperdument et
qu'elle ne pouvait vivre sans toi malgré les obstacles qui vous
séparaient. Je ne saurai jamais pourquoi elle s'était prêtée à un
jeu si cruel et t'avait donné de fausses illusions sans se soucier
des souffrances qui t'attendaient. Quelle sorte de pitié elle avait
pour toi! Malheureusement, les événements se sont précipités.
La farce aurait continué assez longtemps si l'ingénue princesse
n'avait pas été enceinte. L'inévitable s'est produit et, comme je
t'ai déjà raconté, les grandes déceptions n'ont pas tardé à venir.
Tandis que son mariage sombrait dans la haine, le dégoût et le
déshonneur, tu avais atteint l'apogée de la gloire et ton nom
était sur toutes les lèvres. Le regret de Marguerite était déme-
suré. Elle se reprochait son aveuglement qui l'avait poussée vers
Paul et la bêtise de t'avoir sacrifié sans penser que tu pourrais
un jour lui offrir une existence réellement heureuse et enviable.
Il ne lui restait qu'à essayer de te reconquérir par n'importe quel
moyen. Ta confession devant la Cour d'assises à ton dernier
procès, celui de mon oncle, était ta plus cruelle vengeance, mais
Marguerite n'a pas abandonné la lutte car elle sentait dans tes

paroles que tu pensais encore à elle et que la plaie n'était pas cicatrisée. Après avoir essayé en vain de te parler au téléphone, elle t'a envoyé un petit mot pour t'implorer de consentir à la voir. N'ayant reçu aucune réponse de ta part, elle m'a suppliée de faire de mon mieux pour te rencontrer et... plaider sa cause. Comme je te le disais, elle avait inventé une histoire larmoyante mais vraisemblable à laquelle tu aurais cru, malgré ta perspicacité, car il faut reconnaître que Marguerite avait le don extraordinaire de dérouter les gens par son regard innocent et sa douceur angélique. Elle t'aurait persuadé qu'elle s'était sacrifiée pour te protéger et qu'elle t'avait toujours aimé. Voilà la *vraie* vérité! Je m'étais prêtée à cette complicité pour lui venir en aide et, en même temps, pour régler avec toi un compte personnel; mais, heureusement, tu as refusé de m'écouter, en prévenant ainsi un acte d'ignominie que j'aurais toujours regretté. Maintenant c'est moi qui te dis: *le passé est mort, même si Marguerite était encore vivante.* Au lieu de pleurer et d'empoisonner ta vie avec des regrets, tu dois remercier le destin de t'avoir épargné d'autres complications en t'empêchant de te laisser tomber dans les filets d'une personne cynique qui ne cherchait que l'aboutissement de son égoïsme.

Je fus plus que touché par la sincérité de Lydia. En effet, les détails qu'elle venait de me donner me soulagèrent complètement. *Le doute n'existait plus!* Je pris Lydia dans mes bras et je la serrai longuement contre ma poitrine, avec la sensation d'avoir été libéré d'un lourd fardeau qui m'avait si longtemps accablé. En lui glissant l'enveloppe avec l'argent, je promis d'aller la voir à sa «cabane» après une semaine ou deux. Nous fûmes d'accord pour nous séparer pendant un certain temps afin que Paul, dont elle ne voulait plus, ne fût pas déçu à sa sortie de prison et que mes scrupules fussent respectés.

— Quant à Paul, cette brute, j'ai à te faire aussi quelques révélations. Il t'avait attiré dans un guet-apens en t'invitant, à l'insu de Marguerite, à la fameuse soirée; et j'ai la fierté de te dire que c'était moi qui devais être sa complice et qui ai déjoué son plan odieux. Je ne sais pas, à vrai dire, s'il mérite ou non d'être condamné pour crimes de guerre, mais pour ce qu'il a fait de ta vie et surtout pour le coup qu'il avait monté contre toi, il devrait être pendu. Tu peux en être sûr! À propos, bien que j'appartienne à la même classe sociale dite «noble», je partage tes opinions et ton dégoût pour ces mégalomanes ingrats et effrontés. Le docteur N., après le miracle de son acquittement, grâce à tes efforts formidables, au lieu de te verser les honoraires qu'il te devait ou te dire au moins un «merci», était très indigné que tu lui aies défendu de te tutoyer. Il a juré de te faire payer un jour pour cette «impertinence». Paul est un spécimen de la même souche. Pendant ma visite à Vacaresti, il n'avait que des mots haineux contre toi et ne te pardonnait pas de l'avoir nommé dans ta plaidoirie «une brute» et «un tyran». Le résultat du procès et le fait de lui avoir sauvé la vie ne comptent pas. Il est persuadé que les communistes seront renversés par l'armée allemande qui ne tardera pas à percer le front et à revenir ici, et c'est alors qu'il t'arracherait, comme il s'en est vanté, le reste de foie qu'il t'avait encore laissé. Il m'a assuré cependant que, tant qu'il aurait encore besoin de toi, il continuerait de se montrer humble et docile, mais qu'il ne renoncerait jamais à sa haine. C'est moi qui ai insisté pour que tu le défendes, mais après tout ce que tu as fait pour lui, s'il est encore capable de nourrir des projets si criminels qui sont d'ailleurs absurdes, il ne me reste qu'à te conseiller ardemment de l'abandonner, même s'il se traîne à tes pieds. Ignore ses appels et pense à ce qu'il cache derrière son attitude servile! Il a été plus féroce que sa femme et il est resté le même. Promets-moi de l'éviter, tourne la tête s'il te rencontre et bouche-toi les oreilles s'il veut te parler! C'est ainsi qu'il faut traiter une canaille.

Je souris doucement et, par un signe de tête, je lui promis de suivre le conseil qu'elle venait de me donner et sans lequel je me serais laissé tromper encore une fois par naïveté.

Pour moi, étaient dorénavant morts, non seulement «l'ingénue Marguerite», mais aussi Paul, son ancien amoureux et complice.

XVII

Deux semaines s'étaient écoulées depuis le départ de Lydia, et je commençai à me réadapter à la vie d'autrefois. Le travail s'était accumulé et, comme l'année universitaire touchait à sa fin, je me préparais à être disponible pendant la période des examens.

Un confrère me téléphona pour me dire que, s'étant rendu à Vacaresti pour un client, il y avait rencontré Paul et que celui-ci voulait me faire une communication très importante. Persuadé qu'il s'agissait de sa demande de mise en libération provisoire, je laissai passer encore quelques jours sans répondre à son appel. Peu après, je reçus de lui une carte postale envoyée à l'adresse du Barreau. Un minimum d'éthique m'imposait de ne pas l'abandonner sans l'avertir. Je demandai au bâtonnier de déléguer un de mes assistants pour s'occuper du procès de Paul. Le même jour, le stagiaire alla lui dire que je n'étais plus son avocat et lui présenta, pour être signée par lui, la demande de mise en liberté adressée au tribunal. Mon collaborateur revint m'annoncer que Paul avait insisté pour me voir car il s'agissait d'une question très urgente et qui me regardait personnellement.

Intrigué, je courus immédiatement à la prison avec l'intention de regarder Paul dans les yeux une dernière fois.

Il se perdit en remerciements pour tout ce que j'avais fait pour lui et déclara qu'il comprenait très bien que je n'étais plus disponible, comme le lui avait expliqué mon secrétaire, pour m'occuper directement de lui. Il était certain que le jeune avocat obtiendrait sa mise en liberté provisoire. Le procès ne l'inquiétait pas du tout, car il était au courant que le temps de sa détention à Jilava serait déduit de la peine maximum de six mois à laquelle pouvait le condamner le tribunal. En attendant, il travaillait dans un atelier de la prison où il apprenait la menuiserie. C'était pour une autre raison qu'il voulait absolument me voir:

— Est-ce que Lydia vous a parlé de la mort de Marguerite?

— Oui, et j'en suis très touché. Je comprends enfin pourquoi vous m'aviez demandé de faire quelque chose pour Florence, votre fille. Où se trouve-t-elle?

— À Paris, avec sa mère.

— Avec qui?

— Avec Marguerite, sa mère.

— Mais Marguerite n'est plus, balbutiai-je.

— Au contraire, elle est en vie. Lydia avait reçu de ses nouvelles et m'a donné des détails quand elle est venue me voir, immédiatement après mon transfert de Jilava. Elle m'a conseillé en même temps de vous dire que Marguerite était morte car, en usant du même subterfuge, elle vous avait convaincu de me défendre et de renoncer à toute animosité contre moi. Lydia m'a dit aussi que vous aviez l'intention de l'épouser et qu'elle avait intérêt à vous laisser croire que Marguerite n'existait plus.

— Vous a-t-elle dit que j'avais l'intention de l'épouser?

— Elle m'en a parlé ouvertement.

— Et l'avez-vous crue?

— J'ai cru à ce que je savais depuis longtemps: qu'elle est une mythomane et qu'elle s'accroche à tout homme qu'elle rencontre dans son chemin.

— Elle a été votre... amie aussi, n'est-ce pas?

— Oui, répondit-il, rougissant jusqu'au blanc des yeux. Mais cela s'est passé après la retraite et le cantonnement à Bolintin. Comme je vous le disais, elle m'a demandé de vous mentir, mais vous avez été trop bon pour moi pour que je m'associe à un acte si indigne. Je lui ai répondu que je ne pouvais plus me prêter à son jeu maléfique et que, au contraire, vous deviez être mis au courant de tout ce qui s'était passé et surtout du rôle néfaste qu'elle avait joué dans notre drame. Je lui ai promis que, si j'arrivais à sortir d'ici, je vous confesserais moi-même nos crimes malgré la haine et le dégoût que vous seriez justifié d'avoir pour moi. Devant mon refus de me prêter à cette manœuvre et ma détermination de vous dévoiler la vérité, Lydia a fait une crise d'hystérie, m'a couvert d'injures et m'a accusé d'ingratitude en me rappelant que c'était seulement grâce à elle que vous aviez consenti à devenir mon avocat, chose que je ne conteste pas. Cette sortie m'a profondément indigné. Je n'avais pas le droit d'être déloyal envers vous et de ne pas vous dire que Marguerite avait été notre victime. Je parle de Lydia et de moi. Si ce serpent n'était pas intervenu avec ses intrigues et ses conseils diaboliques, vous auriez été heureux à côté de celle que vous aviez tant aimée et qui vous divinisait. Il est de mon devoir de vous prévenir que cette vipère est capable de n'importe quel crime. Chassez-la, évitez-la, car elle est très, *très* dangereuse! Je ne vous demande plus rien pour moi, vous avez d'ailleurs tout fait, mais je le répète, il est de mon devoir de vous mettre en garde.

Le temps accordé pour la visite s'étant écoulé, j'assurai Paul que son nouvel avocat s'occuperait très sérieusement, sous ma propre surveillance, de sa libération ainsi que du procès au tribunal. En plus, que je ferais des arrangements avec le greffier de la prison pour soulager au maximum les conditions de détention pour le peu de temps qu'il resterait encore là-bas. Je lui promis aussi que j'irais le revoir «peut-être dans quelques jours si je suis disponible».

— Quand vous pourrez, maître, cria-t-il, alors que le gardien le ramenait.

Avant que la porte ne se refermât sur lui, j'entendis un émouvant: «Que le bon Dieu vous protège!»

Pauvre Paul! Que le bon Dieu le protège aussi pour ce qu'il venait de me révéler!

Avant de sortir, je passai voir le greffier pour le remercier de tout ce qu'il avait déjà fait pour Paul en sachant qu'il était mon client. L'argent que je lui laissai couvrait une large gratification ainsi que le règlement à l'avance de tous les frais et services dont pouvait bénéficier un détenu: cantine, médicaments, cigarettes, augmentation du temps de repos, donc le régime le plus humain possible.

C'est tout ce que je pus faire pour lui.

❏

Le mensonge grossier de Lydia ne m'aurait pas tant indigné si, dans le but de me garder, elle avait parlé seulement de la disparition de Marguerite. Ce qui me révolta à l'extrême, c'était la manière diabolique dont elle avait essayé de ternir le souvenir de Marguerite en falsifiant la réalité et en contredisant la version d'innocence qu'elle avait voulu elle-même me donner auparavant. Son prétexte hypocrite que je devais *tout* savoir pour ne pas être accablé de regrets était un acte abject et criminel; et l'impudence effrontée avec laquelle elle m'avait raconté des faits imaginaires pour cacher sa responsabilité et sauvegarder ses propres intérêts me glaça d'horreur. Quand Marguerite m'avait prévenu que Lydia était une personne dangereuse et qu'il fallait l'éviter, j'avais cru que c'était la jalousie qui lui inspirait un tel conseil. Voilà que Paul m'avertissait à son tour et m'exhortait à me tenir à l'écart de «cette vipère». J'étais donc en droit de savoir qui avait détruit ma vie, quel avait été le rôle de Lydia et en quoi avaient consisté l'innocence et le supplice de Marguerite. L'énigme de ma première vie et de ma famille dont je n'eus jamais la moindre connaissance m'avait beaucoup intrigué, mais rien ne pouvait être comparé au désir brûlant qui me poussait maintenant à reconstituer exactement les faits qui avaient produit le drame dont parlait aussi Paul. J'étais très impatient d'éclaircir ce mystère et d'arracher les aveux de Lydia par n'importe quel moyen: par la ruse et même par la torture si nécessaire.

❏

Je revins au palais de justice seulement pour ajourner un procès. Je courus tout de suite à la gare et pris le premier train partant pour le nord. Une heure après, à la sortie de Ploesti, les collines et les montagnes se profilaient déjà à l'horizon. Impatient d'arriver le plus vite possible à la «cabane» de Lydia, je restai debout tout le temps à la fenêtre, dans le couloir. La neige, disparue depuis longtemps à Bucarest avec le départ de l'hiver, était ici encore présente à divers endroits et notamment sur les versants et les cîmes des montagnes. Prahova, la joyeuse rivière qui traverse ce ravissant défilé, croisait le train et ne s'éloignait que très rarement de la voie ferrée. Elle serpentait avec agilité, tantôt glissante sur son lit de pierres, tantôt bouillonnante.

Je descendis à Busteni, au pied de *l'Homme* et de son voisin, *le Caraïman*. Avant de prendre le chemin escarpé qui mène vers la crête du mont où habitait Lydia, je m'arrêtai, malgré ma hâte d'arriver le plus vite à destination, pour contempler le spectacle ahurissant donné par le soleil dans son combat contre les nuages qui se déchiraient en heurtant la cîme de ces deux géants de nos Carpathes. Arrivé ensuite à l'orée d'une profonde vallée qui me séparait d'une chaîne superbe de montagnes, crénelée en haut comme un château fort inexpugnable, je me guidai plutôt d'après l'instinct en pensant aux descriptions faites par Lydia qui m'avait parlé de la beauté sauvage et incomparable de cette région, ainsi que des pilons d'une hauteur vertigineuse où n'ose se fixer aucune végétation. Je vis ensuite le massif noir comme la fonte, surmonté de pics enneigés et tranchants, pareils à des hallebardes fantastiques qui remplissaient d'angoisse le cœur de Lydia quand elle les regardait de la terrasse de son chalet.´

J'arrivai enfin à l'endroit que je cherchais. Tout autour de moi était plongé dans un silence inquiétant. À ma gauche, une vallée profonde et abrupte me séparait de la chaîne de montagnes menaçantes qui avait arrêté, comme un bouclier géant, les rayons du soleil. L'ombre sortant de la vallée devenait de plus en plus audacieuse, comme les poussées de la marée, en grimpant vers les villas, fermées et inhabitées à cette époque de l'année et tenant compagnie en silence à la solitude violacée qui m'entourait. J'éprouvai une sensation plus forte que celle que j'avais ressentie quand je m'étais trouvé la première fois au bord de la mer. J'avais l'impression d'être arrivé dans un autre monde, peuplé par des géants et des sorcières.

La «cabane» de Lydia, dernier vestige de la richesse d'antan, était une très jolie villa suisse construite avec des troncs d'arbres peints en marron, très bien assortis aux bardeaux brun-clair du toit et aux persiennes jaunes ornant les fenêtres. Le terrain entourant la maison était parsemé de débris de roches parmi lesquels le gazon commençait à pousser. Au fond de la cour, une haie vive bornait l'autre versant de la montagne.

En ouvrant la porte, Lydia ne fit aucun signe de grande surprise. Il ne me fut pas difficile de constater qu'elle était embrouillée par l'alcool. Une bouteille de cognac, à moitié vide, et un verre de cristal reposaient sur une petite table, près de la cheminée. À côté, des mégots débordaient d'un grand cendrier. Elle avait une mine très fanée, et la proéminence de ses prunelles était plus marquée.

— Je m'étais persuadée que tu ne reviendrais jamais, me dit-elle en guise d'explication pour tout ce que je voyais autour de moi. Tu ne t'es pas donné la peine de m'écrire au moins un mot, et je décidai donc de reprendre ma vie. Mais c'est pourtant très gentil à toi d'être venu. Whisky ou cognac?

Je refusai d'un signe de tête. Elle vida sans cérémonie le verre déjà rempli.

— Lydia, tu m'avais promis de ne plus toucher à l'alcool et de ne plus fumer.

— Tu sais très bien que je t'avais écouté tant que nous étions ensemble, mais comme tu n'étais plus avec moi et, condamnée comme je suis à vivre dans ce bled, je n'ai pas les vertus d'une sainte pour résister à un péché, surtout quand il est si innocent.

— Tu devais pourtant m'attendre et être sage. Je t'avais promis que je viendrais te revoir, et je n'ai jamais manqué à ma parole. Ce matin, je suis allé à la prison et j'ai parlé à Paul.

— Tiens! s'exclama-t-elle, devenant toute blême. Je t'avais pourtant conseillé, dans ton propre intérêt, de rompre avec lui et de l'éviter. Si nous avions été ensemble, je n'aurais plus bu et fumé, et tu n'aurais pas perdu ton temps avec un salaud et un menteur.

— Lydia, j'ai appris que Marguerite n'était pas morte et que tout ce que tu m'avais dit à propos de sa trahison était faux. Et pourtant, je ne suis pas fâché contre toi et je te comprends très bien.

— Il m'a trahie donc, le mouchard!

— Il était de son devoir de ne pas accepter ta suggestion...

— Et il t'a tout dit? C'est impossible, car lui-même ignore un tas de choses dans cette affaire.

— Il m'a tout simplement dit que tu lui avais proposé de me faire croire que Marguerite était morte et qu'il avait refusé de t'écouter. Il m'a promis de me donner toutes les explications pour me prouver que tu es la seule responsable du drame qui a détruit la vie de sa femme. Je ne peux le croire, et je préfère savoir *tout* directement de toi.

— Admettons que j'ai été criminelle et que je t'ai menti la dernière fois. J'avais une grande excuse: je t'aime et je ne voulais pas te perdre. Qui peut condamner une femme qui défend son bonheur même si les moyens sont odieux?

— Lydia, quel homme peut être insensible à un tel aveu, et qui ne pourrait pas te comprendre et pardonner, même si tu avais tué ta rivale? C'est pour cette raison que je préfère connaître la vérité de ta propre bouche; et sache que je ne veux plus voir Paul.

Je remplis son verre et le lui offris avec un sourire amical.

— Lydia, faisons la paix!

— Alors, un autre verre pour toi.

— Ne te dérange pas! Je boirai du tien pour connaître tous tes secrets. D'ailleurs, je ne veux plus qu'il y ait de secret entre nous.

Très détendu, mais mort de fatigue, je m'enfonçai dans le fauteuil, près de la cheminée. Lydia attisa le feu et plaça une autre bûche dans l'âtre. Le soir tombait et le feu était la seule lumière qui éclairait la grande pièce.

En s'approchant doucement, elle s'agenouilla à mes pieds pour s'asseoir ensuite, les jambes croisées, sur un tabouret à côté du fauteuil.

— Lydia, tu m'as manqué énormément, et je ne peux plus vivre sans toi. Tu es excusée d'avance et je répète que je ne suis pas du tout fâché contre toi car je te comprends très bien. Mes déboires m'ont appris à être un peu plus sage.

Elle coucha sa joue sur ma main tandis que je me mordais les lèvres en pensant au visage velouté de *l'autre*. Avant même qu'elle ne me dît toute la vérité, j'avais enfin la certitude que Marguerite n'avait pas été une hypocrite. Je fis un grand effort pour ne pas me trahir. Autrement, j'aurais repoussé la perverse qui salissait ma main de ses lèvres menteuses.

En me demandant des yeux la permission, elle alluma une longue cigarette qu'elle sortit d'un étui d'ivoire. Un parfum douceâtre chatouilla mes narines, et cette odeur étrange ne m'était pas inconnue. Je l'avais déjà sentie. Mais où et quand? Tout à coup, je me souvins de la soirée au petit palais quand je dansais avec Lydia et que j'avais joyeusement vidé, l'une après l'autre, les coupes de champagne qu'on m'offrait. Je ressentis encore une fois une vague griserie et je me proposai d'éviter la fumée blanche qui flottait en direction de la cheminée.

— Oh! que je suis heureux d'être avec toi! C'est à peine après ton départ que je me suis rendu compte de ce que tu représentes pour moi. Franchement, je ne regrette pas d'être allé voir Paul. D'ailleurs, c'était une dernière fois. Je devais lui dire que je n'étais plus son avocat, n'est-ce pas? Je te promets de ne plus ignorer tes conseils, mais tu dois être sage aussi et m'écouter toujours, sauf dans les moments où je puis être absurde.

— C'est promis! C'est mon dernier verre et ma dernière cigarette.

— Si tu savais comme ça me rend heureux! Mais il ne suffit pas seulement de renoncer à ces «petits péchés», comme tu les appelles; il faut nous débarrasser aussi du fardeau du passé qui pèse sur notre conscience. La seule chose que je sais est que Marguerite te haïssait et que tu étais dans ton droit de te défendre. Même vivante, elle n'existe plus pour moi. Elle aurait pu être innocente jusqu'à un certain point, mais c'est toujours la fin qu'il faut considérer. Je ne lui en veux plus, et même si tu me disais qu'elle avait été innocente, elle ne m'intéresse plus. Pendant ton séjour à Bucarest; j'ai découvert que c'était *toi*, en réalité, que j'avais aimée, sans m'en rendre compte, et pas Marguerite. Je lui sais pourtant gré car, grâce à elle, tu es et tu seras à côté de moi pour toujours, Quant à Paul, il s'en lave les mains et dit que tu es la seule coupable dans tout ce qui s'est passé. Je ne vois pas comment ça serait possible, mais je t'assure que même s'il en était ainsi, mes sentiments envers toi ne changeraient pas. N'aie pas peur! Parle!

— Je t'aimais, chuchota-t-elle, et je ne voulais pas te perdre. J'ai dû *tout* faire pour vous séparer. Tout et par n'importe quel moyen, surtout que je voulais te punir et me venger aussi de toi. Je t'avais prévenu, *volage berger*, que tu regretterais amèrement cette insulte, car une femme peut tout pardonner à un homme sauf s'il la refuse quand elle s'offre.

— Paul était donc innocent, comme il s'en vante! Mais comment se fait-il qu'il ait été l'amant de Marguerite? Était-il vraiment innocent?

— Innocent? Il n'était pas mineur ou irresponsable quand il suivait mes conseils et complotait avec moi. Qui sait ce qu'il aurait mis à mon compte s'il t'avait donné sa propre version! Je suis prête à parler, à me confesser plutôt, pour être digne de toi. Je te dirai *tout*, sans aucun ménagement ni pour moi ni pour lui, mais promets-moi qu'on n'en discutera plus après. Ni qu'on y fera la moindre allusion.

— Je te le promets.

— Jure-le!

— Je te le jure.

❏

Suivit un long silence qu'interrompait vaguement le crépitement du feu dans la cheminée.

XVIII

— La vraie criminelle qui t'a fait tout perdre, Marguerite, ton bonheur et ton esprit, celle qui t'avait poussé au point d'assassiner ou de te suicider, *c'est moi.* J'ai eu envie, à la fin de ta plaidoirie aux assises, de me lever et de m'accuser à haute voix, devant tout le monde.

Je haïssais Marguerite. C'était une haine farouche et encastrée dans mon cœur. Je frémissais de fureur en pensant que tout ce que j'avais espéré dans la vie, c'était elle qui le remportait: intelligence, grâce, beauté, candeur, succès brillant à l'école et en société, toi, Paul, richesse, bonheur. C'est assez tôt que j'avais connu tous les secrets de la vie, et tandis que je souillais mon corps avec ceux qui me repoussaient après et ne voulaient plus de moi, elle était encore pure, innocente et rayonnante de grâce et de douceur. Mes parents avaient tout perdu. Ils étaient pauvres mais continuaient à mener une vie au-dessus de leurs moyens pour pouvoir tenir leur rang dans la société à laquelle nous appartenions. C'est la mort qui a eu finalement pitié d'eux pour ne pas les laisser finir leurs jours sur le pavé. La situation du père de Marguerite était pareille, sinon pire encore. Pour satisfaire ses ambitions politiques, il avait gaspillé tout l'héritage de sa fille après avoir épuisé sa propre fortune, mais il a été sauvé par Paul. C'est toujours Marguerite qui a eu la chance de s'assurer un tel mari qui devait lui apporter le salut de son père et une vie de princesse, tandis que moi, je ne pouvais m'attendre qu'à des badinages avec l'amour et à une existence douteuse et sans éclat. Toi, Lucien, tu n'as pas connu la richesse chez toi pour savoir ce que veut dire vivre dans la terreur de tomber dans la misère, et il me serait très difficile de te faire ressentir mon chagrin pour que tu puisses mieux me comprendre. La

chance de Marguerite m'incitait à me révolter contre mon propre destin et à haïr tous ceux qui étaient gâtés par le sort. Marguerite était leur prototype, et je considérais avoir droit dans la
vie au même bonheur et au même traitement qu'elle.

Je n'ai plus voulu rester les bras croisés et assister impassible au déroulement de nos vies dans des sens opposés: elle,
vers le haut, et moi, vers la décadence. J'ai essayé de lui souf-
fler son bel officier qui ne restait pas indifférent à mes avances.
Il a eu ensuite la bassesse de se vanter de cette brève aventure,
et ses indiscrétions sont arrivées jusqu'aux oreilles de sa cousine
dont il était très épris. Elle ne m'a pas dit un seul mot, mais j'ai
toujours senti son dédain hautain. Tu as fait ton apparition dans
la maison du ministre, et il ne m'était pas difficile de constater
que Marguerite était follement amoureuse de toi. Le feu dévor-
ant de tes yeux m'a éblouie aussi et j'ai essayé de t'attirer vers
moi, mais Marguerite, pressentant le danger, surtout que je
n'avais pas de complexes, m'a écartée complètement et m'a
demandé de ne plus te faire d'avances. Elle a fait alors quelques allusions cuisantes à mon passé. Je lui ai rendu la monnaie de sa pièce en envoyant des lettres «anonymes» à Paul, en
France, et c'est ainsi que j'ai eu la satisfaction de lui faire rater
son examen de baccalauréat et de vous séparer pendant plus
d'un mois. Je dois avouer encore une fois que je n'ai pas réussi
à te conquérir en son absence, et c'est de là qu'est née une
haine jurée contre toi, tout comme mon désir de me venger.
J'étais tout le temps sur vos talons et, quand il est rentré de
Saint-Cyr, Paul a été mis au courant de tout. J'ai même insi-
nué que vous viviez ensemble. Tu as très bien vu le résultat.
J'ai réussi à vous séparer complètement. Un jour, j'ai intercep-
té une lettre dans laquelle Marguerite se déclarait prête à s'enfuir avec toi. Munie de ce document, j'ai gagné la confiance
totale de Paul et, affectant une amitié sincère, je suis devenue
sa confidente et sa... conseillère. Profitant de sa naïveté, j'ai
commencé à le pousser de plus en plus pour forcer Marguerite
à fixer rapidement la date du mariage. C'est moi aussi qui lui
ai suggéré d'envoyer des mises en demeure au ministre. Se sentant perdu, le père de Marguerite faisait des appels désespérés
à sa fille et la menaçait de s'enlever la vie si elle ne prenait pas
tout de suite une décision. Marguerite était presque devenue

folle, et, essayant de gagner du temps, elle se débattait comme un oiseau pris au lacet.

Pour atteindre mon but, j'ai rappelé encore une fois à Paul que Marguerite n'était plus l'ange innocent qu'il avait laissé à son départ en France. La lettre sur laquelle j'avais mis la main en était la preuve indiscutable: «Je ne suis qu'à toi et je veux rester avec toi pour le reste de ma vie», t'écrivait-elle. Paul, dans son impulsion, a voulu lui mettre le papier sous les yeux. Sous prétexte que je lui donnais les plus sages conseils, j'ai tempéré la furie de l'idiot en lui faisant remarquer que, s'il faisait trop de pressions sur Marguerite, elle finirait par se suicider ou s'enfuir pour de bon avec toi. À vrai dire, je craignais plutôt la dernière perspective qui vous aurait poussés dans les bras l'un de l'autre et aurait ruiné tous mes efforts pour me venger.

Comme Marguerite continuait à user de ses tactiques dilatoires, j'ai suggéré à Paul d'exiger d'elle la preuve qu'elle l'aimait vraiment, ainsi que des garanties que le mariage ne serait pas trop longtemps ajourné.

«Des garanties? m'a demandé Paul, en ajoutant: Quelle garantie de Marguerite peut avoir plus de poids que les créances signées par son père qui est à ma merci?» — «Tu as les garanties du père, lui ai-je répondu, et si le père meurt, tu n'auras plus Marguerite. Mais tu peux obtenir de sa fille des garanties qui soient plus efficaces et qui te mettront à l'abri de tout risque.» — «C'est-à-dire?» — «Couche avec elle, mon bel officier, et tu auras aussi un acompte sur le bonheur futur!» — «Mais elle n'y consentira pour rien au monde.» — «As-tu essayé surtout maintenant que, grâce à ton rival, il n'y a plus d'obstacle et de fausse pudeur?» — «Comment arriverais-je à la persuader?» — «Voudrais-tu que je te conduise moi-même à son lit ou que je mène des pourparlers pour toi? Qui a appris à ton père l'art de faire des enfants? Lorsqu'elle te dira, la prochaine fois, qu'elle doit d'abord finir ses études et qu'il lui faut du temps pour préparer son protégé et lui épargner un coup inattendu, tu n'as qu'à exiger d'elle la garantie. N'oublie pas, mon brave Paul, que si tu pars demain pour la guerre et si tu n'as pas encore la garantie, ce sera *l'autre* qui fera le saut chanceux car, comme on dit, qui va à la chasse perd sa place.»

Marguerite a résisté jusqu'à la dernière limite de ses forces.

Un soir, je suis sortie avec Paul dans un restaurant et, à table, je me suis moquée de sa faiblesse et de son manque de courage. Il était bien ivre quand je l'ai poussé dans la chambre de Marguerite. Il l'a violée comme une brute. Le lendemain matin, Marguerite, secouée de sanglots et dans un état déplorable, a pleuré amèrement dans mes bras et m'a raconté la honte à laquelle elle avait été soumise. Elle jurait de ne plus vouloir survivre à un tel malheur. J'ai feint d'être sincère et j'ai essayé de minimiser tout ce qui lui était arrivé en lui expliquant que la virginité n'est qu'un préjudice absurde de notre société, une coutume tout aussi stupide que celle des Romains qui enterraient vivantes les prêtresses de Vesta manquant à leurs vœux de chasteté. Aucune préoccupation ne devait la troubler en pensant à toi. À la première occasion, elle te raconterait ce qui lui était arrivé, et tu aurais toute la sagesse pour la comprendre. Est-ce qu'on divorce de sa femme si elle a été victime d'un attentat à la pudeur? «Pour Lucien, ç'aurait été un coup mille fois plus dur, lui disais-je, si tu l'avais abandonné en te mariant avec Paul. Mieux encore, maintenant tu pourras gagner du temps surtout que ton père est malade et se remet difficilement d'une attaque de paralysie.» Le chantage pouvait donc prendre fin d'un jour à l'autre, et si Paul abusait encore une fois d'elle et persistait, elle devait se résigner et souffrir cette ignominie au nom de l'amour qu'elle éprouvait pour toi. Marguerite, encore en état de choc, ne comprenait pas tout ce que je lui disais, et j'ai dû me répéter avec les mêmes arguments de circonstance, Finalement, un peu calmée, elle m'écouta sans prononcer un seul mot, regardant dans le vide. Naturellement, il m'aurait été impossible de la convaincre que j'avais complètement raison. Je lui ai parlé ensuite d'une amie qui, dépourvue de tout moyen matériel et éperdument amoureuse d'un jeune homme encore plus pauvre qu'elle, s'était tout simplement prostituée pour lui procurer les moyens de finir ses études universitaires. «Ils se sont mariés plus tard, lui ai-je expliqué, et jouissent maintenant d'une situation brillante du point de vue moral et matériel. Le sacrifice de la femme a été pleinement récompensé, et deux enfants très doués, un garçon et une fille, couronnent leur bonheur.» Je lui ai donné aussi l'exemple de sainte Marie l'Égyptienne qui, pour se payer le passage en Terre Sainte où elle voulait prêcher l'Évangile, s'était prêtée à la pratique du plus vieux métier du monde.

— Comme tu vois, dit Lydia, après avoir vidé un autre verre et allumé encore une cigarette tirée de l'étui d'ivoire, mon passage aux «lettres» m'a donné assez de ressources pour endormir la vigilance d'une intellectuelle aussi subtile que Marguerite.

J'ai réussi ainsi à devenir sa confidente et à gagner son amitié.

Quelques jours après, quand Paul, toujours sous l'effet de l'alcool, a pénétré de nouveau dans la chambre de Marguerite, il ne s'attendait pas à une résistance si farouche et donc à un échec si honteux. Contrarié, il est venu me demander conseil. Je lui ai suggéré de recourir au chantage et de la menacer qu'il te criblerait de balles. Pour être plus persuasif encore, il devait lui laisser croire qu'il était en possession d'un document très compromettant pour toi et qui aurait comme conséquence ton arrestation immédiate s'il le montrait au procureur. Naturellement, tout était le fruit de ma riche fantaisie pour arriver à mon but. Pressée de partout, encouragée par moi et terrorisée à l'idée de te perdre ou de voir ton avenir raté, Marguerite a dû se plier aux insistances de son cousin. *Elle s'est prostituée pour te sauver.*

Pendant un ouragan en haute mer, on verse à l'eau, devant la proue, quelques tonneaux d'huile, et le bateau peut avancer un peu et maintenir son équilibre jusqu'à ce que les nouveaux assauts de l'océan recommencent à le secouer. Dans le cas de Marguerite, la nouvelle situation menaçait pourtant de se prolonger indéfiniment, et ma vengeance n'était pas encore assouvie tant que tu n'étais pas humilié par un coup direct.

J'ai persuadé Paul d'organiser une grande soirée pour annoncer officiellement la date du mariage. Réduite à un état de prostration et résignée, Marguerite n'avait plus la force de s'y opposer. Pour la préparer, j'ai essayé d'insinuer que le mariage pourrait mettre fin à son calvaire. Le pire s'était déjà produit contre se volonté, et il ne s'agissait donc que d'une simple formalité qui pouvait être brisée par un divorce. La dette de son père n'existerait plus et elle aurait ensuite la liberté de faire ce que bon lui plairait. Je me suis offerte pour te parler et te donner toutes les explications, et je me suis portée garante de la réussite de ce plan. Je ne suis pas arrivée à la tranquilliser complètement, mais je lui ai laissé pourtant une lueur d'espoir.

C'était le moment de régler directement mon compte avec toi et, comme tu verras, je n'ai plus rien à te cacher non plus.

Je savais très bien qu'une fois le mariage célébré, vous seriez séparés pour toujours. Si, par impossible, Marguerite était arrivée à te convaincre de son innocence et, d'accord avec toi, elle avait divorcé, tous mes efforts déjà déployés et couronnés de succès auraient été annihilés. Il fallait donc que tu sois éliminé et détruit. Paul voulait t'attaquer à la sortie, et il avait déjà préparé ses hommes. Quant à moi, je lui ai proposé une solution un peu plus raffinée, et il a été d'accord. Un premier coup aurait été ta présence au moment de l'annonce officielle de la date du mariage. Le deuxième, plus terrible encore, était destiné à te détruire et à ruiner tout ton avenir. À l'insu de Marguerite mais, en complicité avec Paul, je t'ai envoyé une invitation pour la soirée de gala. Et tu as mordu à l'appât, sans avoir pris un minimum de précaution. Comme tu peux t'en souvenir, tu as eu droit à un accueil enthousiaste dans le cercle de nos camarades de faculté et de leurs familles. Jusqu'à la fin, tu as conquis tout le monde, et surtout la générale. Je me suis chargée de m'occuper personnellement de toi. Flatté de l'attention dont tu étais entouré, tu t'es laissé trop vite entraîner par le champagne, la musique et... mes bouffées de chanvre indien.

— Tu prends du haschisch!

— Oh, parfois, quand je suis trop déprimée ou trop heureuse. C'est un mélange spécial et très faible; ça s'appelle marijuana et ça me donne, comme maintenant, une certaine griserie et une audace que je n'aurais pas autrement. Tu étais presque étourdi et j'étais prête à te glisser dans la poche le porte-cigarettes en or massif que Paul m'avait donné dans ce but. Au moment de l'annonce du mariage, tu serais sorti affolé de la salle. À la porte, après une fouille sommaire, tu aurais été arrêté pour vol par «l'intendant» qui était en réalité un inspecteur de police envoyé par le ministère de l'Intérieur avec trois agents de police déguisés en laquais pour assurer le service d'ordre et la sécurité des personnalités présentes. Paul avait déjà signalé ta présence frauduleuse, car personne ne t'avait invité. Ton faire-part avait été retenu à l'entrée. Le fait que tu t'enfuîsses subitement, sans prendre congé et profitant d'un moment où l'assistance applaudissait avec enthousiasme l'heureuse nouvelle, aurait été une présomption légale très grave contre toi, et tu sais mieux que moi que pour les voleurs pris en flagrant délit la procédure est rapide et le châtiment exemplaire.

J'ai des moments où le démon qui me travaille s'en va pour laisser place à un bon génie. Comme preuve, après avoir brisé la vie de Marguerite, j'ai commencé à avoir pitié d'elle et à être torturée par des remords. Il m'est arrivé la même chose avec toi. Tu étais très gentil ce soir-là, souriant et beau; et aucune femme ne serait restée indifférente au compliment que tu m'avais fait. Jamais tu n'avais été si franc et si aimable avec moi. Je me suis retenue au dernier moment en me rendant compte que la mise en scène que j'avais préparée était odieuse. Pourquoi n'ai-je pas été toujours honnête comme je l'étais alors ou comme je le suis maintenant lorsque je te dis toute la vérité? Paul ne savait pas que j'avais abandonné notre plan. Avant d'aller signaler de nouveau à l'inspecteur ton «comportement suspect» et ses craintes que tu pouvais être un voleur qu'on devait fouiller à la sortie, il était si certain de t'avoir dans ses griffes qu'il n'a pu se retenir de dire à Marguerite: «Voilà ton soupirant! Comment s'est-il faufilé ici et dans quel but? On le saura après. L'idiot ne sait pas que, si l'entrée était libre, la sortie est payante! Excuse-moi pour quelques minutes.»

C'est alors que Marguerite, tremblant pour ta vie, s'est approchée pour nous séparer et a couru immédiatement vers la générale afin de lui demander son aide. C'est grâce à elle que tu es sorti indemne par la porte qui donne sur la terrasse du parc, en arrière.

Après l'incendie de ta demeure et ta disparition, on a cru que tu étais mort, mais une minutieuse enquête policière a conclu que personne ne se trouvait dans la baraque détruite par le feu. D'autre part, un domestique a raconté qu'il t'avait vu ivre, traînant les pas dans la rue, devant le parc, tandis qu'on voyait de loin les étincelles d'une maison qui brûlait. Marguerite était inconsolable et s'est enfermée dans sa chambre. Vers le soir, elle a disparu subitement et elle est rentrée tard, dans un état déplorable. Elle t'avait cherché partout et, animée d'un dernier espoir, elle s'était aventurée jusqu'au château de Vlad, comme elle me l'a expliqué quelque temps après.

C'est à ce moment-là que je me suis rendu compte de toute la bassesse de mon crime.

Son médecin qui t'avait soigné aussi est resté tout le temps à son chevet. Marguerite lui a raconté tout ce qui s'était passé, le viol abject dont elle avait été victime, le malheur de t'avoir perdu ainsi que sa grande inquiétude en ignorant ce que tu étais devenu. Le docteur l'a préparée ensuite pour la plus dure des épreuves: elle était enceinte, et le mariage — même *pro forma* — devait avoir lieu le plus tôt possible. Il l'a persuadée qu'il y avait encore grand espoir que tu reviennes et lui a promis de t'expliquer lui-même la situation et de te réconcilier avec elle. Et c'est ainsi qu'elle a pu résister à ce coup terrible.

On aurait dit qu'elle était en transe le jour du mariage et on a dû la soutenir pour la conduire à l'autel. Je t'ai raconté la fin précipitée de la cérémonie. Marguerite a refusé de voir Paul, et cette décision est restée inchangée jusqu'à la fin. Mon père est mort quelque temps après et a été vite suivi par ma mère. J'ai considéré leur disparition comme un signe de la colère du Ciel contre mes méfaits. Marguerite a insisté pour que j'aille habiter chez elle. Tourmentée par le grand désastre qu'avait causé ma soif de vengeance, j'étais plus malheureuse qu'avant. Voilà le prix de ma perfidie et de ma méchanceté!

Marguerite ne me parlait que de toi, et parfois, elle s'enfermait dans sa chambre pour pleurer des heures entières. Avec la venue au monde de Florence, il y a eu un changement important dans sa vie, mais la tristesse l'accablait toujours. Elle n'a pas versé une seule larme à la mort de son père, mais quand André, un as de notre aviation et héros de guerre, n'est pas retourné de son dernier vol, Marguerite a été de nouveau très éprouvée, et sa douleur de vous avoir perdus tous les deux était encore vive au moment de son départ. Malgré mon insistance pour essayer de la convaincre à nouveau de te rencontrer, Marguerite, par pudeur, n'a pas eu le courage d'aller te voir, surtout que tu aurais persisté dans ton refus de lui parler.

Je ne veux pas te troubler davantage, mais nous sommes tous des pécheurs. Comme je regrettais amèrement mon crime, j'ai voulu réparer le mal autant que possible et te dire une partie de la vérité quand nous nous sommes revus après le procès du docteur N. Marguerite a été blessée à mort par tes confidences faites devant la Cour et t'a imploré aussi de l'écouter. À vrai dire, elle était plus peinée des souffrances que tu avais éprouvées que de ses propres malheurs. Oui, je suis une criminelle, et je le reconnais, mais tu n'as pas été moins coupable en refusant de nous écouter d'autant plus que je t'avais prévenu qu'un jour il serait trop tard.

Tu pouvais me détester pour l'histoire que j'avais inventée avant mon départ de Bucarest, mais comme je vois, tu as la sagesse de comprendre le mobile de ce dernier mensonge. C'est ta loyauté qui m'a donné aujourd'hui le courage de te parler ouvertement et de laisser s'écouler tout le venin accumulé dans mon cœur. Tout le mal que j'ai fait s'est tourné contre moi, mais le destin nous a réunis et me montre que je devais agir ainsi, pour mon propre bien. À côté de toi, j'avais le sentiment de renaître à la vie dont j'avais rêvé. Je me suis promis de te rester toujours fidèle, de devenir ton esclave et d'obéir à n'importe quel conseil ou ordre que tu me donnerais. Revenue ici, j'ai éprouvé un vif dégoût pour le nouveau sacrilège que j'avais commis en dénigrant le souvenir de celle qui a été ma victime pitoyable; et j'ai dû reconnaître que je n'étais pas digne de toi. Voilà pourquoi j'ai essayé de trouver l'oubli dans l'alcool et dans la drogue. Néanmoins, je me sens soulagée maintenant et j'attends de toi le verdict; mais gare à toi si tu me repousses à nouveau! Tu m'as promis de ne plus te séparer de moi, Il ne me reste qu'à préciser: *dans la vie et dans la mort.*

Te rappelles-tu la réunion chez Charles Drouhet? Je m'étais moquée de toi à propos des passages des romans que tu citais et qui montraient le héros ou l'héroïne tombant à genoux dans un geste élémentaire de pénitence? C'est à peine maintenant que je les comprends et je ressens le même besoin de m'agenouiller humblement à tes pieds pour te demander, sinon le pardon, du moins un signe de pitié.

Donnant suite à ses paroles, elle serra avec ferveur mes jambes comme si elle voulait par ce geste me retenir pour toujours.

XIX

J'attendis qu'elle se calmât un peu avant de m'en détacher.
— Lydia, tu n'as jamais été aussi noble à mes yeux, dis-je, en m'efforçant d'étouffer ma révolte contre le monstre exécrable qui se traînait à mes pieds, et j'admire cette franchise qui soulage ta conscience. Il ne me reste qu'à te demander l'adresse de Marguerite.

— Mais pourquoi? cria-t-elle, en se relevant d'un bond. Pourquoi? répéta-t-elle, en s'accrochant à mes épaules.

— Tu me demandes pourquoi. Parce que je veux ressentir le même soulagement que tu éprouves maintenant après cette confession qui t'absout. Je n'aurais pas de paix toute ma vie en pensant qu'à cause de mon aveuglement, de ma haine et de ma bêtise, j'ai laissé se produire l'irréparable, au lieu de limiter le mal que tu avais fait. Mon refus de t'écouter alors qu'il n'était pas encore trop tard, ma méchanceté, mon sadisme en ne répondant pas à l'appel de Marguerite que j'avais si cruellement blessée, mon ingratitude envers le docteur qui m'a sauvé la vie et à qui j'avais promis d'aller voir Marguerite, tout cela montre que j'ai été un monstre de cruauté et un fou. Il est de mon devoir donc de dire à Marguerite que je viens d'apprendre la vérité par un pur hasard — sans t'impliquer —, qu'elle a été une martyre qui a souffert la torture et qui s'est sacrifiée pour moi parce qu'elle m'aimait. Je veux lui écrire qu'elle est pour moi plus pure que jamais et que j'ai réagi d'une façon absurde et ignominieuse en refusant de lui parler. C'est à mon tour de tomber à ses genoux et de lui demander humblement pardon pour avoir douté de ses sentiments et pour l'avoir condamnée injustement et sans appel. Je lui rendrai ainsi le sourire et l'éclat de ses yeux que je n'ai jamais oubliés, même quand je la couvrais de blasphèmes. Tu dois me comprendre, Lydia! C'est moi qui mendie ta pitié et te supplie de me donner l'adresse de Marguerite.

— Et pour racheter ton... péché, tu la feras revenir, ou tu iras la rejoindre là où elle se trouve maintenant?

— Je ne sais rien encore. Je veux lui écrire que je ne doute plus de son innocence. Elle a droit à cette réparation pour le mal que je lui ai causé.

— Vous allez donc vous réconcillier, et Lydia, «la dame aux œillets», sera encore une fois jetée au rebut, comme il sied si bien à une femme de mon espèce. Tant que j'étais méchante, j'ai réussi à vous séparer. En essayant d'être loyale et humaine, je vous réunis. Je devais rester telle que la nature m'avait forgée: cynique, cruelle et inflexible dans ma vengeance, et j'aurais été plus contente. Voilà ce qui arrive quand le diable s'habille dans la sacristie! Mais tu sais aussi bien que moi qu'un méchant qui n'a aucune bonté est moins dangereux. C'est la dernière leçon que je viens d'apprendre...

— Lydia, je t'en prie, l'adresse!

— Si tu insistes...

Très calme, elle se dirigea vers une commode située à l'autre bout de la grande pièce et revint avec une enveloppe.

— Voici sa dernière lettre dans laquelle elle continue de parler de toi. Tu as aussi son adresse. Ne la fais pas trop attendre!

Très impatient, je fis un pas pour prendre l'enveloppe, mais Lydia retira la main, déchira vite le papier et le jeta aux flammes de l'âtre. Je m'y précipitai en essayant en vain de sauver au moins un petit bout. Je n'arrivai qu'à me brûler les mains.

— Et maintenant, tu peux vraiment la considérer comme morte, me dit-elle, en riant comme une possédée.

Ses yeux, éclairés par le feu de la cheminée, lui sortaient presque de l'orbite, comme ceux d'un crapaud, et me foudroyaient d'un regard sinistre.

— Elle est morte, continua-t-elle, et nous le serons aussi. Si tu penses qu'après m'avoir vu m'avilir et tomber à tes genoux tu peux m'éliminer d'un coup de pied et sortir d'ici libre, tu te trompes. Je t'avais prévenu, en tout cas, que nous serions ensemble pour toujours! Toi, le premier.

Je ne sais d'où elle avait sorti l'arme. Probablement du tiroir de la commode lorsqu'elle était allée chercher la lettre. Le coup partit et effleura la peau de mon cou. Instinctivement, je me précipitai vers elle. Un second coup éclata, mais je réussis à dévier le revolver.

Ce ne fut que le commencement d'une lutte sauvage.

Je lui tordis le bras et elle laissa tomber le revolver sans renoncer pourtant au combat. J'avais affaire à une tigresse enragée. Ses dents et ses ongles effilés en griffes déchiraient ma peau sans répit. J'essayai de lui immobiliser les mains. Elle me mordit jusqu'à l'os et m'envoya dans le tibia des coups de pied secs qui auraient pu me casser les jambes. Je la couvrai complètement de mon corps sur le plancher, mais elle continuait à se débattre, à mordre et à griffer. Finalement, elle arriva à dégager un bras pour ramasser le tisonnier qui était à sa portée. Avec une force diabolique, elle enfonça la pointe de la barre de fer entre mes omoplates. Se servant ensuite de l'autre bras qu'elle passa autour de ma nuque, la forcenée fit un effort suprême pour percer mon dos. Par miracle, je me détachai un instant, mais la bête féroce fut debout en même temps que moi. Je parai de mon bras un violent coup qui m'aurait fracassé le crâne. J'essayai de lui arracher le fer; elle se défendait farouchement. Face à face, chacun tirait vers soi avec fureur le lourd tisonnier. Je me demandais d'où avait-elle pris tant de force pour résister quand mes propres muscles étaient prêts à éclater. Un dernier effort de ma part, et elle lâcha prise soudainement. Perdant l'équilibre, elle cogna sa tête contre le marbre de la cheminée. Sur le coup, elle perdit connaissance, s'affaissa et s'étendit, inerte, sur le plancher. Je m'élançai pour lui venir en aide. Essayant de lui soulever la tête, ma main se couvrit du sang qui giclait de sa blessure. Elle ne bougeait plus malgré mes efforts pour la ranimer.

— Mon Dieu, elle est morte!

Pris de panique, sans plus réfléchir ou même regarder en arrière, je m'enfuis et courus jusqu'à ce que mes genoux plient.

La nuit était noire comme le goudron, sans lune et sans étoiles, et je ne voyais même pas où poser le pied parmi les pierres et les accidents de terrain. Très tard seulement, je sentis qu'il faisait froid et que j'étais transi jusqu'aux os. Loin, dans la vallée, j'entendis un fracas de ferraille et les sifflements d'une locomotive, et je distinguai ensuite les bouffées d'étincelles sortant de sa cheminée.

Secoué d'horreur, je constatai que je serrais encore dans la main le maudit tisonnier. D'un geste bref, je le jetai dans le gouffre, et l'écho multiplia le bruit de sa chute.

Je n'arrive pas à comprendre, même maintenant, comment je trouvai le chemin pour arriver à la voie ferrée. Un train de marchandises, garé sur une ligne de service, se mettait justement en marche. Je m'accrochai au tampon du dernier wagon et je voyageai ainsi jusqu'à la première gare. Là, je sautai sur le marchepied d'un wagon-restaurant plongé dans le noir, et je m'y blottis, sans me soucier de la pluie qui commençait à tomber. Arrivé finalement en gare de Bucarest, je dus retourner à pied jusqu'au triage pour chercher une sortie par une ruelle latérale. De cette manière, personne ne me vit et, en même temps, j'évitai le contrôle des billets.

Toujours prudent et frôlant les murs, j'arrivai à la maison. L'aube s'annonçait et, à une heure pareille, il n'y avait pas de danger d'être surpris en montant l'escalier. Mon appartement était au premier étage, et je fus chez moi en quelques instants. J'étais à bout de souffle. Je me débarrassai vite de mes haillons, et je fus épouvanté en regardant dans le miroir mon visage égratigné et maculé de sang et de poussière. Après avoir pris une douche et m'être rasé, les signes de la lutte étaient moins apparents sur ma figure. Par contre, j'avais une brûlure superficielle, mais assez visible, au cou, une grande contusion à l'épaule gauche et, entre les omoplates, une grande tache noire. Pour le reste, des bleus, des morsures et des égratignures plus ou moins importantes.

Je m'allongeai sur le canapé, essayant de mettre un peu d'ordre dans mes idées. Tout à coup, je tressaillis et, me prenant la tête entre les mains, je m'abandonnai au désespoir:

— Mon Dieu, je l'ai tuée! Que vais-je devenir?

Je m'apprêtai à courir au commissariat de police pour expliquer le cas, mais je pensai que j'aurais dû me présenter à la milice de Busteni et me constituer prisonnier. Il ne me restait qu'à aller chez le Premier procureur de la Cour d'appel de Bucarest qui avait compétence aussi dans le district de Prahova, là où s'était produit le drame. Je pris le récepteur pour appeler le Parquet général, mais je raccrochai après avoir regardé la montre. Personne ne se trouvait au bureau à une heure pareille. Mon cerveau luttait pour classer les idées qui jaillissaient à flots.

Je conclus que j'aurais dû me présenter dans les vêtements et les haillons dans lesquels je m'étais enfui. En omettant de prendre une telle précaution, il me serait plus difficile de prouver que j'avais été la victime d'une attaque sauvage. Au lieu de procéder comme un homme de loi, j'avais agi comme un chauffard qui, après avoir heurté un passant, s'enfuit pour échapper aux conséquences. Le délit de fuite constitue en lui-même un fait grave qui est puni avec sévérité. Si je m'étais mis immédiatement à la disposition des autorités, j'aurais été arrêté pour fin d'enquête; et, après la découverte du cadavre, envoyé sous escorte devant le juge d'instruction à Ploesti, la capitale du district. Naturellement, je serais arrivé à prouver mon innocence, la légitime défense, l'accident causé par la chute...

Un moment! Un moment! me corrigeai-je à haute voix. Prouver «mon innocence», «la légitime défense», «l'accident»... *mais comment?*

L'impossibilité dans laquelle je me trouvais de contredire les apparences m'accusait d'emblée. Comment expliquer pourquoi j'étais allé à la «cabane», la discussion qui avait eu lieu ainsi que la raison de notre lutte violente? Les enquêteurs auraient conclu qu'il s'agissait plutôt d'un attentat à la pudeur contre une femme qui, en résistant de toutes ses forces, avait été tuée par son agresseur. Les marques sur mon propre corps auraient été une présomption sérieuse de culpabilité. D'autre part, le scandale en lui-même me faisait horreur, et j'étais conscient que même après un acquittement, ce qui était inconcevable, je sortirais compromis pour toute la vie.

Il ne me restait plus qu'à prendre une décision exceptionnellement grave et dangereuse, mais qui me paraissait la plus logique. À vrai dire, je n'avais été que la victime d'un attentat sauvage et je m'étais trouvé en état de légitime défense, sans oublier un seul instant que l'agresseur était une femme. Mon seul but fut de désarmer et d'immobiliser une forcenée qui voulait me tuer. Si j'avais eu affaire à un homme, ma réaction aurait été différente et sans aucun ménagement. Un infirmier d'un asile d'aliénés qui met un dément furieux en camisole de force, prend moins de précautions pour ne pas brutaliser le malade. Il n'aurait pas les scrupules que j'avais lorsque je parais les coups dangereux de la femme qui, prise d'une crise de folie, était prête à me tuer. Mon premier grand combat, celui pour la conquête du chemin interdit, m'avait appris que je ne devais prouver mon innocence à personne et que ma conscience devait être mon seul juge. Mais ce principe n'était pas applicable dans un procès où la société entière m'accusait. Comme je n'avais pas de témoins pour prouver mon innocence, il n'en existait pas non plus pour m'incriminer. J'aurais pu fournir un alibi très acceptable pour l'emploi de mon temps car, après la visite à la prison, j'étais revenu au palais de justice pour demander l'ajournement d'un procès; le journal du dossier le prouvait. J'avais rencontré des collègues et serré des mains. Peu après, j'avais pris le train sans dire à personne où j'allais, et tout s'était passé *hier*. Si je n'avais pas eu ces traces sur mon visage et la grande tache noirâtre au cou, j'aurais pu réapparaître au palais de justice, plaider, me promener dans la salle des pas perdus et distribuer des saluts et des sourires comme d'habitude; mais à ce moment-là, il aurait été très imprudent de me montrer en public. Plus compliquée encore serait ma situation après la découverte du cadavre. Il était logique qu'on m'interrogeât parmi les premiers à titre d'informateur, vu que Lydia avait vécu chez moi jusqu'à son départ, que nous étions toujours ensemble et que le monde savait qu'elle n'était pas seulement ma secrétaire. La simple présence de ces marques sur mon visage et sur mon corps, pour lesquelles il m'aurait été impossible de donner une explication si je niais mon passage à la «cabane», aurait entraîné mon arrestation ainsi que ma mise en accusation. Comme résultat, j'aurais été condamné à mort pour avoir empêché une criminelle de me tuer!

À cette pensée, une sueur baigna mes tempes. La seule solution était de partir en province pour quelques jours afin de «changer de peau», et l'endroit idéal n'aurait été que le bord de la mer. L'idée me parut excellente à condition que le cadavre ne fût pas découvert trop vite.

Je téléphonai à mon fidèle ami et confrère Pierre avec qui j'avais parlé à mon retour de Vacaresti où j'avais vu Paul, et je

le priai d'obtenir pour moi l'ajournement d'un procès d'incen-
diaires dans lequel je défendais l'accusé principal, ainsi que de
deux procès de sabotage économique. Je lui donnai comme
prétexte que je n'étais pas bien préparé et que, de toute façon,
j'attendais des documents d'une importance capitale pour la
défense, que les autorités concernées ne m'avaient pas encore
fournis. Il n'y avait aucun risque, et la Cour aurait ajourné les
cas sans aucune opposition. J'ajoutai aussi que je voulais profiter de la fin de la semaine pour me reposer un peu à Constantza, et que je serais de retour le lundi suivant. Mon ami nota
tous les détails — les numéros des dossiers, la section de la
Cour, les noms des clients, etc. — et me promit de s'occuper
de mon bureau pendant mon absence. Je savais très bien que
je pouvais compter sur lui et, dix minutes après, je sautai dans
un taxi qui m'emmena vite à la gare de l'Est.

XX

Pour me créer un alibi, je téléphonai à Bucarest immédiatement à ma descente du train. Dans le même but, je fis enregistrer la valise à la consigne de la gare de Constantza. Mon nom figura peu après dans le registre de l'hôtel. De cette manière, je pouvais prouver l'emploi de mon temps. L'accident fatal s'était produit vingt-quatre heures auparavant dans une station de montagne située à environ cent cinquante kilomètres au *nord* de Bucarest. Le même jour, j'avais été vu au palais de justice et j'avais été aussi à la prison Vacaresti où mon nom avait été enregistré à la porte principale. La nuit, je l'avais passée chez moi. Je n'avais pas besoin de justifier mes heures de sommeil. Le lendemain matin, avant de partir à la gare, j'avais parlé au téléphone avec Pierre et sept heures après, je me trouvais à Constantza, au bord de la mer Noire, à deux cent cinquante kilomètres à l'*est* de Bucarest.

Après une flânerie dans les rues près du littoral, je dînai le soir au restaurant de l'hôtel. Bien que mort de fatigue, je priai le portier de me réveiller à six heures du matin. Les longues promenades en plein air, la brise matinale et le soleil, assez fort pour un mois de mai, m'aidèrent à faire disparaître les marques de blessure que j'avais sur le visage. Dimanche, je continuai les bains de soleil et d'eau salée. Lundi matin, j'appelai Pierre pour m'excuser de ne pas être encore rentré à Bucarest. Je lui expliquai que je voulais profiter de ma présence à Constantza pour étudier un ancien dossier et demander au greffe quelques copies légalisées dont j'avais besoin dans un procès devant la Cour de cassation. Comme les trois autres procès avaient été ajournés sans difficulté, je donnai d'autres instructions pour les causes en cours. Mon ami me recommanda de prendre la semaine entière en m'assurant à nouveau que je pouvais compter sur lui. Je lui promis d'essayer de suivre son conseil pour me reposer quelques jours encore. Après avoir raccroché, je me rendis au greffe de la Cour locale pour consulter le dossier dont j'avais parlé à Pierre; et pour ne pas attendre, je demandai qu'on me préparât pour le lendemain les copies légalisées. Le ciel, au sens propre comme au sens figuré, me fut favorable, et j'eus la chance d'avoir du beau temps pendant tout mon séjour.

On ne me recherchait pas encore, c'était l'essentiel, mais dans mon cas, le dicton «Pas de nouvelles, bonnes nouvelles» ne s'avérait pas rassurant car je me tourmentais en permanence en proie à des questions contradictoires. J'avais pris la précaution d'emporter dans la serviette les vêtements abîmés, et le soir de mon arrivée à Constantza, je les déchirai, écoulant les lambeaux dans les diverses poubelles que je trouvai en chemin. Quelques jours encore et je serai hors de danger, me disais-je, mais je me rectifiai aussitôt en pensant que, tôt ou tard, je devrais être interrogé, et comme je serais obligé de braver les enquêteurs et de leur dire un mensonge grossier, je me demandais si j'aurais la force d'affecter une parfaite sérénité, sans me trahir. Il est plus facile d'établir l'innocence d'un vrai criminel, quand il s'agit d'un client, que de se disculper soi-même quand on est innocent. Pour m'encourager, je me souvins du «compliment» du docteur assassin N. lors de notre première rencontre au pénitencier, avant de devenir son avocat. D'après lui, j'étais un grand maître dans l'art de commettre un crime parfait. Il avait certainement exagéré, mais, dans le cas de Lydia, la situation me paraissait parfois moins compliquée. Pas de témoins. En plus, je n'avais pas laissé d'empreintes digitales. Il est vrai que j'avais touché la bouteille et le verre pour encourager Lydia à parler, mais c'est elle qui avait rempli de nouveau le même verre dès qu'elle l'avait vidé, couvrant ainsi mes traces. Et au cours de la lutte, tout avait été renversé et cassé. Enfin, le tisonnier gisait au fond du gouffre du Diable et si, par impossible, on le retrouvait, il ne pourrait constituer le corps du délit et m'incriminer. Dès que la dernière trace aurait disparu de mon corps, il me suffirait de me suggestionner que je ne fus jamais chez Lydia et que j'ignorais complètement la cause de son décès pour pouvoir répondre avec le plus grand calme aux questions qui me seraient posées.

Dans un tel moment d'optimisme, je téléphonai à Pierre pour lui dire que je rentrerais samedi soir.

— Rien de nouveau?

— Quelques rendez-vous arrangés pour la semaine prochaine, des honoraires encaissés de...

— Donc *rien de spécial?*

— Ah, oui! Mais ça n'a pas d'importance. Un monsieur assez morose, vêtu d'un trench-coat, et qui n'a pas eu au moins la décence d'enlever son chapeau, est venu vous voir. Il disait qu'il s'agissait d'une question *très urgente* et voulait savoir quand vous rentriez.

Je me sentis la langue lourde. À demi étouffé, je demandai si le «client» savait que je me trouvais à Constantza.

— Mais bien sûr. Je lui ai dit que nous avions parlé hier au téléphone et que j'attendais même pour ce soir un autre appel à votre retour à l'hôtel. Il est parti en refusant de me laisser son nom, et il va probablement revenir la semaine prochaine quand vous serez là.

— Merci, Pierre. Je rentre donc samedi soir *sans faute.* J'ai hâte de revenir car je ne suis pas fait pour le repos.

Je raccrochai et je sortis, trébuchant dans la rue, ayant la sensation que la terre, le ciel et la mer tournaient vite autour de moi. *Ils me cherchaient donc!*

Je me promenai dans les rues assez mal éclairées de la ville, essayant de regagner mon calme comme je me l'étais proposé.

Chemin faisant, j'eus l'impression que quelqu'un marchait derrière moi et me suivait de près. J'allongeai le pas. L'individu se dépêcha aussi. D'un coup, il me prit brusquement par le bras. Je tressaillis, étouffé d'émotion.

L'inconnu serra fortement mon bras et, se penchant vers mon oreille, me dit sur un ton malin et mystérieux:

— Vous filez aussi, maître?

Épouvanté, je me tournai vers lui. Ouf! c'était un ancien client qui avait eu d'innombrables accrochages avec la justice et que j'avais défendu aux assises, obtenant son acquittement pour un crime qu'il n'avait pas commis.

— Qu'est-ce que vous dites? lui demandai-je, dès que je repris mon souffle.

— Ce n'était qu'une blague. Je vous demandais si vous partiez aussi, car moi, je m'en vais, ajouta-t-il tout bas après avoir tourné la tête pour s'assurer que personne ne l'écoutait. Oui, je file dans quelques jours. Tout a été arrangé avec le capitaine. À quoi bon rester ici où il n'y a plus d'avenir pour moi? Les temps ont changé. Pour un simple glissement de la main dans la poche d'un autre, on risque les travaux forcés. Même si je veux devenir ange, le casier judiciaire reste comme un tatouage sur ma peau et m'accompagne partout. Je n'ai ni le droit de faire un travail «honnête» ni de voler. Une fois dehors, je peux recommencer une autre vie, sans casier si les affaires marchent toujours. Et là-bas, je me déclare réfugié politique et je serai protégé, logé et nourri, plus argent de poche à gogo. Les copains s'ennuient de moi et m'écrivent de me dépêcher... Et vous, maître, qu'est-ce qui vous amène à Constantza?

— L'étude d'un dossier à la Cour...

— Et les voyages, le monde, la liberté, ils ne vous disent rien? Vous êtes jeune et tout seul. Les Parisiennes s'arrachent chaque Roumain qui arrive en France. Et pour cause! C'est là-bas seulement qu'on peut vivre sa vie. Et c'est la belle vie! Pourquoi ne pas essayer de faire comme les autres? Tous ont fait leur chemin, et je mets ma main au feu que ce sera la même chose pour vous.

— Non, ça ne m'intéresse pas. Toi, tu n'as rien à perdre.

— Et vous, vous êtes décidé à finir votre vie ici, sans connaître le monde? Vous allez regretter un jour de ne pas m'avoir écouté! Adieu, maître, et bonne chance! Moi, je me dépêche, j'ai la police à mes trousses.

Soudainement, la grande idée éclaira mon cerveau. C'était l'imprévu qui m'apportait la solution à laquelle je n'avais pas pensé. La police me talonnait, moi aussi. Pourquoi attendre l'enquête, le procès, la condamnation et le calvaire de la calomnie quand je pouvais trouver le salut dans la fuite? Partir voulait dire, en effet, que je ne serais pas victime d'une erreur judiciaire, et que je pourrais aussi rejoindre Marguerite à qui je devais des explications et des excuses sans tarder.

Je retins brusquement par le bras l'homme que le destin m'avait envoyé et je lui demandai en chuchotant à son oreille:

— Et disons que tu m'as convaincu et que je veux partir aussi. Tu sais très bien qu'il est très difficile, sinon impossible, d'obtenir un passeport, que ça prend du temps, qu'on fait des recherches, et qu'il est très dangereux, c'est-à-dire inconcevable, de s'enfuir sans papiers, surtout que la frontière de l'ouest est si strictement surveillée.

— Oui, depuis le départ de ceux qui ont été plus intelligents que nous.

— Les criminels de guerre, les évadés, les saboteurs...

— Appelez-les comme vous voulez, mais je vous dis encore qu'ils ont été plus intelligents que moi, et, si vous le permettez, que vous aussi. Il est vrai qu'aujourd'hui, même une mouche ne peut s'envoler sans un passeport muni d'une douzaine de certificats, de tampons et de signatures pour passer en Hongrie, en Tchécoslovaquie ou en Yougoslavie. Mais, dans ma longue carrière, je ne me suis jamais gêné pour prendre la porte de service quand l'entrée principale était trop surveillée ou bloquée. Si on ne peut partir par l'ouest, on sort par l'est...

— C'est-à-dire par l'Union soviétique?

— Oh non! pas par là.

— Alors en traversant la mer Noire à la nage?

— Tant mieux pour qui peut le faire. Moi, je choisis le bateau même s'il n'est pas fait pour des gens délicats comme vous.

— Y a-t-il un tel moyen?

— Bien sûr, mais ça coûte de l'argent. Vous avez eu la chance de me rencontrer.

Se considérant déjà comme mon copain, il me prit amicalement par le bras pour me donner d'une voix feutrée les détails qui m'intéressaient. Je compris alors que le chenapan était un intermédiaire et qu'il se réservait la part du lion.

— Combien?

— Ça dépend.

— Ça dépend de quoi?

— De ce que demande le capitaine. N'oubliez pas aussi que vous économisez l'argent et le temps qu'il faut pour demander et attendre un passeport!

— Combien?

— D'abord un petit acompte... à fonds perdus, car il n'est pas impossible que vous soyez refusé. Il y a toujours un risque. Pour le moment, avant de vous conduire chez le capitaine, vous devez penser d'abord à mes... honoraires.

Je fis flotter devant ses yeux un billet de cinq cents lei, en retirant la main lorsqu'il voulut le toucher.

— Et si tu veux me rouler?

— Rouler un collègue! Pardon! Comme vous savez, pour nous, un avocat est un copain. Ma spécialité est le coffre-fort et pas le carottage. Vous avez oublié que je ne suis pas un intellectuel comme vous. Gardez votre billet, maître! Vous m'avez vexé, mais je vous conduirai quand même chez le Grec.

— Et si je m'excuse et j'insiste que tu acceptes ça de copain à copain?

Il sourit et me tira par le bras.

— Venez, vous avez aussi beaucoup fait pour moi et pour les nôtres. Il faut s'entraider, n'est-ce pas? D'ailleurs, je touche mes commissions pour ce travail. Gardez votre argent car le Grec est très rapace et exagère toujours. Ne lui dites pas que vous êtes avocat, et faites-lui plutôt croire que vous êtes des nôtres et embêté par la police. Autrement, il pourrait vous prendre pour un agent.

Vers minuit, nous allâmes voir le capitaine dans sa misérable chambre d'hôtel situé dans le quartier du port. Il était à demi-ivre.

Pour atténuer un peu mon aspect «bourgeois», je me montrai sans cravate, la chevelure ébouriffée et le col de mon veston et de mon trench-coat en désordre. Mon «collègue» fit les présentations. Lorsque le capitaine comprit quel était le but de notre visite, il voulut rouer de coups mon compagnon.

— Je t'avais dit, voleur, de ne plus m'embêter avec tes amis, hurla-t-il dans un roumain atroce mélangé de toutes sortes de mots hétéroclites. On aurait dit qu'il parlait l'espéranto.

Pas de possibilité de l'adoucir!

Finalement, il nous expliqua par des mots inarticulés et des gestes agités que le navire était surchargé de bétail et de grains et qu'il n'y avait pas moyen de laisser monter à bord même un bébé de peur que le bateau ne chavire.

Mon ami me siffla entre les dents que c'était le truc habituel du capitaine pour se faire prier et pour tirer le plus d'argent possible.

Pour être plus explicite, car les mots ne l'aidaient pas, le capitaine montra son verre rempli de rhum à ras bords et jeta dedans une pièce de monnaie qu'il sortit de la poche. Le surplus de liquide déborda. En nous regardant, il tenait les mains ouvertes et vides pour illustrer sa démonstration qui voulait dire: «Voilà ce qui arrive si j'embarque une personne de plus!»

Sans hésiter, je me précipitai vers la table et je mis le verre à un endroit sec. De la bouteille du capitaine je le remplis de nouveau à ras bords. Je posai ensuite doucement sur la surface du liquide un billet plié de mille lei qui était en papier de soie et qui flotta sans faire dégoutter le contenu. Le capitaine m'avait laissé faire l'opération et me suivait très attentivement. Après avoir examiné le verre de près et, s'être assuré, en passant le doigt tout autour, que le bois était sec, il éclata d'un rire — c'est le cas de le dire — «homérique», et s'écria:

— Bravo, bravo! Toi, plus malin qu'un avocat. Moi, capitaine bateau. C'est rien. Toi, maréchal voleur. Salut, maréchal!

Si, à la fin du procès de Paul, la lettre de félicitations adressée au Barreau m'avait laissé indifférent, sauf dans la mesure où elle pouvait influencer la situation de mon client, le flair du Grec — «tu es plus malin qu'un avocat» — et le titre de «maréchal voleur» furent le compliment le plus flatteur que j'aie jamais reçu dans ma carrière. Je remerciai le capitaine en me mettant au garde-à-vous et en portant cérémonieusement la main à la tempe.

Contrairement à ce que m'avait prédit mon compagnon, le capitaine fut très raisonnable, ne marchanda pas et me dit de lui laisser ce que je pouvais. Je lui mis sur la table une poignée de billets de banque, en lui montrant après que mes poches étaient vides. Il ne me cacha pas sa sympathie, et lorsque mon copain fit le geste de retirer de la table sa «commission», il reçut un coup sec sur la main qui venait de toucher l'argent. Le Grec prit ensuite deux billets de mille lei et les fourra dans ma poche. Tournant la tête vers mon ami, il lui montra le verre rempli avec le billet de banque flottant à la surface, et lui laissa comprendre par un geste: «Pour toi, *rien*, même pas une goutte».

À la sortie, j'arrivai à convaincre mon compagnon d'accepter une compensation et je lui laissai aussi de l'argent pour les préparatifs de notre départ, chambre à retenir jusqu'à mon retour à Constantza, barque à louer, provisions, etc. Après avoir arrangé tous les détails, je lui donnai rendez-vous pour la semaine suivante, vingt-quatre heures avant le départ du bateau.

Je passai la nuit à mon hôtel et, le lendemain matin, calme et résolu, je pris le rapide de Bucarest. La visite du mystérieux «client» dont m'avait parlé Pierre et qui m'avait tant affolé, ne me préoccupait plus. C'était seulement mon imagination, nourrie par la panique, qui m'avait fait croire que j'étais recherché par la police. Comme preuve que j'avais perdu encore une fois la tête, jusqu'à faire des arrangements pour m'enfuir du pays, est le fait que personne ne m'avait recherché à l'hôtel. Si l'étrange visiteur dont parlait Pierre, et qui ressemblait plutôt par sa tenue et son comportement, au détective privé classique qu'on rencontre dans les films policiers, était venu m'interroger à propos de Lydia, j'aurais été appréhendé quelques heures après par la milice de Constantza, alertée par le parquet de Bucarest. Pourtant, mon raisonnement n'était pas infaillible car, dans l'éventualité de la découverte du cadavre, personne ne m'aurait soupçonné d'emblée. Pourquoi la police devait-elle penser à moi quand elle ignorait encore mes relations antérieures avec la victime ainsi que le fait qu'elle avait habité chez moi avant de rentrer, quatres semaines auparavant, à sa «cabane»? Il était quand même fort probable que les enquêteurs eussent déjà appris ces détails et que l'homme en trench-coat fût bel et bien un agent envoyé pour me poser quelques questions. Comme je n'étais pas suspecté, la police aurait pu décider d'attendre mon retour à Bucarest. Donc, le fait de ne pas avoir été dérangé à Constantza ne voulait pas dire que le danger n'était pas imminent.

Bon Dieu, je t'avais toujours prié de me protéger contre moi-même et mon raisonnement!

Je ne me fis plus de reproches pour avoir pris toutes les précautions, même celle de m'enfuir, mais tout dépendait de l'évolution des événements. C'était donc bien décidé: si je n'étais pas interrogé jusqu'à la veille du départ du bateau, j'oublierais volontiers mon «copain» et le capitaine; et après, si la police daignait enfin me demander quelques renseignements dans le cadre d'une enquête qui piétinait, j'aurais tout le courage, vu que les marques sur mon corps auraient disparu, d'affronter l'inspecteur de police ou le juge d'instruction pour déplorer dignement la mort d'une amie et ancienne camarade que j'avais tant appréciée, et répondre en toute sérénité aux questions de routine qui me seraient posées.

XXI

Je passai la soirée en compagnie de Pierre et de sa gentille fiancée. Tous les deux étaient ravis de la couleur bronzée de mon visage et de ma bonne mine. Pour me taquiner, Mimi me demanda si j'avais eu l'occasion d'exercer mes talents de Don Juan à Constantza.

— Ne dites pas non, maître, car le bleu près de votre col vous trahit!

Je devais éclater de rire pour minimiser la découverte et me montrer aussi gai que le jeune couple. Je leur expliquai ensuite que, voulant descendre la valise d'une dame qui voyageait dans le même compartiment que moi — «une vieille dame», précisai-je —, j'avais reçu sur l'épaule une mallette placée à côté dans le filet. Elle m'avait ainsi effleuré la peau du cou.

— Je n'étais pas donc trop loin en pensant que, dans des cas pareils, il faut toujours chercher la femme, conclut la fille.

— Quand on est trop aimable, on risque de se casser le cou, fut la remarque de Pierre.

❑

Après leur départ, je redevins inquiet. Il suffisait d'un regard rapide pour qu'on remarque la trace laissée par la balle. Un inspecteur de police tenu au courant du désordre de la grande pièce où Lydia serait découverte, aurait été plus perspicace encore que Mimi en voyant la cicatrice et la tache à mon cou, et il ne se contenterait pas de l'explication qui m'était soudainement passée par la tête. Il me fut impossible de m'endormir et je tressaillis à chaque bruit. À l'aube, après avoir pris ma douche froide et laisser couler de l'eau glacée en abondance sur le cou, j'enfilai un pull-over à col roulé dont le bord touchait mon menton. Si un enquêteur était venu, je lui aurais dit que j'étais justement prêt à partir pour la campagne où j'avais un chalet. Mais personne ne se présenta.

Lundi matin, au palais de justice, j'affichai partout mon visage bruni, et tout le monde savait que je rentrais après un séjour d'une semaine au bord de la mer.

La tension dans laquelle je vivais devenait de plus en plus insupportable. Les journaux n'avaient plus la permission de publier des nouvelles se rapportant aux crimes, accidents, vols ou autres délits, et je ne pouvais donc savoir si le corps de Lydia avait été découvert. La visite d'un officier de la milice — celle-ci avait remplacé les anciens commissariats de police et jouissait de pouvoirs discrétionnaires — était probable à tout moment, jour et nuit, et je doutais fort de mes possibilités de rester impassible et feindre l'ignorance pendant une enquête qui n'aurait eu aucun égard ni pour ma profession ni pour mon passé irréprochable.

Obsédé par la terreur d'être arrêté, compromis et condamné malgré mon innocence, je n'avais plus pensé à Marguerite; et quand je m'en rendis compte, je m'indignai contre mon égoïsme. J'avais oublié qu'elle s'était sacrifiée pour moi et qu'elle n'avait eu comme récompense que mes insultes et mon dédain hautain. Je l'avais stigmatisée et condamnée aussi, refusant d'écouter ses explications; et personne ne fut en mesure de comprendre plus que moi, durant cette période de suspense, le supplice de celui qui est accusé d'un crime qu'il n'a pas commis. En pensant à son malheur dont j'avais été la cause, je me dis que *je devais m'enfuir* et retrouver Marguerite, même si je n'avais pas été exposé à un danger aussi grand.

Ma décision fut définitive.

❏

Le dernier jour où je fis mon apparition au palais de justice, je me comportai comme d'habitude sans laisser personne soupçonner que je devais m'enfuir à minuit. Si pour les autres j'étais le même, moi, celui qu'ils avaient toujours connu, *tout* autour de moi était différent. La journée fut plus éblouissante, et chaque visage que je rencontrais plus charmant que jamais. Même ce qui m'avait paru laid autrefois était beau; et l'idée de me séparer de tout ce qui m'était si familier pesait lourdement sur mon cœur. Il faut que j'évoque sans aucune ombre de vanité, mais, au contraire, la mort dans l'âme, le souvenir de ma dernière plaidoirie qui fut différente aussi de toutes mes apparitions à la barre. J'avais toujours été très sévère et plus qu'exigeant envers moi-même, mais à cette apparition finale, j'eus l'amère sensation d'avoir atteint le comble de la perfection. La Cour suivit avec un vif intérêt mon exposé et me témoigna de grands égards. À la sortie de la salle, le public m'applaudit, et les collègues présents m'écrasèrent les mains en me félicitant. Pierre surtout, ne pouvant dominer son enthousiasme, m'embrassa longuement. Je peux dire que je terminais ma carrière en apothéose et à un sommet vertigineux, surtout si on le compare à la chute qui s'ensuivit.

C'était le chant du cygne.

Je devais donc m'enfuir comme un traître, sans dire un mot d'adieu à ces gens qui avaient été si gentils avec moi et que j'aimais tant! Si, par hasard, ces lignes tombent entre leurs mains, qu'ils sachent au moins les souffrances et la honte que j'éprouvai en étant forcé de disparaître comme un lâche, sans avoir eu la possibilité de leur expliquer mes intentions et de me séparer d'eux comme il aurait fallu. La situation était exceptionnelle; et, comme disait le sage chroniqueur moldave: «Ce n'est pas le temps qui est sous le pouvoir de l'homme, mais l'homme qui est, le pauvre, sous le pouvoir du temps.»

Je confiai ma décision à Pierre seulement. Il resta stupéfait et, me voyant si déterminé, il insista pour m'accompagner le soir à la gare de l'Est. Je le remercie du fond de mon cœur car sa présence à mes côtés à un tel moment me montrait que je n'avais pas le droit de me croire seul au monde. Pour les raisons expliquées dans cette autobiographie, il me fut impossible de lui dire pourquoi je devais m'enfuir et justifier mon comportement bizarre.

Lorsque le train se mit en marche, je jetai un dernier regard sur la belle ville que j'abandonnais. Ses lumières étaient plus scintillantes encore à cause des larmes que je ne pouvais retenir. Soudain, je pensai à notre professeur de littérature italienne qui avait été obligé de retourner dans son pays natal après avoir vécu en Roumanie et enseigné durant vingt ans à l'Université de Bucarest. Il fit publier dans les journaux une lettre d'adieu par laquelle il s'excusait d'être parti en plein été quand tout le monde était en vacances, et la ville, presque déserte, sommeillait sous la chaleur estivale. «Quand on s'arrache pour toujours des bras d'une femme qu'on adore et qui nous aime, le meilleur moment pour la quitter c'est pendant son sommeil», disait-il.

Du point de vue matériel, je partais aussi pauvre que Job, emportant seulement le livre du célèbre exilé — Dante — ainsi que le minuscule Bouddha «porteur de bonheur et de malheur» que ma triste cliente m'avait offert jadis. En échange, mon cœur débordait de trésors inestimables et de souvenirs qui ne faisaient qu'augmenter ma détresse.

❏

À l'aube, je me trouvais dans les rues encore désertes de Constantza.

Je restai caché toute la journée dans la chambre où m'attendait mon compagnon de voyage. La grande aventure commença le soir, et les risques auxquels je devais faire face me firent oublier le danger que je fuyais. J'étais résigné et conscient que, si j'échouais, je serais ramené enchaîné à Bucarest pour répondre non seulement d'un crime dont je ne pouvais me disculper, mais aussi de la tentative de franchir clandestinement la frontière, infraction aussi grave qu'un assassinat.

À la tombée de la nuit, au lieu de nous approcher du port et d'essayer de pénétrer dans son enceinte, ce qui aurait frisé la folie ou le comble de la bêtise car chaque centimètre carré était surveillé, nous partîmes, suivant un sentier impraticable, vers un endroit rocheux situé à quelques kilomètres au nord de la ville. Il faisait noir, et bien qu'il nous fût impossible de distinguer quoi que ce soit à un pas de distance, nous sentions le voisinage de la mer par son souffle, ses mugissements et ses agitations forcenées. De temps en temps, des éclairs menaçants fendaient le ciel obscurci par des nuages épais, et leur rapide lumière nous permettait de nous repérer. Mon compagnon connaissait très bien le chemin, car c'est lui qui avait fait les préparatifs de notre fuite et étudié minutieusement le terrain. Arrivés à la crique creusée dans le rocher, nous descendîmes la pente raide à tâtons. Nos pieds glissaient sur la pierre pointue et nos mains se blessaient dans nos efforts pour nous accrocher aux saillies; et c'est ainsi que nous arrivâmes à l'endroit où était amarrée notre barque sautant et se balançant, agitée par les vagues enragées qui voulaient l'emporter. Avant d'y monter, j'eus un moment d'hésitation en me demandant si je devais persister dans cette aventure presque suicidaire. Il me suffit de m'assurer que *La Divine Comédie*, que j'avais enveloppée dans une feuille épaisse de plastique, ainsi que le minuscule Bouddha, bien protégé, étaient toujours dans ma poche, pour mettre un pied dans la barque. Pour quelques instants, de ma jambe gauche dépendait le cours de ma vie — c'est-à-dire rester sur le sol natal avec tous les risques que je pouvais encourir, ou partir vers l'inconnu et détruire tout ce que j'avais bâti au prix de tant de sacrifices. Par un simple pas, le dernier, je choisis le hasard.

Nous nous aventurâmes tout droit dans le néant des eaux. La mer envoyait sans cesse à notre rencontre des montagnes géantes hurlant et mugissant comme des ogres prêts à nous engloutir. Par moments, des réflecteurs balayaient la surface de la mer. Couchés à plat ventre sur le plancher, nous étions certains que notre petite embarcation ne pouvait être détectée par un temps pareil dans un océan bouillant et aveugle. Le vrai danger, pour nous, n'était plus la terre mais l'eau.

La rage épouvantable des vagues brisa notre tentative d'opposer la moindre résistance, et nous nous laissâmes emporter dans cette danse macabre, à la merci de notre triste sort. Je

serrai contre ma poitrine le livre de Dante dans un geste instinctif de protection, et je me voyais déjà parmi les condamnés
éternels qui expient leurs péchés charnels. Et pourtant, l'Enfer
décrit dans le divin poème devait être plus supportable, car les
ombres des morts ne tremblent pas, comme nous, pour leur vie.

Qu'allions-nous devenir?

Je me rappelai qu'un officier nous disait que la mer est un
assassin qui ne garde jamais ses victimes et balaie les cadavres
sur le littoral. Ranimé par ce souvenir du temps où je faisais
mon service militaire, je me demandai pourquoi notre barque
ne serait pas aussi rejetée vers la terre, même au risque de nous
livrer à la milice. Donc, si nous tenions encore à la vie, nous
devions nous accrocher à la barque et ne pas la lâcher au
moment où elle chavirerait.

Secoués comme des grelots attachés au cou d'un taureau
furieux, nous perdîmes complètement la direction, et les lumières
du port ne furent plus visibles. Pour nous donner du courage,
nous nous tenions la main dans l'attente de l'assaut final de la
mer.

Tout semblait perdu quand, soudainement, nous redécou-
vrîmes les lumières du port. Les marins de Colomb, en apercevant la terre promise, furent peut-être moins enthousiasmés que
nous quand, poussés par les avalanches d'eau et les rafales de
vent, nous retrouvâmes une lueur d'espoir.

À l'aide des deux rames restées encore fidèles, nous nous
efforçâmes de mettre à profit le tumulte des flots géants pour
nous adonner à une sorte de ski marin, en nous maintenant sur
la crête des vagues et en nous laissant glisser ensuite sur le versant arrière, en direction du port.

À moins d'un kilomètre de distance, nous aperçûmes une
lumière circulaire jaunâtre. C'était, d'après les instructions reçues, notre bateau amarré au large de Constantza. Refusant d'en
croire nos yeux, nous étions persuadés à ce moment-là qu'il
s'agissait d'une hallucination, mais quand nous identifiâmes
nettement la lumière à mouvement rotatoire et la silhouette du
bateau lorsqu'il était touché par le feu tournant d'un phare lointain, nous nous dressâmes sur les pieds. Oubliant complétement
le danger qui nous guettait encore, et, fous de joie, nous nous
tapâmes l'un l'autre les épaules en poussant des hourras avec

frénésie. Une vague haineuse nous sépara brutalement avec l'intention, on dirait, de nous engloutir et, pendant quelques minutes qui nous semblèrent interminables, nous nous efforçâmes de rétablir l'équilibre de la barque oscillant comme un métronome. Abrités finalement sous la poupe du bateau, à l'endroit de l'hélice, nous palpions la coque du navire pour être certains qu'il ne s'agissait pas d'une illusion. Là nous attendait une corde à nœuds et, en dépit du fait que nous étions exténués et trempés jusqu'aux os, nous grimpâmes avec une agilité de singe pour arriver au plus vite à bord.

En pensant à ces efforts, je me demandais depuis, assez souvent, si on devait tant se tuer pour préserver une vie qui ne nous donne aucune garantie. «Heureux ceux qui ont fini leur voyage, sans avoir quitté le port» s'était exclamé le sage et triste René. Je le compris trop tard.

Un homme du capitaine nous conduisit aux entrailles du vaisseau et nous poussa dans un débarras très étroit, à côté de la salle des machines. Le seul avantage de notre attente à cet endroit fut le séchage rapide de nos vêtements lessivés dans la saumure de la mer Noire. Peu après, ce bain turc commença à sécher nos poumons et même le sang dans nos veines. Nous aurions volontiers donné le reste de notre vie pour le bonheur de respirer pendant quelques secondes seulement l'air frais du dehors. Comme réponse à nos supplications, on nous expliqua que le bateau devait attendre encore douze heures avant de lever l'ancre, et que nous courions à tout moment le risque d'être visités par les autorités militaires du port. En l'occurrence, nous devions être prêts à sauter «même dans la chaudière», nous dit la brute qui s'écarta en grommelant des jurons à notre endroit.

Enfermés comme des momies dans leur cercueil, je me rappelai les punitions auxquelles je me soumettais de bon cœur à l'école d'officiers de cavalerie. J'avais été, peut-être, plus fort alors, me disais-je, à moins que le manque d'exercice et la vie «civilisée» ne m'aient rendu difficile la réadaptation à la misère. Il ne me restait qu'à revenir à la mentalité saine du temps où les seuls outils pour me frayer un chemin étaient la patience ainsi que mes dix doigts commandés par une volonté farouche de vaincre. C'est grâce à cette détermination que j'acceptai les déboires qui m'attendaient sur le chemin de la nouvelle vie qui commençait pour moi; mais je devais connaître aussi des moments de défaillance et de désespoir.

❑

Quand le bateau appareilla, je coudoyai des inconnus faisant partie de la vermine à laquelle j'appartenais aussi, et je réussis à me frayer un chemin vers un hublot d'où je regardais les lumières de Constantza qui s'estompaient une à une. La nostalgie m'envahit et pesa lourdement sur mon cœur lorsque je pensais au beau pays, ma patrie, que j'abandonnais pour toujours. Je voyais sur l'écran des souvenirs nos montagnes fières et superbes, nos plaines riches et ensoleillées, notre ciel bleu, nos oiseaux majestueux, nos forêts merveilleuses, nos rivières cristallines et surtout notre peuple et mes amis. Il fallait vivre une expérience pareille pour pouvoir comprendre combien profonde fut la détresse d'Ovide et de Dante chassés de leur terre natale et obligés de finir leurs jours parmi des étrangers.

«Fiorenza mia», s'exclamait Dante en versant des larmes, quand il prononçait le nom de sa patrie. «Ma belle Roumanie» est le pays que je quittais pour toujours, et c'est ainsi que je l'appelle quand j'en parle depuis.

Tout était derrière moi maintenant. Loin et perdu.

Les étoiles reprirent leur place dans l'immensité du firmament, et le clapotis des vagues faisait résonner dans mes oreilles une marche funèbre. J'avais l'impression que j'assistais à mon propre enterrement. En guise d'oraison funèbre, le bourdonnement des machines s'unissait avec le murmure sourd de la mer Noire et accompagnait mon passage dans l'autre monde en psalmodiant les vers de Cojbuc:

Tu arraches un rameau de la forêt.
Est-ce que la forêt s'en fait pour lui?
Et le monde entier s'en fait-il pour ma mort?

XXII

Deux années de pérégrinations et de souffrances s'ajoutèrent à la lourde chaîne qui entravait ma vie. Plus que les épreuves et les privations physiques, les souvenirs, les remords et la nostalgie me torturaient sans répit. Muni de faux papiers d'identité, je courais d'une place à l'autre dans les villages et les déserts du Moyen-Orient. Aucun pays de l'Europe occidentale ne voulait m'accepter, et l'émigration en Amérique — aux États-Unis — était impossible.

Rongé par le mal du pays et ne pouvant plus supporter tant de misères et d'humiliations, je décidai, sans plus penser au danger auquel je m'exposais, de rentrer en Roumanie. C'est dans un tel moment de folie que je me rendis au bureau d'un consulat de mon pays pour demander un visa d'entrée. Le consul n'était pas en ville. Il avait son siège permanent à Istanbul et ne revenait en Syrie que très rarement, vu que le bureau de Damas n'avait presque aucune activité.

La secrétaire du consul parlait seulement l'arabe et le français, et c'est dans cette dernière langue que se déroula l'entretien. Je lui expliquai que, malgré mes papiers d'identité attestant que j'étais né en Irak, et mon permis de séjour syrien, j'étais un Roumain et j'avais été avocat et professeur à l'Université de Bucarest. C'est pour cela d'ailleurs que je ne savais que quelques mots d'arabe.

— Quand et pourquoi avez-vous quitté la Roumanie, et pourquoi voulez-vous y retourner maintenant?

— Parce que j'ai commis un crime, il y a deux ans. J'ai tué une femme et je me suis enfui pour ne pas être arrêté et condamné à mort.

Après avoir noté mon *vrai* nom que je lui donnai, la dame

consulta une liste qu'elle sortit du tiroir de son bureau. Finalement, elle me demanda:

— Vous dites que vous parlez parfaitement la langue roumaine, que vous avez été avocat et professeur à l'Université de Bucarest, que vous avez tué une femme et que vous vous êtes enfui pour ne pas être arrêté et condamné à mort. Et pourtant, vous voulez retourner là-bas maintenant quand vous savez très bien, d'après ce que vous racontez, que vous serez mis en prison et exécuté.

— Oui.

— Je ne peux vous croire bien qu'il soit possible que vous ayez vécu assez longtemps en Roumanie après avoir quitté l'Irak.

— Je n'ai jamais vécu en Irak. Vous pouvez vérifier tout ce que j'affirme. Ne me jugez pas d'après mon aspect! Je suis dans la misère et je viens de sortir de l'hôpital. Voici tous les papiers que je possède.

La secrétaire lut le certificat attestant mon séjour à la clinique de maladies mentales, dans un hôpital fondé par les Américains. Elle hocha doucement la tête et me conseilla de revenir dans deux mois pour remplir les formulaires de rapatriement. À son avis, je devais insister pour être réadmis à l'hôpital afin de m'y «fortifier» entre temps. J'eus beau lui expliquer que j'étais sain d'esprit, que je le fus toujours, et que mon séjour à l'hôpital psychiatrique n'avait pas été causé par une maladie mentale. J'avais parlé à un médecin, rencontré par hasard, de mes mésaventures, en lui confessant aussi ma vraie identité. Il ne douta pas de ma sincérité. Comme je couchais à la belle étoile et je mourais de faim, il m'avait abrité et nourri à sa clinique pendant quelques mois. C'est au même hôpital que j'avais réussi à me procurer les papiers d'identité ayant appartenu à un ancien pensionnaire décédé de l'institution.

La dame, touchée de compassion, continua de sourire et de me parler gentiment, mais répéta que je devais retourner à l'hôpital.

Le meilleur avocat du monde — et ce n'était pas mon cas! — est incapable de défendre sa propre cause même s'il a parfaitement raison. Certes, avec ou sans le certificat médical que j'eus la maladresse d'exhiber, je ne pouvais être considéré comme sain d'esprit quand je demandais la permission de retourner dans un pays d'où je m'étais enfui et où j'aurais été jeté en prison sur-le-champ.

Ceux qui triomphent sans effort dans la vie sont considérés comme intelligents et habiles. Celui qui lutte jusqu'au dernier souffle pour ne pas sombrer, et réussit à flotter, n'est qu'un naufragé quelconque qui s'en est tiré. Et il est très rarement digne de compassion. Moi, j'appartiens à cette dernière catégorie. Je n'ai jamais vaincu sans coup férir, et mes efforts perpétuels pour me trouver un petite place au soleil ont été soit ignorés, soit ridiculisés. Tandis que les «chanceux» et les «intelligents» tombaient toujours sur leurs propres pattes, comme les chats, et le train de leur vie n'était jamais interrompu, moi, je dus reprendre au moins six fois la vie à zéro, à partir de l'amibe, pour devenir enfin un être presque pareil aux autres.

Après des échecs ininterrompus au cours desquels je changeai de nationalité et de nom sur papier comme les dandys de cravate, j'arrivai un jour à endormir la vigilance de la chancellerie d'un consulat d'un pays occidental, qui m'accorda un visa de transit sur un faux passeport. Il me fut moins difficile ensuite de tromper d'autres bureaux consulaires. En disant la vérité pour pouvoir rentrer en Roumanie, j'avais été refusé et traité de fou, mais je fus admis en Occident seulement lorsque je réussis à falsifier complètement mon identité et à me servir de certificats de complaisance prouvant que j'avais des dépôts bancaires considérables en Suisse. Comme l'habit fait souvent le moine, personne n'aurait douté de me haute position sociale en me jugeant d'après ma tenue impeccable et mon langage relevé. Toute ma reconnaissance au jeune et excellent médecin français de l'hôpital psychiatrique, qui me prodigua non seulement ses sages conseils, mais aussi les costumes, les accessoires et l'argent nécessaires pour me faire changer d'apparence! Au lieu de me plaindre du nombre des ennemis que j'eus dans ma vie, je dois plutôt m'enorgueillir, en leur rendant hommage, des quelques amis — les vrais amis — que je peux compter sur mes doigts et qui croisèrent mon chemin dans ce monde. Les gens de bien ont toujours été rares. Du temps de Juvénal, il y en avait autant que les portes de Thèbes ou les bouches du Nil fertile. Ils ne sont pas plus nombreux aujourd'hui.

Après avoir fait plusieurs détours, en passant d'un pays à

l'autre, je réussis finalement à fouler le sol de la France. Deux jours plus tard, je flânais dans les rues de Paris, et c'est là que j'eus la plus grande surprise de ma vie.

Un ancien camarade d'université et confrère du Barreau, délégué en France pour participer à un congrès international, refusa de retourner en Roumanie et demanda l'asile politique. Notre rencontre fut émouvante et m'apporta les dernières nouvelles de «chez nous».

À ma question diabolique s'il avait rencontré Lydia à Bucarest, il me sourit en clignant de l'œil.

— Ta... secrétaire?

— Oui, si tu veux.

— Bien sûr, je l'ai vue.

— Quoi? C'est pas possible. Je parle de Lydia, la personne avec qui on me voyait chaque jour au palais, pendant un certain temps.

— Mais c'est d'elle que je parle aussi. Je te dis que je l'ai vue.

— Quand?

— La dernière fois, quelques jours avant mon départ.

— C'est-à-dire?

— Il y a presque un mois.

— Où?

— À Bucarest. La pauvre venait de sortir de prison et n'était qu'une loque humaine.

— Es-tu certain que nous parlons de la même personne?

— Tu ne parles pas de Lydia T., ancienne élève de «Pompilian», licenciée ès-lettres, la jolie fille au passé discutable? Dernièrement, les yeux lui sortaient presque de la tête à cause de la maladie...

— Ah, oui! Tu l'as donc vue. Et pourquoi était-elle en prison?

— Pour possession illégale d'une arme à feu. Elle vivait seule, isolée de tout le monde, dans un chalet près de Busteni. Un garde forestier l'a trouvée gisant inconsciente dans une mare de sang. Apparemment, elle avait été attaquée en pleine nuit par quelqu'un qui s'était introduit chez elle.

— Dans quel but?

— On ne sait rien. C'était probablement un de ses amants car l'agresseur n'avait rien emporté en prenant la fuite.

— Et elle, quelle explication a-t-elle donnée?

— Qu'elle a été attaquée par un inconnu à la tombée de la nuit. Après une échauffourée pendant laquelle tout a été mis sens dessus dessous, elle a tiré, pour se défendre, deux coups de revolver sur l'assaillant, mais elle l'a manqué. À bout de forces, elle s'est évanouie et, en tombant, elle s'est blessée gravement à la tête. Hospitalisée pendant quelques mois, elle a été condamné ensuite à deux ans de prison pour possession illégale d'arme. L'indulgence de la Cour, qui punit des crimes pareils de l'emprisonnement à vie, est due aux circonstances décrites ainsi qu'à l'état de santé de l'accusée.

— Es-tu certain que c'était Lydia T.?

— C'est encore une fois que tu me le demandes. Oh, que tu m'embêtes! Il me semble que, parti depuis si longtemps du pays, tu ne comprends plus le roumain.

❏

Un seul point restait mystérieux pour moi: pourquoi ne m'avait-elle pas dénoncé? Par générosité? Non, ce n'était pas son genre; et pourtant, elle parlait d'un bon génie qui la guidait parfois. Une amnésie, conséquence de la chute et de la lésion au crâne? C'est possible, mais, chose bizarre, elle s'était souvenue de tout, même des deux coups de revolver qu'elle avait tirés.

La pitié que je ressentis pour elle fut sans limite.

Ma soif tardive de connaître la vérité me coûta la carrière, l'opprobre, le regret d'avoir laissé après moi un tel malheur, et le calvaire de l'exil.

❏

Je me trouvais à Paris et j'avais enfin l'adresse de Marguerite. C'était un accomplissement mais pas la fin de mes aventures.

Voilà la raison de ma fuite.

CET OUVRAGE
COMPOSÉ EN SOUVENIR CORPS 11 SUR 13
A ÉTÉ ACHEVÉ D'IMPRIMER
LE DOUZE OCTOBRE
MIL NEUF CENT QUATRE-VINGT-DIX
PAR LES TRAVAILLEURS ET TRAVAILLEUSES
DE L'IMPRIMERIE GAGNÉ
À LOUISEVILLE
POUR LE COMPTE DE
VLB ÉDITEUR.

IMPRIMÉ AU QUÉBEC (CANADA)